Easy 시리즈 23

쉽게 배워 폼나게 활용하는

한글 2020

IT연구회

해당 분야의 IT 전문 컴퓨터학원과 전문가 선생님들이 최선의 책을 출간하고자 만든 집필/감수 전문연구회로서, 수년간의 강의 경험과 노하우를 수험생 여러분에게 전달하고자 최선을 다하고 있습니다.

IT연구회에 참여를 원하시는 선생님이나 교육기관은 ccd770@hanmail.net으로 언제든지 연락주십시오. 좋은 교재를 만들기 위해 많은 선생님들의 참여를 부탁드립니다.

권경철_IT 전문강사
김수현_IT 전문강사
김현숙_IT 전문강사
류은순_IT 전문강사
박봉기_IT 전문강사
문현철_IT 전문강사
송기웅_IT 및 SW전문강사
신영진_신영진컴퓨터학원장
이은미_IT 및 SW전문강사
장명희_IT 전문강사
전미정_IT 전문강사
조정례_IT 전문강사
최은영_IT 전문강사
김미애_강릉컴퓨터교육학원장
엄영숙_권선구청 IT 전문강사
조은숙_동안여성회관 IT 전문강사
김경화_IT 전문강사
김 숙_IT 전문강사
남궁명주_IT 전문강사
민지희_IT 전문강사
박상휘_IT 전문강사
백천식_IT 전문강사
송희원_IT 전문강사
윤정아_IT 전문강사
이천직_IT 전문강사
장은경_ITQ 전문강사
조영식_IT 전문강사
차영란_IT 전문강사
황선애_IT 전문강사
은일신_충주열린학교 IT 전문강사
옥향미_인천여성의광장 IT 전문강사
최윤석_용인직업전문교육원장
김선숙_IT 전문강사
김시령_IT 전문강사
노란주_IT 전문강사
문경순_IT 전문강사
박은주_IT 전문강사
변진숙_IT 전문강사
신동수_IT 전문강사
이강용_IT 전문강사
임선자_IT 전문강사
장은주_IT 전문강사
조완희_IT 전문강사
최갑인_IT 전문강사
김건석_교육공학박사
양은숙_경남도립남해대학 IT 전문강사
이은직_인천대학교 IT 전문강사
홍효미_다산직업전문학교

BM (주)도서출판 성안당

■ 도서 A/S 안내

성안당에서 발행하는 모든 도서는 저자와 출판사, 그리고 독자가 함께 만들어 나갑니다.

좋은 책을 펴내기 위해 많은 노력을 기울이고 있습니다. 혹시라도 내용상의 오류나 오탈자 등이 발견되면 "좋은 책은 나라의 보배"로서 우리 모두가 함께 만들어 간다는 마음으로 연락주시기 바랍니다. 수정 보완하여 더 나은 책이 되도록 최선을 다하겠습니다.

성안당은 늘 독자 여러분들의 소중한 의견을 기다리고 있습니다. 좋은 의견을 보내주시는 분께는 성안당 쇼핑몰의 포인트(3,000포인트)를 적립해 드립니다.

잘못 만들어진 책이나 부록 등이 파손된 경우에는 교환해 드립니다.

저자 문의 : thismore@hanmail.net(한정수)
본서 기획자 e-mail : coh@cyber.co.kr(최옥현)
홈페이지 : http://www.cyber.co.kr 전화 : 031) 950-6300

PREFACE

머리말

한글 워드프로세서(word processor)는 한국을 대표하는 워드프로세서로 IBM의 DOS(disk operating system) 운영체제가 일반적인 데스크톱 컴퓨터(desktop computer)에 사용하던 때부터 지금까지 계속 새로운 버전(version)이 개발되고 보급되어 오고 있습니다. 국내에서는 마이크로소프트(microsoft) 사의 MS 워드(word)와 함께 가장 보편적으로 사용하는 문서 편집용 프로그램입니다. 우리가 일상적으로 사용하는 데스크톱 컴퓨터, 노트북(notebook) 컴퓨터 등에서 문서를 편집하는 경우 한글 워드프로세서는 사용자가 필요로 하는 대부분의 문서를 작성할 수 있도록 도와줍니다.

이 책은 한글 워드프로세서의 각 기능을 사용자가 실제 문서 작성에 활용할 수 있도록 각 장별로 쉽게 설명하고 있습니다. 또한 혼자서도 배울 수 있도록 동영상을 제공하고 있을 뿐 아니라 처음 한글 워드프로세서를 접하는 학습자에게 순차적으로 교육할 수 있도록 각 장을 유기적으로 배치했습니다. 각 장의 끝에는 혼자서 풀어볼 수 있는 연습문제를 추가해 학습자는 스스로 각 장의 내용을 정확하게 이해하고 활용할 수 있는지 점검해 볼 수 있습니다.

각 장의 내용은 처음 컴퓨터를 접하는 학습자가 충분하게 이해하고 학습할 수 있도록 전문적인 용어를 최대한 쉬운 문구로 표현했습니다. 또한 순서를 일목요연하게 전개하여 순서만 따라 하면 해당 기능을 충분하게 이해할 수 있도록 했습니다. 어렵거나 난해한 기능은 최대한 배제하고 일반적인 문서를 작성하는 데 어려움이 없도록 학습 내용을 구성했기에 실무에 바로 적용할 수 있으리라 생각합니다.

아마도 많은 워드프로세서 사용자에게 스마트폰(smart phone)에 큰 화면의 모니터(monitor)를 연결하고 블루투스(bluetooth) 키보드(keyboard)와 마우스(mouse)를 연결해서 문서를 편집하는 환경이 곧 올 수도 있습니다. 그때에도 전체적인 기능이나 편집화면은 지금 이 책에 있는 내용과 많이 다르지 않을 것입니다. 일반적으로 프로그램의 인터페이스(interface)는 기존의 사용자를 배려해서 개발되기 때문입니다. 사용 환경의 변화에 대한 두려움은 버리셔도 됩니다.

한글 워드프로세서를 처음 접하는 학습자는 다소 어려움이 따르리라 생각합니다. 하지만 이 과정을 통해 배우는 기능들은 다른 워드프로세서에서도 유사하게 만들어져 있습니다. 따라서 이 책의 내용들을 이해하고 사용할 수 있다면 대부분의 워드프로세서도 별도의 교육을 받지 않아도 된다고 생각합니다. 이 책이 여러분의 컴퓨터 활용에 많은 도움이 되었으면 합니다.

저자 한정수

Easy 시리즈의 예제/완성 파일과 무료 동영상 강의 파일은 **성안당 도서몰 사이트(www.cyber.co.kr)**에서 다운로드할 수 있습니다.

① **'www.cyber.co.kr'에 접속**하여 로그인(아이디/비밀번호 입력) 한 후 [무료 동영상]을 클릭합니다.

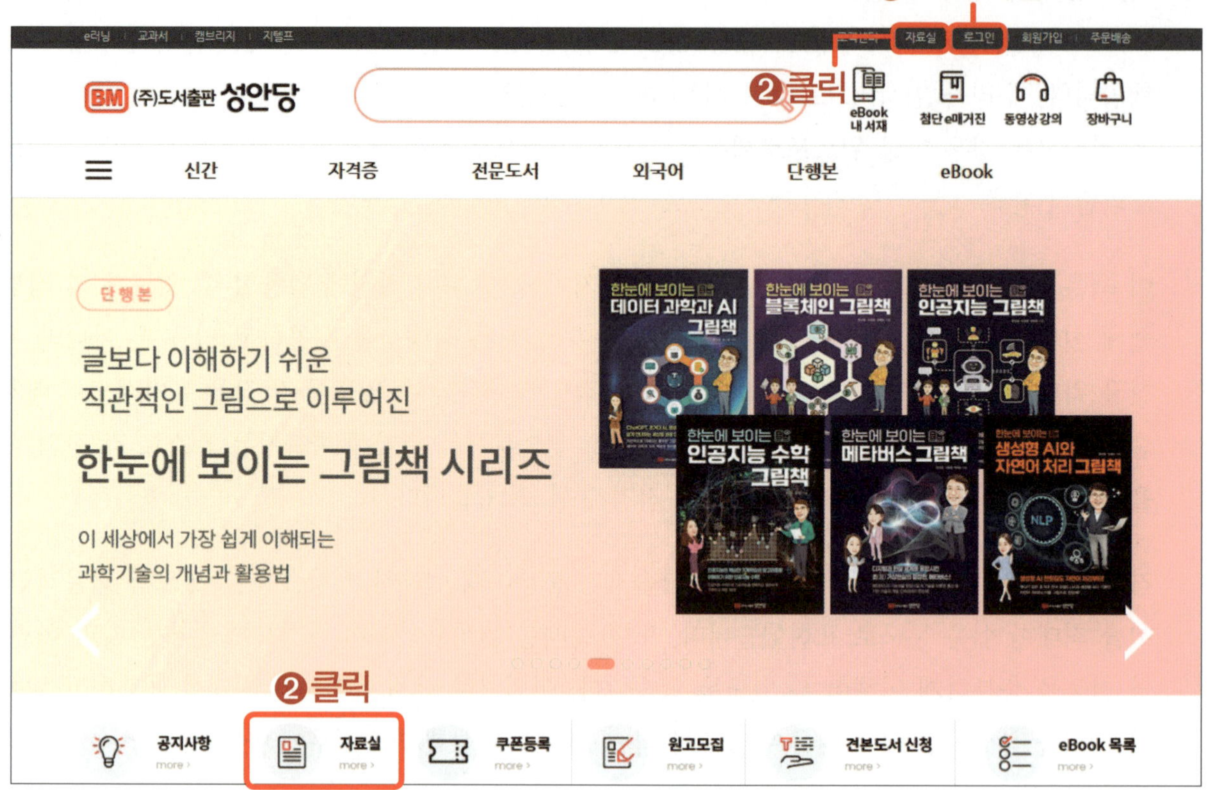

② [자료실]에서 **시리즈명(easy)을 입력**하고 검색한 후 도서 제목을 클릭하여 파일을 다운로드합니다.

③ 315–5879.zip 파일을 클릭합니다. 로그인을 하지 않으면 해당 버튼이 보이지 않습니다.

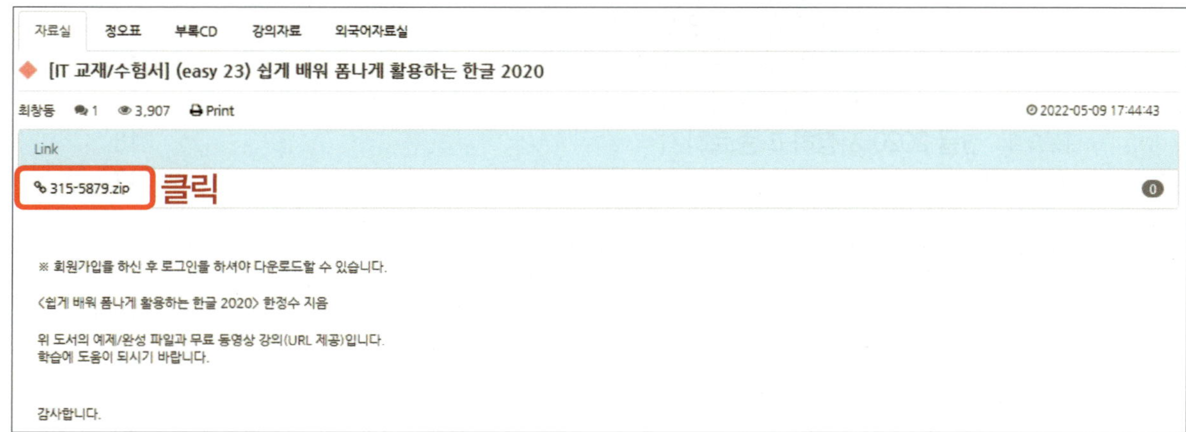

④ 파일 탐색기의 [다운로드]를 클릭하면 다운로드한 '315–5879' 압축 파일을 확인할 수 있습니다.

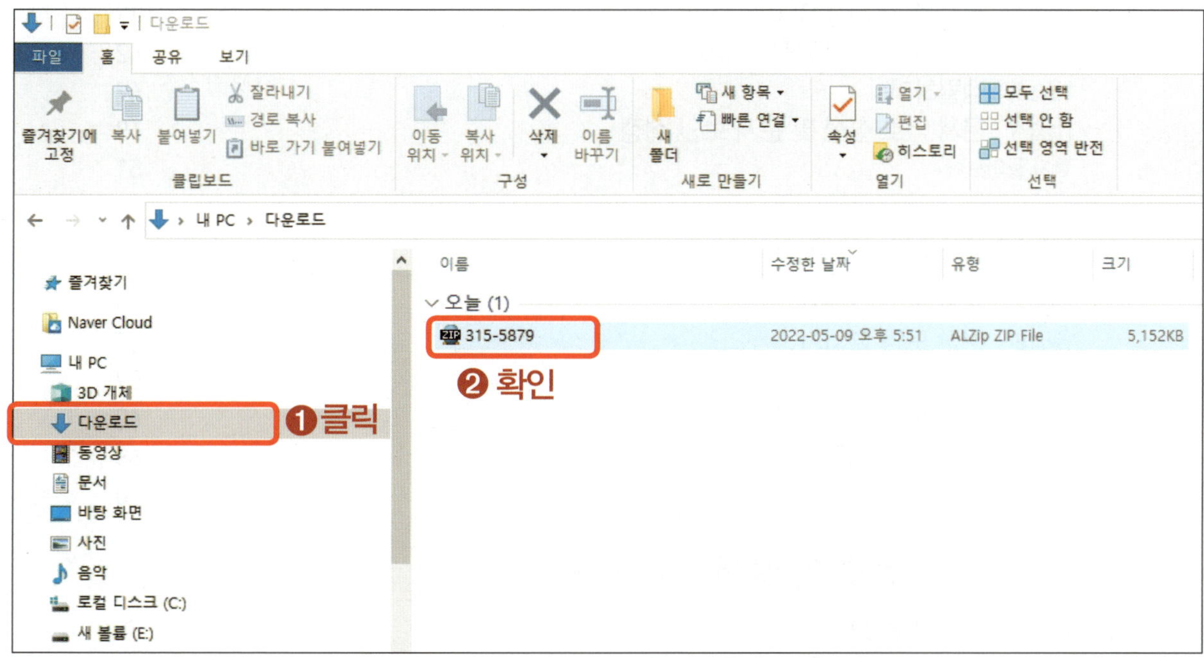

⑤ 다운로드한 압축 파일을 **바탕화면이나 임의의 경로로 복사한 후 반드시 압축을 해제**하고 사용하시기 바랍니다.([새 폴더]를 만든 후 그 안에서 압축을 해제하는 것을 권장합니다.)

CONTENTS

목차

07장 차트 만들기

08장 글맵시, 그림 삽입 및 편집

09장 약도가 삽입된 세미나 안내장 만들기

10장 정돈된 문서 만들기

11장 맞춤법 검사와 인쇄하기

12장 메일 머지 사용하기

[자료 다운로드]

성안당 도서몰 홈페이지(www.cyber.co.kr)–[자료실]

– 무료 동영상 강의(URL)

– 예제/완성 파일

한글 2020 화면의 구성 및 시작

한글 2020의 새로 추가된 기능과 한글 2020의 화면이 어떻게 구성되어 있는지 알아보고, 화면의 구성을 변경하는 방법에 대해 배워봅니다.

무료 동영상

완성파일 미리보기

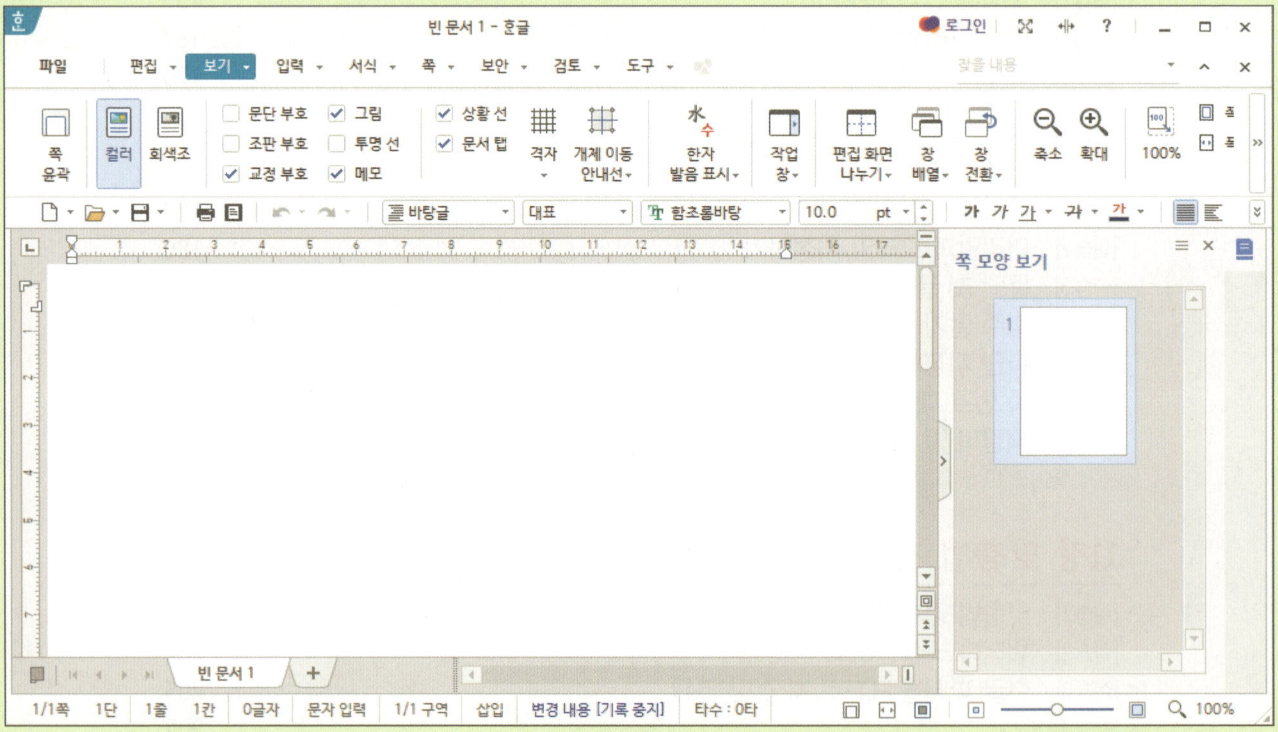

한글 2020의 새로운 기능 알아보기

① OCR 기능으로 그림에서 문자를 추출하는 기능

[입력] 탭에서 [그림]-[그림에서 글자 가져오기]를 클릭하면 그림이나 이미지 형식 파일의 글자들을 텍스트로 전환하여 가져올 수 있습니다.

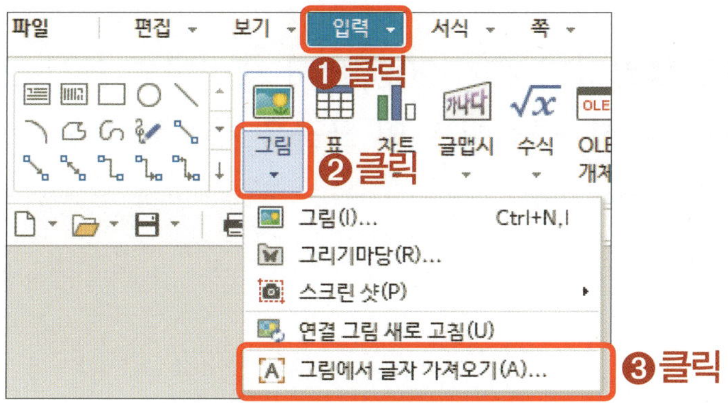

② 스마트 태그 지원

복사한 내용을 붙이기 하면 자동으로 붙이기 옵션이 나타나는데 이때 대상 스타일 사용( ), 텍스트만 유지( ) 등을 선택하여 내가 원하는 옵션으로 붙여넣기를 할 수 있습니다.

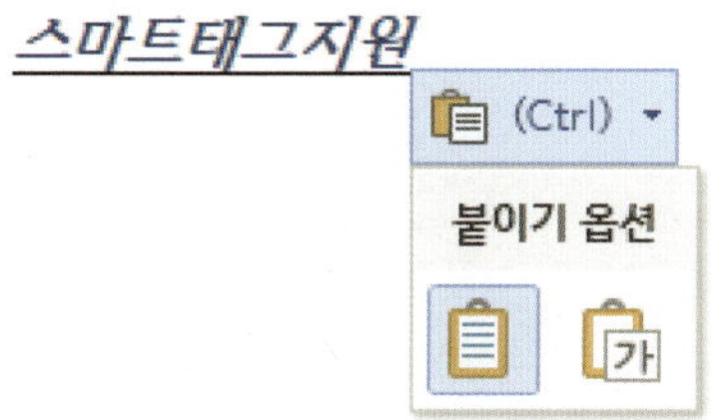

③ 현재 입력한 글자의 타수를 바로 확인

한글 2020의 작업 창에 글자를 입력하면 하단 상태표시줄에 현재 입력하고 있는 글자의 타수가 바로 표시됩니다.

❹ 사용자가 입력 중인 언어 표시

현재 선택한 언어의 종류가 5초 정도 지나면 커서 하단에 표시됩니다. **[도구]-[환경 설정]-[기타]**에서 입력기 언어 표시에 체크하여 설정이 가능합니다.

한글 상태 가 , 영문상태 A

❺ 한컴 애셋

[도구] 탭에서 [한컴 애셋]을 클릭하면 한컴 2020에서 세련되고 완성도 높은 문서를 만들 수 있도록 다양한 문서 서식, 클립아트 및 글꼴을 제공합니다.

한글 2020의 화면 구성 익히기

한글 2020의 화면 구성과 각각의 명칭에 대하여 배워봅니다.

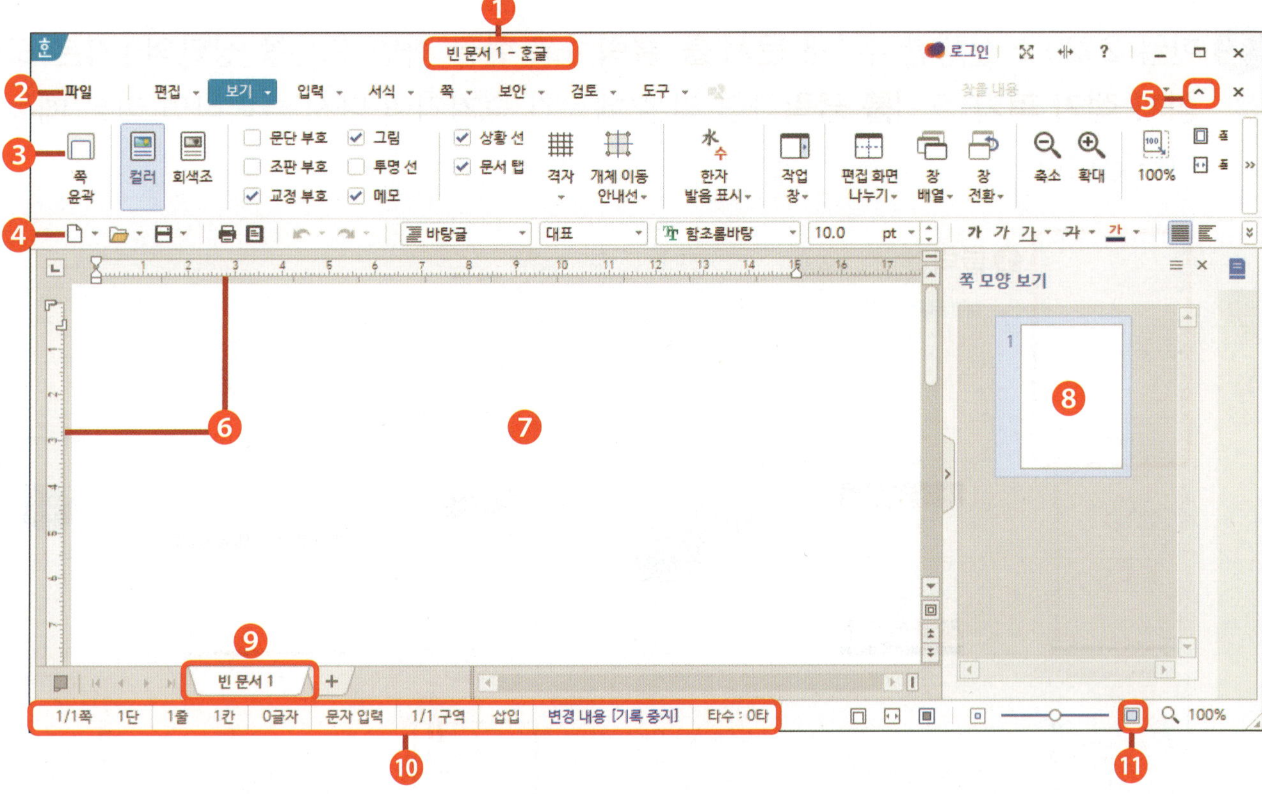

❶ **제목 표시줄** : 문서의 제목과 저장된 경로가 표시됩니다.

❷ **메뉴 표시줄** : 한글 2020에서 사용할 수 있는 기능을 메뉴별로 모아 놓은 곳입니다.

❸ **기본 도구 상자** : 기본적으로 자주 사용하는 기능을 아이콘으로 묶어 놓은 도구 상자입니다.

❹ **서식 도구 상자** : 서식 기능을 아이콘으로 묶어 놓은 도구 상자입니다.

❺ **도구 상자 접기/펴기** : [^] 단추를 누를 때마다 도구 상자가 접히거나 펼쳐지게 됩니다.

❻ **눈금자** : 개체의 가로/세로 위치나 너비/높이를 파악하기 위해 사용합니다.

❼ **편집 창** : 글자, 그림, 표, 차트와 같은 내용을 넣고 꾸미는 실제 작업 공간입니다.

❽ **작업 창** : 쪽 모양 보기, 빠른 실행, 스타일 등 작업을 빠르게 할 수 있도록 오른쪽에 창으로 표시합니다.

❾ **문서 탭** : 작성 중인 문서와 파일명을 표시합니다.

❿ **상황선(상태 표시줄)** : 문서 창의 맨 아래쪽에 있는 [상황선]은 커서가 있는 위치의 쪽 수/단 수, 줄 수/칸 수, 구역 수, 삽입/수정 등을 사용자에게 표시해 줍니다.

⓫ **확대/축소** : 화면을 확대 및 축소를 할 수 있습니다.

실습3 한글 2020에서 화면 구성 변경하기

한글 2020에서 작업을 하기 위한 화면의 구성을 변경하는 방법에 대하여 배워봅니다.

1 한글 2020을 실행한 후 **'새 문서'를 클릭**하고 한글 화면 오른쪽 상단의 **[기본 도구 상자 접기 펴기 ⌃]를 클릭**하면 리본 메뉴가 숨겨지며 다시 클릭하면 리본 메뉴가 나타납니다.

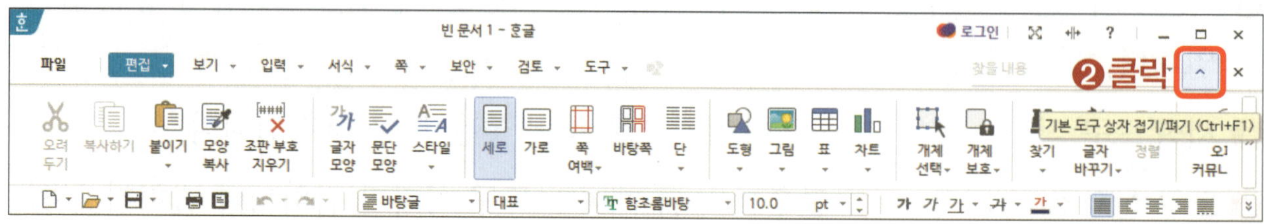

리본 메뉴 숨기기/나타내기

단축키 Ctrl + F1 키를 눌러서 리본 메뉴를 표시하거나 숨길 수도 있습니다.

② 쪽 윤곽을 숨기기 위해 **[보기] 탭에서 [쪽 윤곽 □]을 클릭**하여 선택을 해제합니다.

③ 다음과 같이 여백이 화면에서 숨겨집니다. 다시 원래대로 변경하기 위해 **[쪽 윤곽 □]을 클릭**합니다.

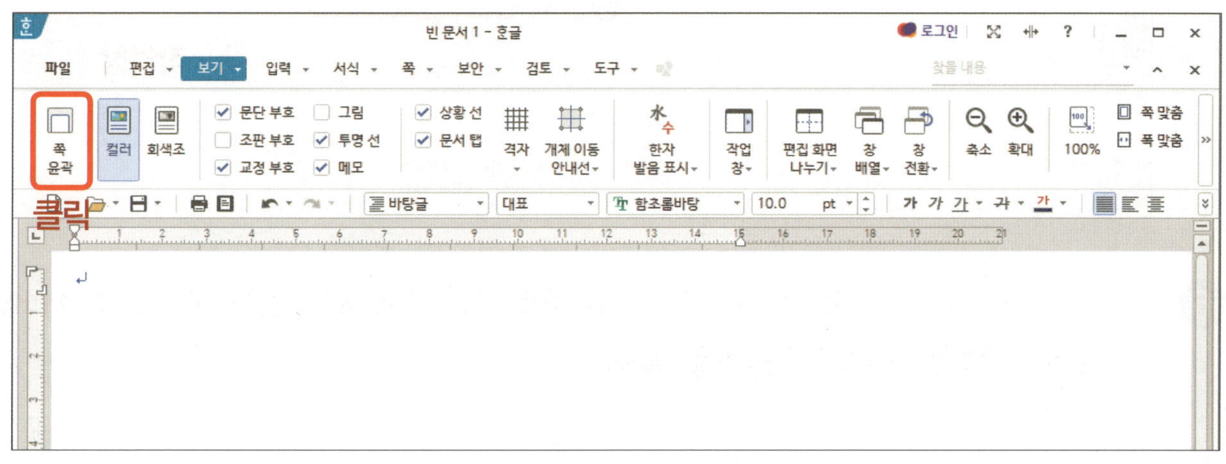

실력쑥쑥 TIP 쪽 윤곽

쪽 윤곽은 인쇄하기 전에 용지의 여백(왼쪽, 오른쪽, 위쪽, 아래쪽)과 머리말, 꼬리말, 페이지 번호 등을 화면에서 확인할 수 있게 하는 기능입니다.

④ **[보기] 탭에서 '문단 부호'에 체크**하면 화면에 문단 기호(↵)가 나타나며, 체크를 해제하면 문단 기호가 숨겨집니다. 다음과 같이 **[보기] 탭에서 부호, 그림, 투명선, 메모 등의 체크를 해제**하여 숨기거나 체크하여 표시할 수 있습니다.

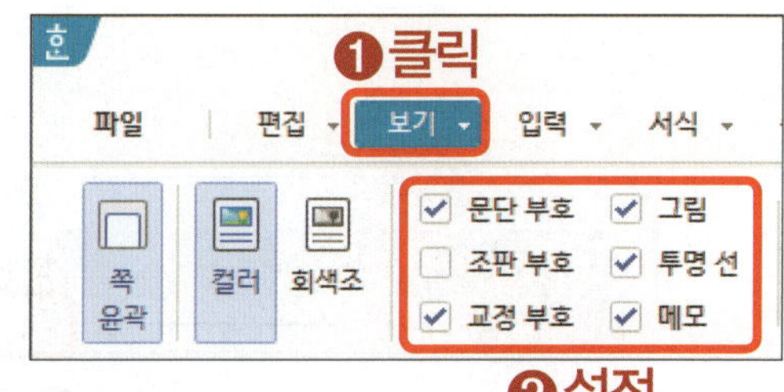

그림이 나타나지 않을 때

한글에서 그림을 삽입 후 그림이 나타나지 않고 ☒ 모양으로 나타날 때는 [보기] 탭에서 '그림'의 체크가 해제된 상태이므로 '그림'에 체크하면 그림이 나타납니다.

5 **[보기] 탭의 작업 창(□)에서 [개요 보기]**와 같이 원하는 항목을 선택하면 화면의 오른쪽에 '작업 창'이 분할되어 나타나며 **작업 창의 [닫기 ×]를 클릭**하면 작업 창이 종료됩니다.

6 화면 오른쪽 아래의 **돋보기 모양(🔍)을 클릭**한 후 **[확대/축소] 대화상자에서 배율을 '100%'로 선택한 후 [설정] 단추를 클릭**합니다.

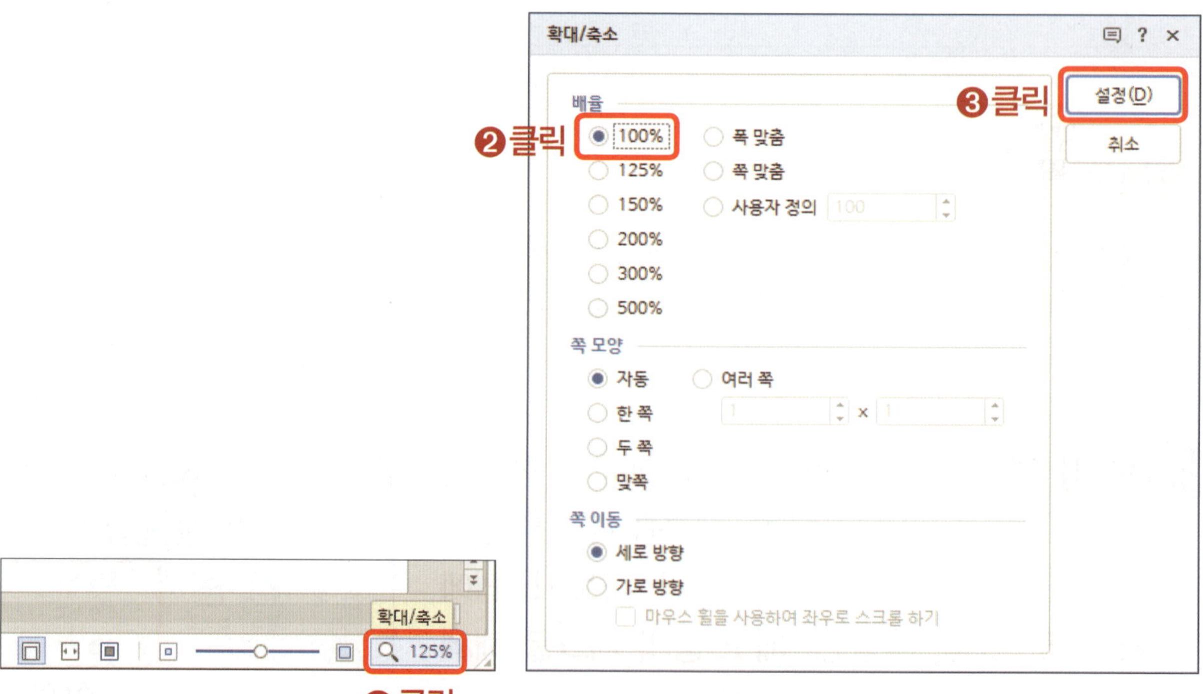

화면 확대/축소

Ctrl 키를 누른 채 마우스의 휠을 올리면 화면이 5%씩 확대되며 다시 휠을 내리면 화면이 5%씩 축소됩니다. 화면 확대 축소 시 Ctrl+마우스 휠을 이용하면 편리하게 화면을 확대/축소할 수 있습니다.

7 한글에서 스킨을 설정하기 위해 **[도구] 탭에서 [목록단추]를 클릭**하고 [스킨 설정]을 클릭한 후 [스킨 설정] 대화상자에서 **기본 스킨, 파스텔 스킨, 어두운 스킨 등을 선택하고 [설정] 단추를 클릭**하면 스킨이 변경됩니다.

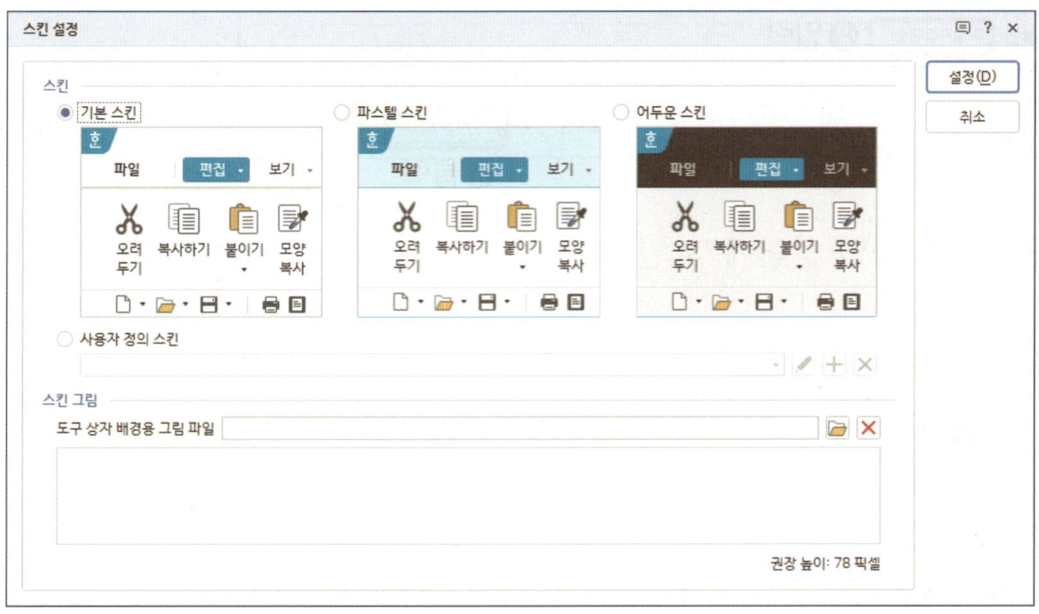

실습 4 한글 2020 저장하고 종료하기

1 문서를 저장하기 위해 **[파일] 탭에서 [저장하기]를 클릭**합니다.

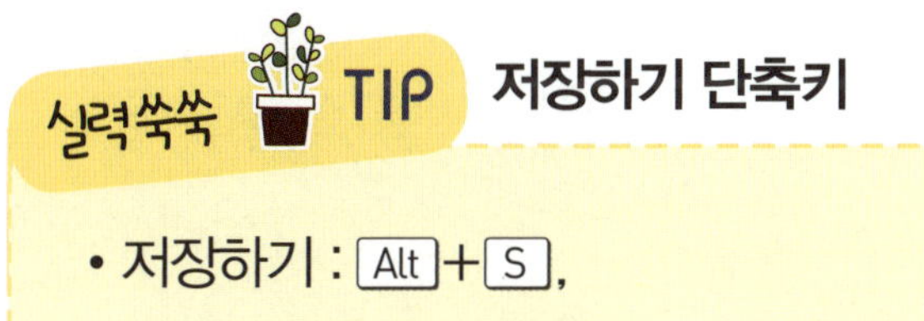

저장하기 단축키

- 저장하기 : Alt+S,
- 다른 이름으로 저장하기 : Alt+V

② [다른 이름으로 저장하기] 대화상자의 왼쪽 탭에서 저장할 위치를 선택한 후 **'파일 이름'의 입력란에 『파일저장연습』 파일명을 입력하고 [저장] 단추를 클릭**합니다.

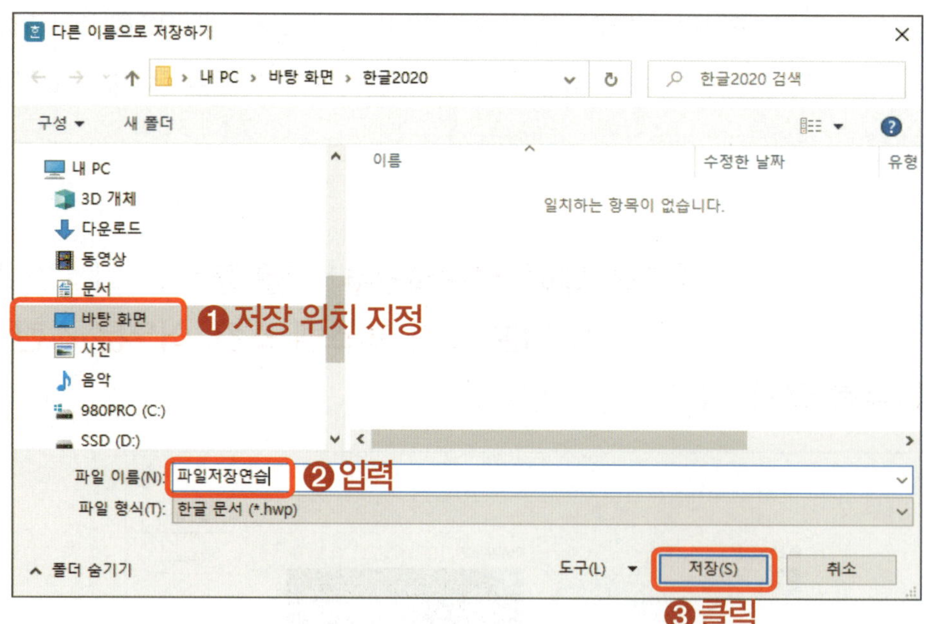

③ 저장이 완료되면 화면 상단에 '파일저장연습.hwp'와 같이 저장된 파일명이 표시됩니다.

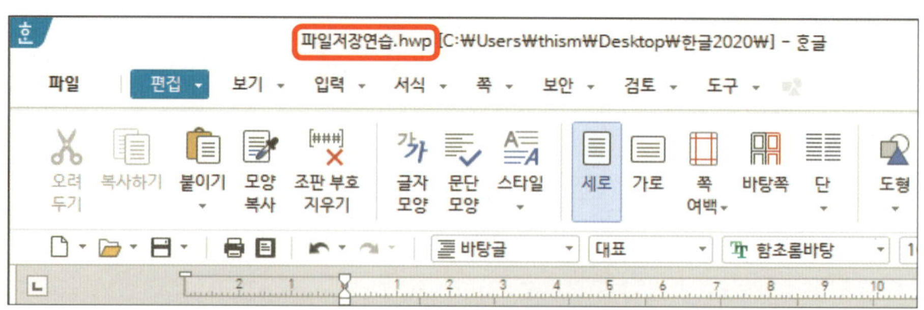

④ 한글 2020을 종료하기 위해 **[파일] 탭에서 [끝]을 클릭**합니다.

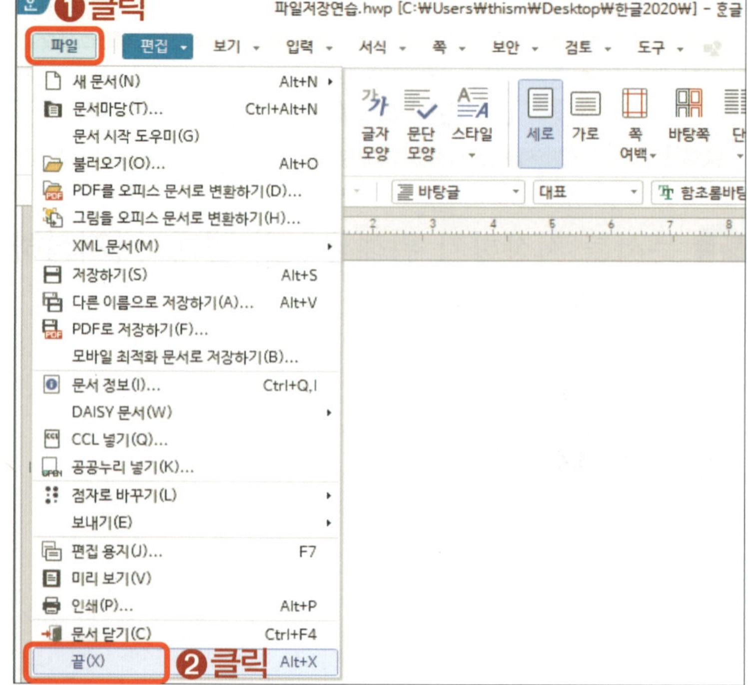

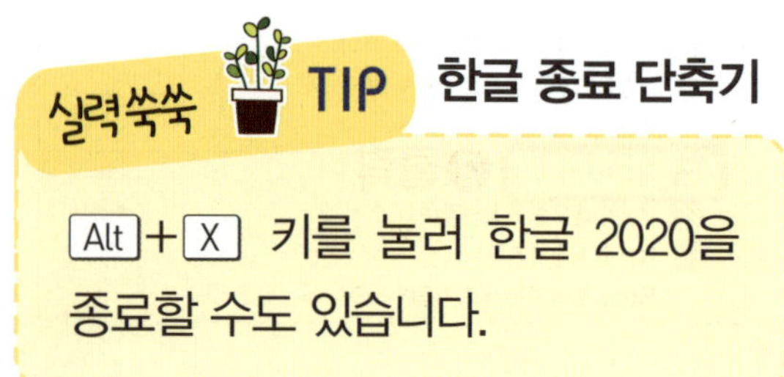

실력쑥쑥 TIP **한글 종료 단축기**

Alt + X 키를 눌러 한글 2020을 종료할 수도 있습니다.

1 다음 번호에 맞게 한글 2020의 각각의 명칭을 적어보세요.

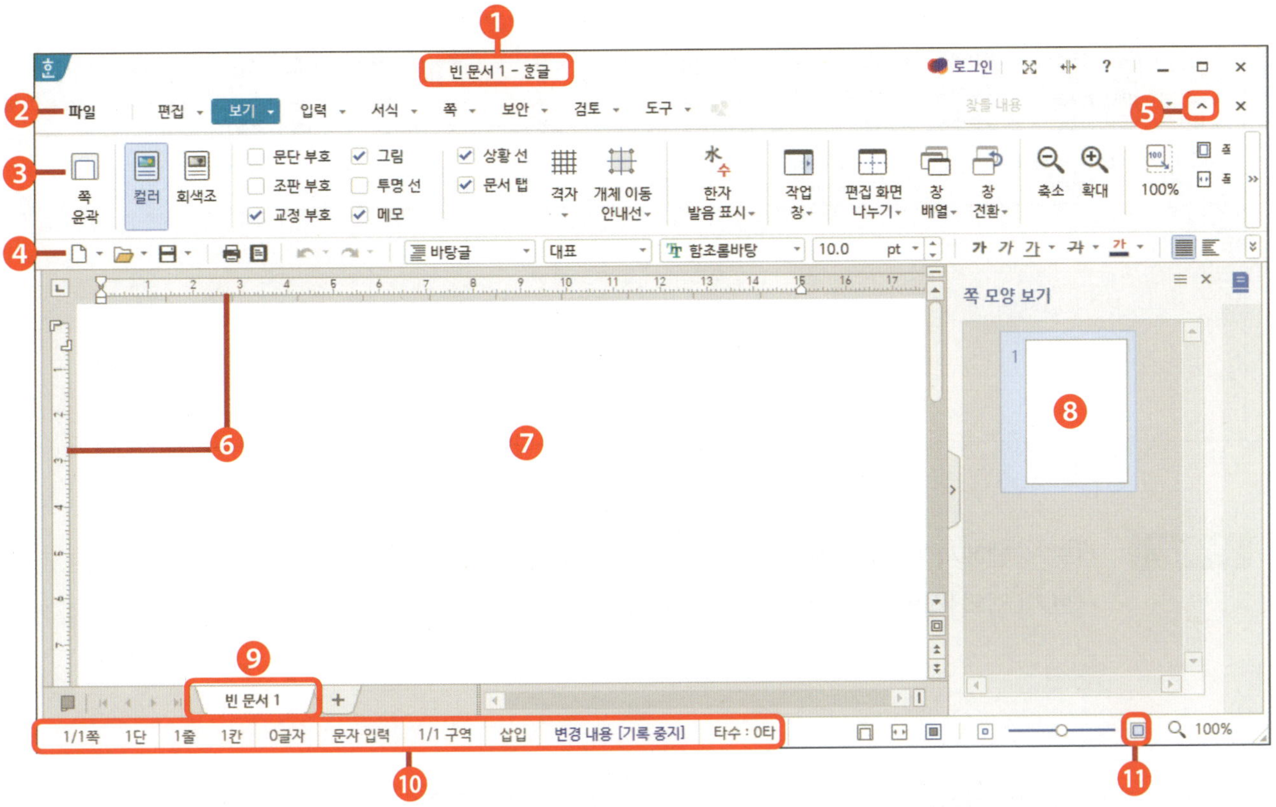

❶ ______________________

❷ ______________________

❸ ______________________

❹ ______________________

❺ ______________________

❻ ______________________

❼ ______________________

❽ ______________________

❾ ______________________

❿ ______________________

⓫ ______________________

Hint! 한글 2020의 구성 : 제목 표시줄, 메뉴 표시줄, 기본 도구 상자, 서식 도구 상자, 도구 상자 접기/펴기, 눈금자, 편집 창, 작업 창, 문서 탭, 상황선(상태 표시줄), 확대/축소

2 다음 그림과 같이 화면의 크기를 100%로, '쪽 윤곽'은 표시하지 않고, '문단 부호'를 숨기고, 작업 창은 '쪽 모양 보기 창'이 나타나도록 지정해 보세요.

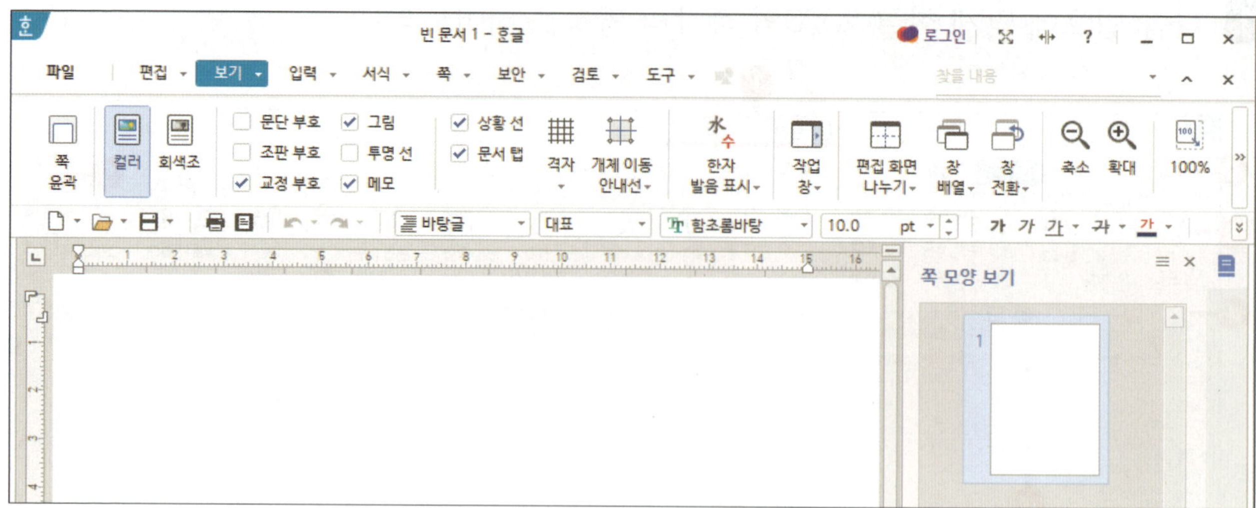

Hint!
- [보기] 탭에서 '쪽 윤곽' 취소, '문단 부호' 체크 해제, 화면 크기 지정
- [보기] 탭의 [작업 창]에서 [쪽 모양 보기] 선택

3 한글 파일을 본인 이름으로 바탕화면에 저장한 후 한글을 종료해 보세요.

Hint! [파일] 탭–[저장하기]를 클릭하고, 파일 이름에 본인 이름을 입력한 후 [저장]

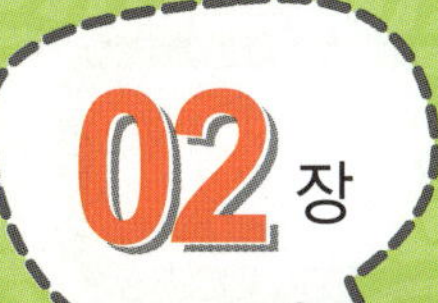

편집 용지 설정 및 다양한 문자 입력

문서를 작성하기 위해 기본 용지의 크기 및 여백을 지정하는 방법과 다양한 글자와 수식을 입력하는 방법에 대하여 배워봅니다.

| 무료 동영상 |

완성파일 미·리·보·기

무엇보다도 사랑은 자기 자신을 위한 선물입니다.
Love is, above all, the gift of oneself.

★ 학문과 관련된 사자성어

❶ 타산지석(他山之石) : 다른 사람의 하찮은 언행이라도 자기의 지덕을 닦는 데 도움이 됨을 비유해 이르는 말

2 온고지신(溫故知新) : 옛것을 익히고 그것을 미루어서 새것을 앎

❸ 형설지공(螢雪之功) : 가난을 이겨내며 반딧불과 눈빛으로 글을 읽어가며 고생 속에서 공부하여 이룬 공을 일컫는 말

④ 괄목상대(刮目相對) : 눈을 비비고 다시 보며 상대를 대한다는 뜻으로, 다른 사람의 학식이나 업적이 크게 진보한 것을 말함

$x=\sqrt{2}$ 일 때, $\dfrac{3}{x-\dfrac{x-1}{x+1}}$ 의 값은?

편집 용지 설정하기

새 문서를 실행하여 편집 용지의 종류는 A4(국배판), 용지 방향은 '세로'로 지정, 위쪽, 아래쪽 여백과 머리말, 꼬리말은 각각 10mm로 지정하고, 왼쪽, 오른쪽 여백은 각각 25mm로 지정하는 방법에 대하여 알아봅니다.

❶ 한글 2020을 실행하고 '새 문서'를 클릭하여 새 문서를 실행한 후 **[쪽] 탭의 [목록단추 ▾]를 클릭하고 [편집 용지]를 클릭**합니다.

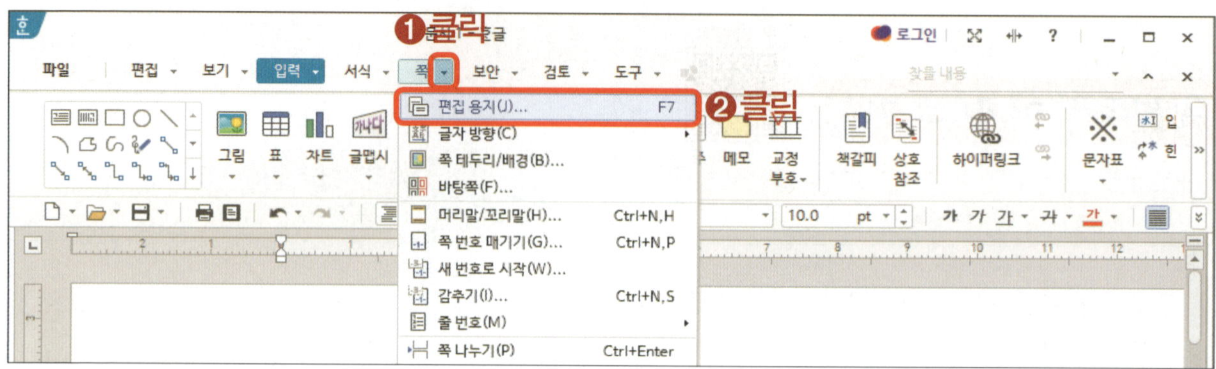

실력쑥쑥 TIP **편집 용지 설정**

- [쪽] 탭의 [목록단추 ▾]를 클릭하고 [편집 용지]를 클릭
- 단축키 : F7

❷ [편집 용지] 대화상자의 **[기본] 탭에서 '종류'는 'A4(국배판)', '용지 방향'은 '세로', '위쪽/아래쪽/머리말/꼬리말'은 '10mm'로 각각 입력하고, '왼쪽/오른쪽'은 '25mm'로 각각 입력한 후 [설정] 단추를 클릭**합니다.

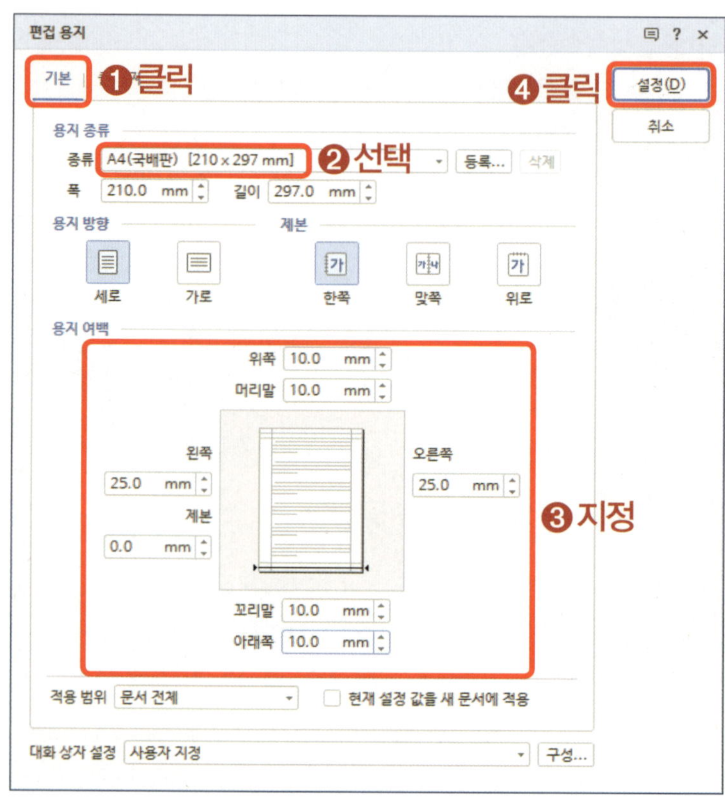

❸ 다음과 같이 지정한 여백에 맞춰 용지가 설정됩니다.

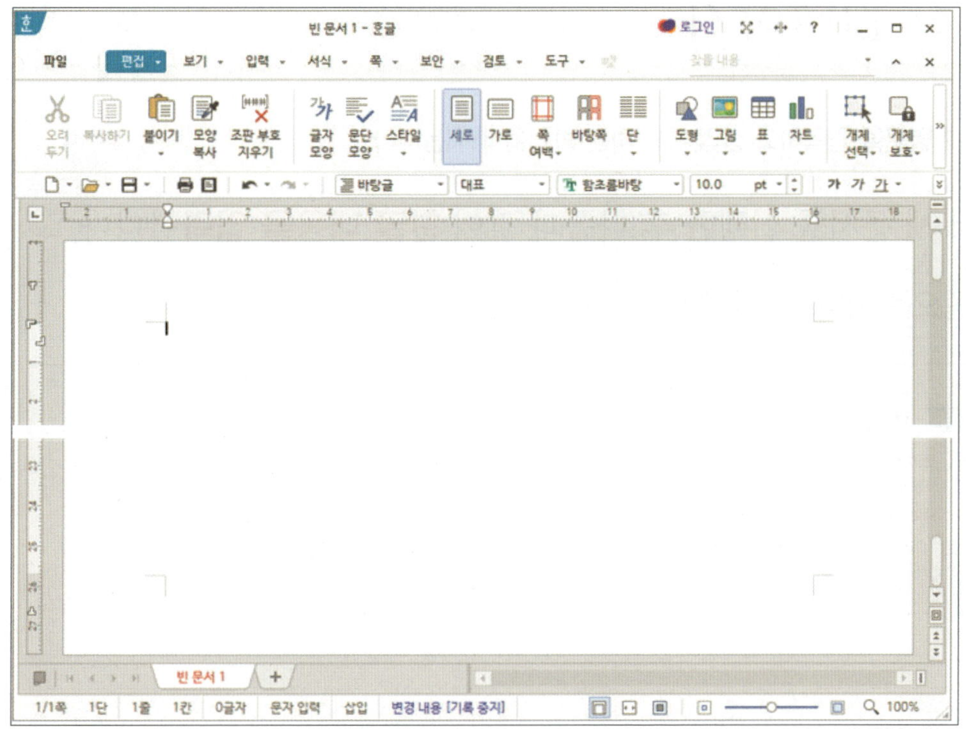

실력쑥쑥 TIP **쪽 윤곽 확인**

[보기] 탭에서 [쪽 윤곽]이 선택되어 있으면 편집 용지에서 설정한 내용을 확인할 수 있습니다.

실력쑥쑥 TIP **편집 용지 적용 범위**

[편집 용지] 대화상자의 [기본] 탭에서 '적용 범위'를 '문서 전체'로 지정하면 모든 페이지가 설정한 대로 변경되며, '새 구역으로'를 지정하면 설정된 내용이 새로운 구역으로 생성되며 새 페이지가 만들어집니다.

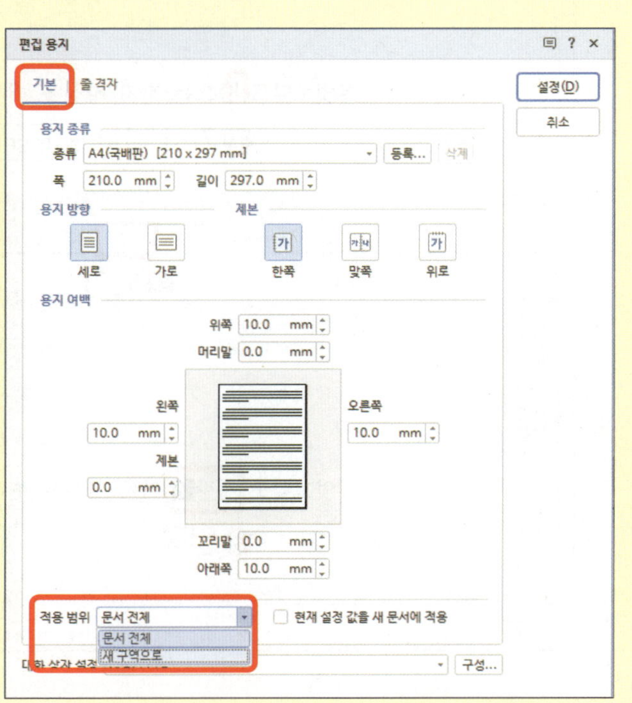

실습 2 글자 입력하기

한글 2020에서 한글과 영문을 입력하고 삽입, 수정하는 방법을 배워봅니다.

1 한글 2020에서 새 문서를 실행한 후 다음과 같이 **한글 내용을 입력**합니다.

– 무엇보다도 증오는 자기 자신을 해하는 독입니다.

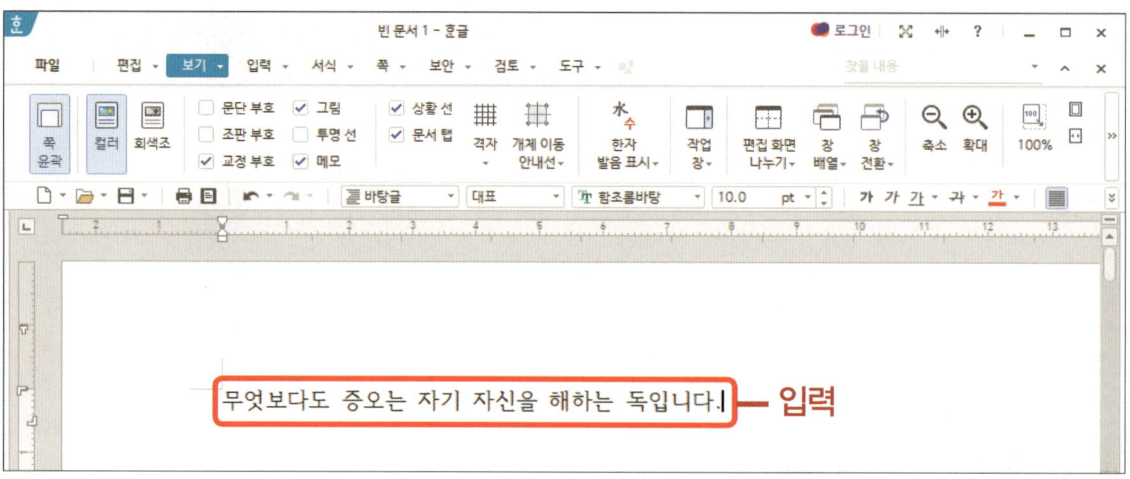

2 글자를 수정하기 위해 **'증오는' 앞에 커서를 위치하고** Insert **키를 눌러 '수정'상태로 변경한 후 『사랑은』을 입력하면 '증오는' 글자가 지워지면서 '사랑은'으로 수정**됩니다.

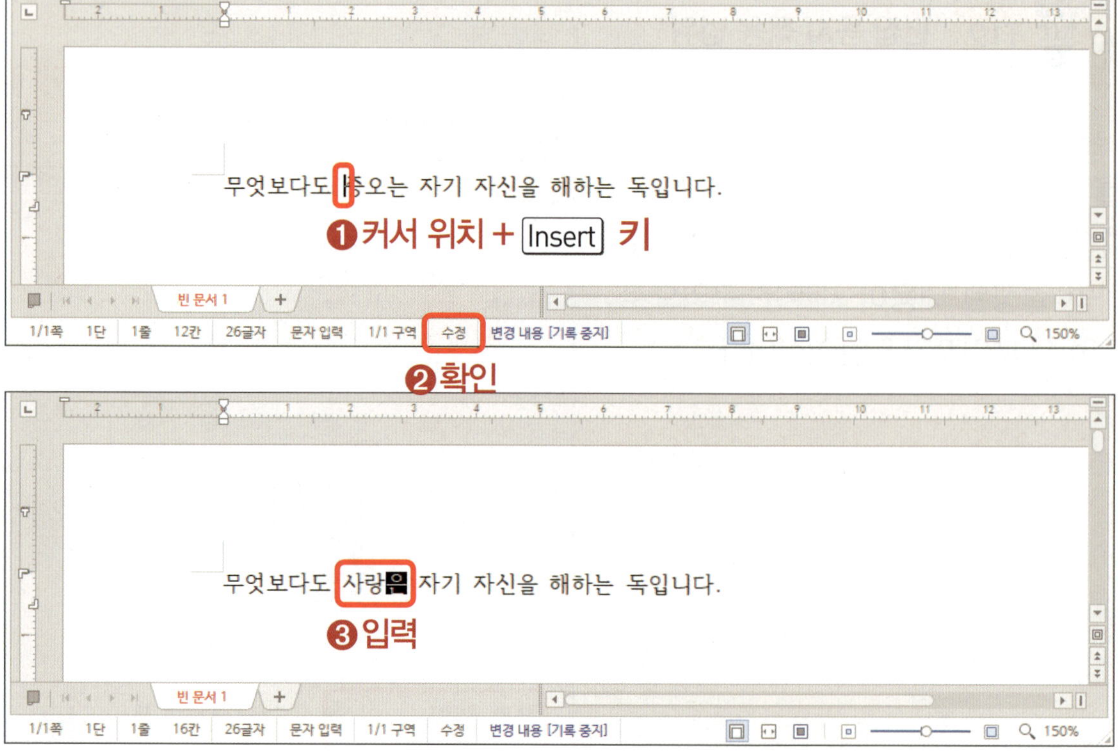

삽입/수정

- Insert 키를 눌러 입력 상태를 '삽입' 또는 '수정'으로 변경할 수 있으며, 상태 확인은 '상황 표시줄'에서 확인할 수 있습니다.

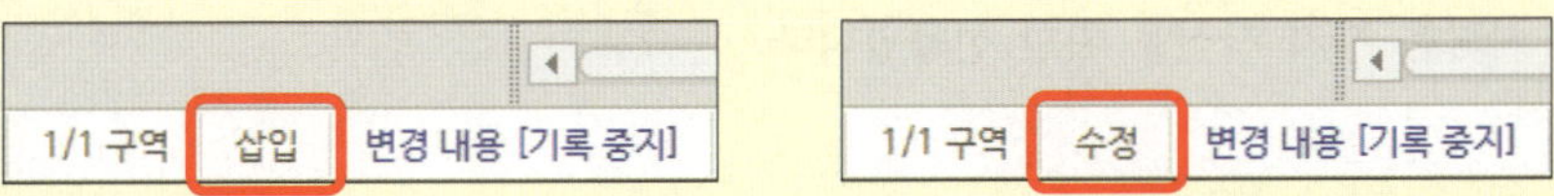

- '삽입' 상태에서 글자를 입력하면 커서 뒤의 글자가 밀리면서 삽입되며, '수정' 상태에서 글자를 입력하면 커서 뒤의 문자가 지워지면서 입력됩니다.

3 그림과 같이 **'해' 앞에 커서를 위치하고 Insert 키를 눌러 '삽입' 상태로 변경한 후 『위한 선물』을 입력**합니다.

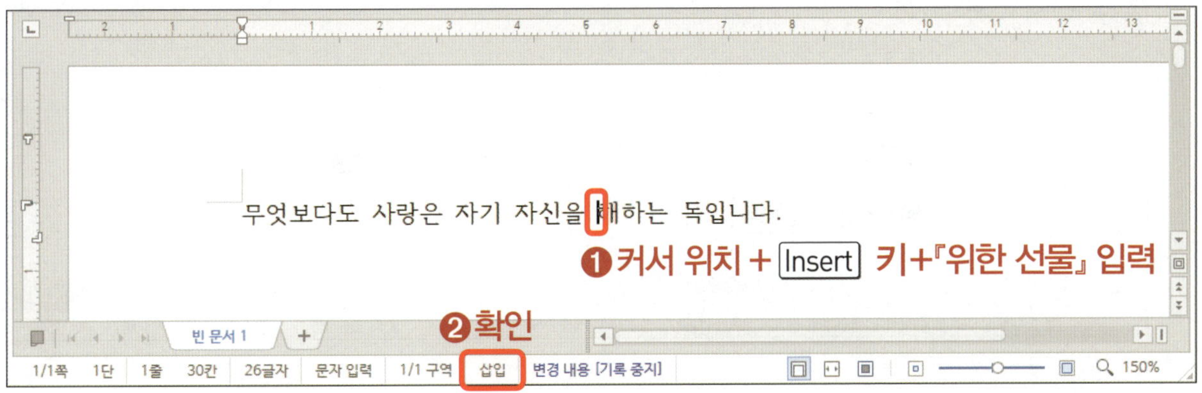

4 입력한 **'선물' 문자 뒤에 커서가 있으면 Delete 키를 눌러 '해하는 독'의 글자를 지웁니다.**

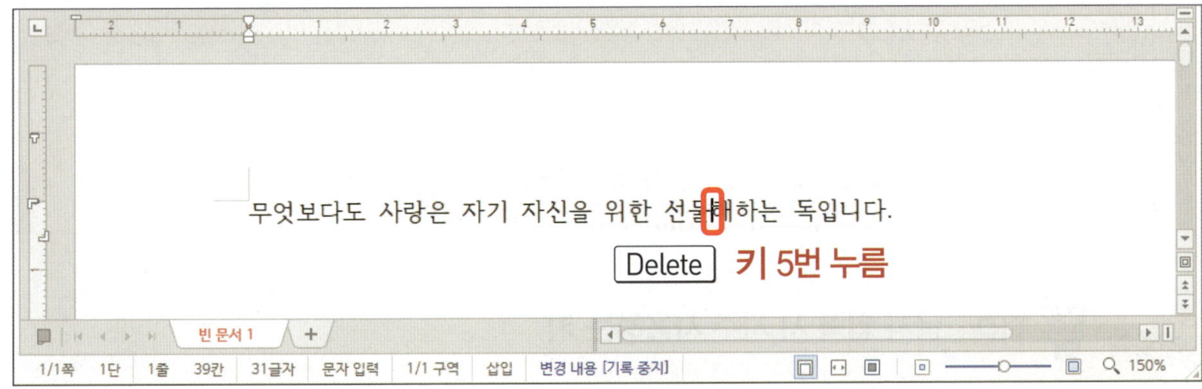

5 다음과 같이 글자가 수정되었는지 확인합니다.

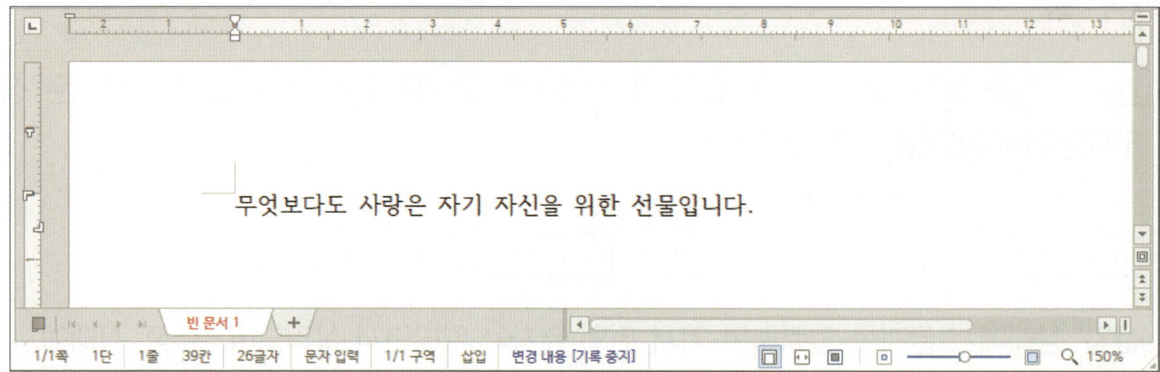

6 입력한 **문단 뒤에서** Enter **키를 눌러 문단을 내립니다.** 5초쯤 기다리면 커서 하단에 '가'라고 표시되는데 현재 한글 입력 상태를 나타냅니다. 한/영 **키를 눌러 영문으로 전환**합니다.

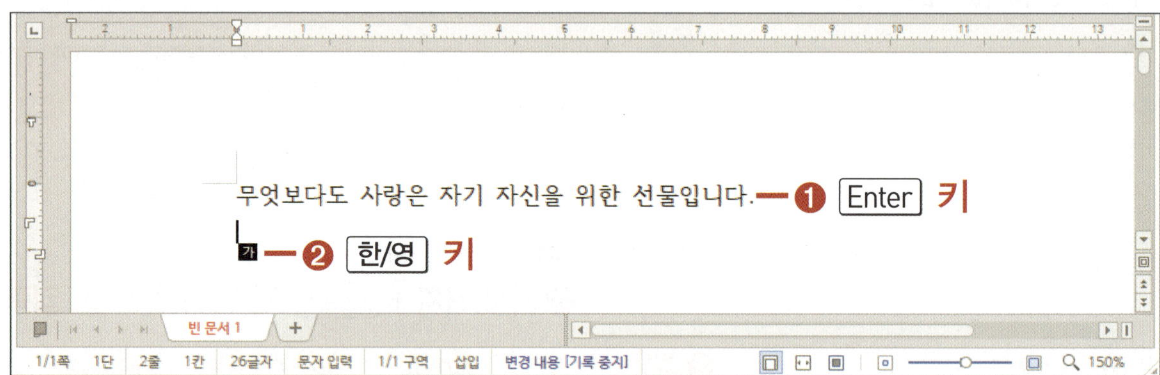

7 다음과 같이 **영문을 입력**합니다.

– Love is, above all, the gift of oneself.

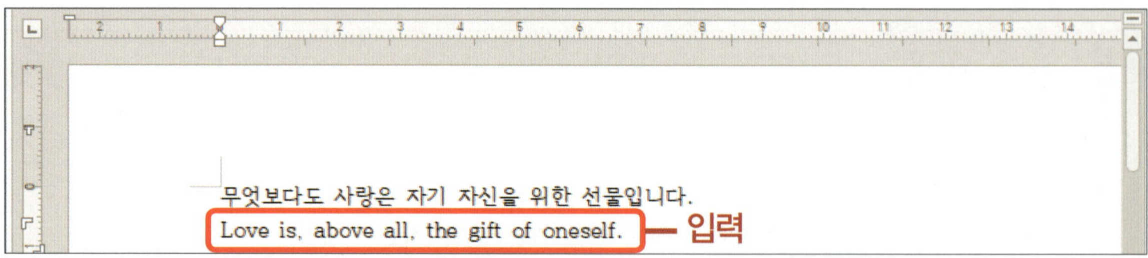

실력쑥쑥 TIP **글자 입력 시 자주 사용하는 키**

- 문단 바꾸기 : Enter
- 입력 삽입/수정 : Insert
- 영어 대/소문자 : Caps Lock
- 커서 뒤의 글자 삭제 : Delete
- 커서 앞의 글자를 삭제 : Backspace
- 한글/영문 전환 : 한/영
- 글자 띄어쓰기 : Space Bar

8 'oneself' 문자를 범위 지정한 후 [Delete] 키를 눌러 지정된 문자를 삭제해 봅니다.

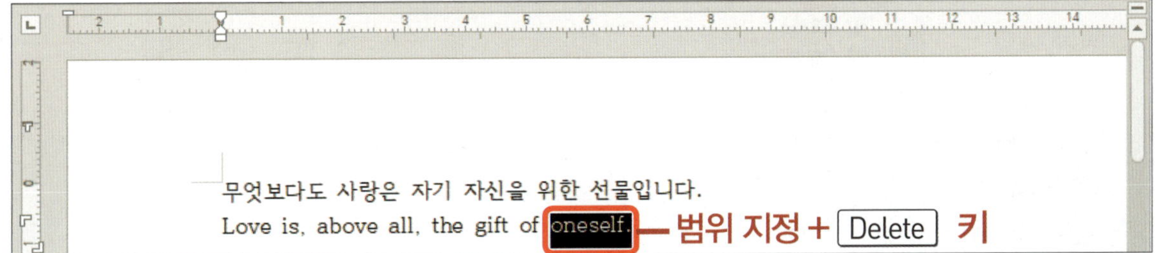

9 서식 도구 상자에서 [되돌리기]를 클릭하면 삭제된 글자가 다시 나타납니다.

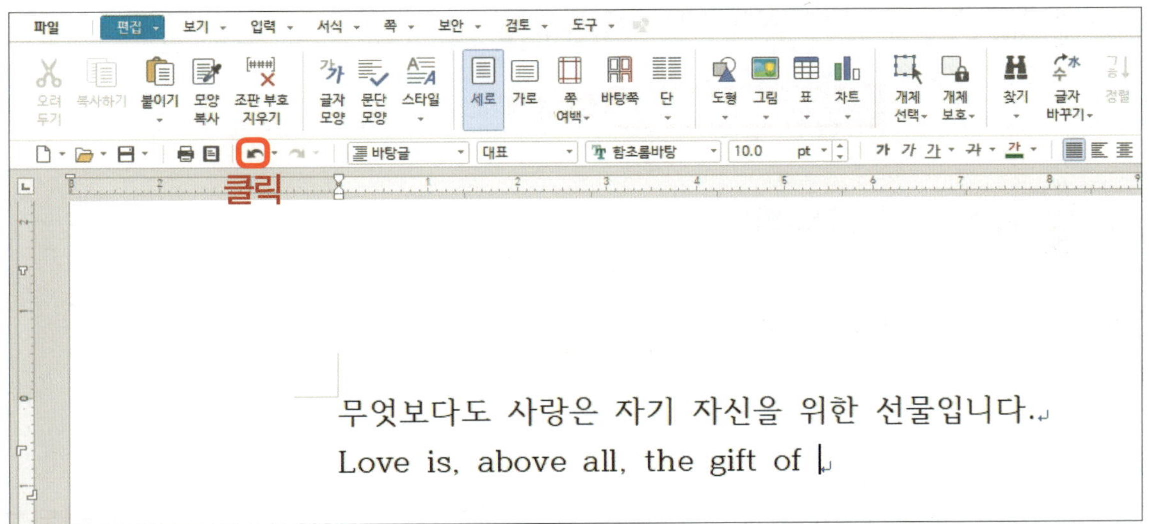

실력쑥쑥 TIP **되돌리기와 다시 실행 단축키**

- 되돌리기 : [Ctrl]+[Z]
- 다시 실행 : [Ctrl]+[Shift]+[Z]

실습 3 특수문자와 한자 입력하기

한글 2020에서 다양한 특수문자를 입력하는 방법과 한글을 한자로 변경하는 방법에 대하여 배워봅니다.

예제 파일 : Easy한글2020\실습및정답파일\2장\특수문자와한자입력하기(실습).hwp

1 '특수문자와한자입력하기(실습).hwp' 파일을 불러옵니다. '학문과 관련된 사자성어'의 첫 문장에 커서를 놓고 [입력] 탭의 [목록단추]를 클릭한 후 [문자표]를 클릭합니다.

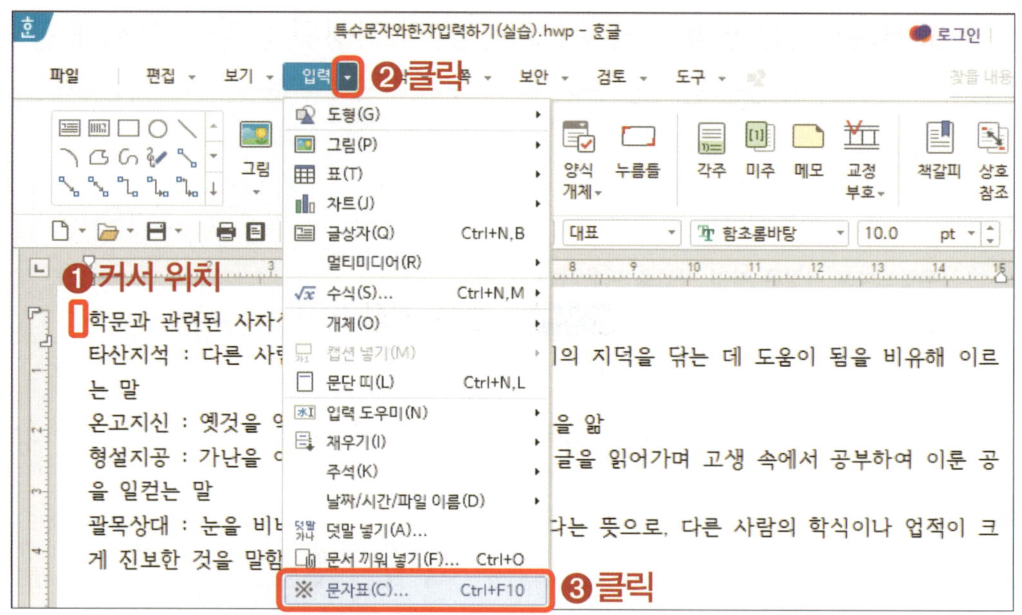

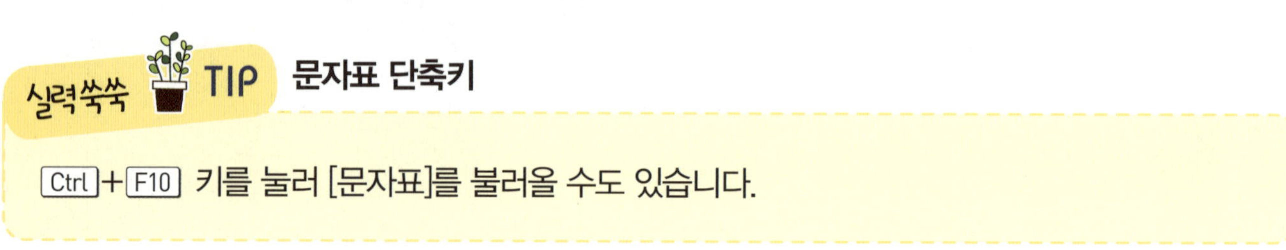

❷ [문자표] 대화상자의 [한글(HNC) 문자표] 탭에서 **'전각 기호(일반)'을 선택하고 '★' 특수문자를 선택한 후 [넣기] 단추를 클릭**합니다.

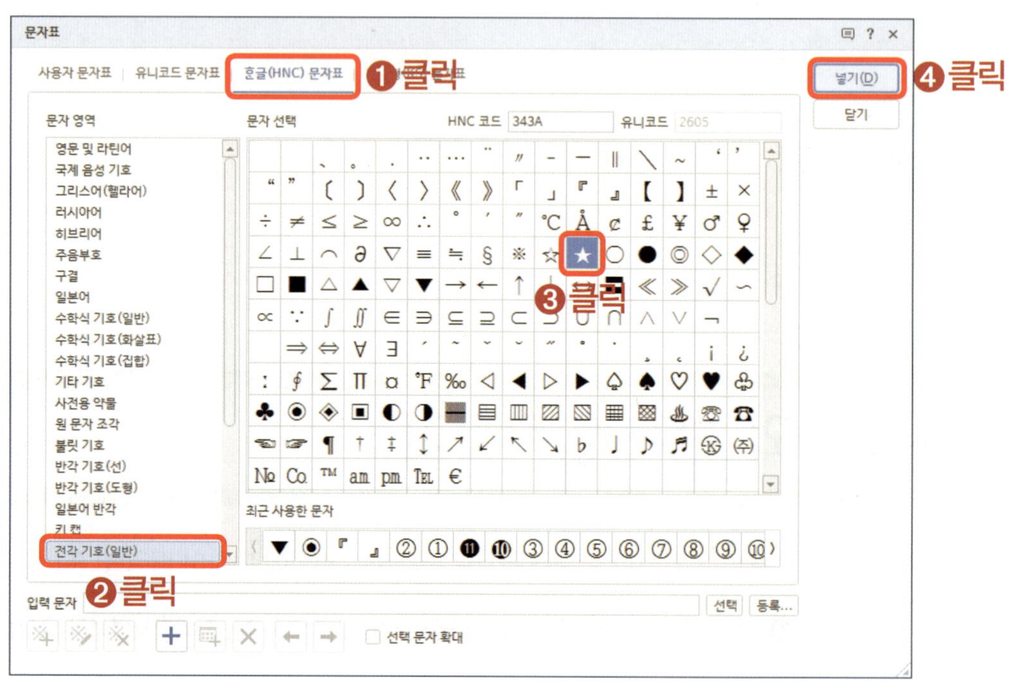

3 다음과 같이 '★' 특수문자가 입력되면 Space Bar **키를 눌러 한 칸 띄어 씁니다.**

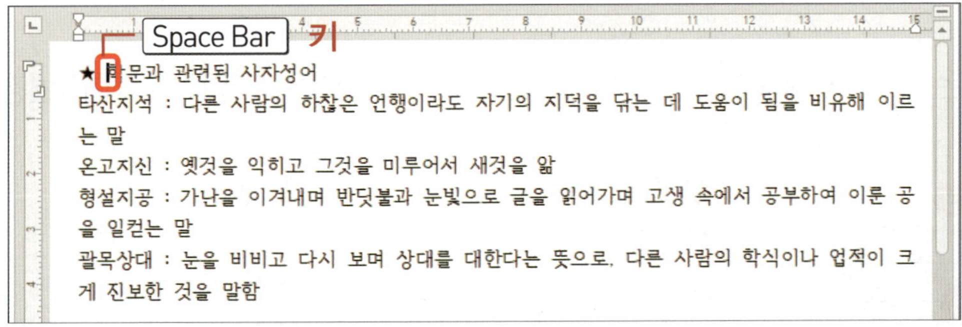

4 한자로 변경하기 위해 **'타산지석' 단어를 드래그하여 범위 지정한 후 [입력] 탭을 클릭하고 [한자 입력]에서 [한자로 바꾸기]를 클릭**합니다.

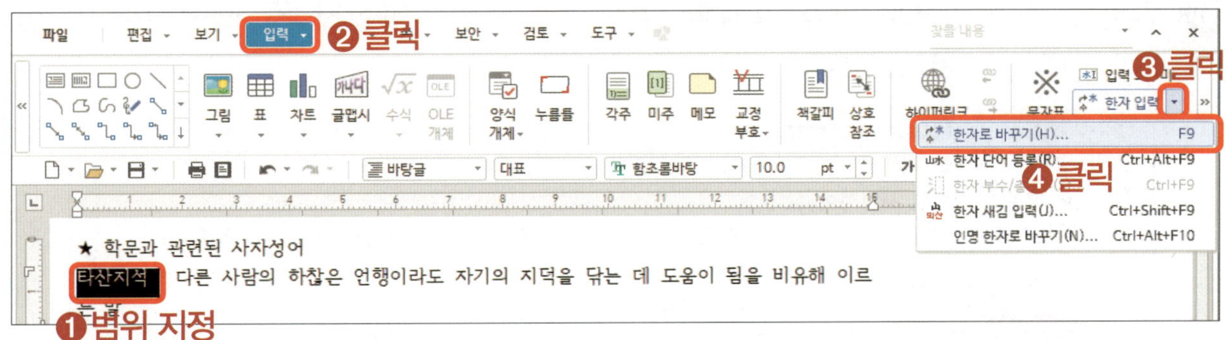

실력쑥쑥 TIP 한자 변경

- 한자로 변경할 단어를 범위 지정한 후 F9 키 또는 한자 키를 눌러 한자로 변경할 수도 있습니다.
- 변환된 한자 뒤에 커서를 놓고 F9 키 또는 한자 키를 누르면 한자가 다시 한글로 변경됩니다.

5 [한자로 바꾸기] 대화상자에서 **'他山之石' 한자를 선택하고 '입력 형식'에 '한글(漢字)'을 선택한 후 [바꾸기] 단추를 클릭**합니다.

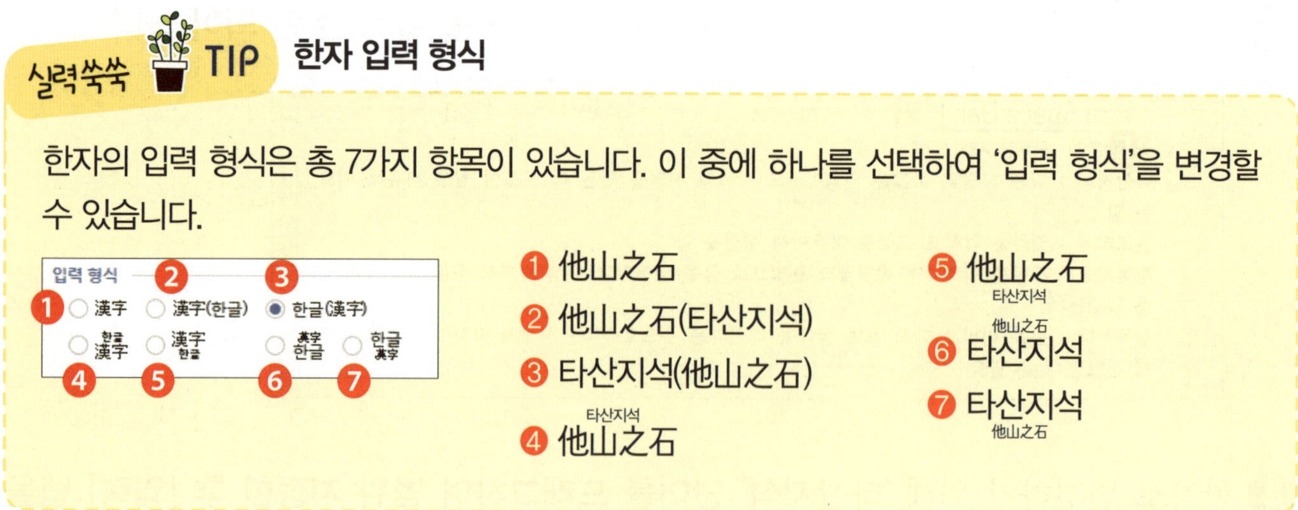

실력쑥쑥 TIP **한자 입력 형식**

한자의 입력 형식은 총 7가지 항목이 있습니다. 이 중에 하나를 선택하여 '입력 형식'을 변경할 수 있습니다.

❶ 他山之石
❷ 他山之石(타산지석)
❸ 타산지석(他山之石)
❹ 他山之石 (위: 타산지석)
❺ 他山之石 (아래: 타산지석)
❻ 타산지석 (위: 他山之石)
❼ 타산지석 (아래: 他山之石)

❻ 위와 같은 방법으로 다음 그림과 같이 '온고지신', '형설지공', '괄목상대'를 '한글(漢字)' 형태로 변경합니다.

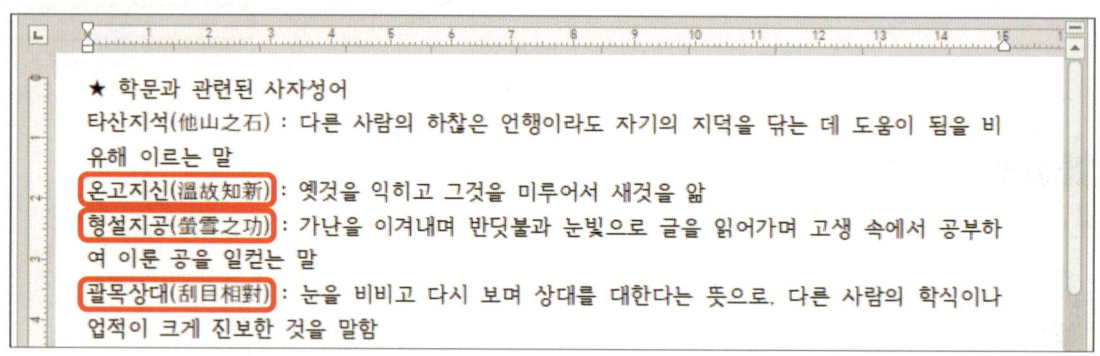

한자 발음 표시하기

[보기] 탭에서 [한자 발음 표시]의 [목록단추 ▾]를 클릭한 후 [한자 발음 표시]를 클릭하면 입력되어 있는 한자 아래쪽에 한자 발음이 표시되며, 다시 한번 [한자 발음 표시]를 클릭하면 '한자 발음 표시'가 없어집니다.

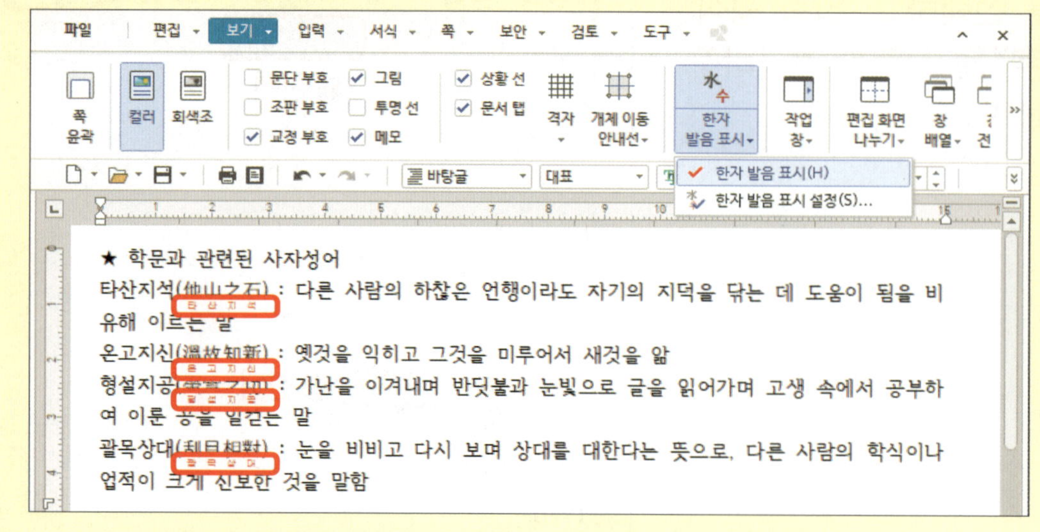

• [보기] 탭에서 [한자 발음 표시]의 [목록단추]를 클릭한 후 [한자 발음 표시 설정]을 클릭하면 한자 발음 표시의 위치를 위쪽으로 수정할 수도 있습니다.

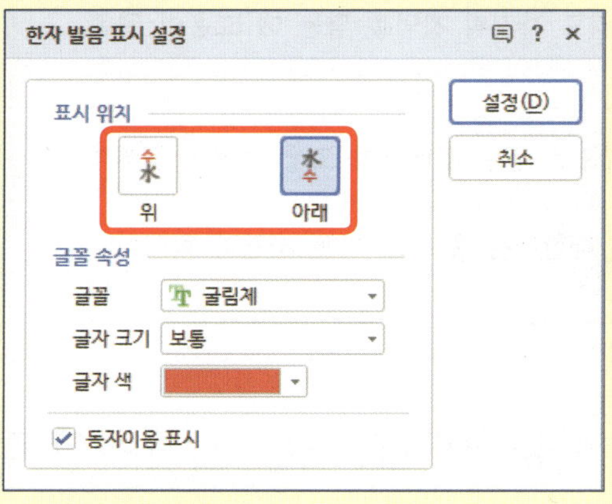

7 '타산지석' 앞에 커서를 위치하고 **[입력] 탭의 [목록단추]를 클릭한 후 [입력 도우미]-[글자 겹치기]를 클릭**합니다.

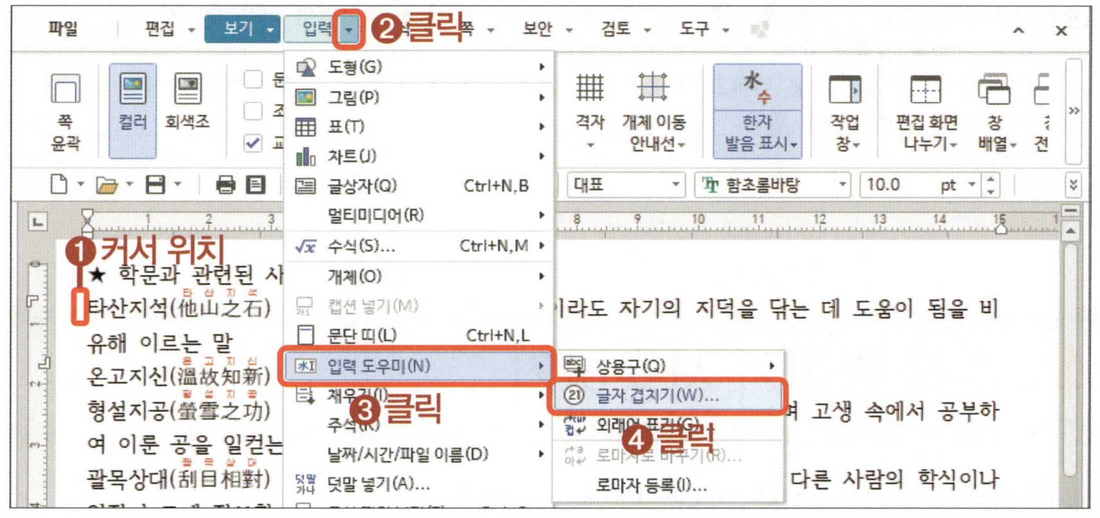

8 [글자 겹치기] 대화상자에서 **'겹쳐 쓸 글자'에 『1』을 입력**한 후 '겹치기 종류'에서 **'❶'을 선택하고 [넣기] 단추를 클릭**합니다.

9 다음과 같이 글자 겹치기 '❶'이 입력되면 Space Bar **키를 눌러** 한 칸을 띄어쓰기합니다.

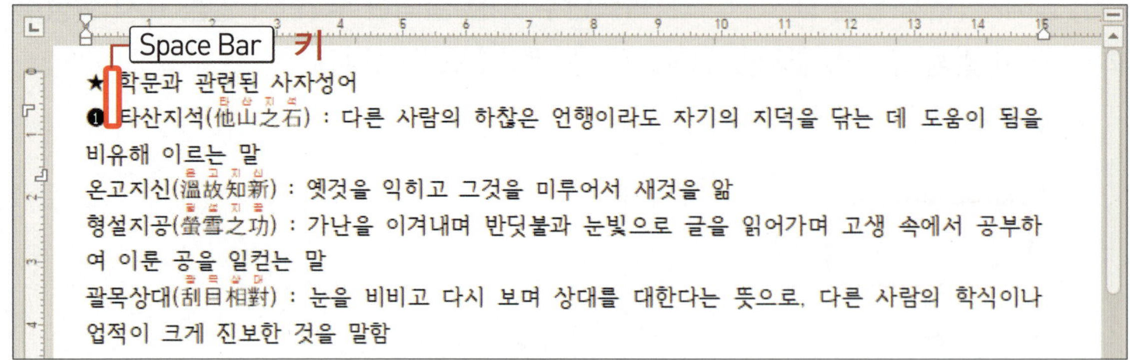

10 같은 방법으로 그림과 같이 글자 겹치기를 이용하여 2, ❸, ④ 종류의 겹치기 문자를 입력합니다.

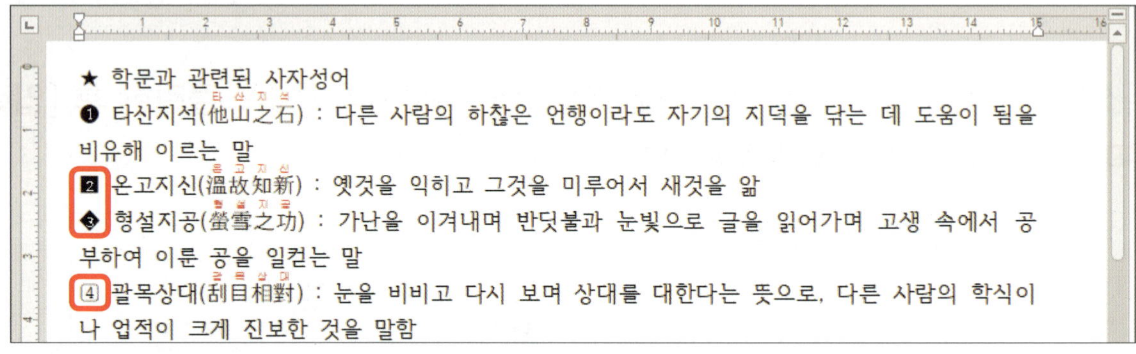

실습 4 수식 편집기 사용하기

수식 편집기를 이용하여 다양한 수식을 입력하는 방법을 배워봅니다.

1 한글 2020에서 새 문서를 실행한 후 수식을 입력하기 위해서 **[입력] 탭에서 [수식 $\sqrt{x}$]을 클릭**합니다.

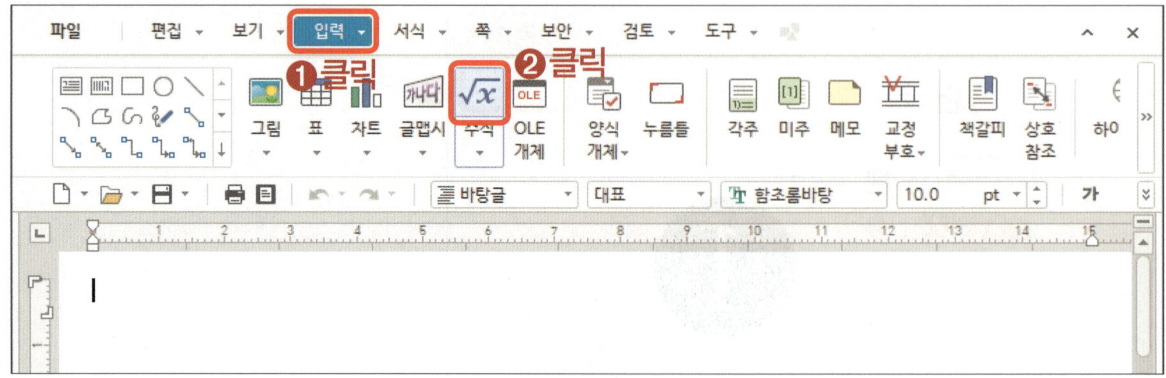

❷ [수식 편집기] 대화상자에서 『x=』을 입력한 후 [근호 √□]를 클릭합니다.

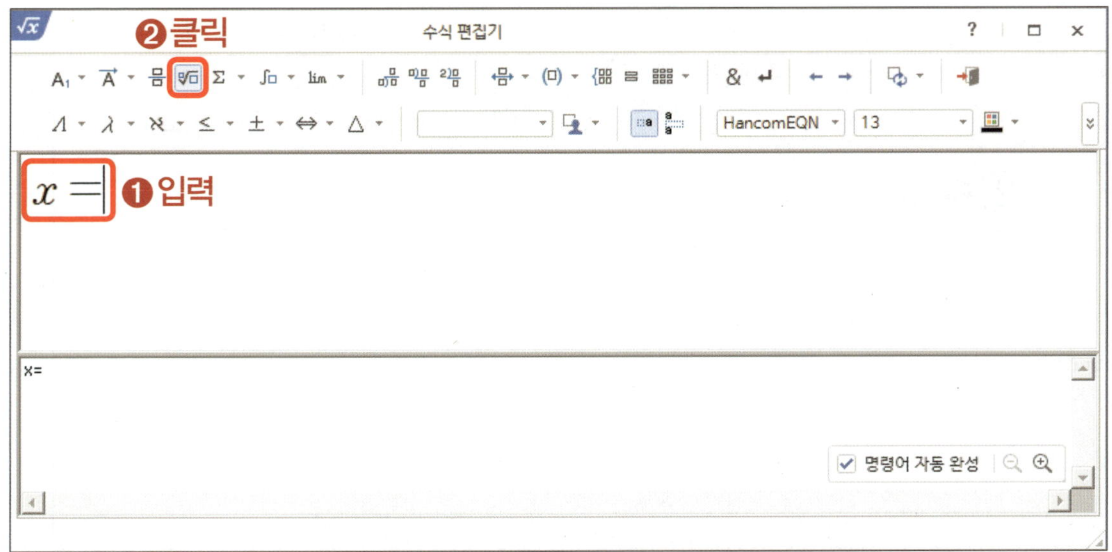

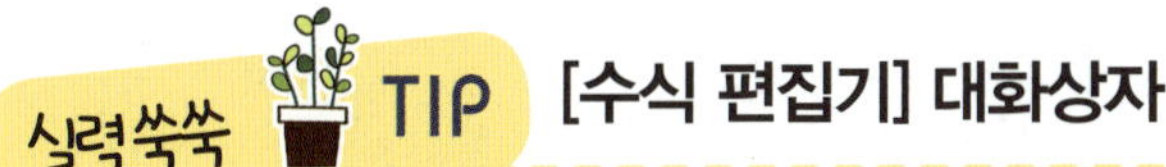

[수식 편집기] 대화상자

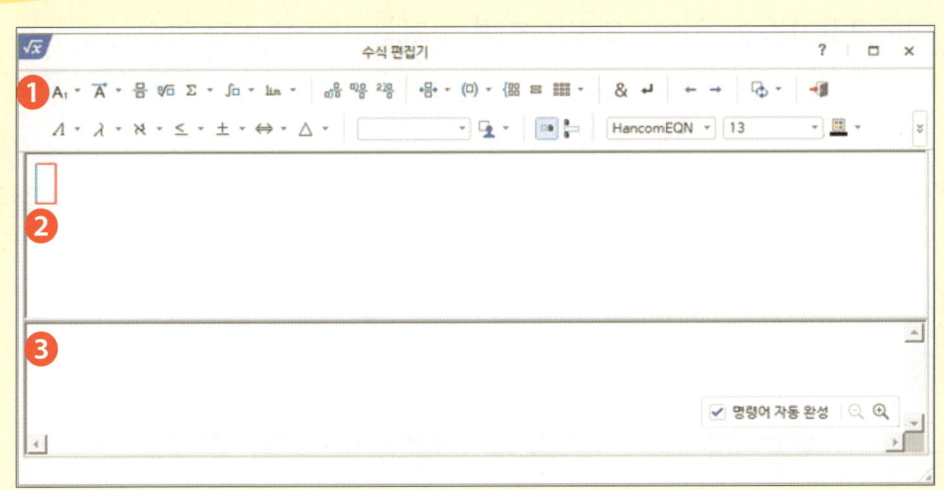

❶ [수식] 도구 상자 : 다양한 함수 기호와 수식 템플릿, 수식 기호 및 수식용 명령어가 제공됩니다. 복잡한 수학 기호와 명령어를 직접 입력하지 않고도 [수식] 도구 상자의 다양한 수식 아이콘을 이용하여 간편하게 수식을 입력할 수 있습니다.

❷ 수식 편집 창 : [수식] 도구 상자에서 수식 템플릿을 선택한 다음 수식 편집 창에서 필요한 값만 입력하면 간편하게 수식을 작성할 수 있습니다.

❸ 스크립트 입력 창 : 수식 명령어를 직접 입력하여 수식을 만듭니다. 스크립트 입력 창에서 수식 명령어를 입력하면 수식 편집 창에서 결과를 바로 확인할 수 있습니다.

3 '근호' 안에 **『2』를 입력**한 후 근호를 나가기 위해 **[다음 항목 ➡]을 클릭**합니다.

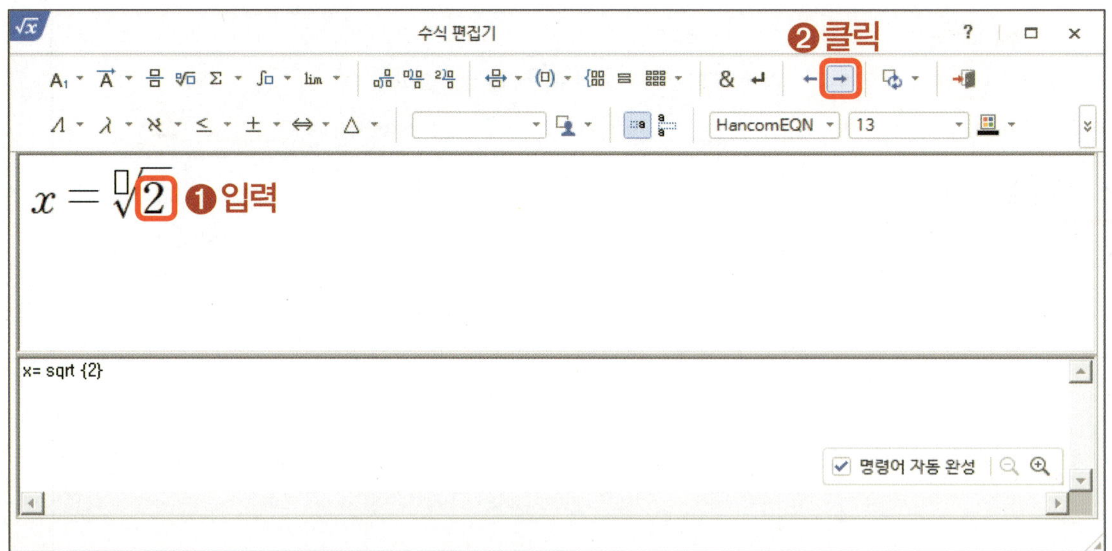

수식 입력 시 커서의 이동

'수식 편집기'에서 다음 항목으로 이동은 키보드의 방향키를 눌러서 이동할 수도 있습니다.

4 입력한 근호 뒤에 **『일 때, 』를 입력**한 후 분수를 입력하기 위해 **[분수 믐]를 클릭**합니다.

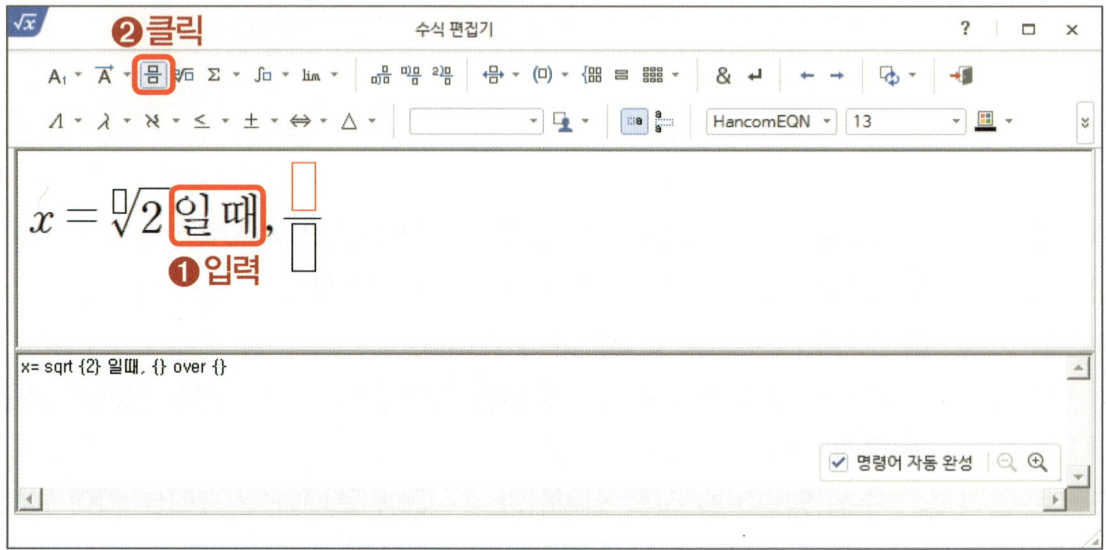

5 위쪽에 『3』을 입력한 후 분모로 이동하기 위해 [다음 항목 ➜]을 클릭하거나 방향키 아래 화살표(↓)를 클릭합니다.

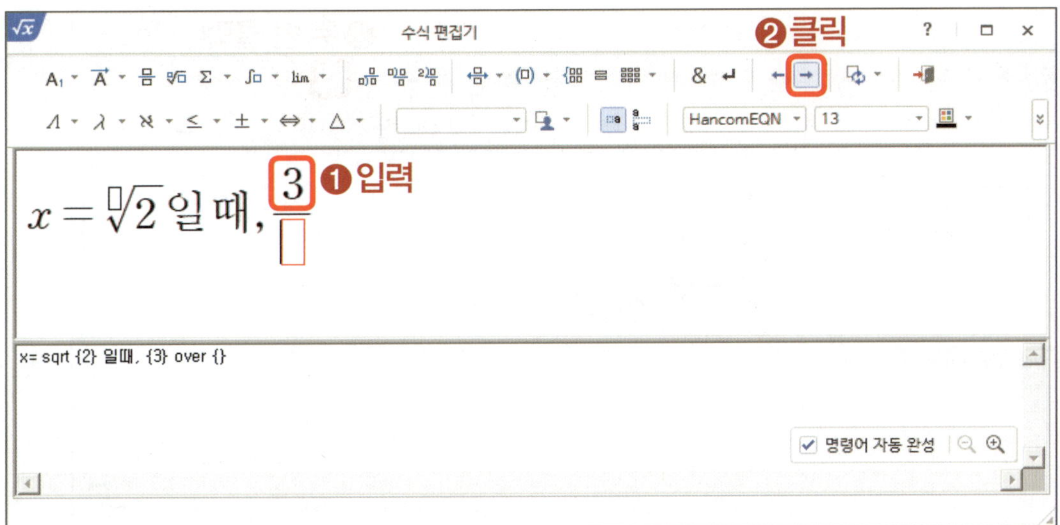

6 『x−』를 입력한 후 [분수]를 클릭합니다.

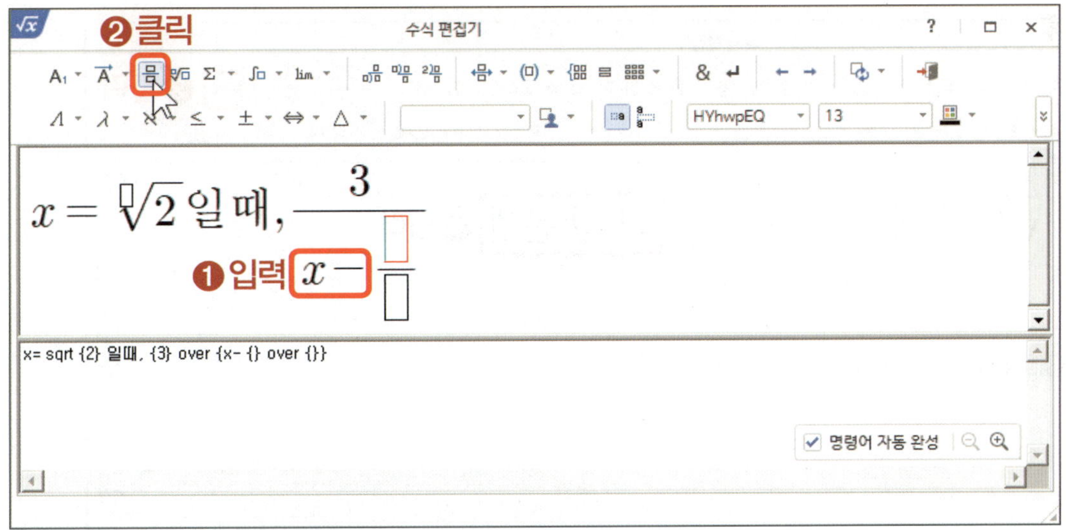

7 『x−1』을 입력한 후 [다음 항목 ➜]을 클릭합니다.

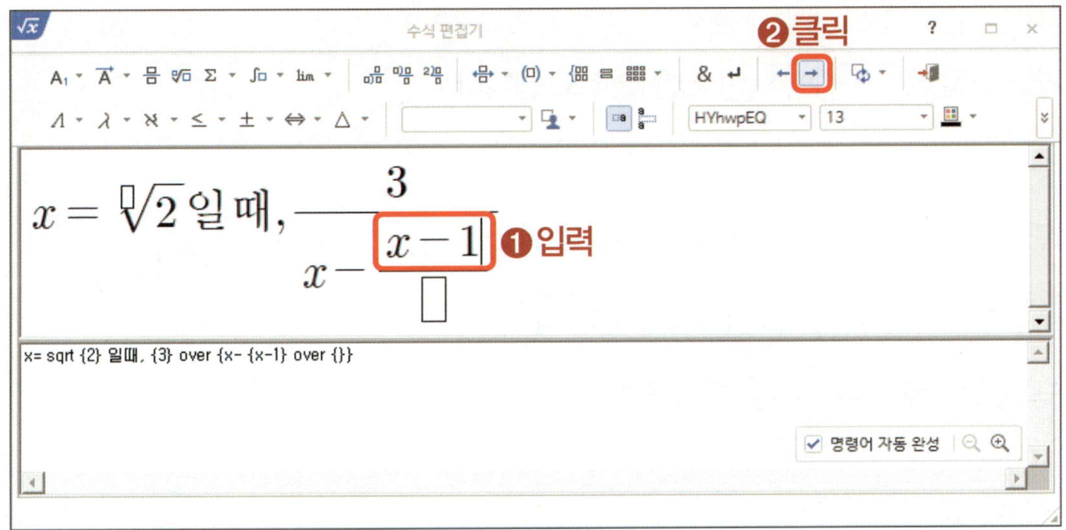

8 **『x+1』을 입력**한 후 **[다음 항목 ➡]을 두 번 클릭**하여 완전하게 분수를 벗어납니다.

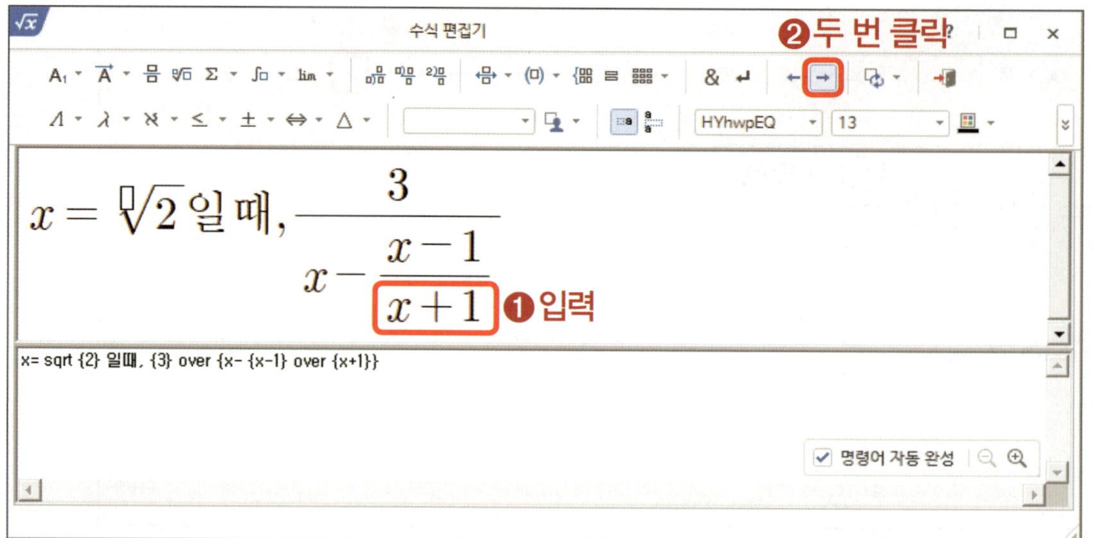

9 **『의 값은?』을 입력**한 후 **[넣기]를 클릭**하여 수식을 입력합니다.

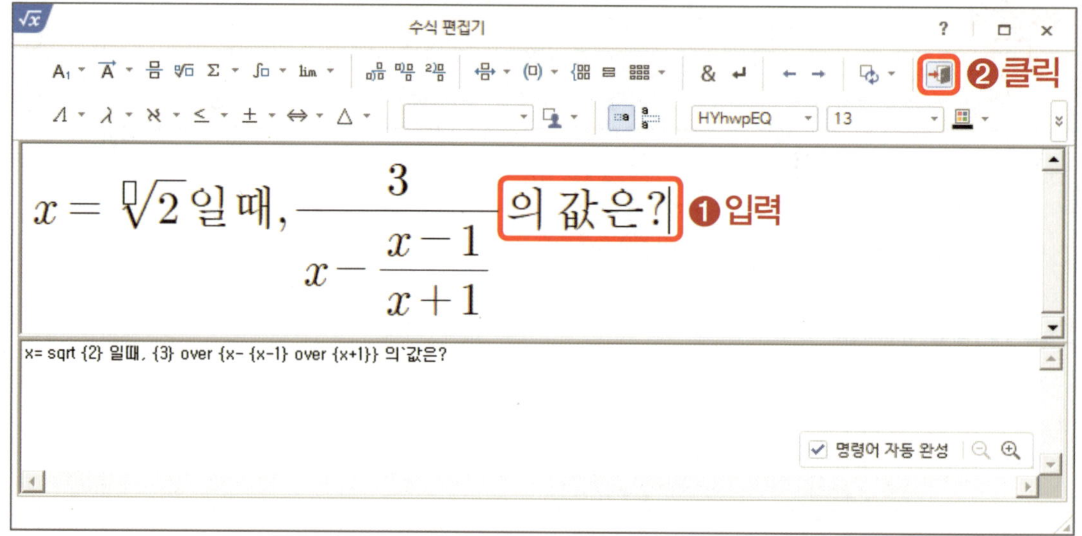

실력쑥쑥 TIP 수식 편집기 종료

수식 편집기를 나갈 때 Shift+Esc 키를 눌러도 됩니다.

10 다음 그림과 같이 수식이 입력되었는지 확인합니다.

$$x = \sqrt{2} \text{ 일 때, } \frac{3}{x - \frac{x-1}{x+1}} \text{ 의 값은?}$$

혼자 풀어보기

1 한글 2020의 새 문서에서 다음과 같이 '한글'과 '영문'을 입력하고 '명언', '명심', '변화', '방법'의 단어를 한자로 변경해 보세요.

> 영어명언(名言)
>
> 날지 못하면 달려라.
> 달리지 못하면 걸어라.
> 그리고 걷지 못하며 기어라,
> 당신이 무엇을 하든 앞으로 가야 한다는 것만 명심(銘心)해라
> If you cannot fly then run.
> If you cannot run, then walk.
> and, if you cannot walk, then crawl,
> but whatever you do, you have to keep moving forward.
> Martin Luter King Jr.
>
> 자신을 가장 빨리 변화(變化)시키는 방법(方法)은 당신이 되고 싶은 모습을 하고 있는 사람들과 어울리는 것이다.
> The fastest way to change yourself is to hang out with people who are already the way you want to be. Reid Hoffman

Hint! 한자 변경은 단어를 범위 지정한 후 [한자] 키 또는 [F9] 키

2 위에서 작성한 문서에 '특수문자', '글자 겹치기' 기능을 이용하여 다음과 같이 완성해 보세요.

※ 영어명언(名言) ★

㉠ 날지 못하면 달려라.
❶ 달리지 못하면 걸어라.
[삼] 그리고 걷지 못하며 기어라,
[사] 당신이 무엇을 하든 앞으로 가야 한다는 것만 명심(銘心)해라
If you cannot fly then run.
If you cannot run, then walk.
and, if you cannot walk, then crawl,
but whatever you do, you have to keep moving forward.
▶Martin Luter King Jr.◀

◈ 자신을 가장 빨리 변화(變化)시키는 방법(方法)은 당신이 되고 싶은 모습을 하고 있는 사람들과 어울리는 것이다.
The fastest way to change yourself is to hang out with people who are already the way you want to be. ♥ Reid Hoffman ♡

Hint! 특수문자는 Ctrl + F10, 글자 겹치기 [입력]-[입력 도우미]-[글자 겹치기] 이용

3 수식 편집기를 이용하여 다음 수식 (1), (2), (3), (4)를 각각 입력해 보세요.

(1) $\sum_{k=1}^{n} k^3 = (\frac{1}{2}n(n+1))$

(2) $S = \pi r^2 + \frac{1}{2} \times 2\pi r \times 1$

(3) $U_a - U_b = \frac{GmM}{a} - \frac{GmM}{b} = \frac{GmM}{2R}$

(4) $V = \frac{1}{R}\int_{0}^{q} qdq = \frac{1}{2}\frac{q^2}{R}$

Hint! [입력] 탭에서 수식 단추($\sqrt{x}$ 수식)를 클릭 또는 단축키 Ctrl+N, M을 이용

4 수식 편집기를 이용하여 다음 수식 (1), (2), (3), (4)를 각각 입력해 보세요.

(1) $f = \sqrt{\frac{2 \times 1.6 \times 10^{-7}}{9.1 \times 10^{-3}}} = 5.9 \times 10^5$

(2) $\lambda = \frac{h}{mh} = \frac{h}{\sqrt{2meV}}$

(3) $H_n = \frac{a(r^n - 1)}{r-1} = \frac{a(1+r^n)}{1-r}(r \neq 1)$

(4) $L = \frac{m+M}{m}V = \frac{m+M}{m}\sqrt{2gh}$

Hint! [입력] 탭에서 수식 단추($\sqrt{x}$ 수식)를 클릭 또는 단축키 Ctrl+N, M을 이용

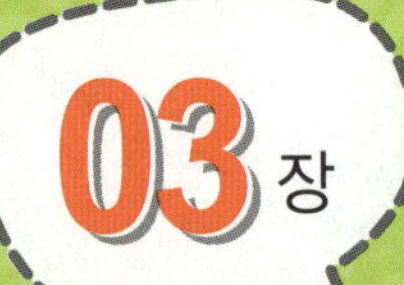

03장 사원 주소록 만들기

범위로 지정된 글자를 이동하고 삭제하는 방법과 글자 찾아 바꾸기, 영어 대소문자 바꾸기, 정렬하기, 문서의 보안 기능에 대하여 배워봅니다.

무료 동영상

완성파일 미·리·보·기

성안 주식회사 사원 주소록

성명	핸드폰번호	코드	주소
김경식	010-8520-4563	KIM21	경기도 용인시 수지구
안현자	010-7410-1234	AHN99	경기도 성남시 분당구
이보람	010-1234-5679	LEE01	경기도 안산시 단원구
최태식	010-7890-1235	CHOI00	경기도 수원시 팔달구
한정수	010-2524-2584	HAN22	경기도 수원시 권선구

지시사항

- '코드' 열을 '주소'열 앞으로 이동
- '주민등록번호' 열을 삭제
- '경기'를 '경기도'로 모두 바꾸기
- '코드'의 소문자를 대문자로 바꾸기
- 개인정보 보호를 이용하여 '12345'로 암호를 설정하고 '핸드폰번호'를 '**************'로 변경
- '성명' 순으로 정렬하기

글자 범위 지정 및 이동하기

입력된 글자를 범위 지정한 후 삭제하고 이동하는 방법에 대하여 배워봅니다.

● 예제 파일 : Easy한글2020\실습및정답파일\3장\3장.사원주소록(실습).hwp

글자 이동하기

1 '3장.사원주소록(실습).hwp' 문서를 불러온 후 **[보기] 탭에서 '조판 부호'에 체크**하면 본문에 파란색으로 조판 부호가 나타납니다.

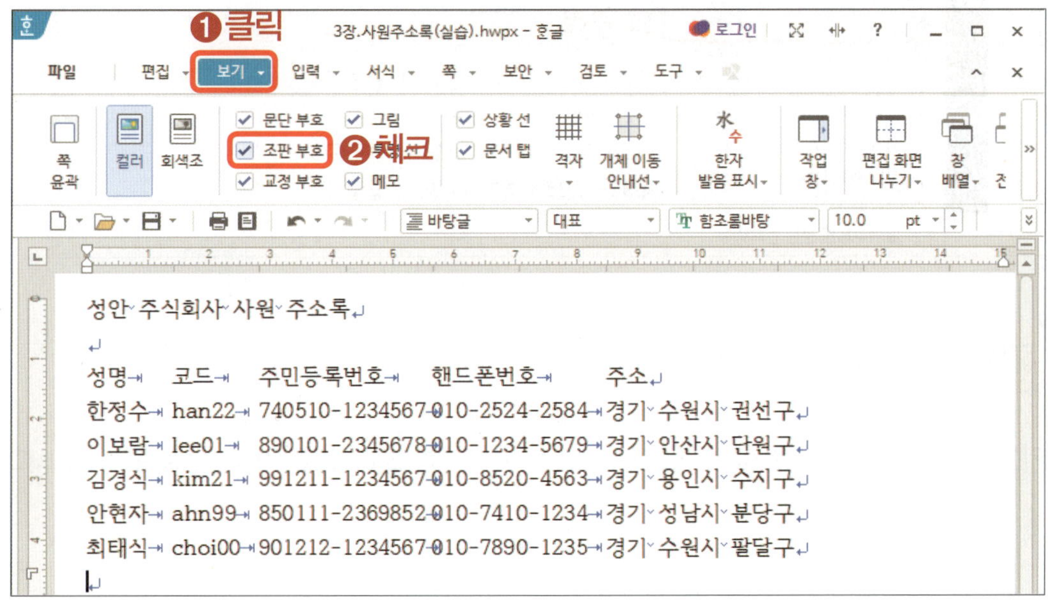

실력쑥쑥 TIP

해설을 쉽게 이해하기 위해 띄어쓰기 조판 부호(그림, 그리기 개체, 머리말, 꼬리말 등) 기호를 화면상에 표시합니다.

2 '코드' 부분을 '주소' 앞쪽으로 이동하기 위해 **'코드' 단어 앞을 클릭**한 후 Alt **키를 누른 채 마우스를 드래그**하여 다음과 같이 범위를 지정합니다.

성안 주식회사 사원 주소록
Alt 키 + 드래그
성명 코드 주민등록번호 핸드폰번호 주소
한정수 han22 740510-1234567 010-2524-2584 경기 수원시 권선구
이보람 lee01 890101-2345678 010-1234-5679 경기 안산시 단원구
김경식 kim21 991211-1234567 010-8520-4563 경기 용인시 수지구
안현자 ahn99 850111-2369852 010-7410-1234 경기 성남시 분당구
최태식 choi00 901212-1234567 010-7890-1235 경기 수원시 팔달구

특정 부분만 범위 지정하기

'코드' 단어 앞에 커서를 놓고 F4 키를 누른 다음 키보드의 방향키 오른쪽(→)과 아래쪽(↓)을 클릭하여 세로 방향으로 범위를 지정할 수도 있습니다.

3 지정된 범위에서 마우스 오른쪽 버튼을 클릭한 후 **[오려 두기]를 클릭**합니다.

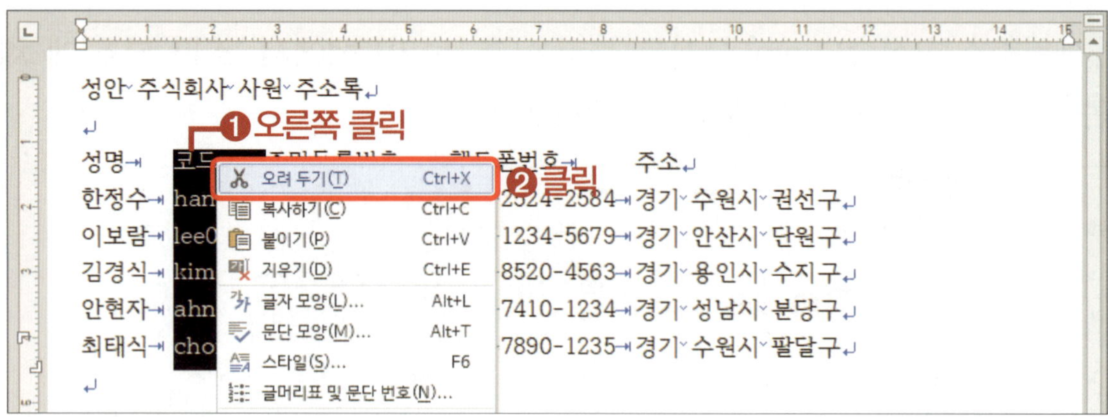

복사하기와 붙이기 단축키

Ctrl+X 키를 눌러 오려 두기를 할 수 있고, Ctrl+V 키를 눌러 붙이기를 할 수도 있습니다.

4 '주소' 단어 앞에 커서를 놓고 마우스 오른쪽 버튼을 클릭한 후 **[붙이기]를 클릭**합니다.

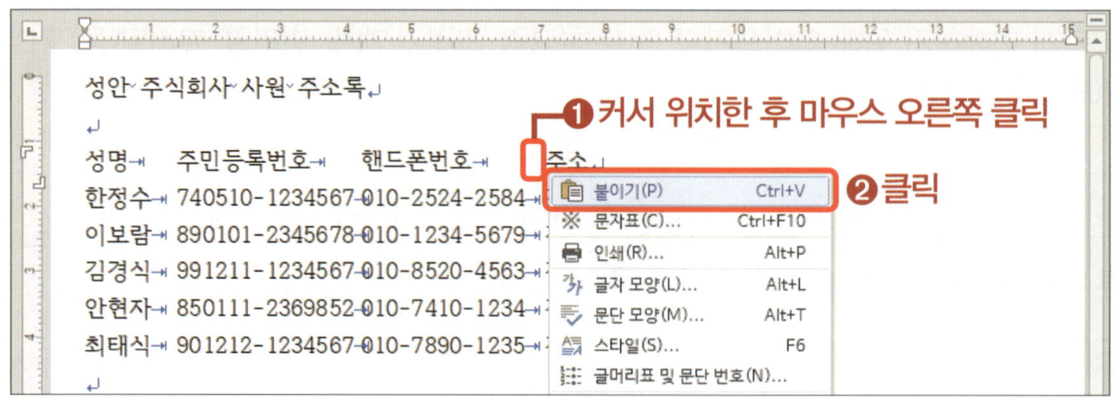

5 다음 그림과 같이 범위 지정한 '코드' 부분이 '주소' 앞쪽으로 이동된 것을 확인할 수 있습니다.

성안 주식회사 사원 주소록

성명 주민등록번호 핸드폰번호 코드 주소
한정수 740510-1234567 010-2524-2584 han22 경기 수원시 권선구
이보람 890101-2345678 010-1234-5679 lee01 경기 안산시 단원구
김경식 991211-1234567 010-8520-4563 kim21 경기 용인시 수지구
안현자 850111-2369852 010-7410-1234 ahn99 경기 성남시 분당구
최태식 901212-1234567 010-7890-1235 choi00 경기 수원시 팔달구

6 주민등록번호를 삭제하기 위해 '주민등록번호' 단어 앞을 클릭한 후 [Alt] **키를 누른 채 마우스를 드래그**하여 다음과 같이 범위를 지정합니다.

성안 주식회사 사원 주소록

Alt 키+드래그

성명 주민등록번호 핸드폰번호 코드 주소
한정수 740510-1234567 010-2524-2584 han22 경기 수원시 권선구
이보람 890101-2345678 010-1234-5679 lee01 경기 안산시 단원구
김경식 991211-1234567 010-8520-4563 kim21 경기 용인시 수지구
안현자 850111-2369852 010-7410-1234 ahn99 경기 성남시 분당구
최태식 901212-1234567 010-7890-1235 choi00 경기 수원시 팔달구

7 [Delete] **키를 누르면** 다음과 같이 범위로 지정했던 주민등록번호가 삭제됩니다.

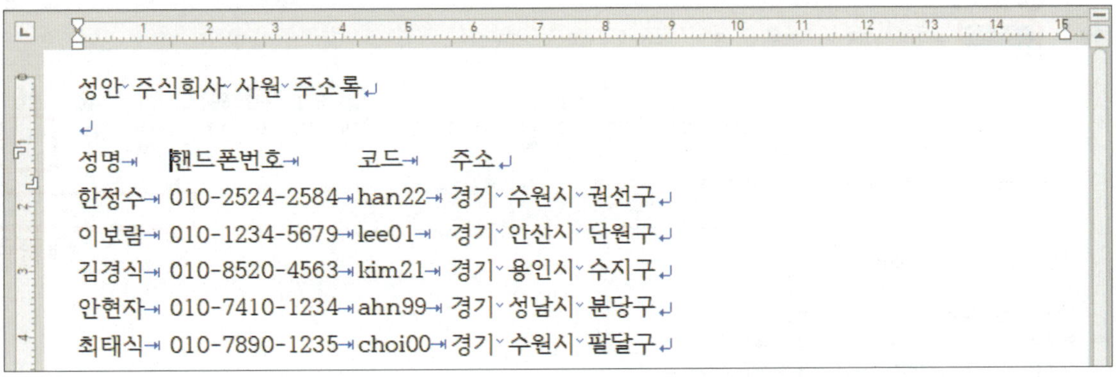

성안 주식회사 사원 주소록

성명 핸드폰번호 코드 주소
한정수 010-2524-2584 han22 경기 수원시 권선구
이보람 010-1234-5679 lee01 경기 안산시 단원구
김경식 010-8520-4563 kim21 경기 용인시 수지구
안현자 010-7410-1234 ahn99 경기 성남시 분당구
최태식 010-7890-1235 choi00 경기 수원시 팔달구

실습 2 글자 바꾸기, 개인정보 찾아서 보호

문자를 다른 문자로 바꾸는 방법과 영문 대소문자를 변경하는 방법에 대하여 배워봅니다.

찾아 바꾸기

1 **[보기] 탭에서 '조판 부호'의 체크를 해제**하여 화면에서 조판 부호 표시를 숨깁니다.

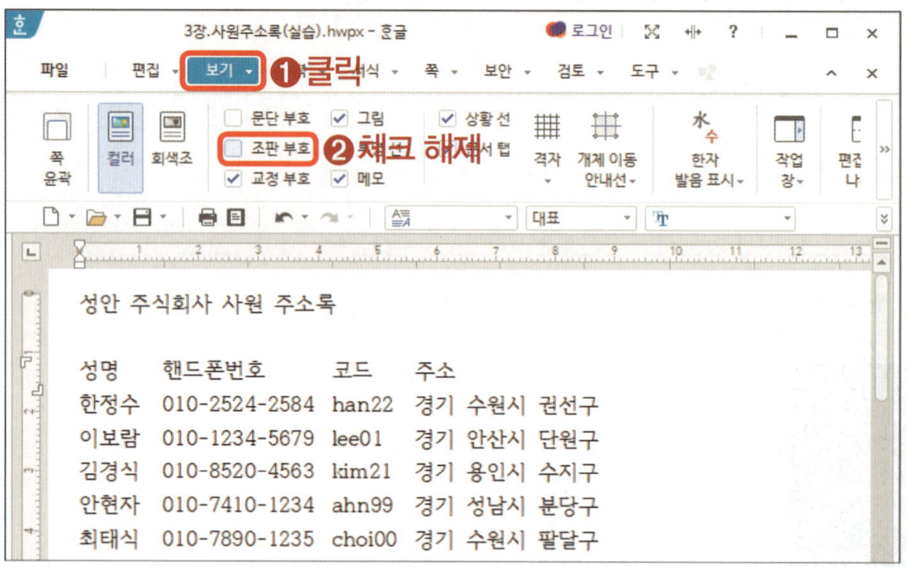

2 **[편집] 탭**을 클릭한 후 **[찾기]에서 [찾아 바꾸기]**를 클릭합니다.

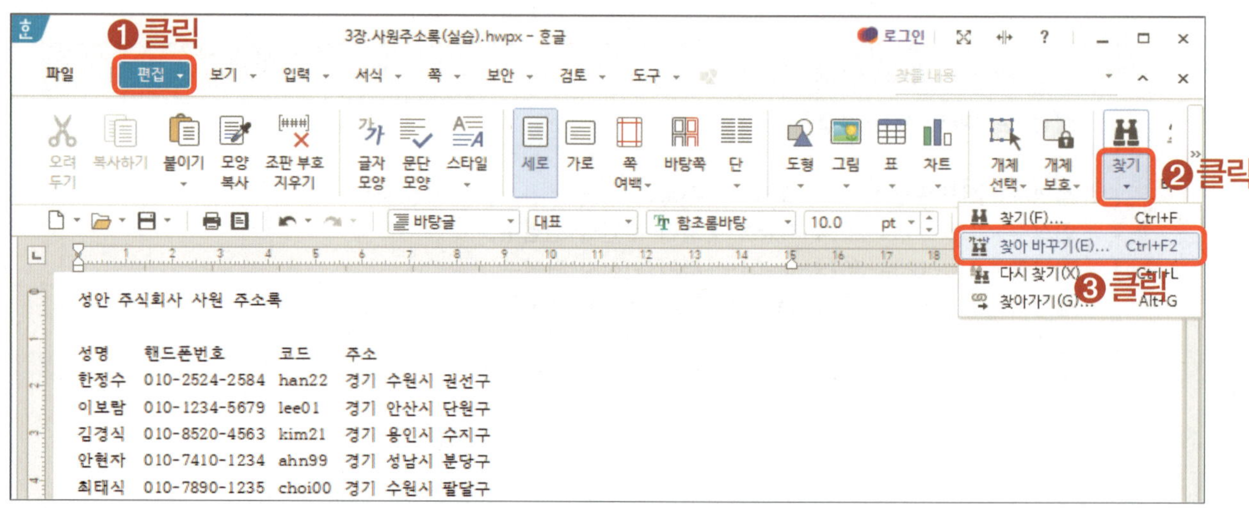

실력쑥쑥 TIP **찾아 바꾸기 단축키**

Ctrl+H 또는 Ctrl+F2

❸ [찾아 바꾸기] 대화상자에서 '찾을 내용'에 **『경기』를 입력**하고, '바꿀 내용'에 **『경기도』를 입력**한 후 **[모두 바꾸기] 단추를 클릭**합니다.

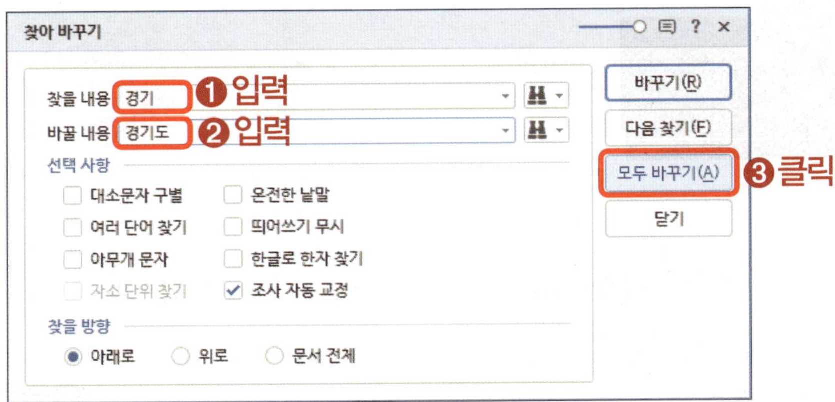

❹ '문서의 처음부터 계속 찾을까요?' 대화상자가 나타나면 **[찾음] 단추를 클릭**하고, '더 이상 찾는 내용이 없습니다.' 대화상자에서 **[확인] 단추를 클릭**합니다.

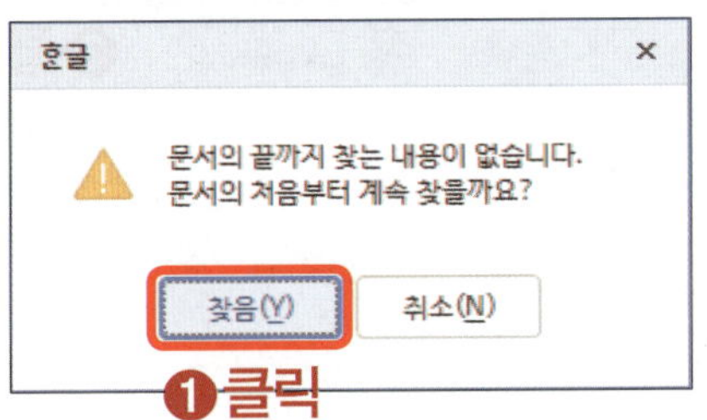

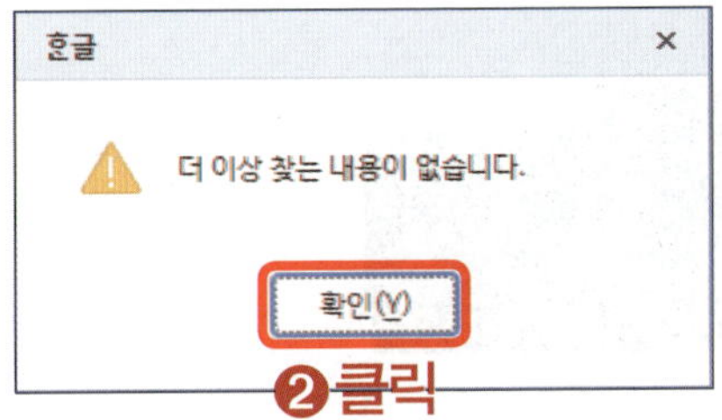

❺ [찾아 바꾸기] 대화상자에서 **[닫기] 단추를 클릭**한 후 다음과 같이 '경기'가 '경기도'로 모두 변경되었는지 확인합니다.

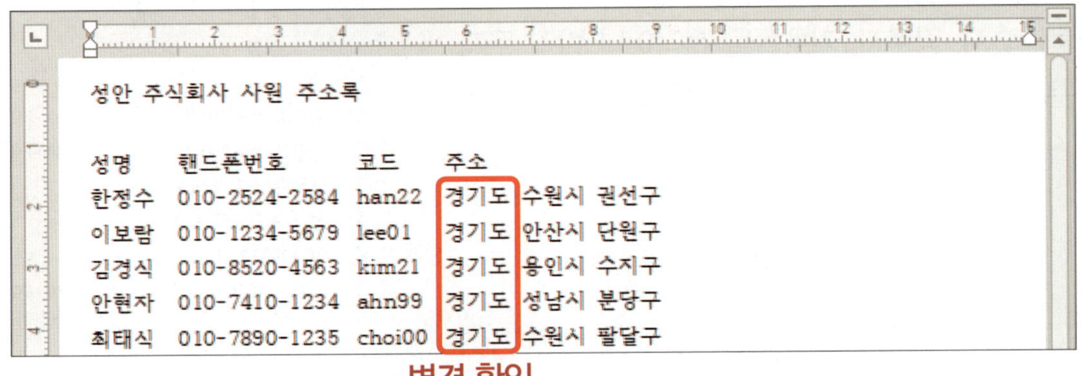
성안 주식회사 사원 주소록

성명	핸드폰번호	코드	주소
한정수	010-2524-2584	han22	경기도 수원시 권선구
이보람	010-1234-5679	lee01	경기도 안산시 단원구
김경식	010-8520-4563	kim21	경기도 용인시 수지구
안현자	010-7410-1234	ahn99	경기도 성남시 분당구
최태식	010-7890-1235	choi00	경기도 수원시 팔달구

글자 바꾸기

❻ '코드'의 영문 소문자를 대문자로 변경하기 위해 다음과 같이 **드래그하여 전체를 범위 지정**합니다.

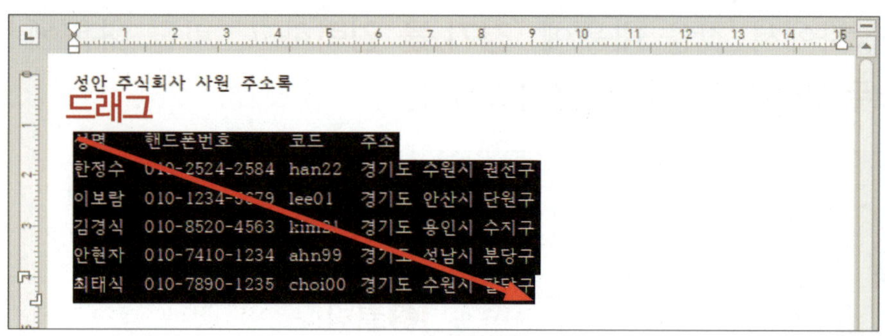

7 **[편집] 탭에서 [글자 바꾸기]–[대문자/소문자 바꾸기]를 클릭**합니다.

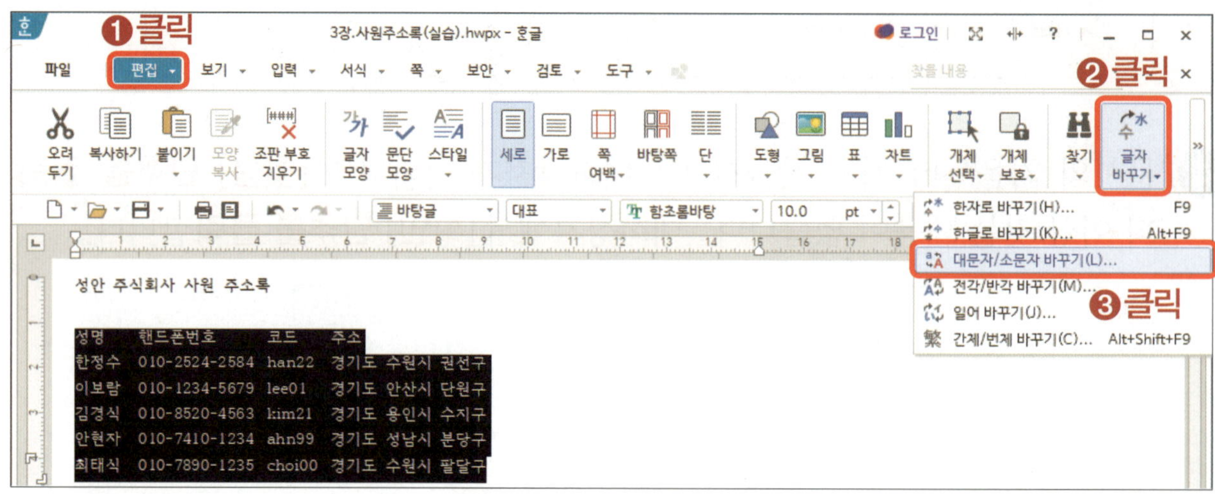

실력쑥쑥 TIP 글자 바꾸기

화면에 입력된 내용을 범위 지정하여 영문자의 대소문자를 바꾸거나, 숫자, 영문자, 기호들을 전각이나 반각 문자로, 일어 문자를 히라가나나 가타카나 문자로 바꿀 수 있습니다.

8 [대문자/소문자 바꾸기] 대화상자에서 **[모두 대문자로]를 선택한 후 [바꾸기] 단추를 클릭**합니다.

9 다음과 같이 '코드' 부분의 모든 소문자가 대문자로 변경된 것을 확인할 수 있습니다.

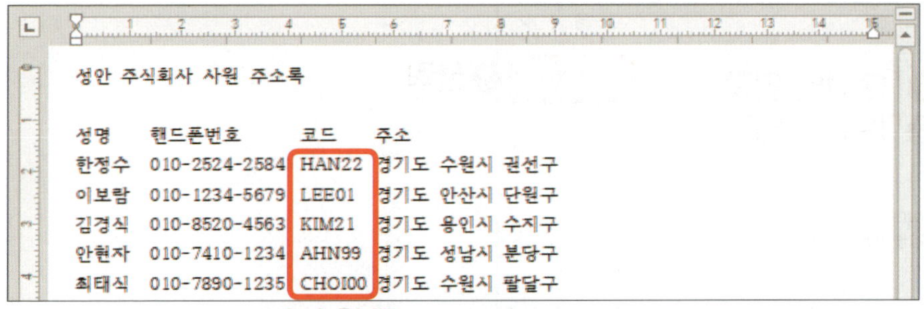

개인정보 바꾸기

10 **[보안] 탭에서 [개인정보 찾아서 보호**]**를 클릭**합니다.

11 [개인정보 보호하기] 대화상자에서 '개인정보 선택 사항'의 **'전화번호'에 체크**하고, '보호 문자 선택'에서 **'******'을 선택한 후 [모두 보호] 단추를 클릭**합니다.

⑫ [개인 정보 보호 암호 설정] 대화상자의 '보호 암호 설정'에 『12345』를 입력하고 '암호 확인'에 다시 한번 『12345』를 입력한 후 [설정] 단추를 클릭합니다.

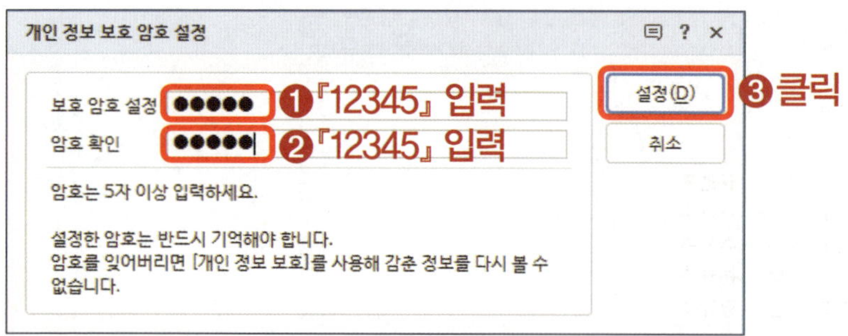

개인 정보 보호 암호를 설정하는 이유는 나중에 '******'로 표시된 개인정보를 다시 원래대로 나타내도록 할 때 필요합니다.

⑬ [개인정보 보호하기] 대화상자에서 [닫기] 단추를 클릭하면 다음과 같이 핸드폰 번호들이 '**************'로 변경됩니다.

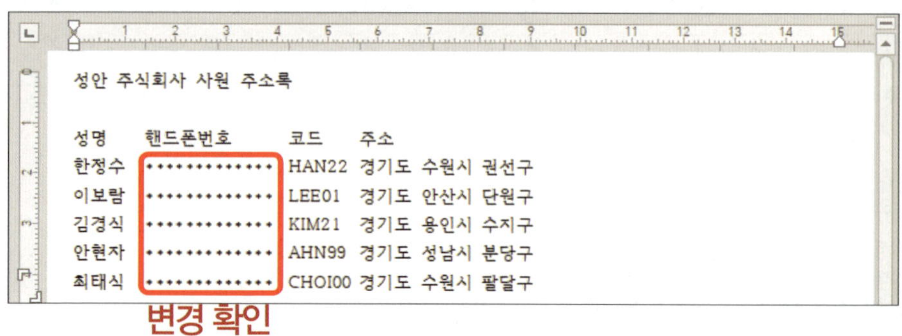

⑭ 문서를 저장하고 파일을 다시 불러온 후 보호된 핸드폰 번호를 다시 나타나게 하려면 [보안] 탭에서 [개인 정보 보호 해제]를 클릭합니다.

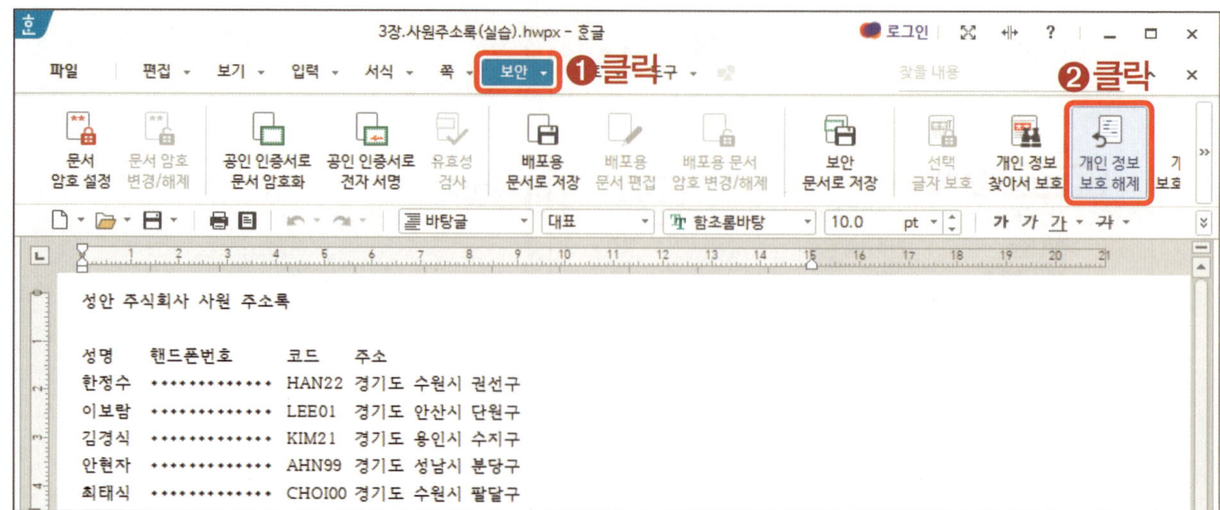

15 [개인 정보 보안] 대화상자에서 '현재 암호'에 위에서 암호로 지정했던 **『12345』를 입력한 후 [확인] 단추를 클릭**합니다.

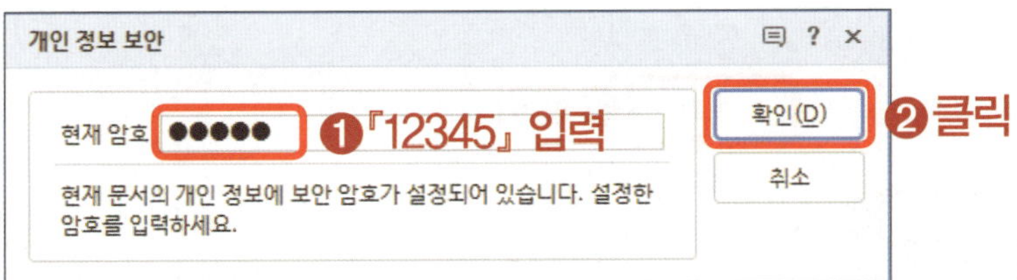

16 다음과 같이 보호되어 **보이지 않았던** 핸드폰 번호가 다시 나타납니다.

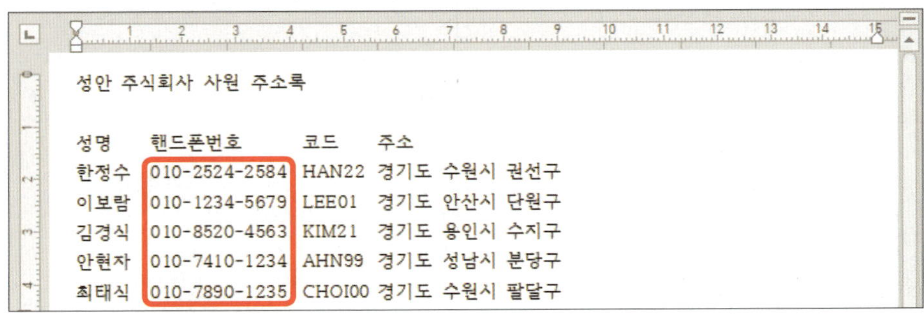

실습 3 정렬하기

한글 2020에는 정렬하는 기능이 있습니다. 주소록의 성명을 가나다순으로 정렬하는 방법에 대하여 배워봅니다.

1 '성명' 순으로 정렬하기 위해 전체 내용을 범위 지정한 후 **[편집] 탭에서 [정렬] 을 클릭**합니다.

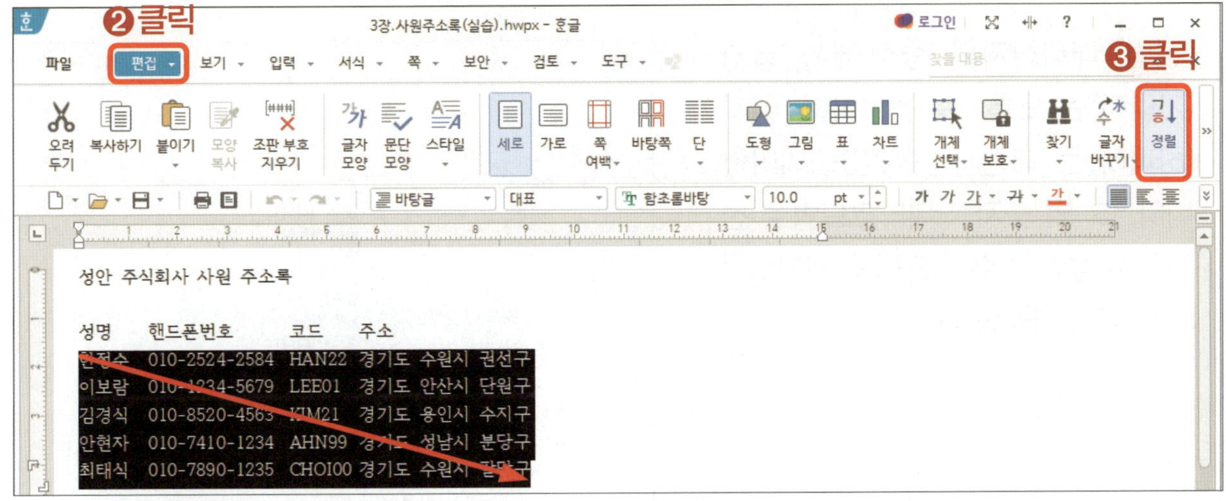

② [정렬] 대화상자에서 **'기준1'의 위치를 '필드1'로 선택**하고, **'형식'을 '글자(가나다)'로 선택**한 후 **[실행] 단추를 클릭**합니다.

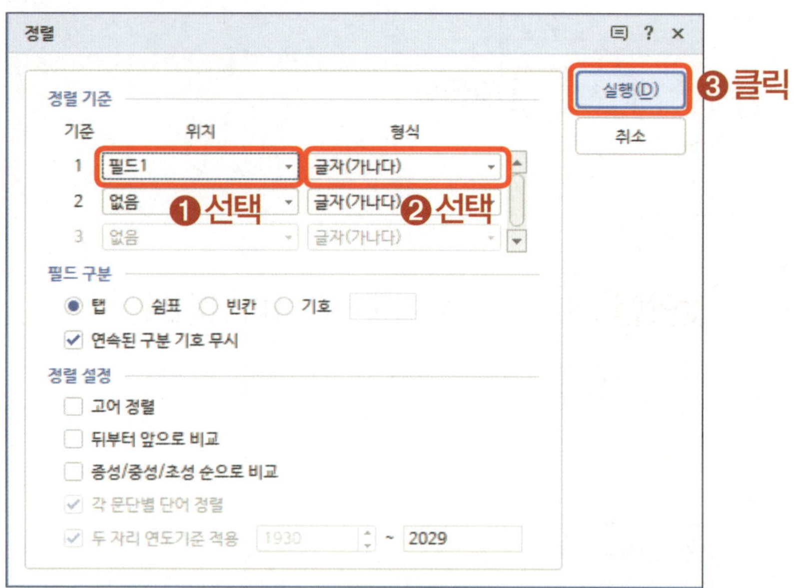

③ 다음과 같이 '이름(필드1)'이 '가나다순'으로 정렬된 것을 확인할 수 있습니다.

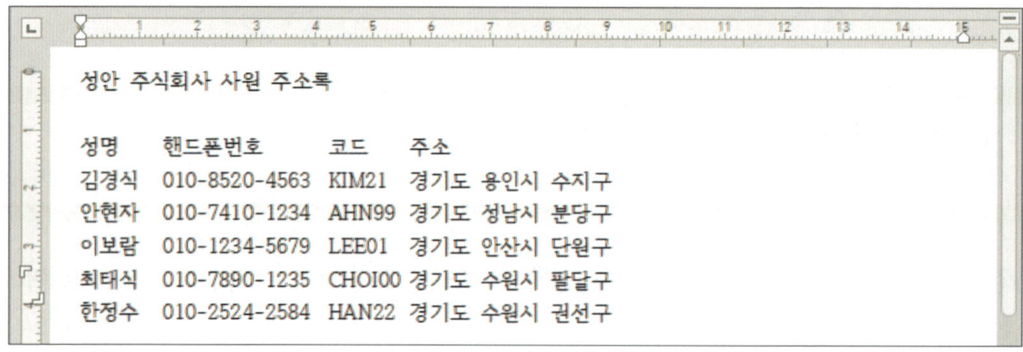

성안 주식회사 사원 주소록

성명	핸드폰번호	코드	주소
김경식	010-8520-4563	KIM21	경기도 용인시 수지구
안현자	010-7410-1234	AHN99	경기도 성남시 분당구
이보람	010-1234-5679	LEE01	경기도 안산시 단원구
최태식	010-7890-1235	CHOI00	경기도 수원시 팔달구
한정수	010-2524-2584	HAN22	경기도 수원시 권선구

실력쑥쑥 TIP 정렬

[정렬] 대화상자의 '형식'에서 '글자(가나다)'는 오름차순 정렬이며, '글자(하파타)'는 내림차순 정렬을 의미합니다. 그 외 숫자, 날짜, 코드별로 선택하여 정렬할 수 있으며 동시에 3개까지 정렬 가능합니다.

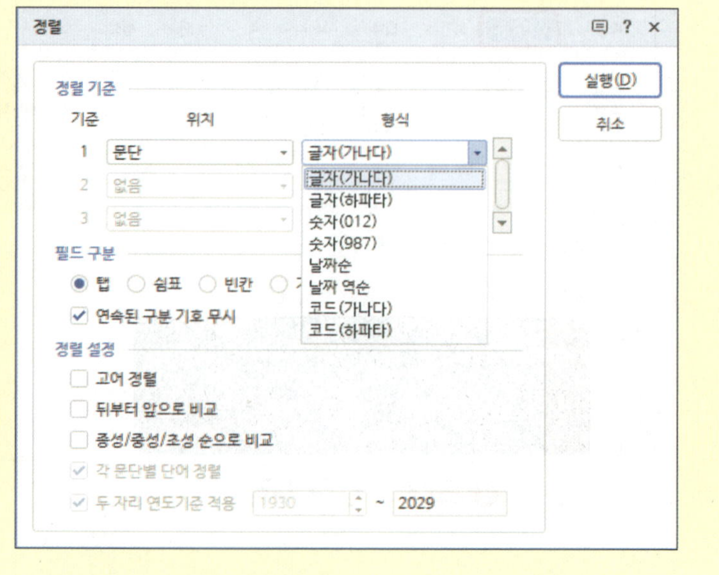

문서 암호 설정 및 문서 보안 설정

작업한 문서에 암호를 설정하고 암호를 해제하는 기능을 배워봅니다.

1 **[보안] 탭에서 [문서 암호 설정]을 클릭**합니다.

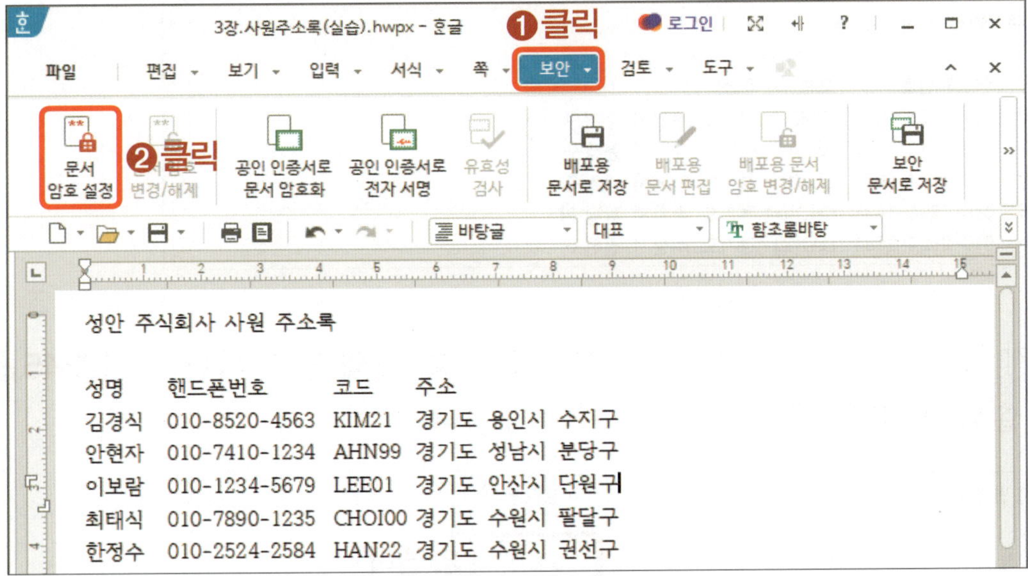

2 [열기/쓰기 암호 설정] 대화상자에서 **'새 암호'에 『12345』를 입력**하고 **'암호 확인'에 다시 한번 『12345』를 입력한 후 [설정] 단추를 클릭**합니다.

3 다음부터 작업한 문서를 열 때는 위에서 설정한 암호를 입력해야 열 수 있습니다.

4 암호를 해제하기 위해서는 **[보안] 탭에서 [문서 암호 변경/해제]를 클릭**합니다.

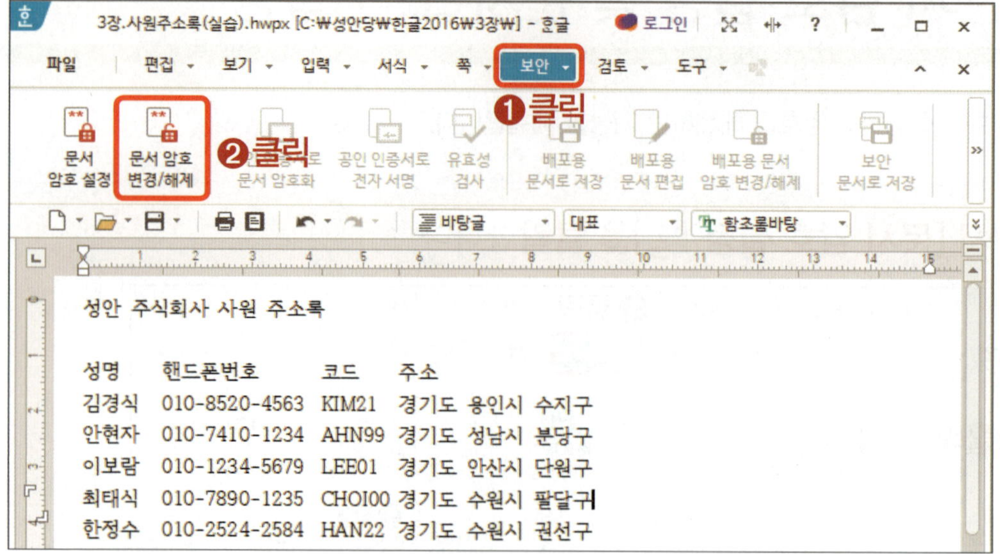

5 [열기/쓰기 암호 변경 및 해제] 대화상자에서 **'암호 해제'를 선택**한 후 **『12345』를 입력한 후 [설정] 단추를 클릭**하면 암호가 해제됩니다.

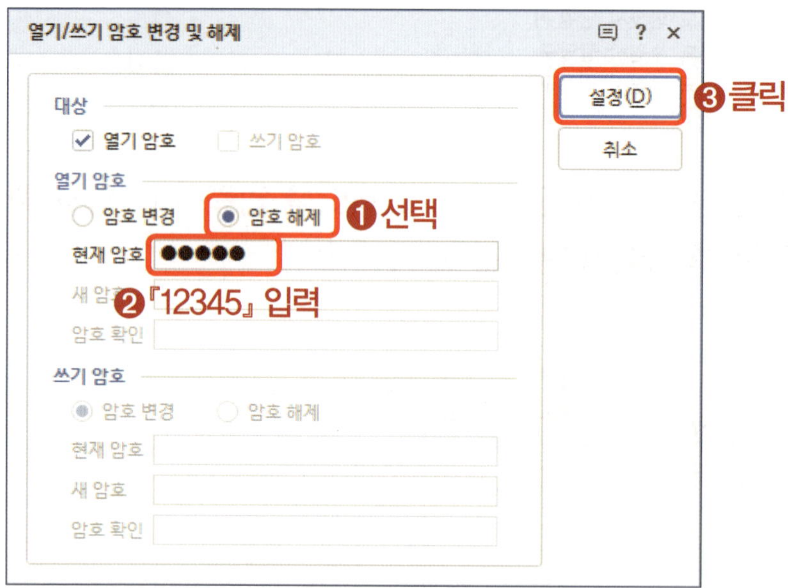

1 다음의 지시사항대로 작업해 보세요.

● 예제 파일 : Easy한글2020\실습및정답파일\3장\혼자풀어보기1(실습).hwp

〈지시사항〉
- '회원'을 맨 앞쪽으로 이동
- '회원'을 오름차순으로 정렬
- 영문 대문자를 모두 소문자로 변경
- 생년월일 개인정보 찾아서 '*****' 형태로 보호하고 암호는 '45678'로 설정
- 문서의 암호를 '45678'로 설정

회원접수현황

회원	생년월일	아이디	과목	수강료
김남종	**********	kim741	vba	80,000원
김수연	**********	kim785	컴활1급	95,000원
이기용	**********	lee745	한글	65,000원
이성우	**********	lee256	컴활2급	85,000원
이용섭	**********	lee963	액세스	75,000원
최윤석	**********	cho456	ms엑셀	80,000원

Hint!
- 범위 지정 : [Alt] 키를 누른 다음 마우스로 범위 지정 또는 [F4] 키를 누른 다음 키보드 방향키로 범위 지정
- 정렬 : 범위 지정한 후 [편집] 탭에서 [정렬]
- 글자 변경 : 범위 지정한 후 [편집] 탭에서 [글자 바꾸기]-[대문자/소문자 바꾸기]
- 개인정보 찾아서 보호 : [보안] 탭에서 [개인정보 찾아서 보호]

2 다음의 지시사항대로 작업해 보세요.

예제 파일 : Easy한글2020\실습및정답파일\3장\혼자풀어보기2(실습).hwp

〈지시사항〉

- '지점'을 맨 앞쪽으로 이동한 후 '차종'을 '차명' 뒤쪽으로 이동
- '담당자'를 오름차순으로 정렬
- '경기'를 '경기도'로 바꾸고, '서울'을 '서울시'로 바꾸기
- 'suv' 소문자를 대문자로 변경
- 이메일을 'XXXX' 형태로 보호하고 암호는 '12345'로 설정
- 문서의 암호를 '12345'로 설정

판매 실적 현황

지점	차명	차종	판매량	담당자	이메일
경기도	캐스퍼	경차	3,000	구자엽	XXXXXXXXXXXXXXXXX
서울시	레이	경차	3,400	김동식	XXXXXXXXXXXXXXXXX
서울시	소나타	승용차	2,600	김성균	XXXXXXXXXXXXXXXXX
경기도	아반떼	승용차	2,500	오현자	XXXXXXXXXXXXXXXXX
서울시	카니발	SUV	1,700	윤성철	XXXXXXXXXXXXXXXXX
경기도	투싼	SUV	1,500	이영미	XXXXXXXXXXXXXXXXX

Hint!

- 범위 지정 : Alt 키를 누른 다음 마우스로 범위 지정 또는 F4 키를 누른 다음 키보드 방향키로 범위 지정
- 정렬 : 범위 지정한 후 [편집] 탭에서 [정렬]
- 바꾸기 : [편집] 탭에서 [찾기]–[바꾸기] 또는 Ctrl+F2
- 글자 변경 : 범위 지정한 후 [편집] 탭에서 [글자 바꾸기]–[대문자/소문자 바꾸기]
- 개인정보 찾아서 보호 : [보안] 탭에서 [개인정보 찾아서 보호]

04장 안내문 만들기

다양한 글자 모양을 변경하는 방법과 모양 복사하기, 스타일, 쪽 배경 기능을 이용하여 문서를 작성하는 방법을 배워봅니다.

| 무료 동영상 |

완성파일 미리보기

제목 : 글꼴(맑은 고딕), 글자 크기(20pt), 진하게, 기울임, 글자 색(초록), 강조점(ð)

글꼴(맑은 고딕), 글자 크기(14pt), 진하게, 글자 색(하늘색)

글꼴(궁서체), 글자 크기(12pt), 글자색(주황), 문단 모양 : 왼쪽 여백(10pt), 테두리 배경(점선, 굵기 0.5mm, 주황), 면 색(하늘색 80% 밝게)

질병관리표준 "심폐소생술 교육과정" 안내

교육내용

Day1 심폐소생술 방법 알아보기

성인 심폐소생술/영아. 유아 폐소생술/응급대응체계

Day2 자동심장충격기 사용법

전원켜기/패드부착/연결선 연결/전기충격/심폐소생술 실시

교육일정

1일차 7월 10일
2일차 7월 11일
3일차 7월 12일

탭 설정 : 탭 종류(왼쪽), 채울 모양(점선), 탭 위치(200)

크기(15pt), 진하게, 글자색(하양), 음영색(하늘색), 모양 복사 기능을 이용하여 '교육일정'의 서식을 '교육소개'와 '교육장소' 서식 지정

교육소개

심폐 소생술은 심장 마비 상태에있는 사람의 자연스러운 혈액 순환과 호흡을 회복하기위한 조치가 취해질 때까지 손상되지 않은 뇌 기능을 수동으로 유지하기 위해 수행되는 응급 처치입니다.

Cardiopulmonary resuscitation is an emergency procedure performed in an effort to manually preserve intact brain function until further measures are taken to restore spontaneous blood circulation and breathing in a person who is in cardiac arrest.

교육장소

소강당 (본원 지하 1층)

스타일 지정
– 스타일 이름(CPR)
– 문단 모양 : 왼쪽 여백(10pt), 문단 아래(10pt)
– 글자 모양 : 한글(굴림), 영문(돋움), 장평(105%), 자간(5%)

쪽 테두리 배경
테두리 : 테두리 종류(이중 실선), 굵기(0.5mm), 색(하늘색), 위치(왼쪽, 오른쪽, 위쪽, 아래쪽 2mm)
배경 : 면색(연한 노랑)

실습 1 글자 모양 고치기

입력된 글자를 다양한 형태의 모양으로 고치는 방법에 대하여 배워봅니다.

예제 파일 : Easy한글2020\실습및정답파일\4장\4장.교육과정안내(실습).hwp

1 '4장.교육과정안내(실습).hwp' 문서를 불러와서 제목을 범위 지정하고 **글꼴(맑은 고딕), 글자 크기(20pt), 진하게, 기울임, 글자 색(초록)을 지정**합니다.

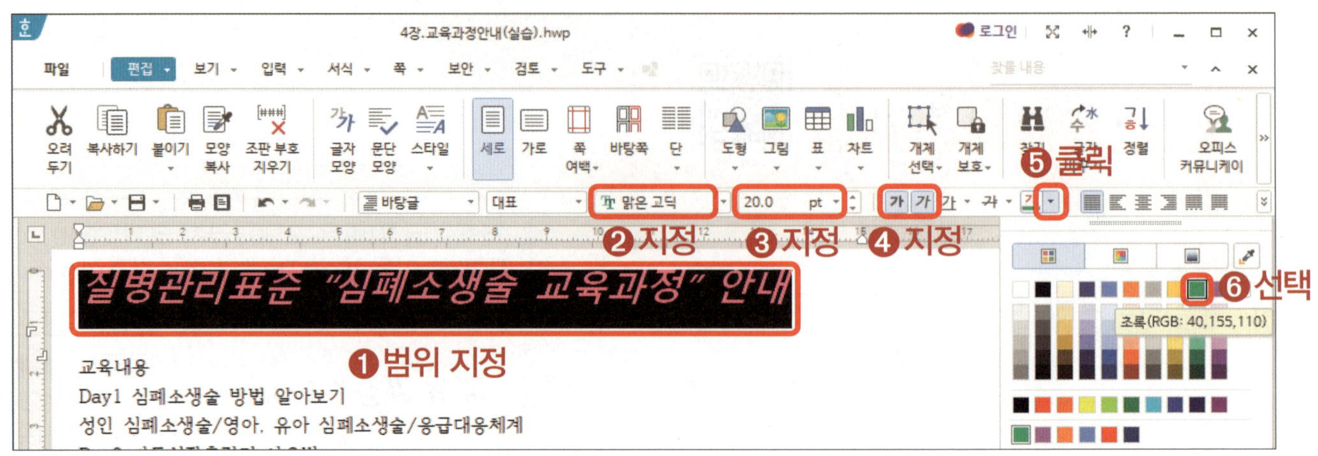

실력쑥쑥 TIP 서식 도구 상자

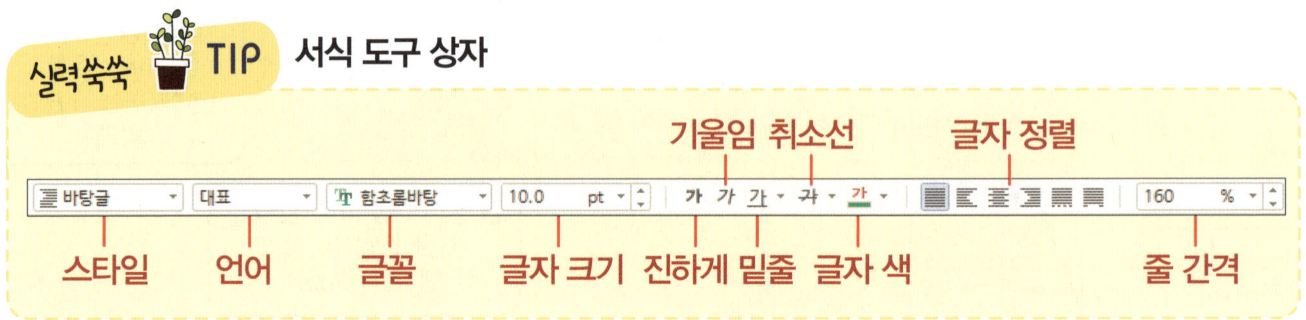

2 '심폐소생술' 단어를 범위 지정하고 마우스 오른쪽 버튼을 클릭한 후 **[글자 모양]을 클릭**합니다.

글자 모양 단축키 : Alt+L

❸ [글자 모양] 대화상자의 [확장] 탭에서 '기타'의 '강조점'에서 ⸬ 모양을 선택한 후 [설정] 단추를 클릭합니다.

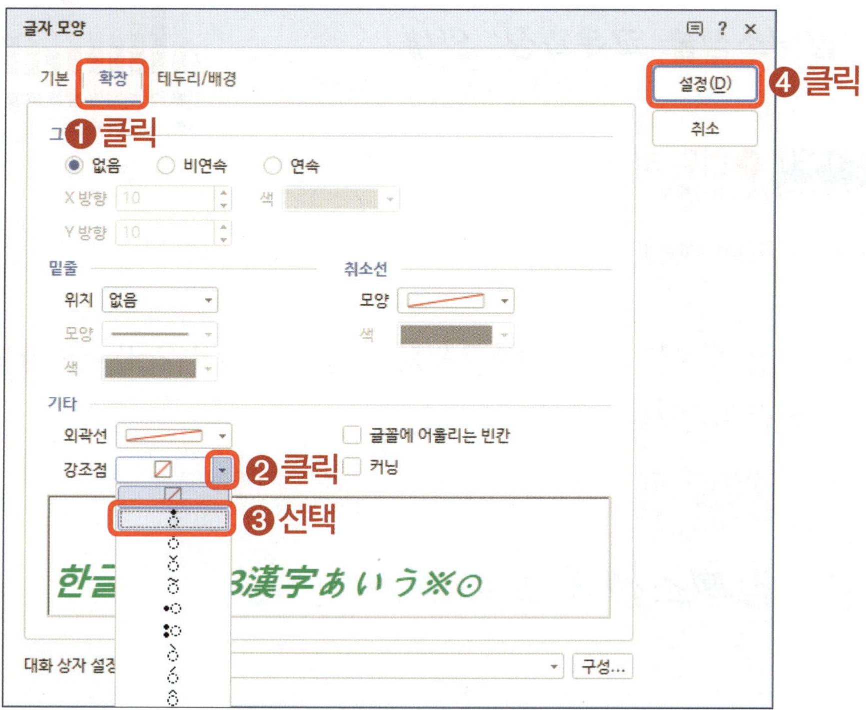

❹ '교육내용'을 범위 지정하고 글꼴(맑은 고딕), 글자 크기(14pt), 진하게, 글자 색(하늘색)을 지정합니다.

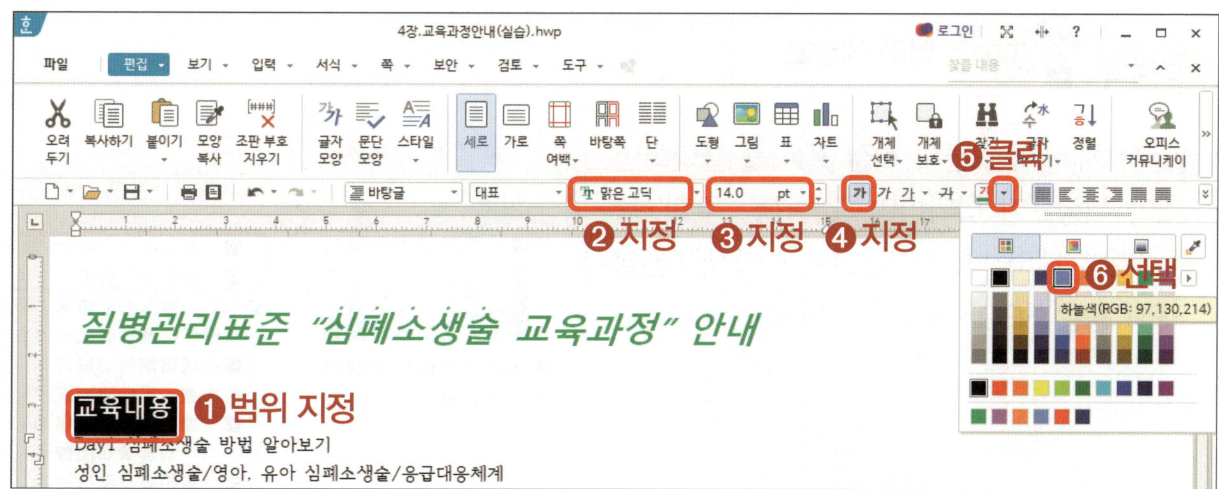

5 다음과 같이 'Day1 심폐소생술 방법 알아보기' 문단을 범위 지정하고 **글꼴(궁서체), 글자 크기(12pt), 글자 색(주황)을 지정**합니다.

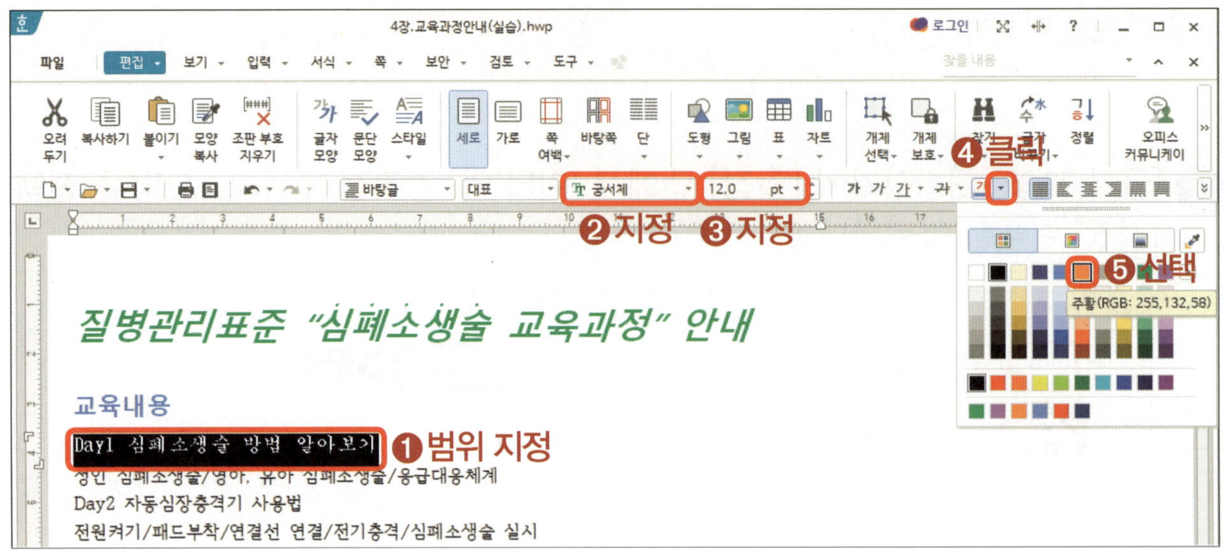

6 'Day2 자동심장충격기 사용법' 문단도 **글꼴(궁서체), 글자 크기(12pt), 글자 색(주황)으로 지정**하여 아래와 같이 완성합니다.

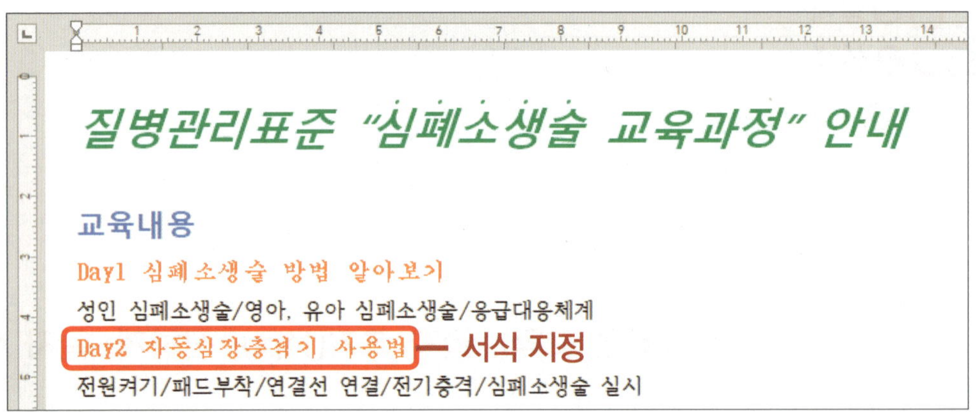

실력쑥쑥 TIP **테마 색상표**

[글자 색]에서 오른쪽 화살표(▶)를 클릭하면 테마 색상표가 나타나며, '하늘색', '주황' 등은 '기본' 테마 색상에 있으며, '바다색', '진달래색' 등은 'NEO' 테마에 있습니다.

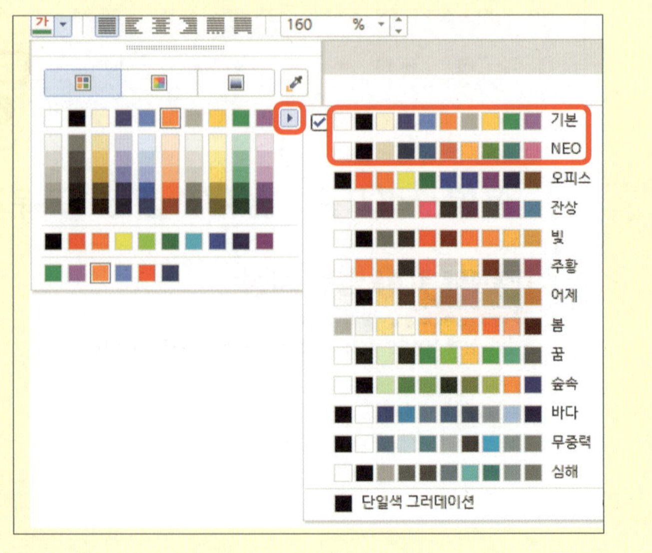

실습 2 문단 모양 고치기

작업 된 문단의 모양과 문단에 테두리 및 배경색을 지정하는 방법에 대하여 배워봅니다.

1 그림과 같이 문단 모양을 지정할 문단을 범위 지정한 후 마우스 오른쪽 버튼을 클릭하고 **[문단 모양]**을 클릭합니다.

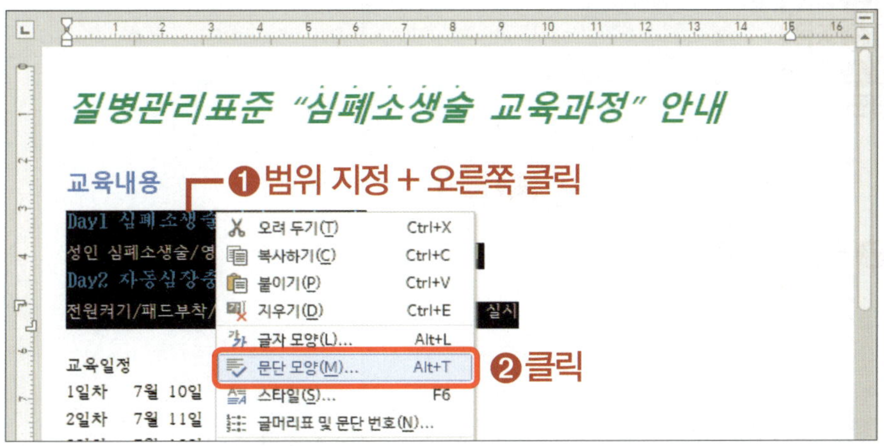

문단 모양 단축키 : Alt + T

2 [문단 모양] 대화상자의 **[기본] 탭에서 '여백'의 왼쪽에 『10』을 입력하고 '간격'의 '문단 아래'에 『5』를 입력**합니다.

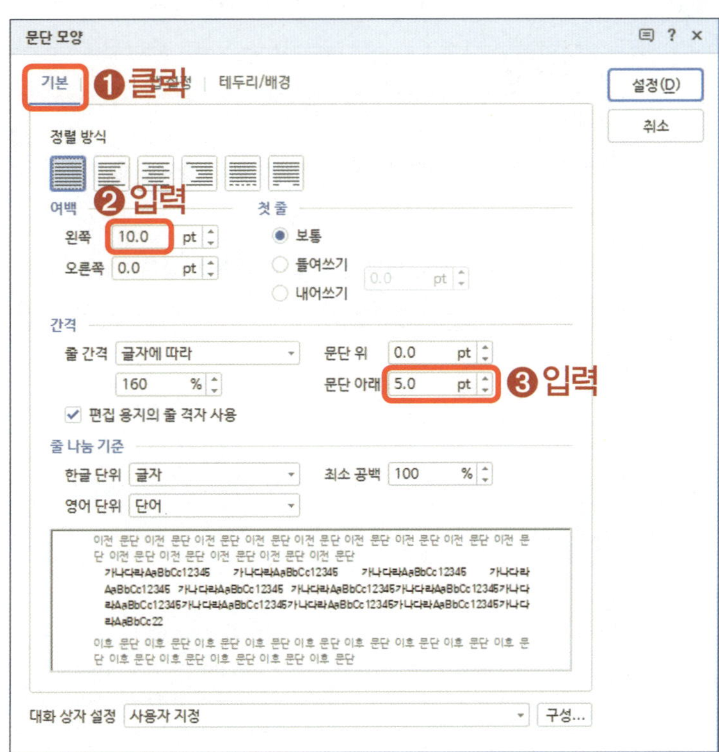

3 [문단 모양] 대화 상자의 **[테두리/배경] 탭**에서 **'테두리'의 종류는 '점선(··········)', '굵기'는 '0.5mm', '색'은 '주황'을 선택**하고, **'문단 테두리 연결'에 체크한 후 '모두( )'를 클릭하고, '배경'의 '면색'을 '하늘색'으로 지정한 후 [설정] 단추를 클릭**합니다.

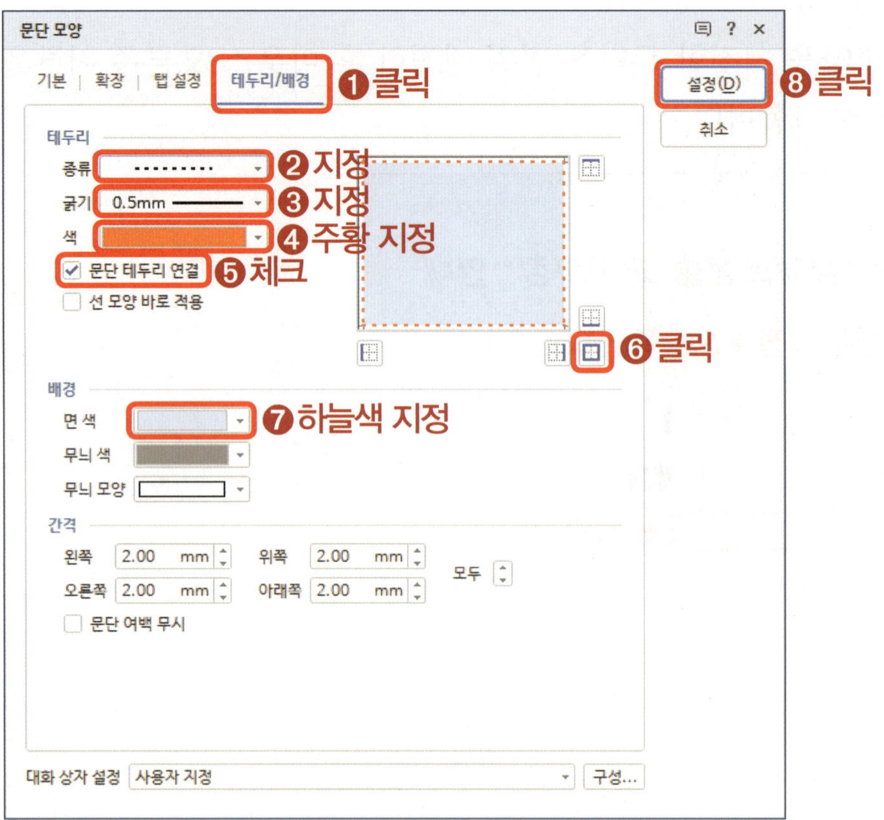

4 다음과 같이 문단 모양이 변경되었는지 확인합니다.

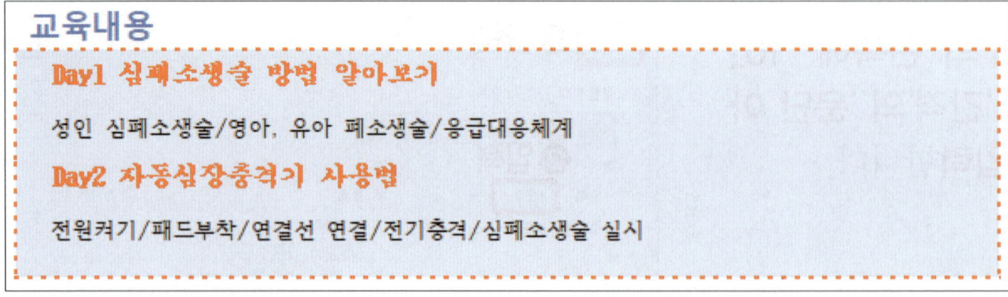

실습 3 탭 설정하기

작업 된 문단에 문단 모양의 탭 설정을 이용하는 방법에 대하여 배워봅니다. 탭 설정을 이용하면 목차를 만들 때 편리하게 작업할 수 있습니다.

1 탭 설정을 하기 위해 다음과 같이 범위를 지정하고 마우스 오른쪽 버튼을 클릭한 후 **[문단 모양]**을 클릭합니다.

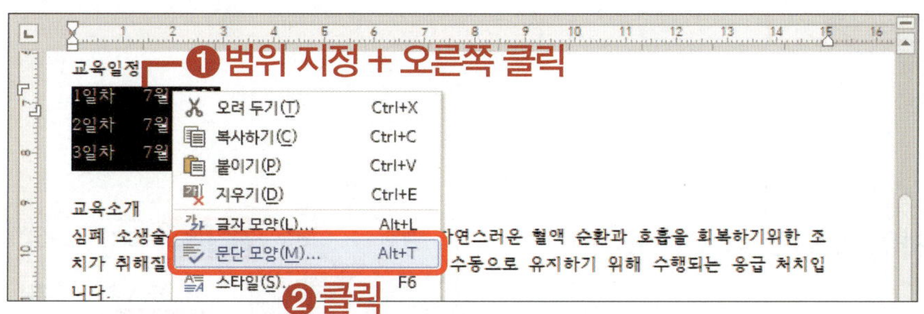

2 [문단 모양] 대화상자의 **[탭 설정] 탭에서 '탭 종류'를 '왼쪽'으로 선택**하고, **'채울 모양'은 '점선(··········)', '탭 위치'에 『200』을 입력**한 후 **[추가] 단추를 클릭**하고 **[설정] 단추를 클릭**합니다.

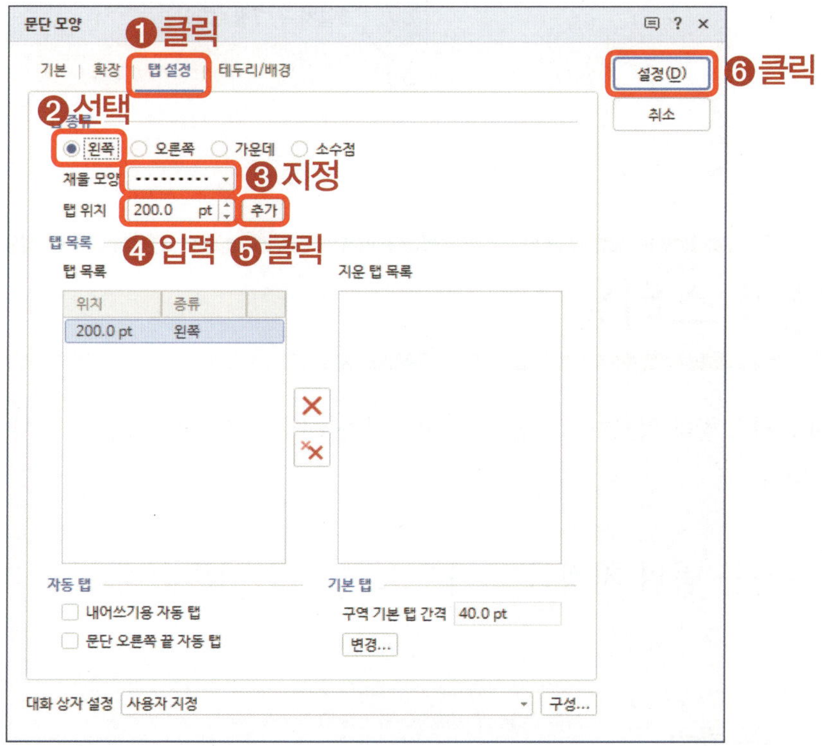

3 다음과 같이 '1일 차'와 입력된 날짜 사이에 점선으로 탭 설정이 지정됩니다.

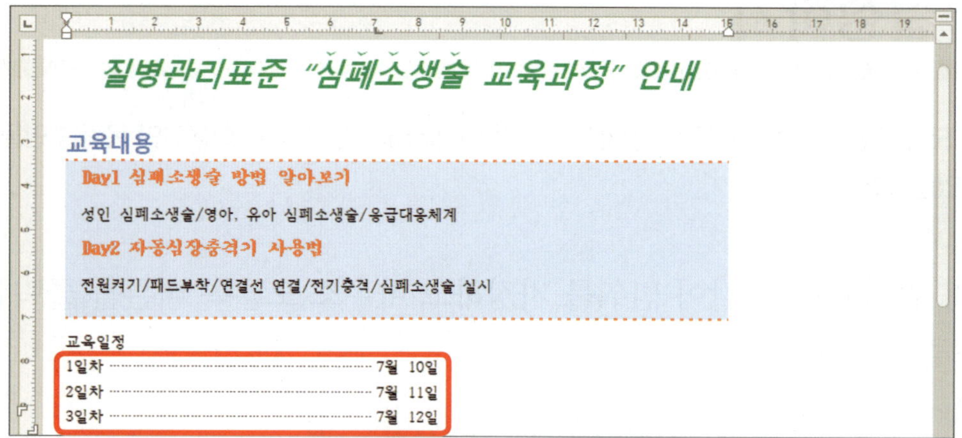

탭 설정 시 단어와 단어 사이는 탭으로 구분되어 있어야 탭 설정이 가능합니다.

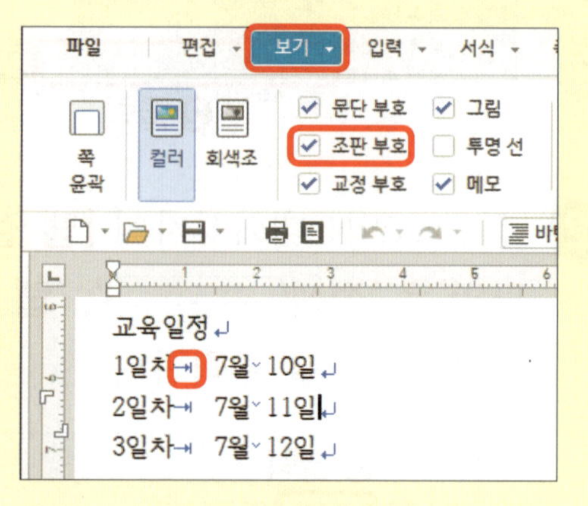

실습 4 모양 복사와 스타일

모양 복사 기능을 이용하여 지정된 글자 모양을 복사하는 방법과 스타일 기능을 이용하여 글자 모양과 문자 모양을 지정하는 방법에 대하여 배워봅니다.

1 다음과 같이 '교육일정' 문자를 범위 지정하고 마우스 오른쪽 버튼을 클릭한 후 **[글자 모양]**을 클릭합니다.

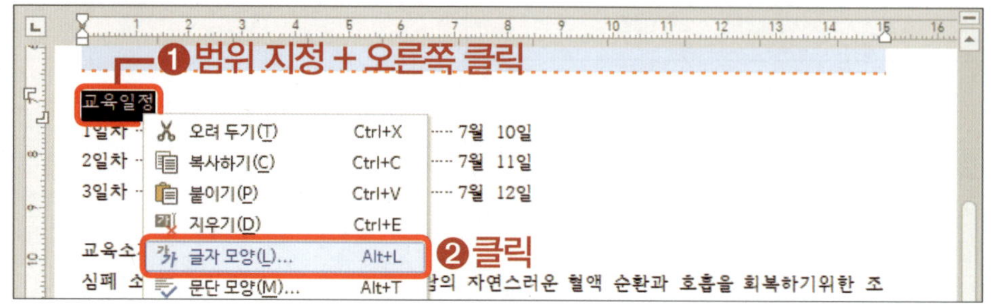

② [글자 모양] 대화상자의 [기본] 탭에서 기준 크기(15), 글꼴(맑은 고딕), '진하게'를 설정하고 '글자 색'은 '하양', '음영 색'은 '하늘색'으로 지정한 후 [설정] 단추를 클릭합니다.

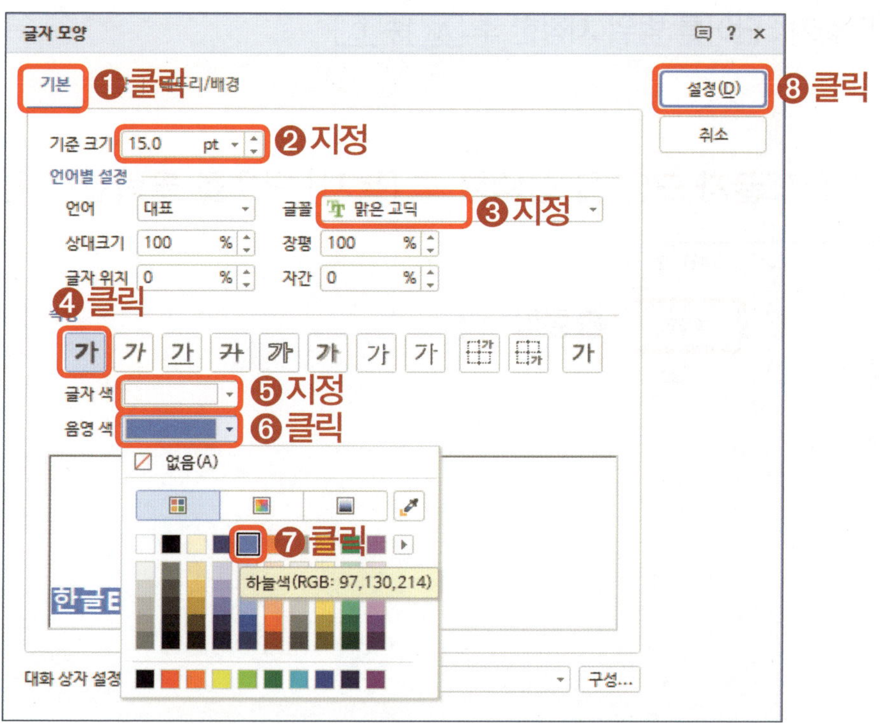

③ 글자 모양이 변경된 '교육일정'의 뒤를 클릭하여 커서를 위치한 후 [편집] 탭에서 [모양 복사]를 클릭합니다.

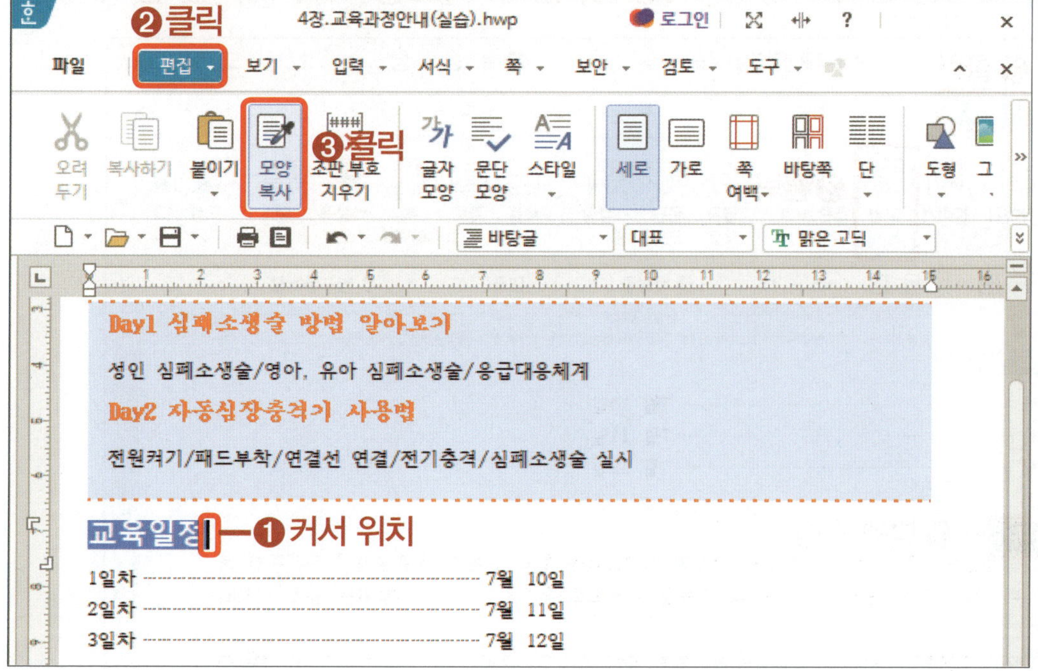

- 모양 복사 단축키 : 모양을 복사할 단어 뒤에 커서를 위치하고 Alt+C
- 모양 복사 서식 지정 단축키 : 단어를 범위 지정한 후 Alt+C

4 [모양 복사] 대화상자에서 **'글자 모양'을 선택한 후 [복사] 단추를 클릭**합니다.

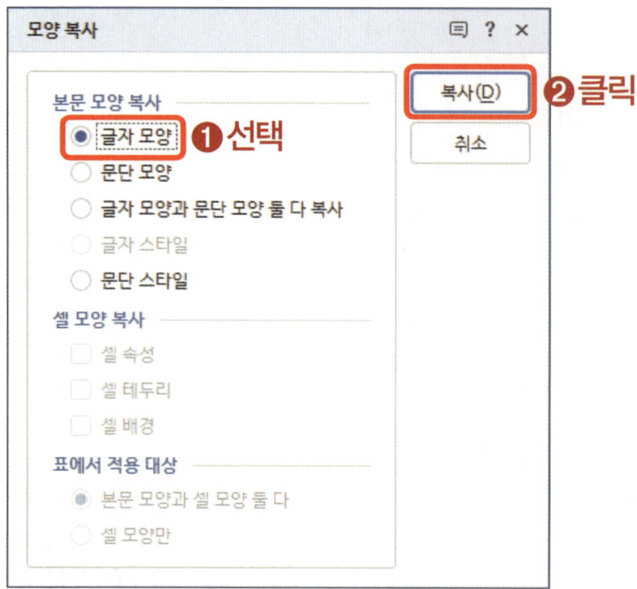

5 '교육소개' 단어를 범위 지정한 후 **[편집] 탭에서 [모양 복사]를 클릭**합니다.

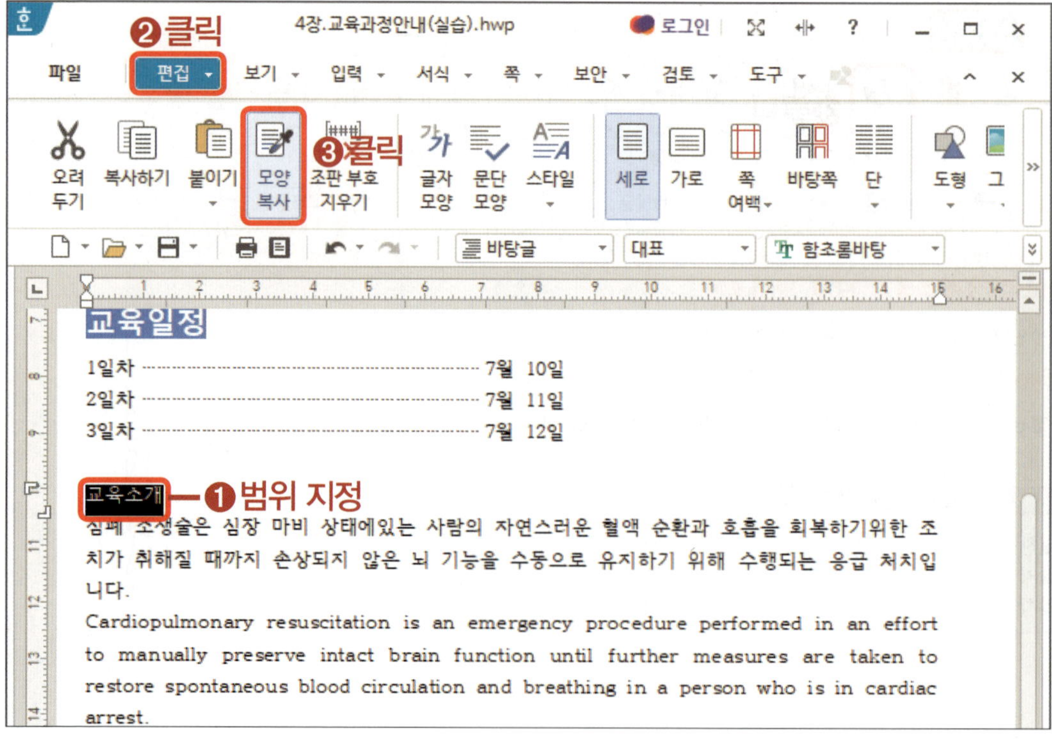

⑥ '교육 장소' 단어를 범위 지정한 후 **[편집] 탭에서 [모양 복사]를 클릭**합니다.

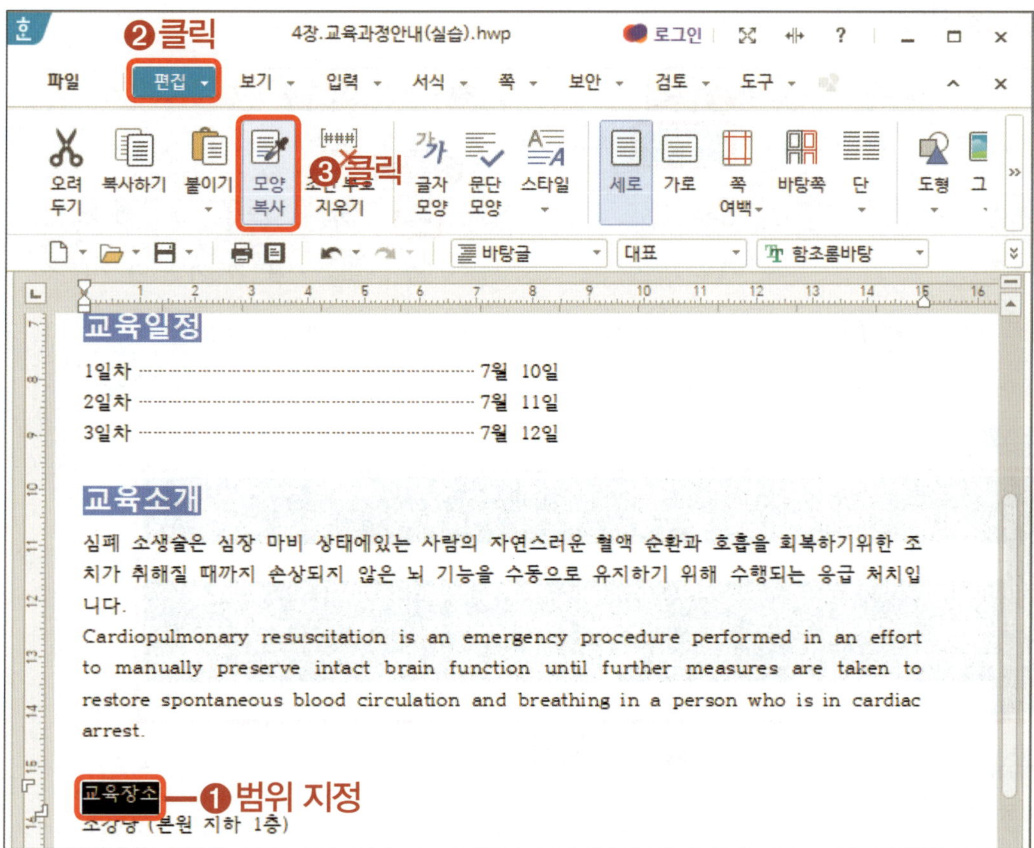

⑦ 다음과 같이 '교육일정'의 문자 모양이 '교육소개'와 '교육장소' 단어에 지정됩니다. 모양 복사를 이용하면 다시 문자 모양 및 문단 모양을 지정하지 않고 편리하게 작업이 가능합니다.

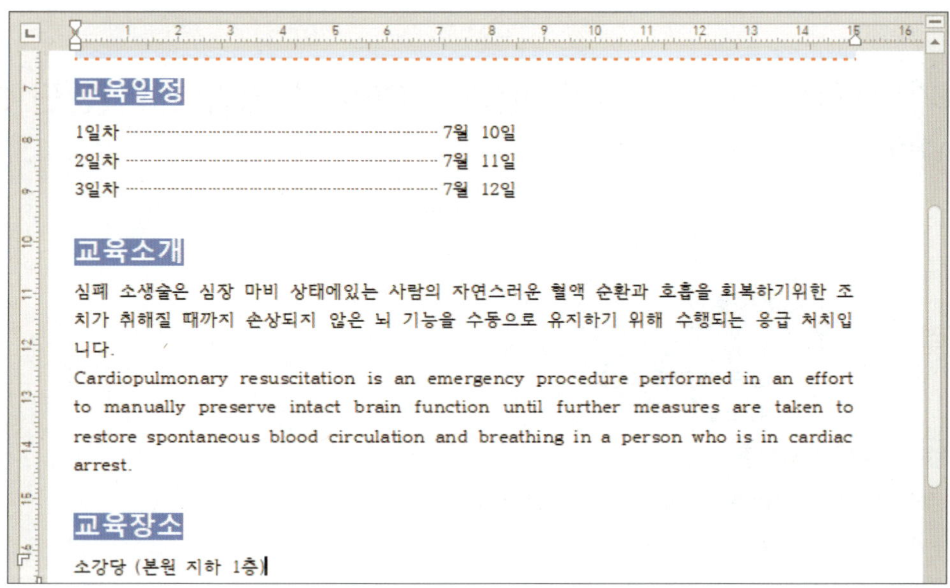

8 스타일을 지정하기 위해 다음과 같이 범위를 지정한 후 **[서식] 탭의 [스타일 추가하기]를 클릭**합니다.

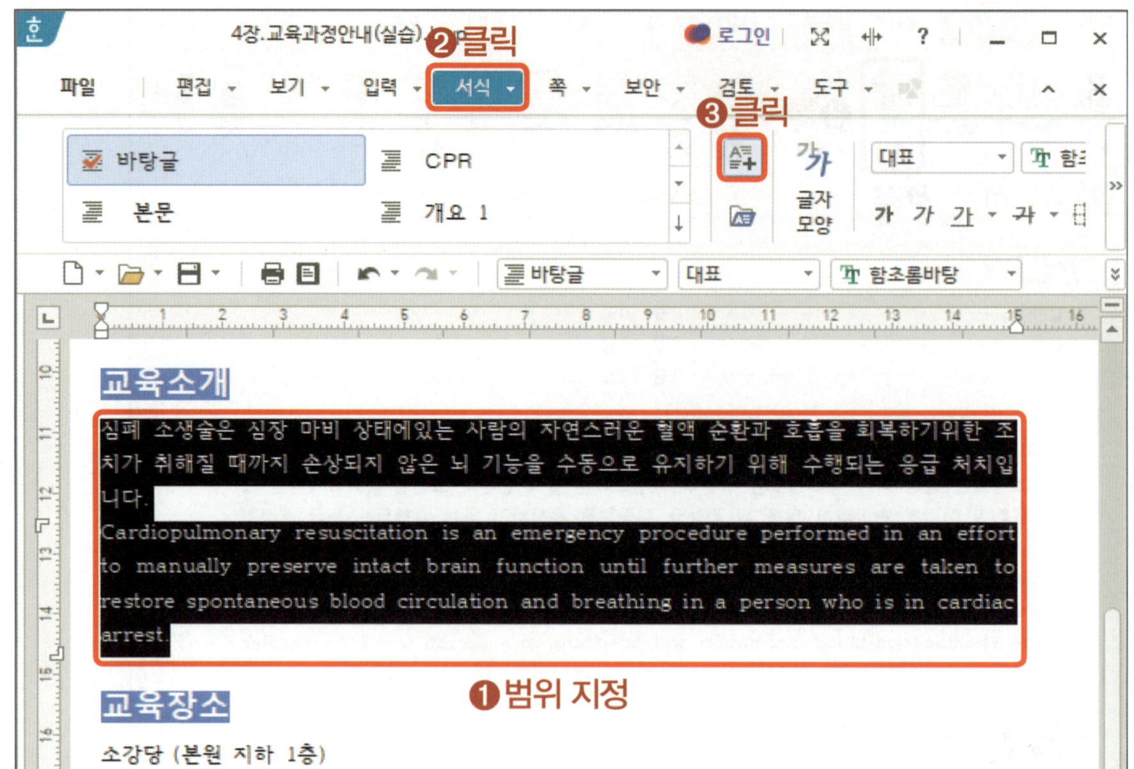

스타일 단축키 : 범위를 지정한 후 F6 키를 눌러서 스타일을 지정할 수도 있습니다.

9 [스타일 추가하기] 대화상자에서 '스타일 이름'에 **『CPR』을 입력**한 후 **[문단 모양] 단추를 클릭**합니다.

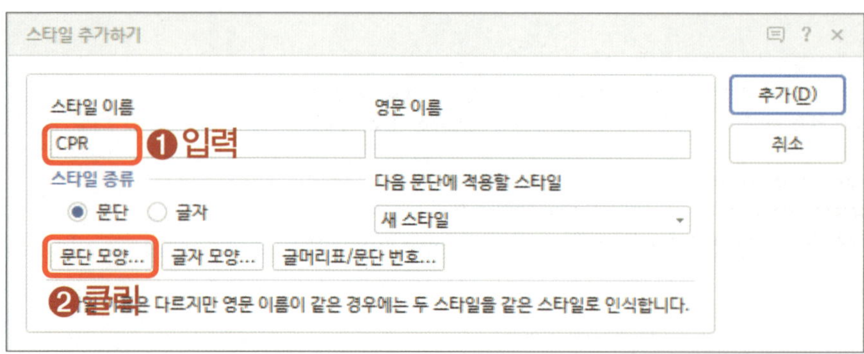

⑩ [문단 모양] 대화상자의 **[기본] 탭에서 '여백'의 '왼쪽'에 『10』을 입력하고, '간격'의 '문단 아래'에 『10』을 입력한 후 [설정] 단추를 클릭**합니다.

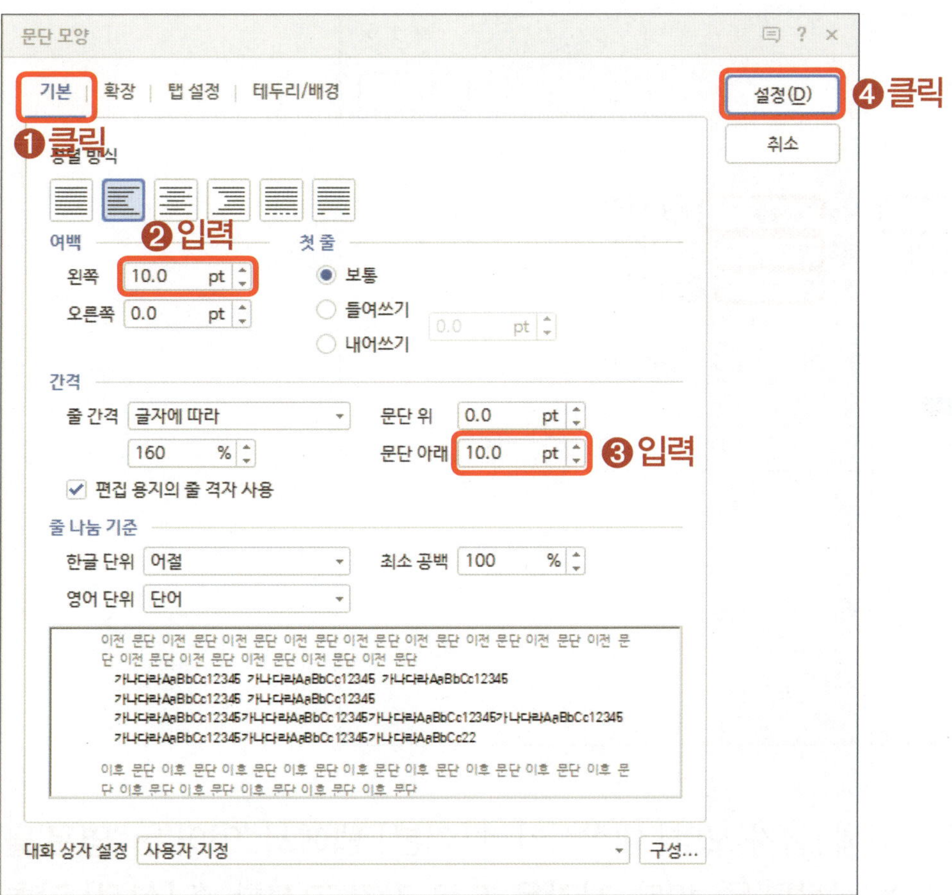

⑪ [스타일 추가하기] 대화상자에서 **[글자 모양] 단추를 클릭**합니다.

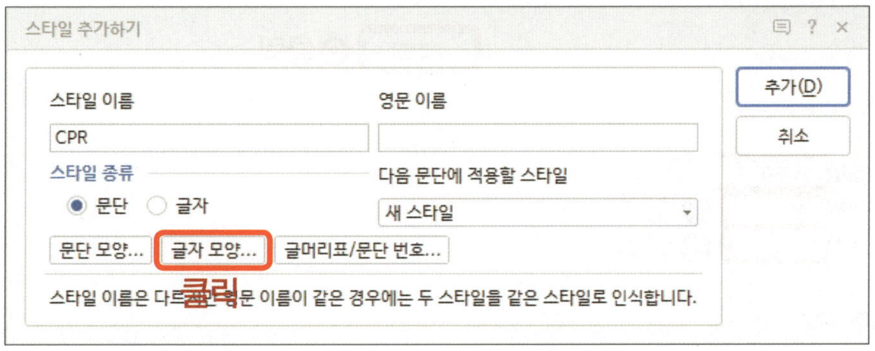

12 [글자 모양] 대화상자의 **[기본] 탭에서 '언어'는 '한글'을 선택하고 '글꼴'은 '굴림', '장평'은 '105', '자간'은 '5'로 각각 지정**합니다.

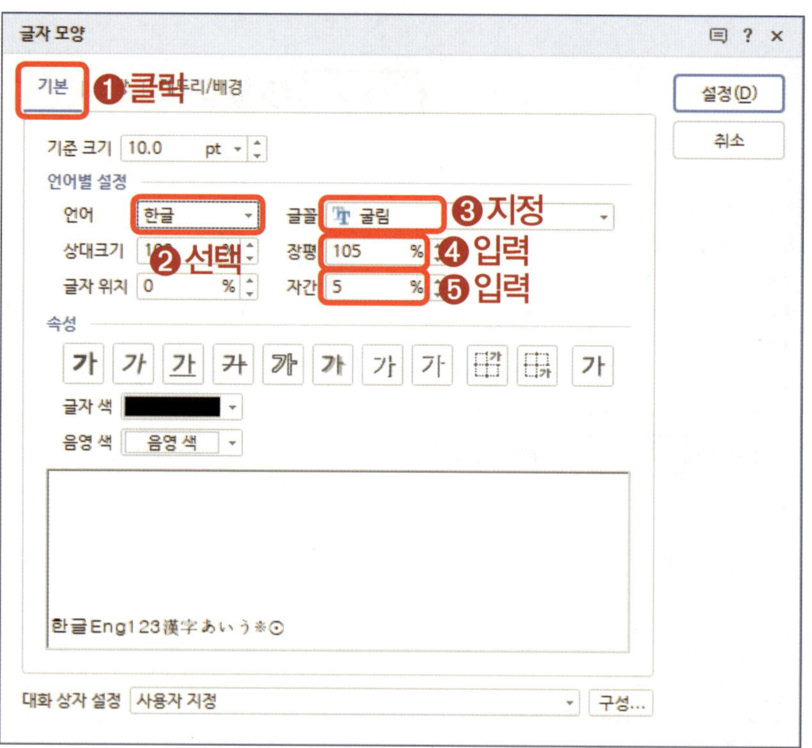

13 영문을 설정하기 위해 [글자 모양] 대화상자의 **[기본] 탭에서 '언어'는 '영문'을 선택**하고 **'글꼴'은 '돋움', '장평'은 '105', 자간은 '5'로 각각 지정**한 후 **[설정] 단추를 클릭**합니다.

14 [스타일 추가하기] 대화상자에서 **[추가] 단추를 클릭**합니다.

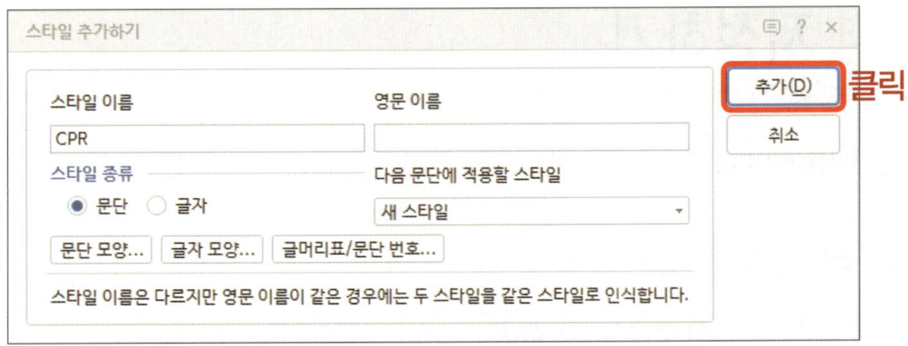

15 [스타일] 대화상자에서 '스타일 목록'에 지정한 'CPR' 스타일이 선택되어 있는지 확인한 후 **[설정] 단추를 클릭**합니다.

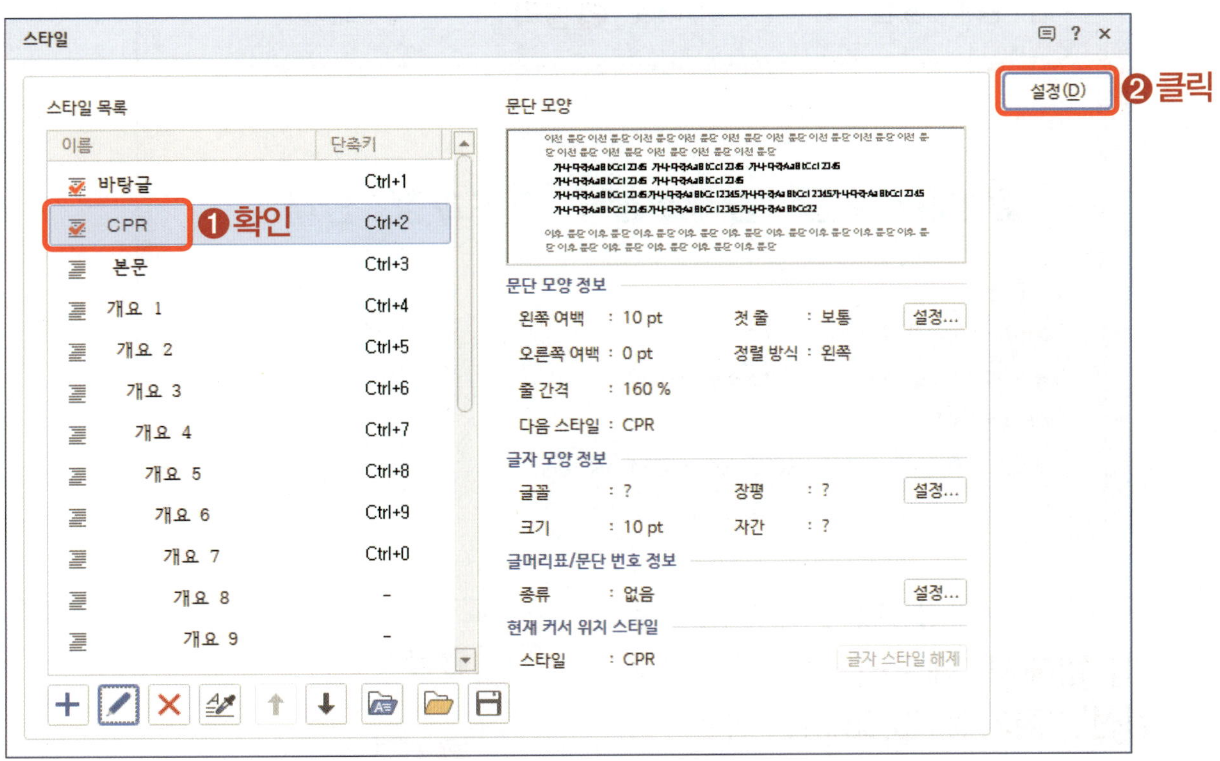

16 다음과 같이 스타일이 지정되었는지 확인합니다.

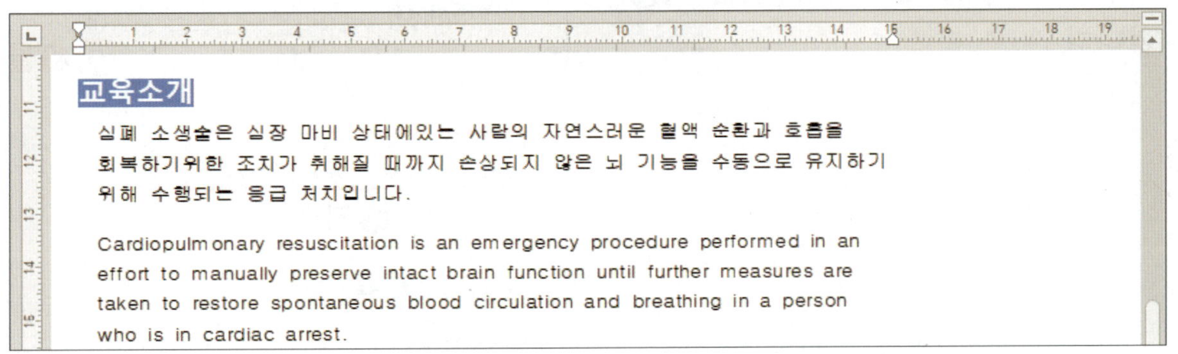

실습 5 쪽 배경 지정하기

작업한 문서의 쪽 배경 기능을 이용하여 쪽에 테두리와 배경색을 지정하는 방법에 대하여 배워봅니다.

1. [쪽] 탭에서 [쪽 테두리/배경]을 클릭합니다.

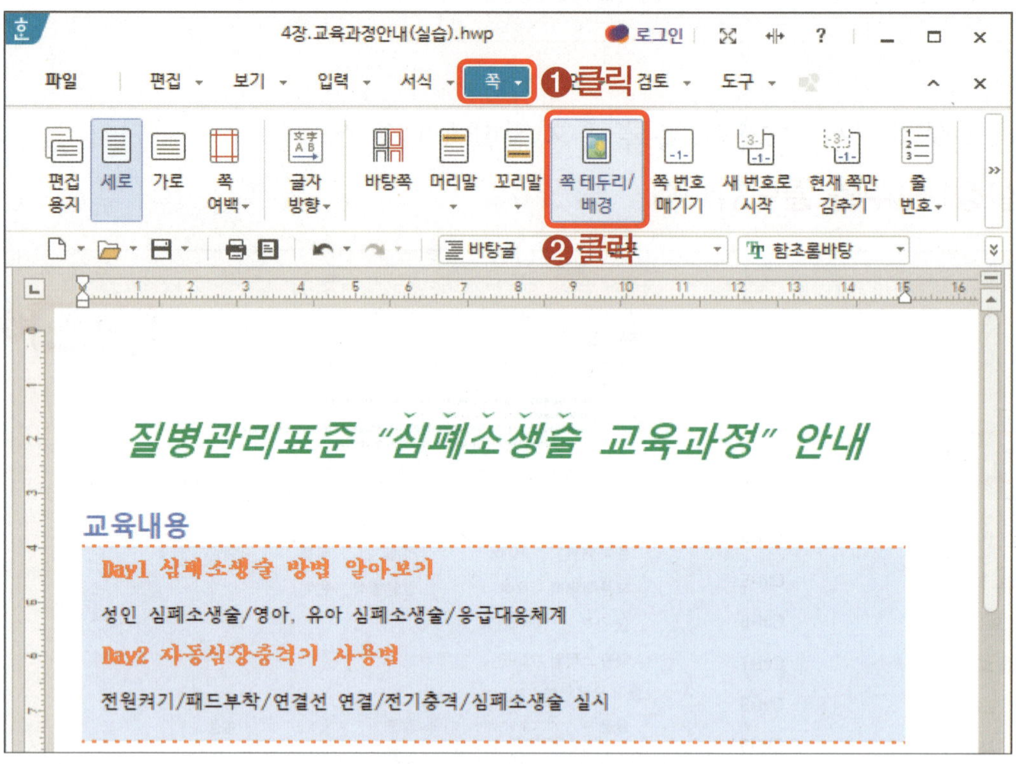

2. [쪽 테두리/배경] 대화상자의 [테두리] 탭에서 '테두리' 종류를 '이중 실선', '굵기'는 '0.5mm', '색'은 '하늘색'을 지정한 후 모두( )를 클릭하고 '위치'의 '왼쪽', '위쪽', '오른쪽', '아래쪽'을 모두 '2mm'로 지정합니다.

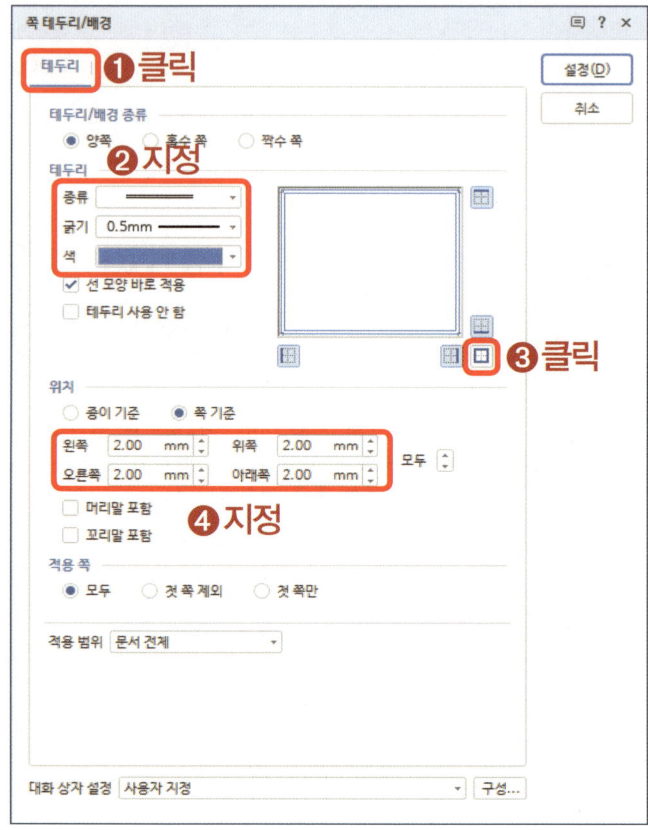

❸ [쪽 테두리/배경] 대화상자의 **[배경] 탭에서 '채우기'의 '면 색'을 '연한 노랑'으로 지정**한 후 **[설정] 단추를 클릭**합니다.

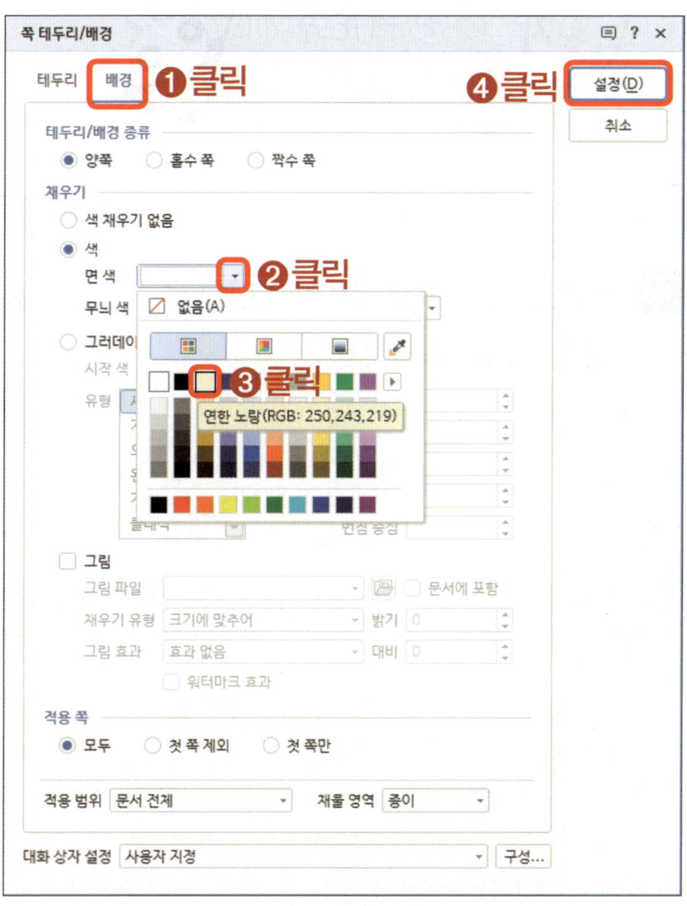

❹ **[보기] 탭에서 [쪽 윤곽]을 클릭**한 후 다음과 같이 쪽 테두리와 배경색이 지정되었는지 확인합니다.

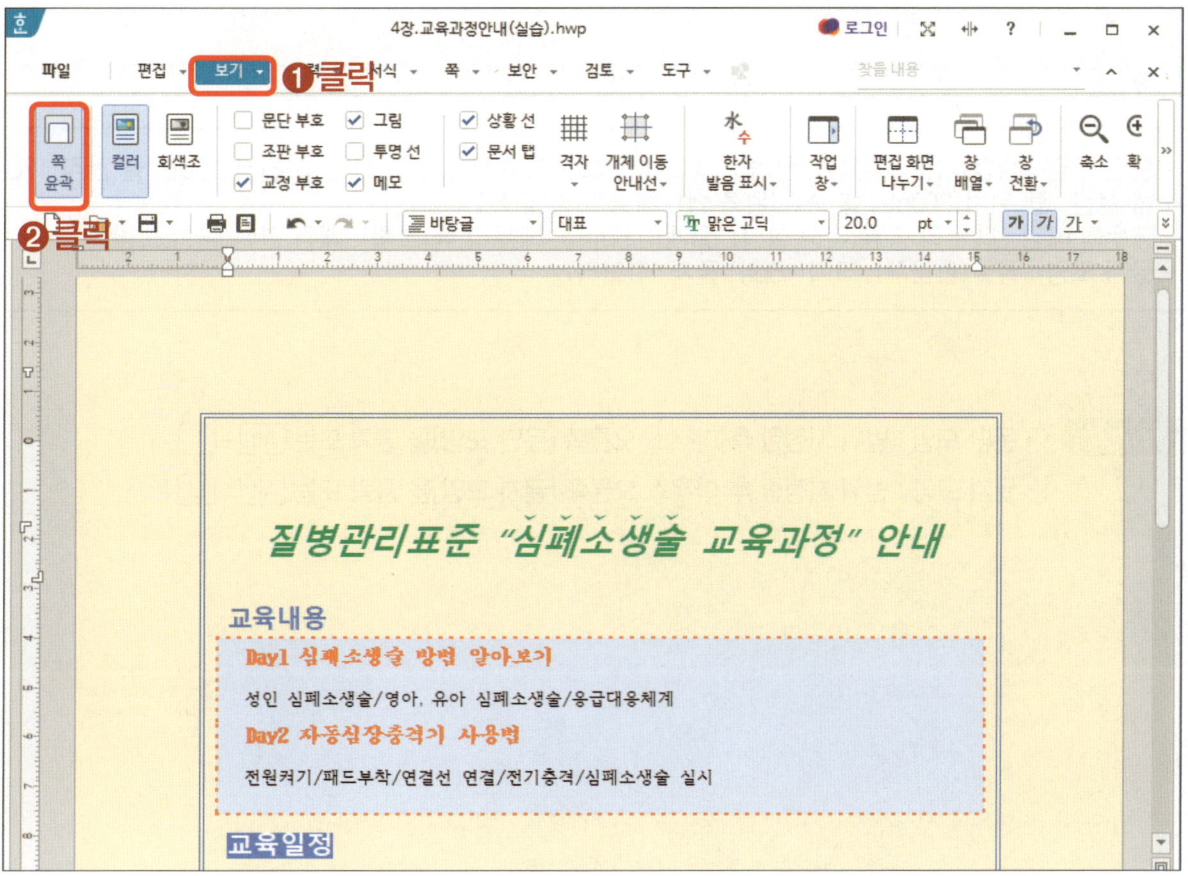

◎ 예제 파일 : Easy한글2020\실습및정답파일\4장\혼자풀어보기1(실습).hwp

1 '4장.혼자풀어보기1(실습).hwp' 문서를 열고 다음 지시사항대로 글자 모양과 문단 모양을 지정해 보세요.

굴림체, 20pt, 진하게, 이중 실선, 글자 색(초록)

최저가 가격비교 제품명 : BU1773

1. 한글쇼핑몰 -- 100,000원

2. 제일몰 -- 120,000원

3. 성안쇼핑 -- 110,000원

4. 서울백화점 -- 101,000원

5. BM MALL -- 130,000원

- 문단 모양 : 정렬(가운데 정렬), 왼쪽 여백(25pt), 오른쪽 여백(20pt), 문단 위 간격(10pt), 줄 간격(170%)
- 탭 설정 : 탭 위치(300pt), 탭 종류(왼쪽 탭), 채울 모양(점선)
- 테두리 배경 : 테두리 종류(이중 실선). 굵게(0.5mm), 테두리 색(초록), 배경 면색(연한 노랑)
- 글자 모양 : 글꼴(돋움체), 크기(15pt), 글자 색(보라)

Hint!
- 문단 모양 : 범위 지정한 후 마우스 오른쪽 [문단 모양]을 클릭 또는 Alt+T
- 글자 모양 : 범위 지정한 후 마우스 오른쪽 [글자 모양]을 클릭 또는 Alt+L

◯ 예제 파일 : Easy한글2020\실습및정답파일\4장\혼자풀어보기2(실습).hwp

2 '4장.혼자풀어보기2(실습).hwp' 문서를 열고 다음 지시사항대로 스타일을 지정해 보세요.

– 스타일 지정
– 스타일 이름 : island
– 문단 모양 : 왼쪽 여백(15pt), 문단 아래(12pt)
– 글자 모양 : 한글(돋움), 크기(12pt), 장평(95%), 자간(5%)

무의도 "섬 여행"

인천광역시 중구 무의동에 속한 섬.

섬 북쪽에 용유도가 있으며, 부속 도서로는 실미도·무도·해녀도·사렴도 등이 있다. 섬의 이름은 옛날 선녀가 내려와 춤을 추었다 하여 무의도라 했다고 전해진다. 최고봉은 호룡곡산(246m)으로 섬의 남쪽에 솟아 있으며, 북쪽에도 높이 230m의 산이 솟아 있다. 산지 사이에는 소규모의 농경지와 취락이 분포한다. 해안에는 간석지가 넓게 발달해 있고, 북서쪽 해안 일부는 해식애가 발달했다.

스타일 지정

Hint! 스타일 : 범위 지정한 후 [서식]–[스타일] 또는 F6 키

예제 파일 : Easy한글2020\실습및정답파일\4장\혼자풀어보기3(실습).hwp

3 혼자풀어보기3(실습).hwp 파일을 불러와서 다음의 지시사항대로 문서의 서식을 지정해 보세요.

맑은 고딕, 20pt, 진하게, 기울임, 이중 실선, 글자 색(보라)

맑은 고딕, 14pt, 진하게, 강조점

근로자이용 전국 여름 휴양지 안내

사업내용

직장 내 자유로운 휴가 문화 조성을 위해 기업과 정부가 함께 근로자의 국내 여행 경비를 지원하는 사업입니다.

문단 모양 : 왼쪽 여백 10pt, 문단 아래 5pt
테두리/배경 : 선모양 점선, 색(주황), 면색(노랑)

바탕체, 15pt, 진하게, 글자 색(흰색), 음영 색(주황)

한화리조트 산정호수

주소 : 경기 포천시 산정호수로 402 산정호수한화콘도미니엄
문의처 : 1666-9988

소노문 양평

주소 : 경기 양평군 신내길7번길 55 대명양평콘도미니엄
문의처 : 1666-9988

롯데리조트

주소 : 충남 부여군 백제문로 400 롯데부여리조트
문의처 : 1666-9988

Hint!
- 글자 모양 : 범위 지정한 후 마우스 오른쪽 [글자 모양]을 클릭 또는 Alt+L
- 문단 모양 : 범위 지정한 후 마우스 오른쪽 [문단 모양]을 클릭 또는 Alt+T

◎ 예제 파일 : Easy한글2020\실습및정답파일\4장\혼자풀어보기4(실습).hwp

4 혼자풀어보기4(실습).hwp 파일을 불러와서 다음의 지시사항대로 문서의 서식을 지정해 보세요.

바탕체, 15pt, 진하게, 글자 색(흰색), 음영 색(파랑)

맑은 고딕, 20pt, 진하게, 이중 실선

유네스코의 세계문화유산

한국세계유산

석굴암 736
창덕궁 816
수원화성 817
남한산성 1439

탭 설정 : 탭 종류(왼쪽), 채울 모양(점선), 탭 위치(200pt)

문화유산

오랜 세월에 걸쳐 또는 세계의 일정 문화권 내에서 건축이나 기술 발전, 기념물 제작, 도시 계획이나 조경 디자인에 있어 인간 가치의 중요한 교환을 반영할 것

(to exhibit an important interchange of human values, over a span of time or within a cultural area of the world, on developments in architecture or technology, monumental arts, town-planning or landscape design;)

쪽 테두리 배경
테두리 : 테두리 종류(실선), 굵기(0.5mm), 색(주황), 위치(왼쪽, 오른쪽, 위쪽, 아래쪽 2mm), 배경 : 면 색(하늘색 80% 밝게)

스타일 이름 : 유네스코
문단 모양 : 왼쪽(10pt), 문단 아래 간격(10pt)
글자 모양 : 한글(굴림), 영문(돋움), 장평(105%), 자간 (5%)

Hint!

- 글자 모양 : 범위 지정한 후 마우스 오른쪽 [글자 모양]을 클릭 또는 Alt+L
- 문단 모양 : 범위 지정한 후 마우스 오른쪽 [문단 모양]을 클릭 또는 Alt+T
- 스타일 : 범위 지정한 후 [서식]-[스타일] 또는 F6 키

문단 번호 및 글머리표 지정하기

문단 번호 모양 및 글머리표 기능을 이용하여 문단에 문단 번호와 글머리표, 그림 글머리표를 지정하는 방법에 대하여 배워봅니다.

완성파일 미리보기

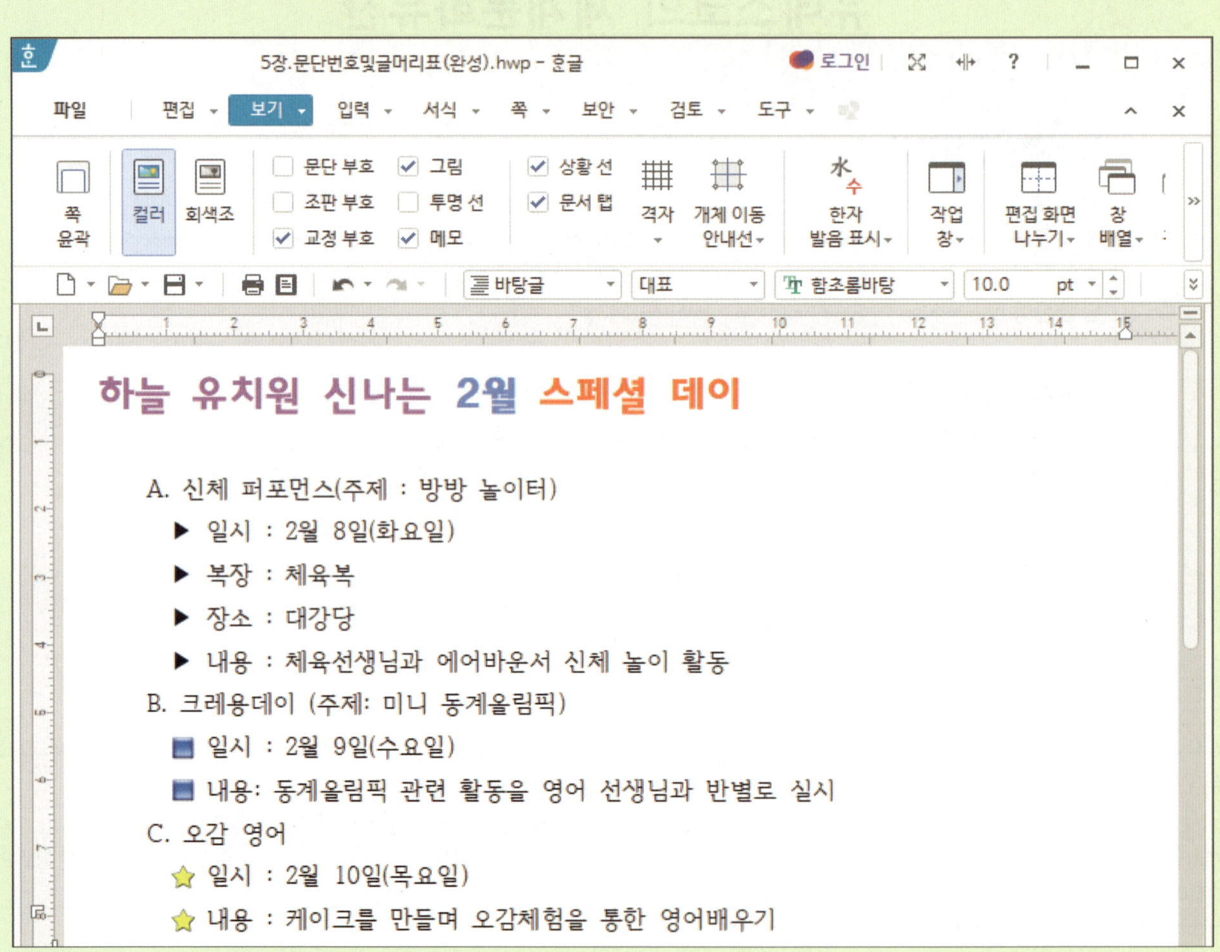

지시사항

- 1수준 : 번호 모양(A,B,C), 20pt, 오른쪽
- 2수준 : 번호 모양(Ⅰ, Ⅱ, Ⅲ), 30pt, 오른쪽, 글머리표 모양(▶), 그림 글머리표 모양(■, ☆)

실습 1 문단 번호 모양

여러 개의 항목을 나열할 때 문단의 머리에 번호를 매기는 기능에 대하여 배워봅니다.

● 예제 파일 : Easy한글2020\실습및정답파일\5장\5장.문단번호및글머리표(실습).hwp

1 문단 모양을 지정할 내용을 범위 지정한 후 **[서식] 탭의 [목록단추 ▾]를 클릭하고 [문단 번호 모양]을 선택**합니다.

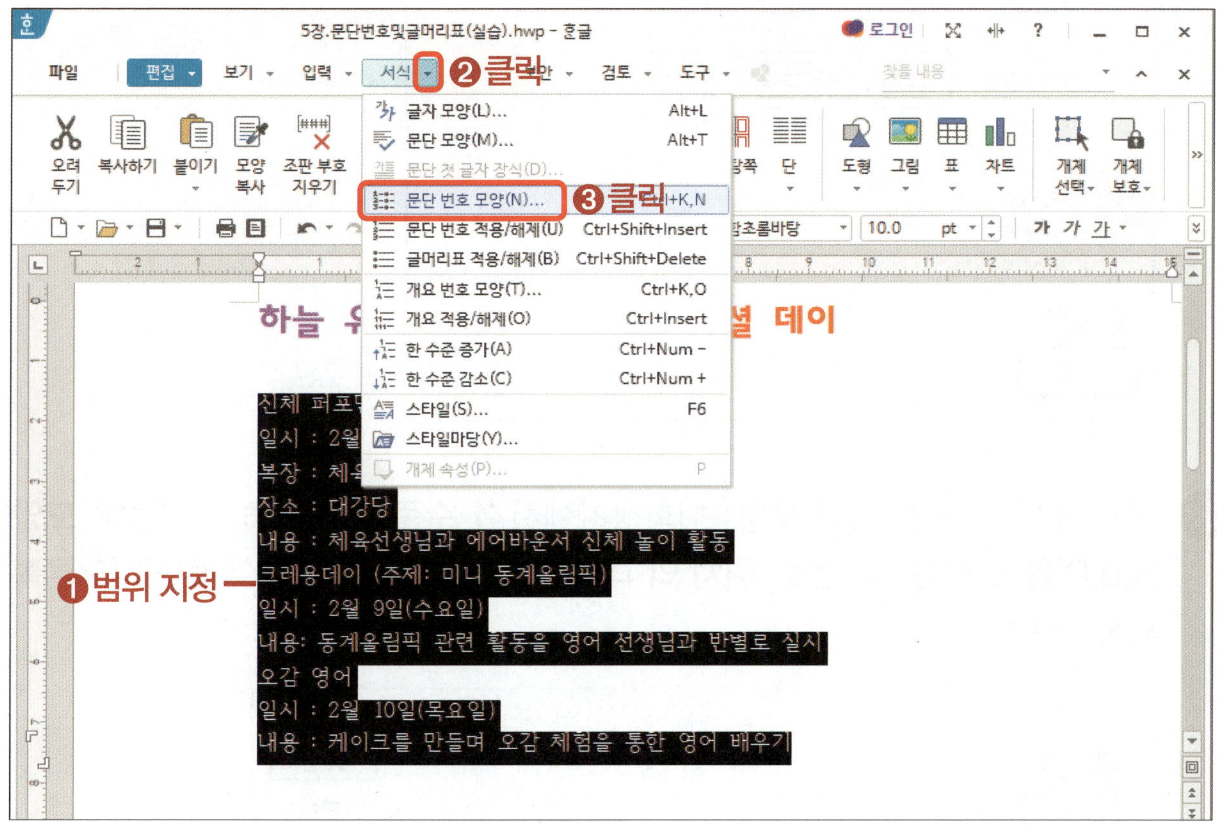

범위를 지정한 후 마우스 오른쪽 버튼을 클릭하고 [글머리표 및 문단 번호]를 선택하여 작업할 수도 있습니다.

❷ [글머리표 및 문단 번호] 대화상자의 [문단 번호] 탭의 '문단 번호 모양'에서 '1., 가., 1), 가)' 유형을 선택한 후 [사용자 정의] 단추를 클릭합니다.

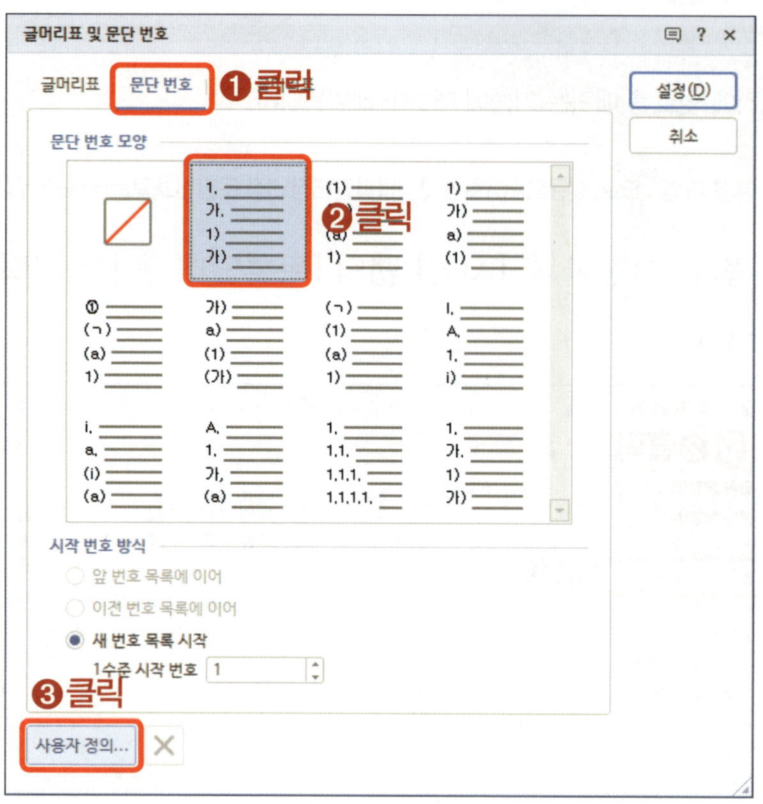

❸ [문단 번호 사용자 정의 모양] 대화상자에서 '1 수준'을 선택하고, '번호 모양'에서 'A,B,C'를 선택한 후 '번호 위치'의 너비에 『20』을 입력하고 '정렬'을 '오른쪽'으로 지정합니다.

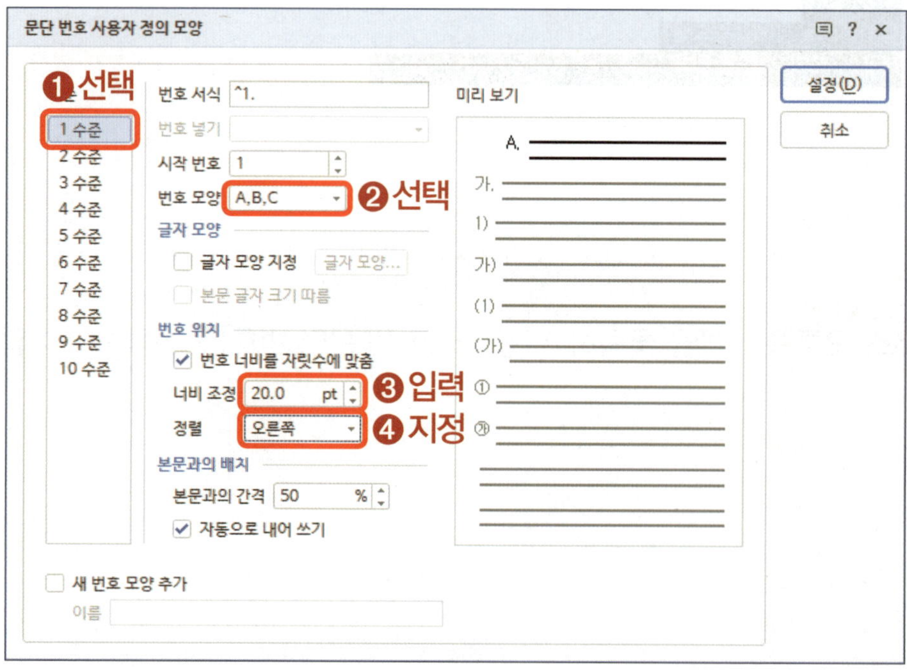

❹ [문단 번호 사용자 정의 모양] 대화상자에서 **'2 수준'을 선택하고, '번호 모양'에서 'I,II,III'을 선택한 후 '번호 위치'의 너비에 『30』을 입력하고, '정렬'을 '오른쪽'으로 지정한 후 [설정] 단추를 클릭**합니다.

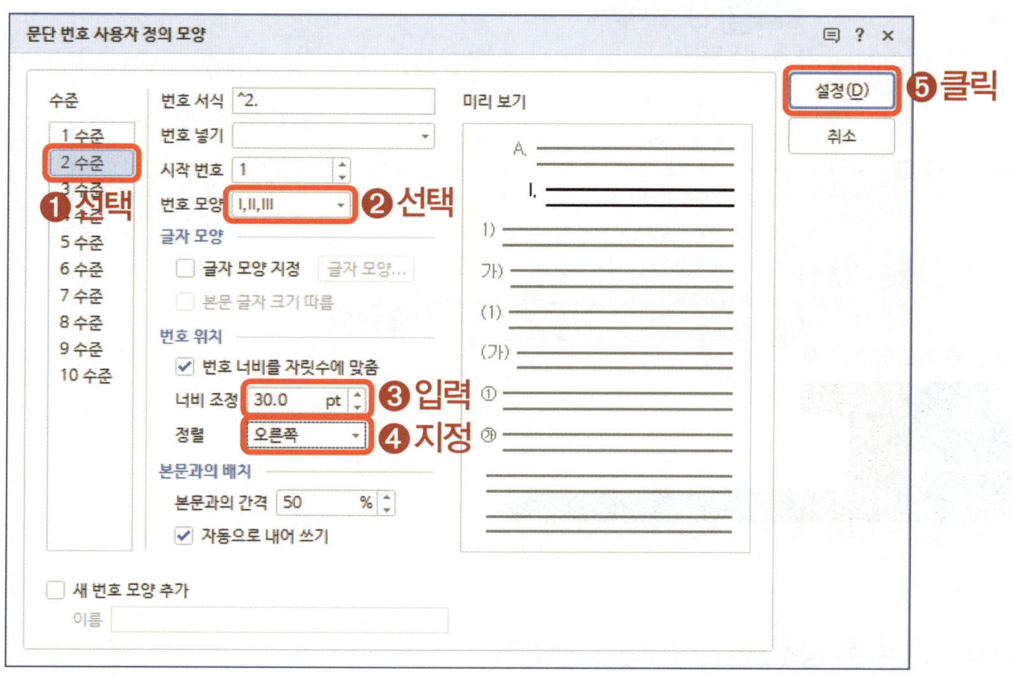

❺ 다음과 같이 모든 문단의 번호 모양이 '1수준'으로 지정한 A, B, C 형태로 지정되었는지 확인합니다.

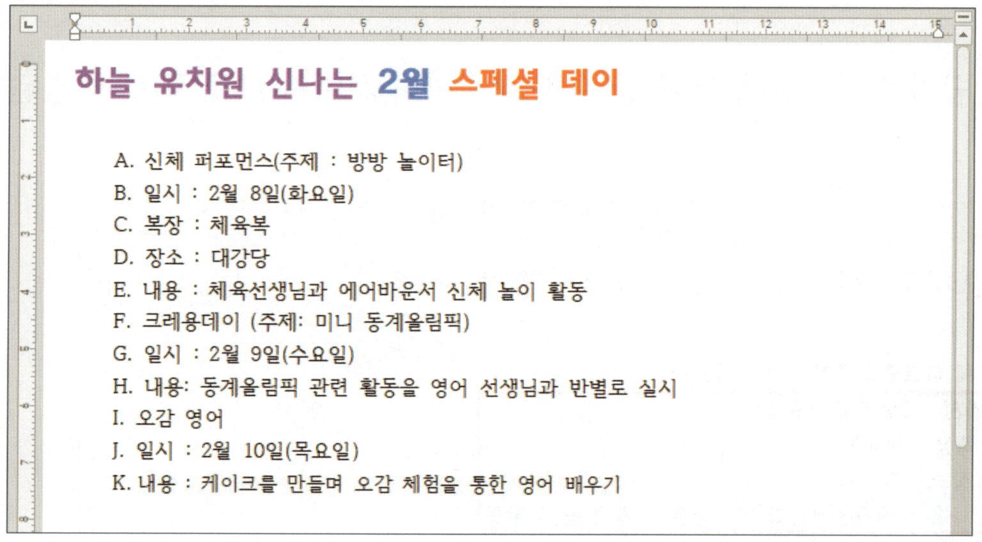

6 그림과 같이 '2수준'으로 지정할 범위를 지정하고 **[서식] 탭의 [목록단추 ▾]를 클릭한 후 [한 수준 감소]를 클릭**합니다.

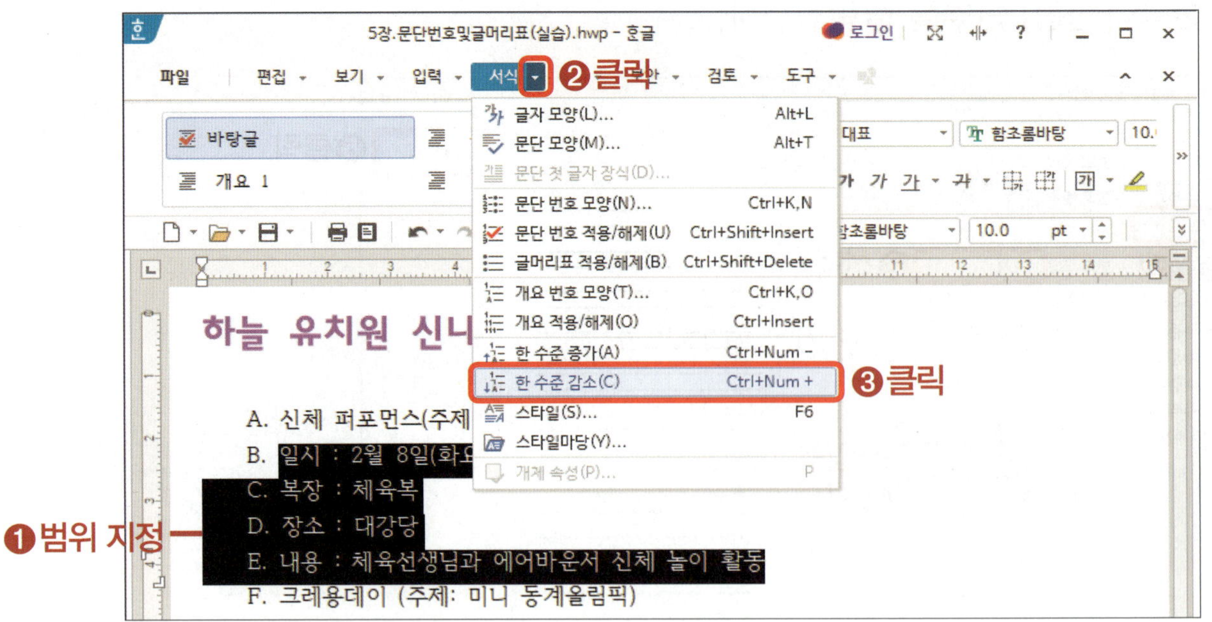

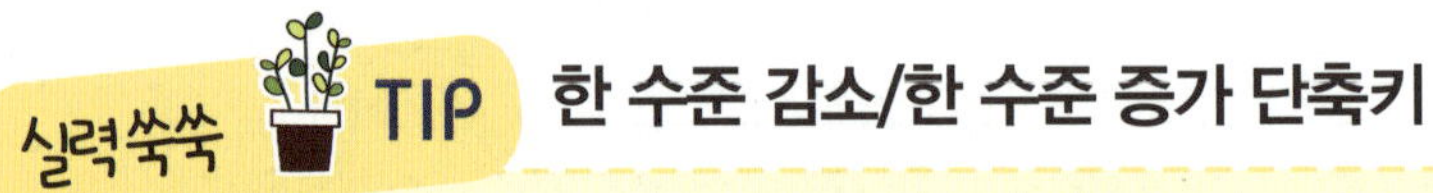

한 수준 감소/한 수준 증가 단축키

범위를 지정한 후 Ctrl+＋ 키를 누르면 한 수준 감소하고, Ctrl+－ 키를 누르면 한 수준 증가합니다.

7 다음과 같이 범위로 지정한 부분이 한 수준 감소하며 로마자(I, II, II)로 변경된 것을 확인합니다.

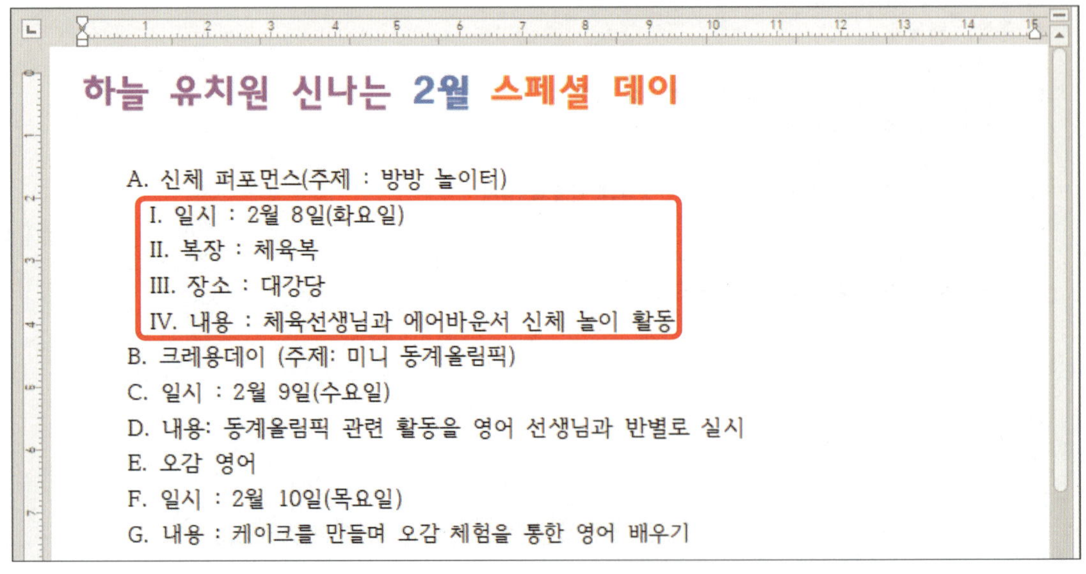
하늘 유치원 신나는 2월 스페셜 데이

A. 신체 퍼포먼스(주제 : 방방 놀이터)
I. 일시 : 2월 8일(화요일)
II. 복장 : 체육복
III. 장소 : 대강당
IV. 내용 : 체육선생님과 에어바운서 신체 놀이 활동
B. 크레용데이 (주제: 미니 동계올림픽)
C. 일시 : 2월 9일(수요일)
D. 내용: 동계올림픽 관련 활동을 영어 선생님과 반별로 실시
E. 오감 영어
F. 일시 : 2월 10일(목요일)
G. 내용 : 케이크를 만들며 오감 체험을 통한 영어 배우기

8 'C. 일시' 문단부터 'D. 내용' 문단까지 범위를 지정한 후 [서식] 탭의 [목록단추 ▾]를 클릭하고 [한 수준 감소]를 클릭합니다.

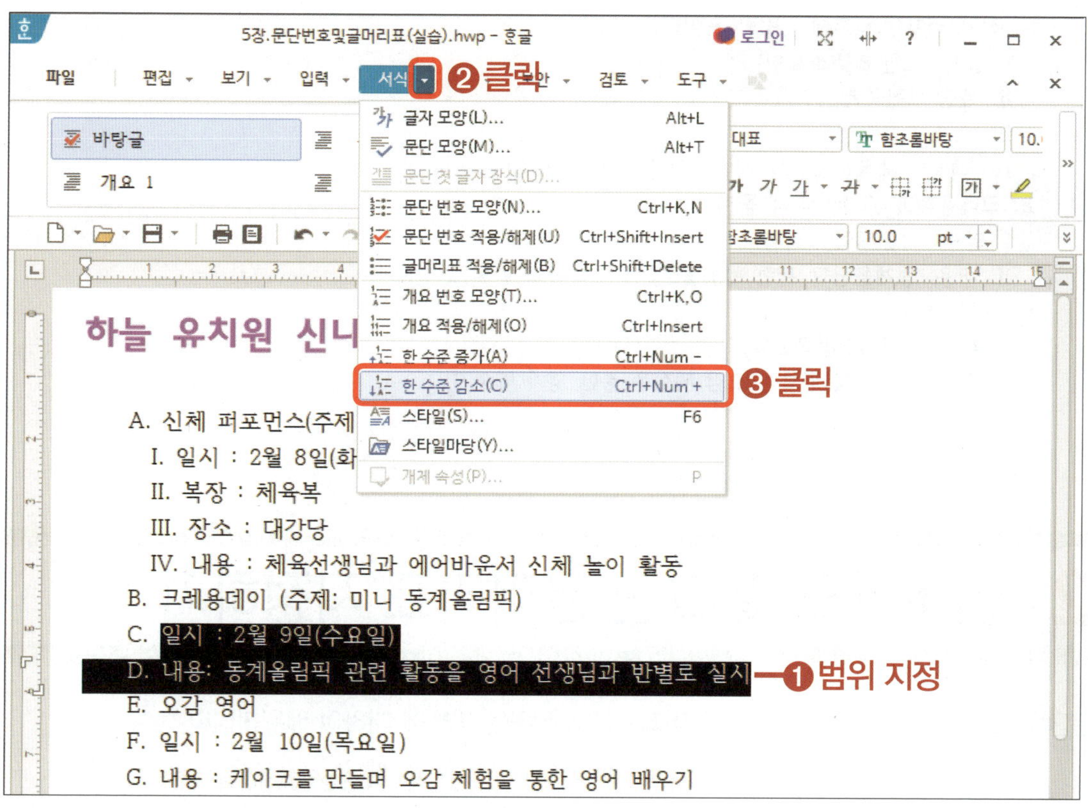

9 'D. 일시' 문단부터 'E. 내용' 문단까지 범위를 지정한 후 [서식] 탭의 [목록단추 ▾]를 클릭하고 [한 수준 감소]를 클릭합니다.

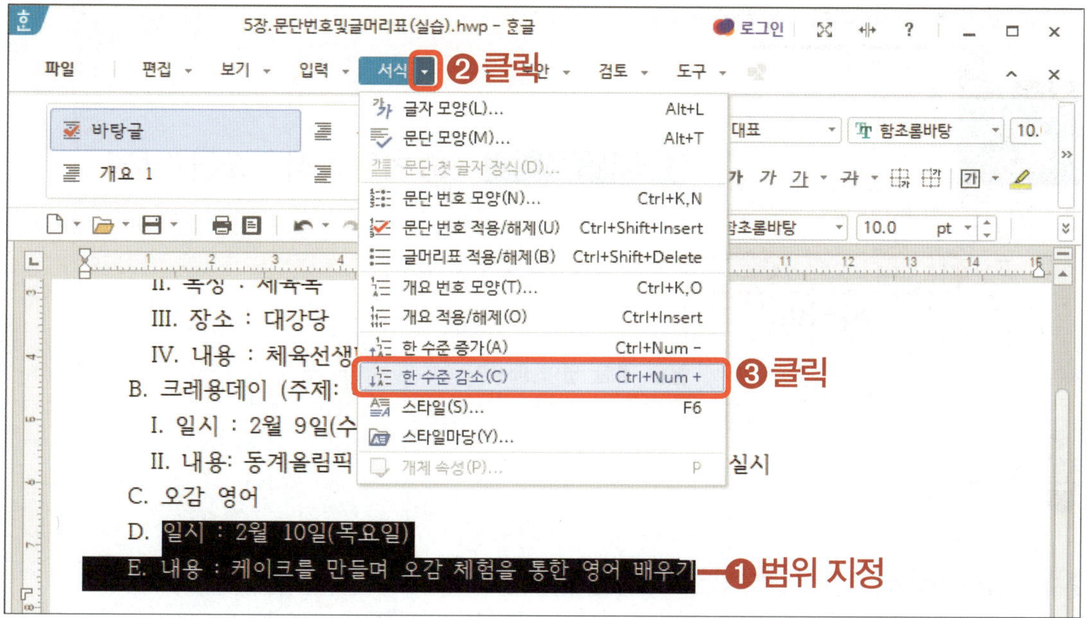

10 다음과 같이 문단 번호 모양이 지정됩니다.

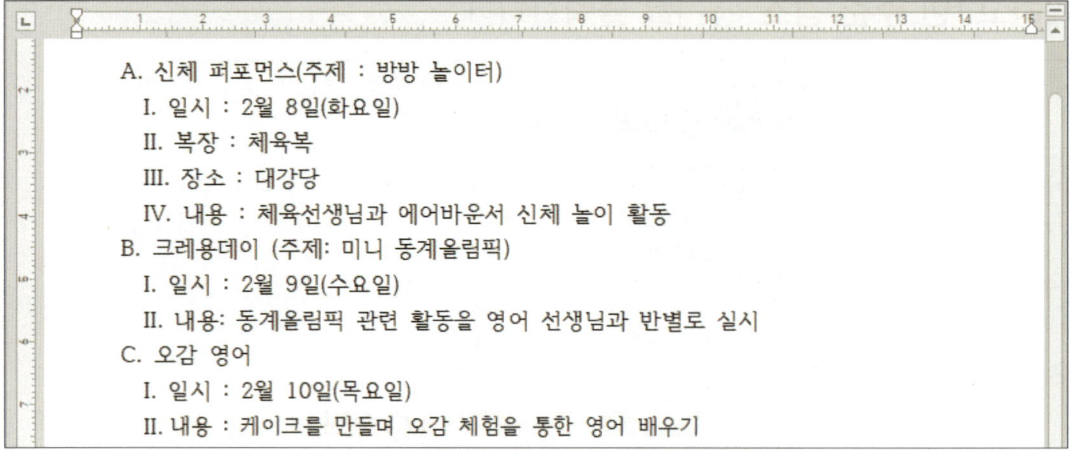

실습 2 글머리표 및 그림 글머리표 지정하기

작성된 문단 번호 모양에 글머리표와 그림 글머리표를 지정하는 방법에 대하여 배워봅니다.

1 'I' 문단에서 'IV' 문단을 범위 지정한 후 마우스 오른쪽 버튼을 클릭하고 **[글머리표 및 문단 번호]를 클릭**합니다.

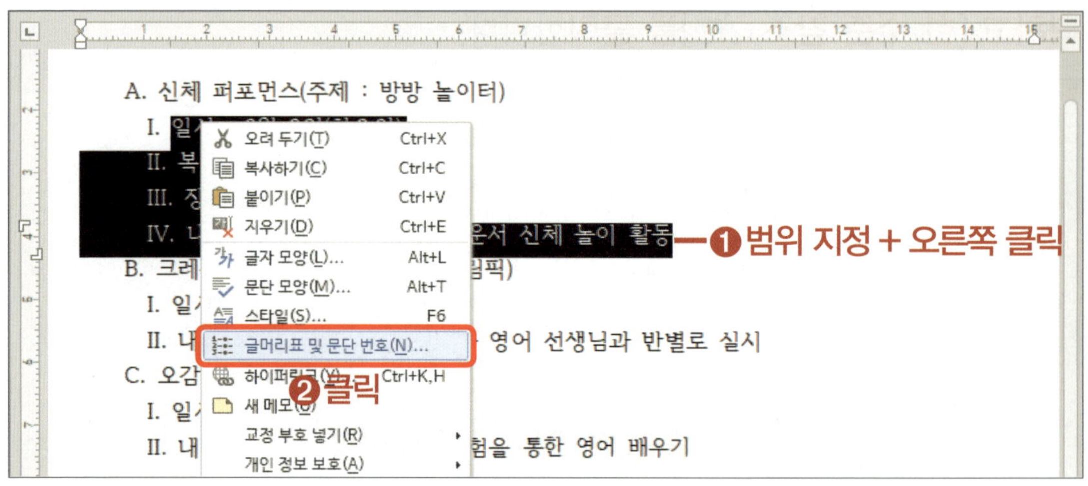

[서식] 탭에서 [글머리표]의 [목록단추]를 클릭한 후 '▶'글머리표 유형을 선택하여 변경할 수도 있습니다.

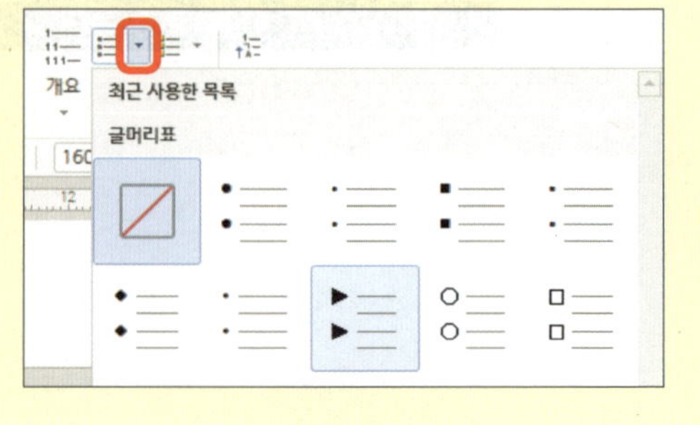

② [글머리표 및 문단 번호] 대화상자의 **[글머리표] 탭에서 '▶' 글머리표 유형을 선택한 후 [설정] 단추를 클릭**합니다.

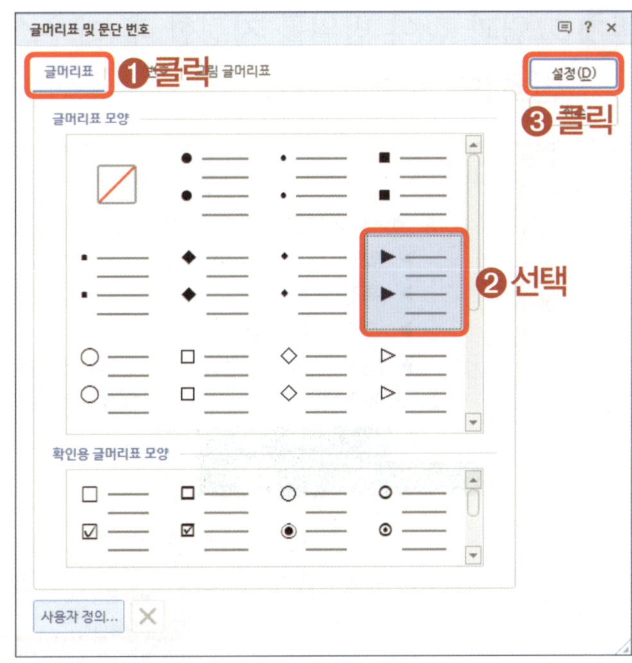

③ 들여쓰기를 지정하기 위해 그림과 같이 범위 지정한 후 눈금자의 **[문단 왼쪽 여백의 조절]**을 오른쪽으로 드래그하여 여백을 조절합니다.

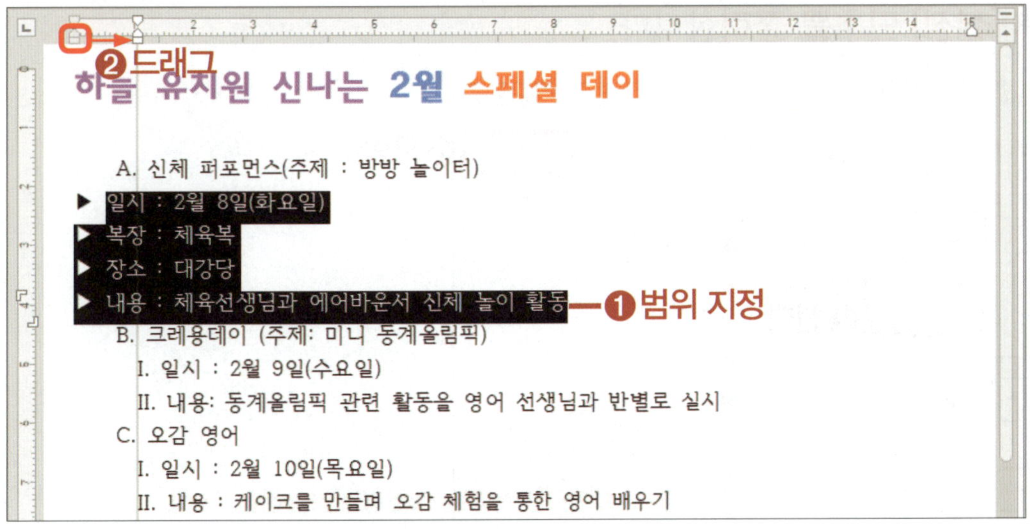

④ 다음과 같이 글머리표가 변경됩니다.

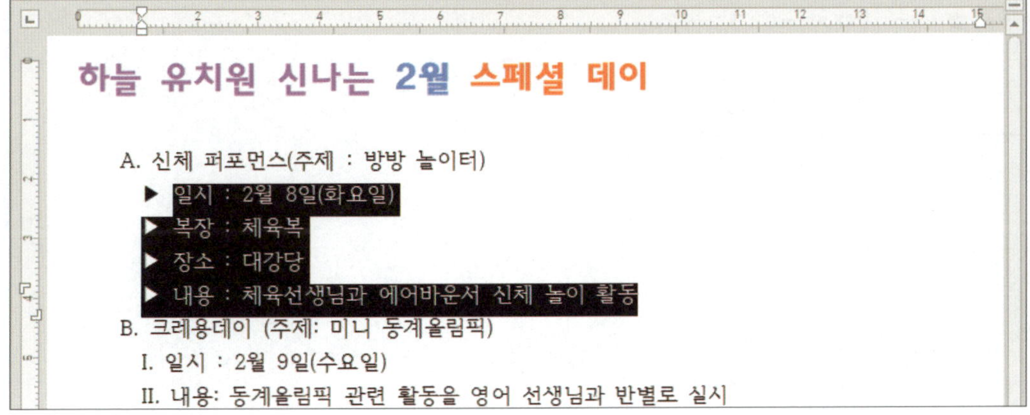

5 그림과 같이 범위를 지정한 후 마우스 오른쪽 버튼을 클릭한 후 **[글머리표 및 문단 번호]를 클릭**합니다.

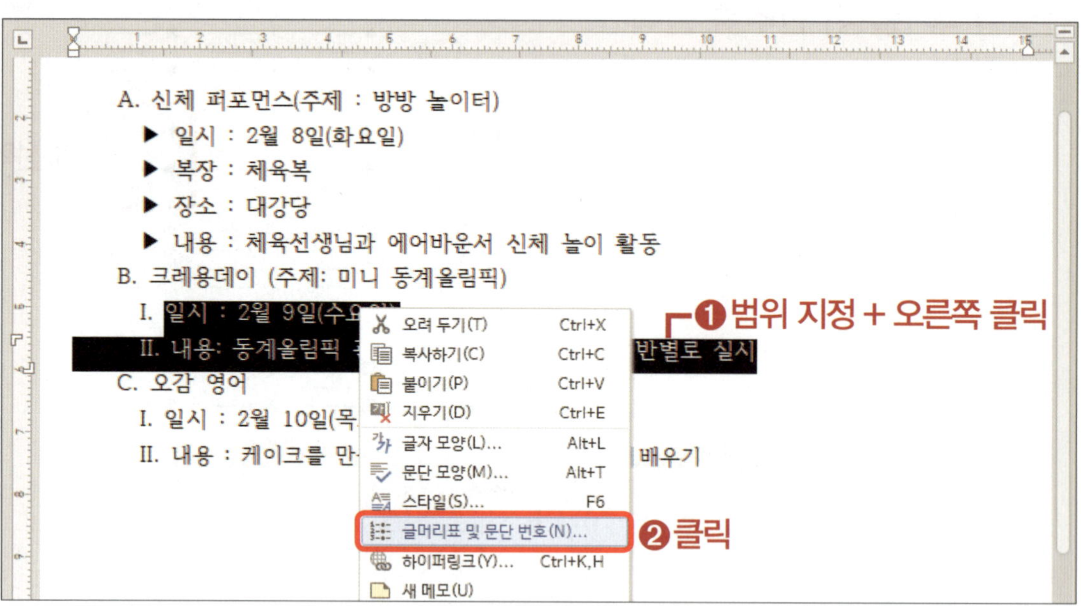

6 [글머리표 및 문단 번호] 대화상자의 **[그림 글머리표] 탭에서 그림 글머리표(■)를 선택한 후 [설정] 단추를 클릭**합니다.

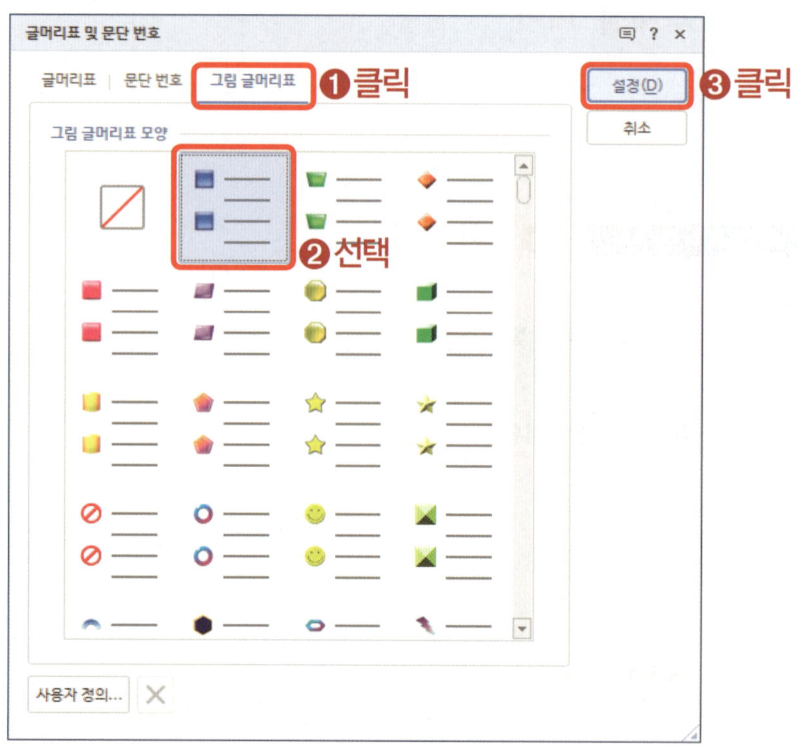

7 들여쓰기를 지정하기 위해 그림과 같이 범위 지정한 후 눈금자의 **[문단 왼쪽 여백의 조절]을 오른쪽으로 드래그하여 여백을 조절**합니다.

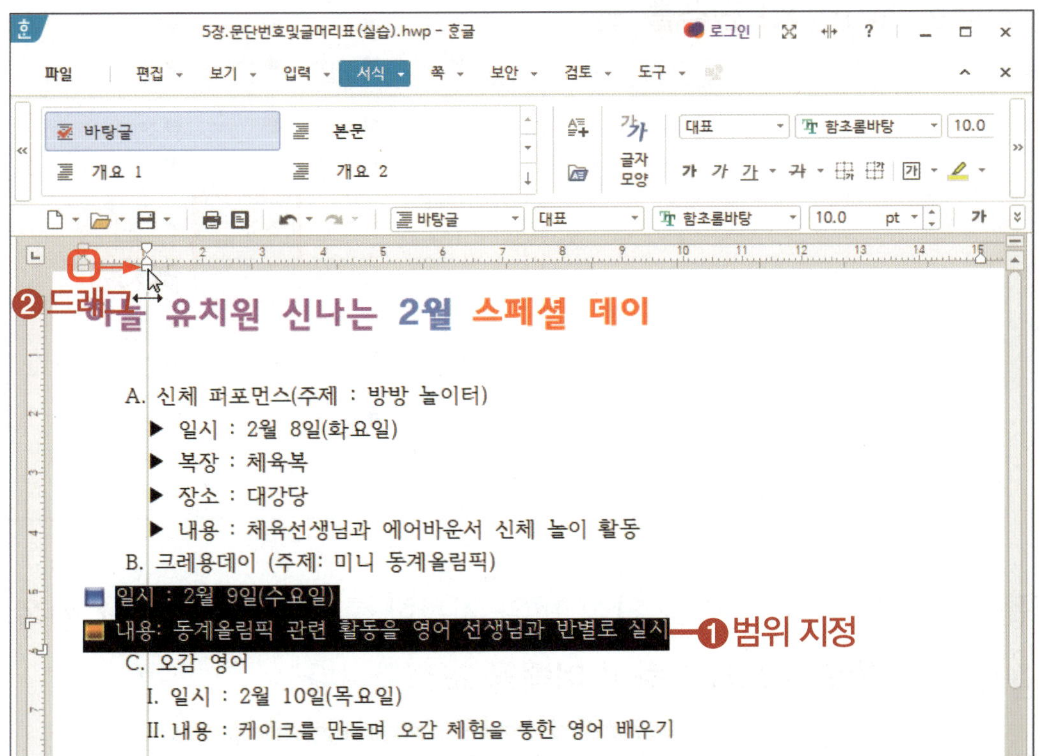

8 그림과 같이 범위를 지정한 후 마우스 오른쪽 버튼을 클릭한 후 **[글머리표 및 문단 번호]를 클릭**합니다.

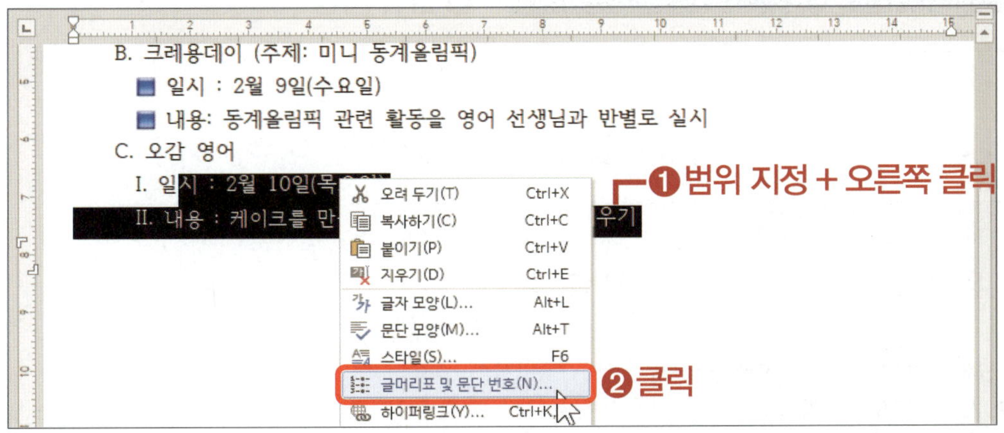

9 [글머리표 및 문단 번호] 대화상자의 **[그림 글머리표] 탭에서 그림 글머리표(☆)를 선택한 후 [설정] 단추를 클릭**합니다.

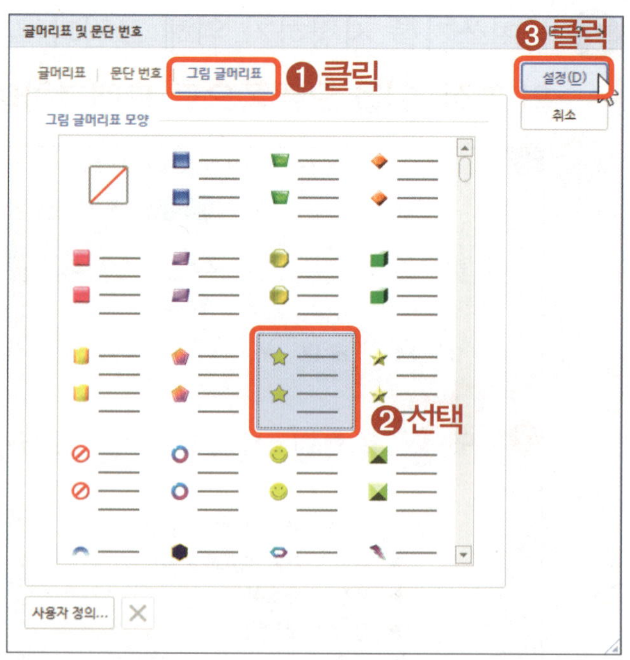

10 들여쓰기를 지정하기 위해 그림과 같이 범위 지정한 후 눈금자의 **[문단 왼쪽 여백의 조절]을 오른쪽으로 드래그하여 여백을 조절**합니다.

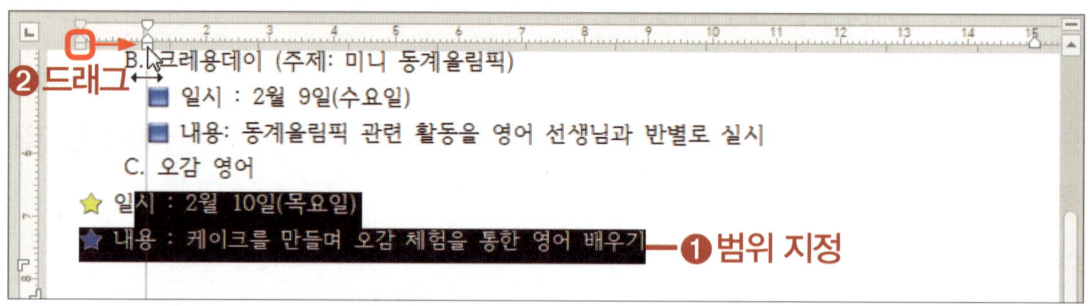

11 다음과 같이 그림 글머리표가 지정되었는지 확인합니다.

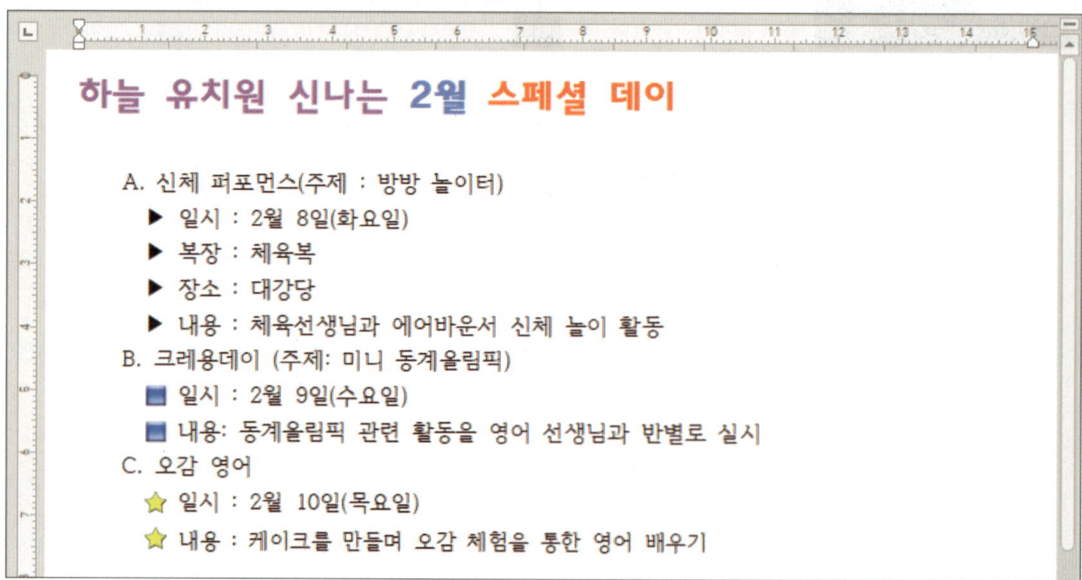

◎ 예제 파일 : Easy한글2020\실습및정답파일\5장\혼자풀어보기1(실습).hwp

1 '혼자풀어보기1(실습).hwp' 문서를 열고 다음의 지시사항대로 문단 번호 모양을 지정해 보세요.

– 1수준 : 번호 모양(가, 나, 다), 20pt, 오른쪽 정렬
– 2수준 : 번호 모양(Ⓐ, Ⓑ, Ⓒ), 그림 글머리표(◎), 30pt, 오른쪽 정렬

> ★ 아름누리 행사
>
> 가. '아름누리 지킴이' 발대식
> Ⓐ 아름누리 지킴이 단기 및 어깨띠 수여
> Ⓑ 홍보대사 위촉패 전달 및 선플 실천 서약식
>
> 나. 아름누리 캠페인 부대 행사
> ◎ 홍보대사 축하공연
> ◎ 시민과 함께하는 다양한 이벤트 행사

Hint!
- 문단 모양을 지정할 내용을 범위 지정한 후 [서식] 탭의 [목록단추 ▾]를 클릭하고 [문단 번호 모양]을 선택하여 작업
- [글머리표 및 문단 번호] 대화상자에서 [문단 번호] 탭과 [그림 글머리표] 탭에서 [사용자 정의]를 클릭하여 설정

◎ 예제 파일 : Easy한글2020\실습및정답파일\5장\혼자풀어보기2(실습).hwp

2 '혼자풀어보기2(실습).hwp' 문서를 열고 다음의 지시사항대로 문단 번호 모양을 지정해 보세요.

– 1수준 : 번호 모양(A, B, C), 20pt, 오른쪽 정렬
– 2수준 : 글머리표(◆), 그림 글머리표(◆), 30pt, 오른쪽 정렬

> ▶ 여수세계박람회 행사 개요
>
> A. 영문명칭 및 주제
> ◆ International Exposition Yeosu Korea 2012
> ◆ 살아있는 바다와 숨 쉬는 연안 "The Living Ocean and Coast"
>
> B. 개최장소 및 개최기간
> ◆ 여수시 신항 지구 97만 제곱미터 – 전시구역 25만 제곱미터
> ◆ 개최기간 2012년 5월 12일 ~ 8월 12일(3개월간)

예제 파일 : Easy한글2020\실습및정답파일\5장\혼자풀어보기3(실습).hwp

3 '혼자풀어보기3(실습).hwp' 문서를 열고 다음의 지시사항대로 문단 번호 모양을 지정해 보세요.

- 1수준 : 번호 모양(I, II, III), 20pt, 오른쪽 정렬
- 2수준 : 번호 모양(가, 나, 다), 그림 글머리표(☆), 30pt, 오른쪽 정렬

★ **환경개선 정책 방향**

I. 전망

가. 배출허용기준 시행과 대기환경 개선 대책 추진 등으로 감소 예상

나. 지역별 차별화 관리 정책으로 저감효율 상승 예상

II. 정책 방향

☆ 대형 사업장에 탈질 설비 및 굴뚝자동측정기기 설치 유도

☆ 중소 사업장에 국고를 지원하여 오염물질 저감목표 달성

예제 파일 : Easy한글2020\실습및정답파일\5장\혼자풀어보기4(실습).hwp

4 '혼자풀어보기4(실습).hwp' 문서를 열고 다음의 지시사항대로 문단 번호 모양을 지정해 보세요.

- 1수준 : 번호 모양(일, 이, 삼), 20pt, 오른쪽 정렬
- 2수준 : 글머리표(▶), 그림 글머리표(■), 30pt, 오른쪽 정렬

◐ **방송통신기자재 적합성 평가 제도**

일. 적합인증 대상 기자재

▶ 의무항공기국에 설치하는 무선설비의 기기

▶ 해상이동업무용 디지털 선택 호출장치의 기기

이. 인증신청 준비 서류

■ 방송기기인증신청서, 지정 시험기관으로부터 발급받은 시험성적서

■ 인증수수료 : 적합인증 165,000원, 적합등록 55,000원

표 만들기

표를 만드는 방법, 표의 크기 변경, 표의 테두리 및 배경, 줄/칸 추가하기, 지우기, 계산 및 자동 채우기, 정렬 기능에 대하여 배워봅니다.

| 무료 동영상 |

완성파일 미·리·보·기

2022년도(단위 : 원)

1월

번호	입출	항목	금액	비고
1	수입	급여	3,000,000	상여금
2		상여	1,500,000	
3		소계	4,500,000	
4	지출	식비	950,000	최대지출
5		의료비	250,000	
6		교통비	450,000	
7		관리비	500,000	
8		교육비	1,000,000	
9		소계	3,150,000	
잔액			1,350,000	

지시사항

- 표 전체 : 글꼴(굴림), 크기(11pt)
- 셀 배경색(면색) : 노랑
- '금액'은 1,000 단위 구분기호 지정
- '잔액'은 계산식 이용
- 정렬 : 문자(가운데 정렬), 금액(오른쪽 정렬)
- 선 모양을 그림과 동일하게 지정
- '소계'는 블록 계산식(블록 합계) 이용
- 표 위에 캡션 삽입

간이세금계산서					
NO.			귀하		
월일	품 목	수 량	단 가	금 액	비 고
01월15일	유자차	5	10,000	50,000	
01월15일	커피	2	15,000	30,000	
01월20일	쥬스	10	1,500	15,000	
01월20일	둥글레차	10	10,000	100,000	
합계		17	36,500	195,000	

지시사항

- 표 정렬 : 첫째 기준은 '월일'을 기준으로 오름차순, 둘째 기준은 '품목'을 기준으로 오름차순

표를 만들고 삭제하기

표를 만들어 보고 삭제하는 방법에 대하여 배워봅니다.

표 만들기

1. [입력] 탭에서 [표 ▦] 를 클릭하고 [표 만들기] 대화상자에서 **'줄 개수'에 『5』, '칸 개수'에 『5』를 입력**한 후 기타의 **'글자처럼 취급'에 체크**하고 **[만들기] 단추를 클릭**합니다.

실력쑥쑥 TIP 표를 글자처럼 취급

- 글자처럼 취급에 체크하면 글자와 마찬가지로 표를 왼쪽 정렬, 오른쪽 정렬, Enter 키를 눌렀을 때 이동 등 글자처럼 사용할 수 있습니다.
- 마우스 끌기로 만들기에 체크하면 마우스로 원하는 크기만큼 조절하여 표를 만들 수 있습니다. 마우스 끌기로 만들기에 체크하지 않으면 표는 화면의 가로 크기만큼 자동으로 생성됩니다.

2. 다음과 같이 5줄, 5칸 표가 생성된 것을 확인합니다.

3 표 안을 클릭한 후 **[표 디자인]** 탭에서 **[스타일]의 [자세히 ↓]를 클릭**합니다.

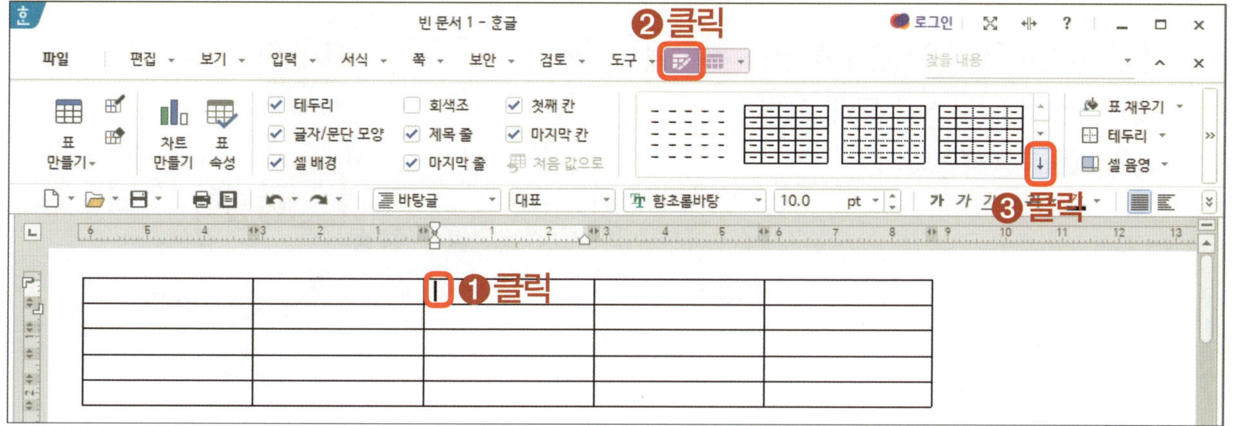

4 스타일에서 '기본 스타일 1 – 붉은 색조'를 선택합니다.

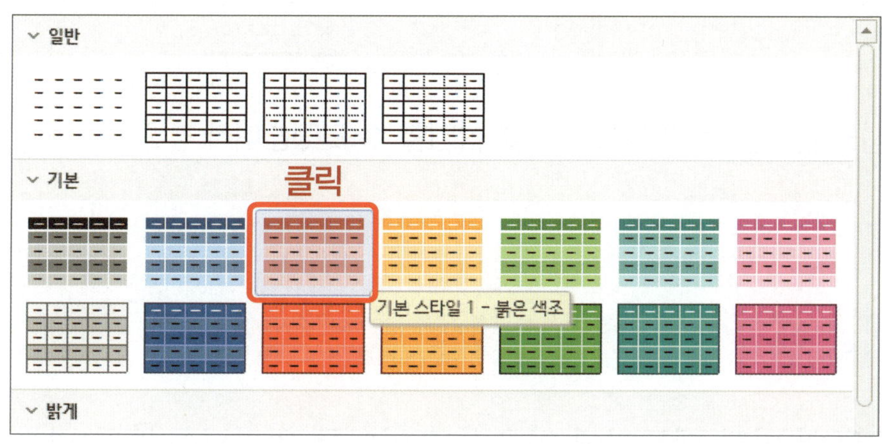

5 다음과 같이 표의 스타일이 변경된 것을 확인합니다.

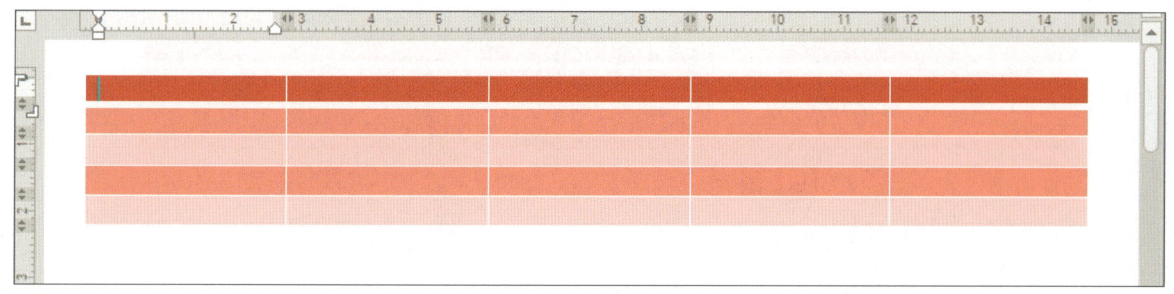

다양한 표의 생성 방법

- [입력] 탭에서 [표 ▦] 하단의 목록을 클릭한 후 마우스로 드래그하여 '5줄×5칸' 표를 생성합니다.

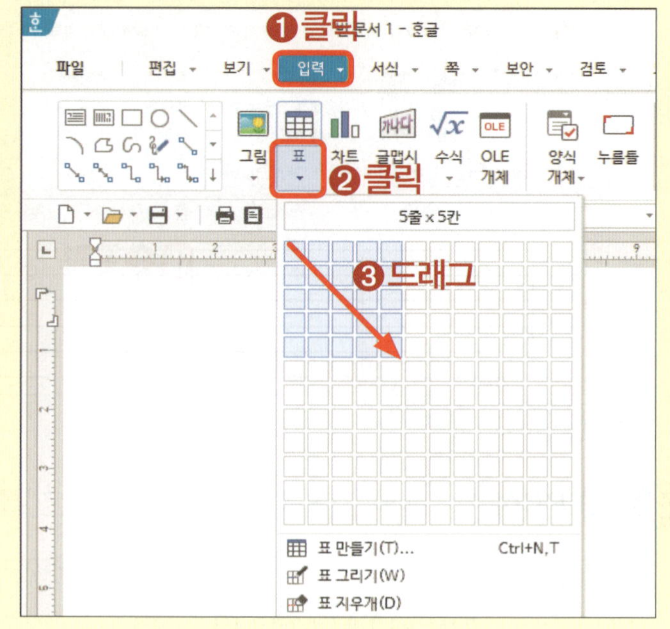

- 표 만들기 단축키 Ctrl + N, T 를 이용하여 표를 삽입할 수도 있습니다.

표 지우기

6 표를 지우기 위해서 표의 바깥 테두리에 마우스 포인터를 위치하여 ⬚ 모양으로 변경되면 클릭합니다.

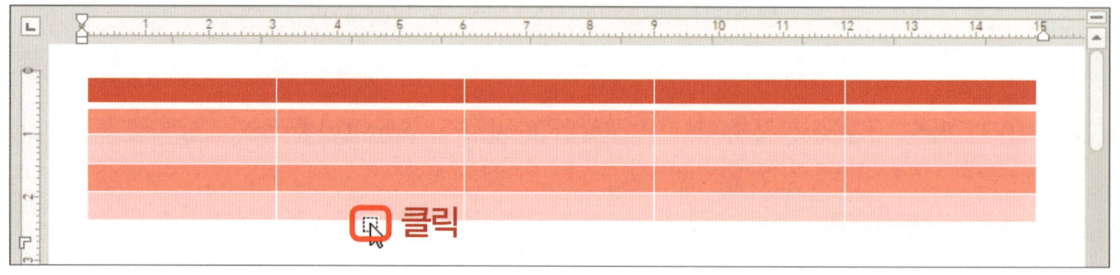

7 표의 테두리에 조절점이 표시되면 마우스 오른쪽 버튼을 클릭한 후 **[지우기]**를 선택하거나 Delete 키를 누르면 표가 삭제됩니다.

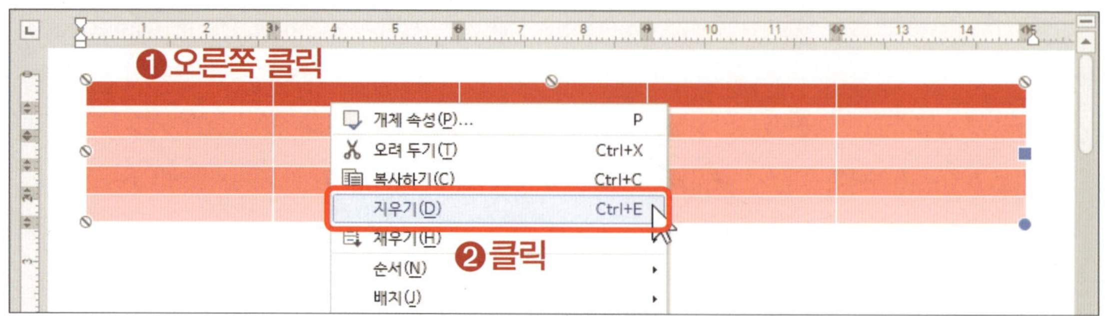

표 생성 시 표 스타일 지정하기

표 생성 시 [표 만들기] 대화상자에서 [표 마당] 단추를 클릭하면 [표 마당] 대화상자에서 표 서식이 지정되어 있는 표를 선택하여 생성할 수도 있습니다.

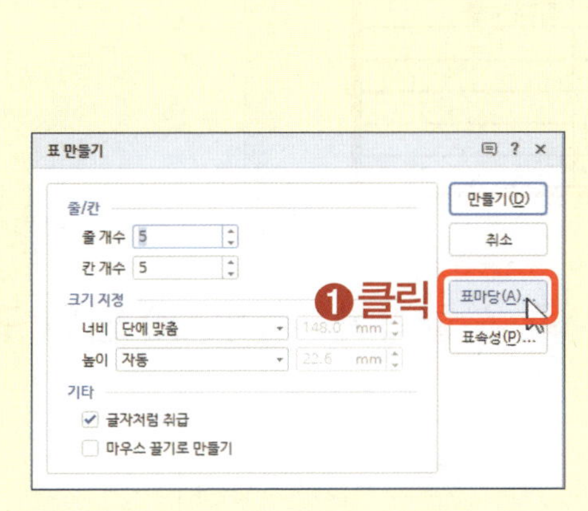

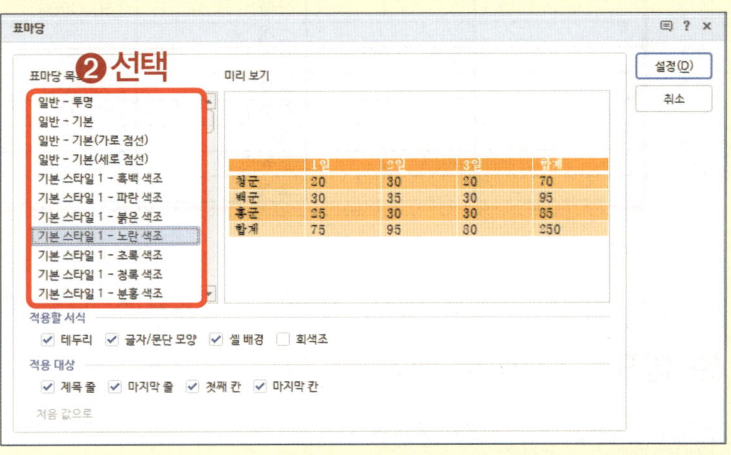

표의 범위 지정 및 크기 변경하기

셀 범위를 지정하여 셀 크기를 변경하는 방법에 대하여 배워봅니다.

셀의 열 너비 조절하기

1 **[입력] 탭에서 [표]를 클릭**하고 [표 만들기] 대화상자에서 **'줄 개수'에 『11』, '칸 개수'에 『5』를 입력**한 후 기타의 **'글자처럼 취급'에 체크**하고 **[만들기] 단추를 클릭**합니다.

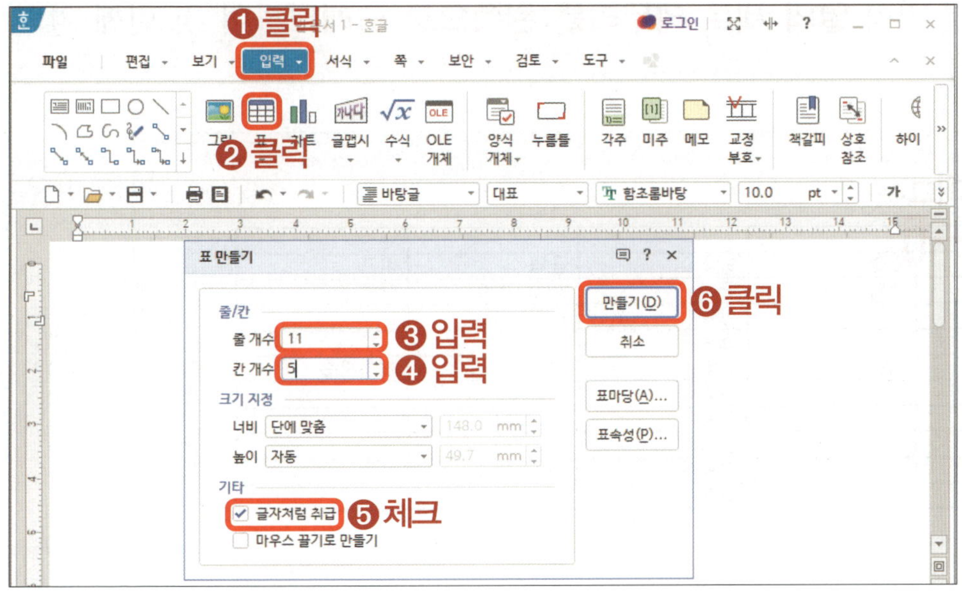

2 표 안에 커서를 클릭하고 다음과 같이 내용을 입력합니다.

내용 입력

1월				
번호	입출	항목	금액	비고
	수입	급여	3000000	상여금
		상여	1500000	
		소계		
	지출	식비	950000	최대지출
		의료비	250000	
		교통비	450000	
		관리비	500000	
		교육비	1000000	
		소계		

3 숫자가 입력된 셀을 범위 지정하고 마우스 오른쪽 버튼을 클릭한 후 **[1,000 단위 구분 쉼표]–[자릿점 넣기]를 선택**합니다.

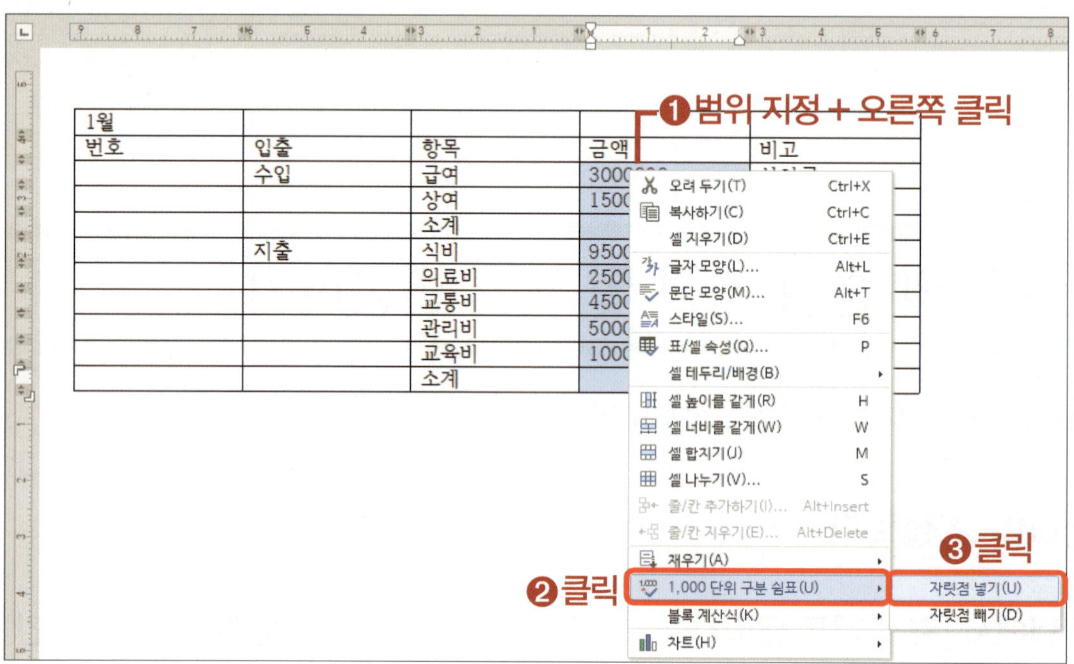

4 그림과 같이 첫 번째 **열의 세로 테두리를 왼쪽으로 드래그**하여 첫 번째 열의 넓이를 줄여 줍니다.

드래그

1월				
번호	입출	항목	금액	비고
	수입	급여	3,000,000	상여금
		상여	1,500,000	
		소계		
	지출	식비	950,000	최대지출
		의료비	250,000	
		교통비	450,000	
		관리비	500,000	
		교육비	1,000,000	
		소계		

실력쑥쑥 TIP **키보드를 이용한 표 크기의 조절**

- Alt +[방향키] : 선택 또는 범위 지정된 셀의 줄 또는 칸만 크기가 변경되고 표의 전체 크기는 변경되지 않습니다.

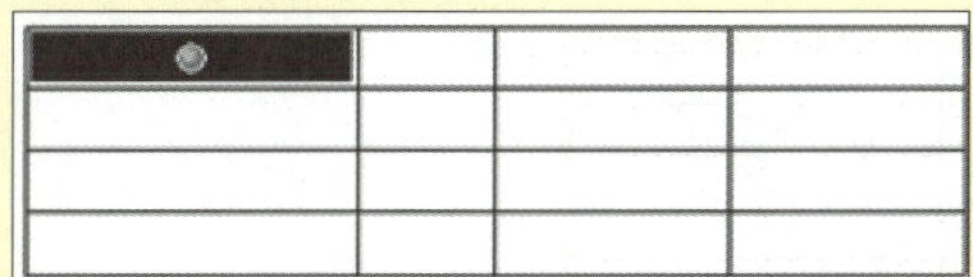

- Shift +[방향키] : 선택 또는 범위 지정된 셀만 크기 변경되고 표의 전체 크기는 변경되지 않습니다.

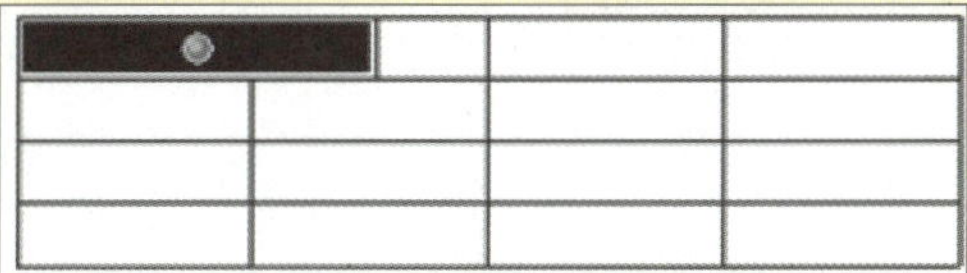

- Ctrl +[방향키] : 범위 지정된 표의 전체 크기가 변경됩니다.

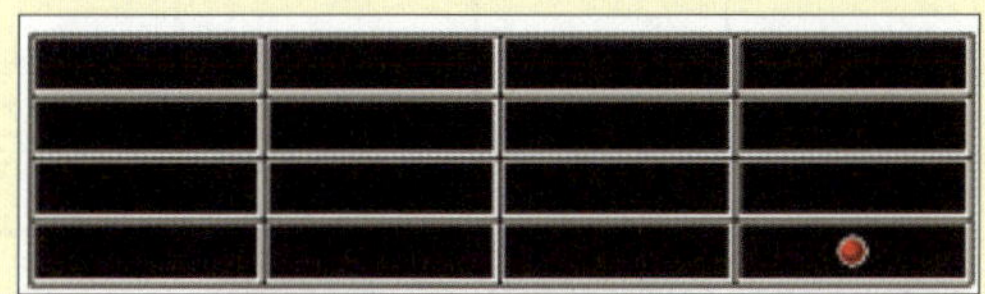

5 두 번째 열부터 다섯 번째 열을 범위 지정하고 마우스 오른쪽 버튼을 클릭한 후 **[셀 너비를 같게]를 클릭**하면 지정된 열의 너비가 같아집니다.

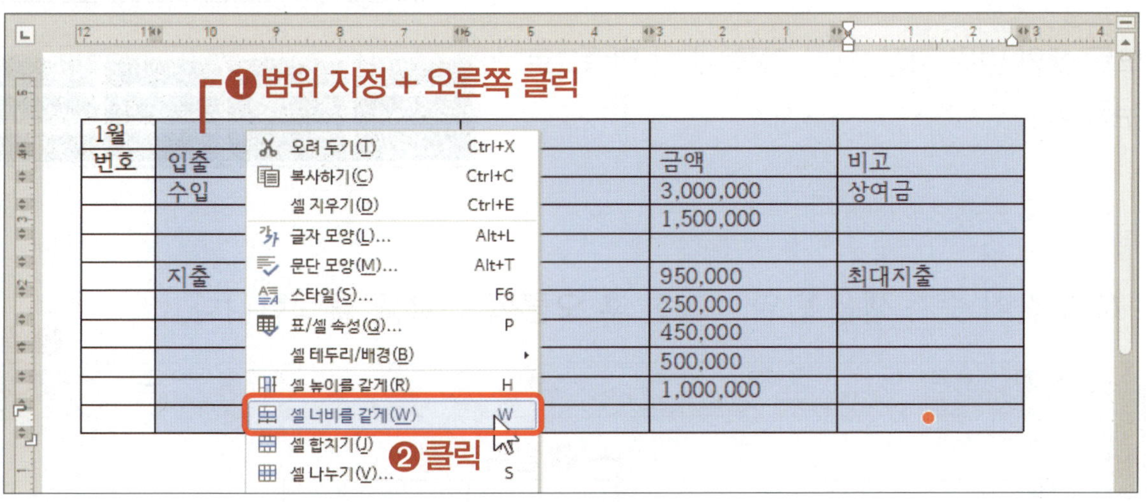

실력쑥쑥 TIP **셀 너비 같게/높이를 같게 단축키**

- 셀 너비를 같게 : 셀을 범위 지정한 후 W 키를 누르면 셀의 너비가 같게 됩니다.
- 셀 높이를 같게 : 셀을 범위 지정한 후 H 키를 누르면 셀의 높이가 같게 됩니다.

6 표 안의 전체 셀을 범위 지정하고 **글꼴(굴림), 크기(11pt), 가운데 정렬을 지정**합니다.

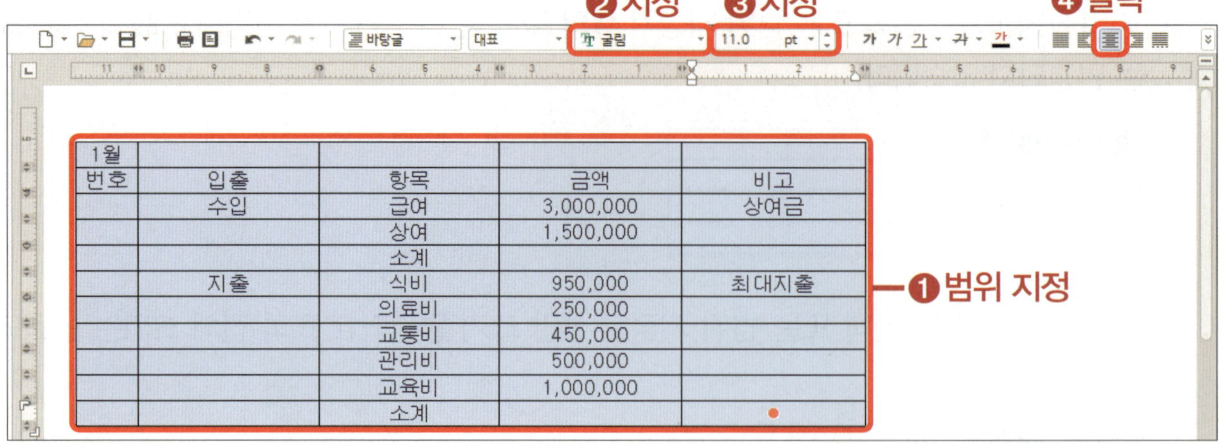

1월				
번호	입출	항목	금액	비고
	수입	급여	3,000,000	상여금
		상여	1,500,000	
		소계		
	지출	식비	950,000	최대지출
		의료비	250,000	
		교통비	450,000	
		관리비	500,000	
		교육비	1,000,000	
		소계		

다양한 셀 범위 지정 방법

- 한 셀 지정 : F5 키를 한 번 누릅니다.
- 연속된 여러 셀 지정 : F5 키를 두 번 누른 다음 방향키를 연속으로 눌러 범위를 지정합니다.
- 떨어져 있는 셀 지정 : 범위가 지정된 상태에서 Ctrl 키를 누른 채 추가 영역을 드래그합니다.
- 모든 셀의 범위 지정 : F5 키를 세 번 연속으로 누릅니다.

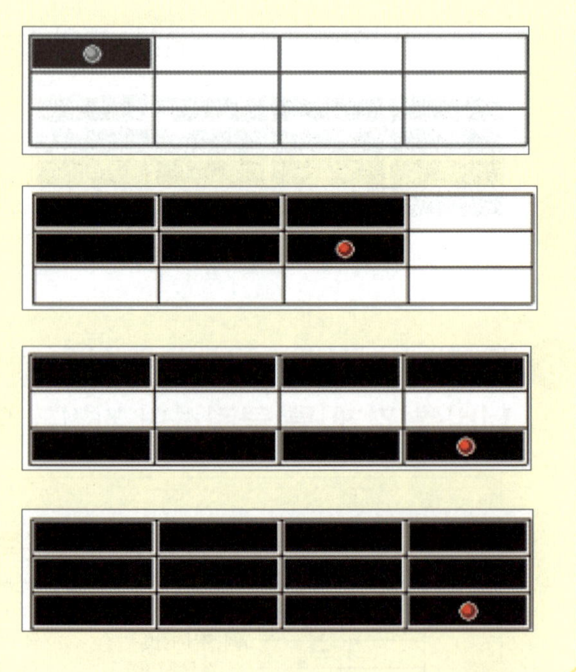

7 다음과 같이 숫자 셀을 범위 지정한 후 **오른쪽 정렬을 클릭**합니다.

❷클릭

❶범위 지정

1월				
번호	입출	항목	금액	비고
	수입	급여	3,000,000	상여금
		상여	1,500,000	
		소계		
	지출	식비	950,000	최대지출
		의료비	250,000	
		교통비	450,000	
		관리비	500,000	
		교육비	1,000,000	
		소계		

8 다음과 같이 표가 완성되었는지 확인합니다.

1월				
번호	입출	항목	금액	비고
	수입	급여	3,000,000	상여금
		상여	1,500,000	
		소계		
	지출	식비	950,000	최대지출
		의료비	250,000	
		교통비	450,000	
		관리비	500,000	
		교육비	1,000,000	
		소계		

실습 3 표의 선 모양, 배경 색, 줄 삽입, 셀 합치기 및 나누기

표를 편집하기 위한 선 모양, 배경 색, 줄/칸 추가하기, 삭제, 셀 합치기 기능에 대하여 배워봅니다.

선 모양 변경

1 셀의 영역을 모두 드래그하여 범위 지정하고 마우스 오른쪽 버튼을 클릭한 후 **[셀 테두리/배경]-[각 셀마다 적용]을 선택**합니다.

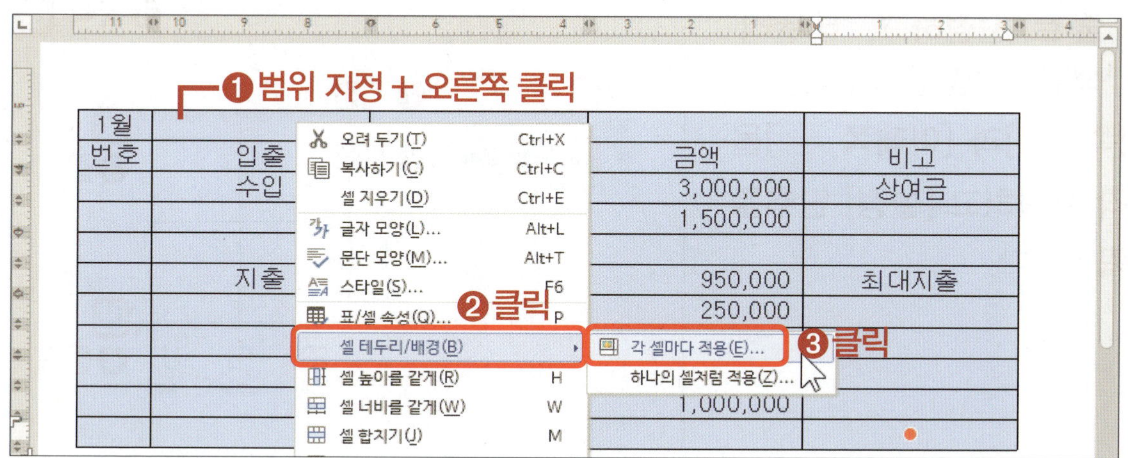

표 전체 범위 지정

표를 선택한 후 [F5] 키를 세 번 연속으로 누르면 표 안의 셀이 전부 범위 지정됩니다.

표 테두리와 셀 배경색 단축키

- 선 모양 변경 : 영역을 범위 지정한 후 Line의 약자인 L 키를 누릅니다.
- 배경 색 변경 : 영역을 범위 지정한 후 Color의 약자인 C 키를 누릅니다.

2 [셀 테두리/배경] 대화상자의 **[테두리] 탭에서 '테두리'의 '종류'를 '선 없음'으로 지정하고, '선 모양 바로 적용'에 체크를 해제한 후 [왼쪽]과 [오른쪽]을 각각 클릭**합니다.

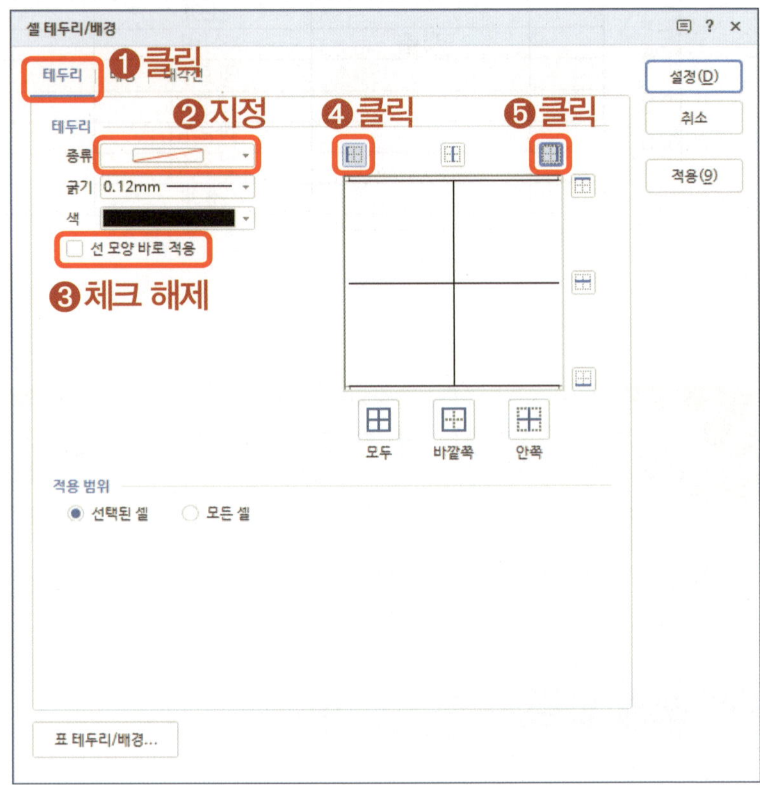

3 이번엔 **'테두리'의 '종류'를 '두 줄'로 지정하고, '테두리'의 '색'은 '파랑'을 지정한 후 [위쪽]과 [아래쪽]을 각각 클릭하고 [설정] 단추를 클릭**합니다.

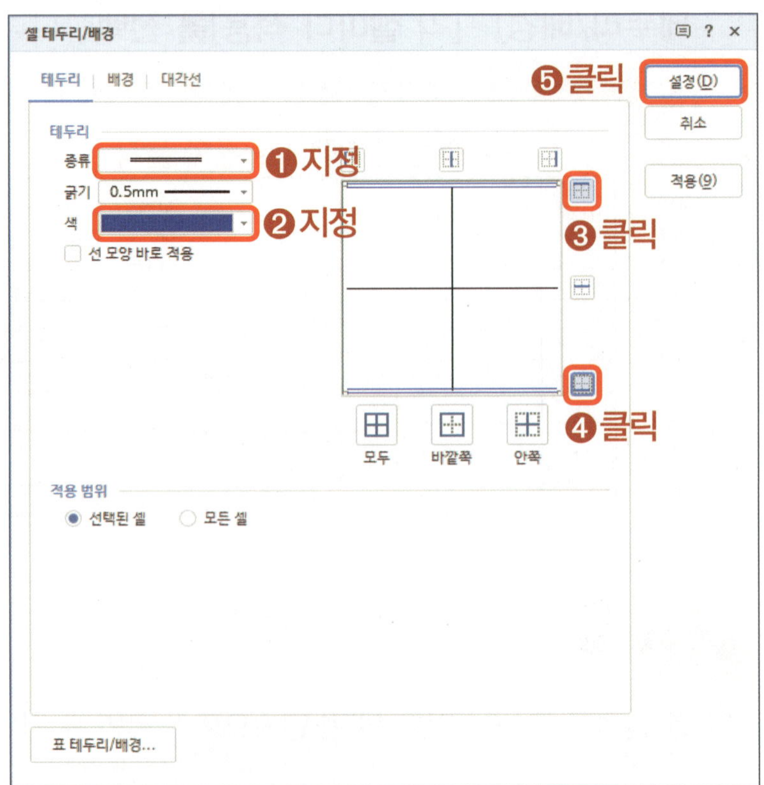

❹ 왼쪽 오른쪽은 테두리 선이 없어졌고, 위아래는 파란색의 두 줄로 지정되었습니다.

1월				
번호	입출	항목	금액	비고
	수입	급여	3,000,000	상여금
		상여	1,500,000	
		소계		
	지출	식비	950,000	최대지출
		의료비	250,000	
		교통비	450,000	
		관리비	500,000	
		교육비	1,000,000	
		소계		

실력쑥쑥 TIP 투명선 보이게 설정하기

[보기] 탭에서 '투명 선'에 체크하면 선 없음이 지정된 선은 빨간 점선으로 나타나게 됩니다. 이때 빨간 점선은 화면에서는 보이지만 인쇄 시 표시되지 않습니다.

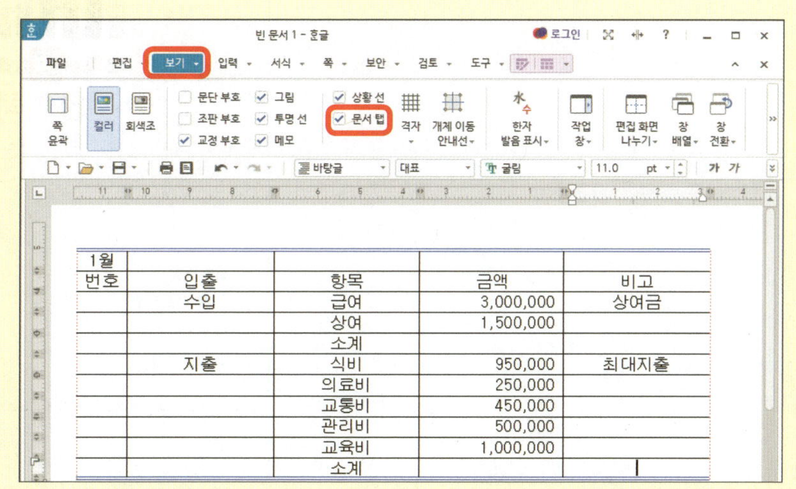

셀 배경 변경

❺ 다음과 같이 두 번째 행을 범위 지정하고 마우스 오른쪽 버튼을 클릭한 후 **[셀 테두리/배경]–[각 셀마다 적용]을 클릭**합니다.

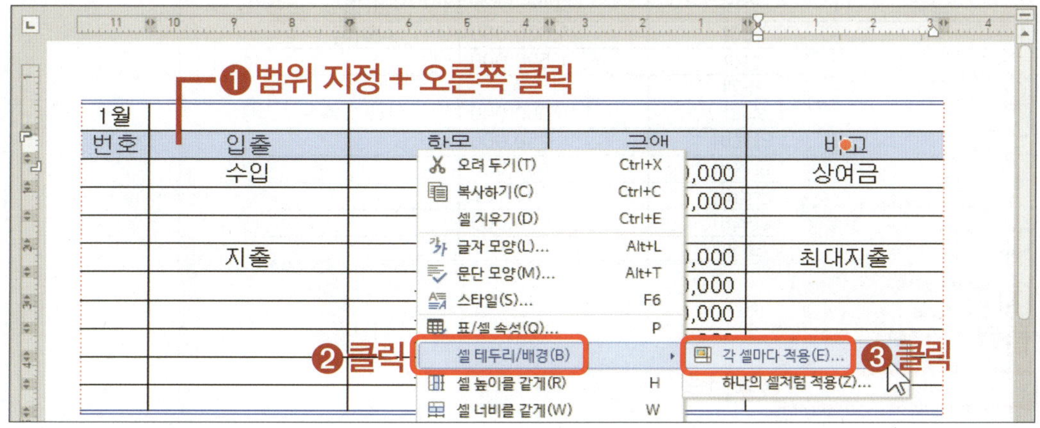

셀 배경색을 지정하기 위해서는 범위 지정한 후 C 키를 눌러도 됩니다.

❻ [셀 테두리/배경] 대화상자의 **[배경] 탭에서 '면 색'을 '노랑'으로 지정한 후 [설정] 단추를 클릭**합니다.

줄 칸 삽입

❼ 마지막 셀이 선택된 상태에서 마우스 오른쪽 버튼을 클릭한 후 **[줄/칸 추가하기]를 선택**합니다.

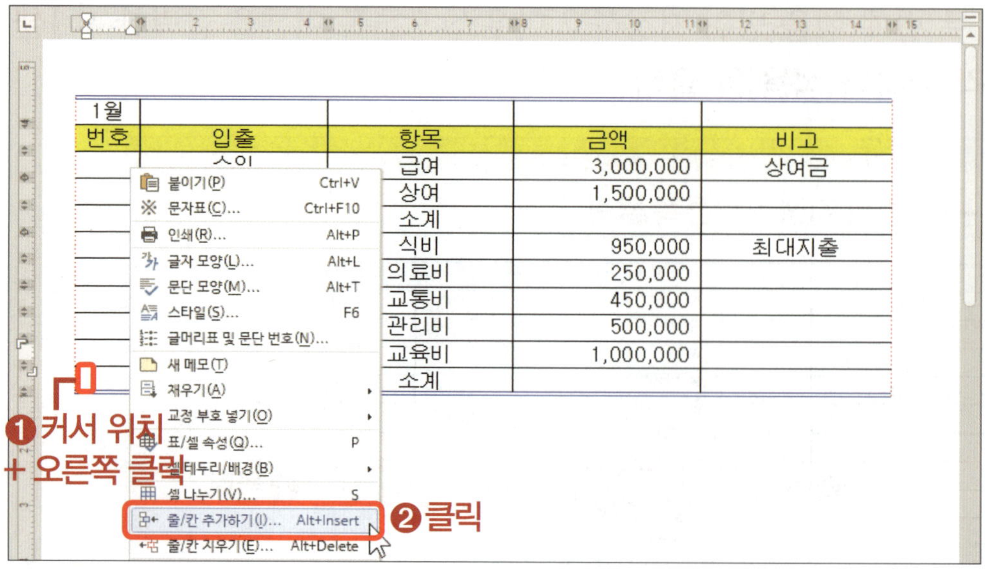

8 [줄/ 칸 추가하기] 대화상자에서 **'아래쪽 '을 선택한 후 [추가] 단추를 클릭**합니다.

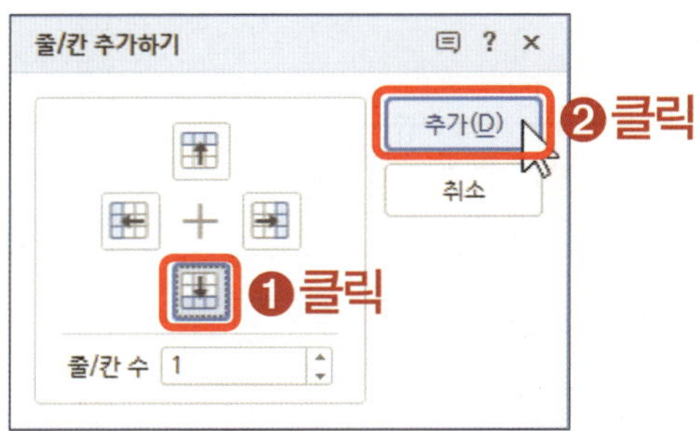

실력쑥쑥 TIP **줄 추가/삭제 단축키**

표에서 마지막 셀이 선택된 상태에서 [Ctrl]+[Enter] 키를 누르면 하단에 한 줄씩 추가되고, [Ctrl]+[Backspace] 키를 누르면 한 줄씩 삭제됩니다.

9 행의 높이를 같게 하려면 다음과 같이 범위 지정하고 마우스 오른쪽 버튼을 클릭한 후 **[셀 높이를 같게]를 클릭**합니다.

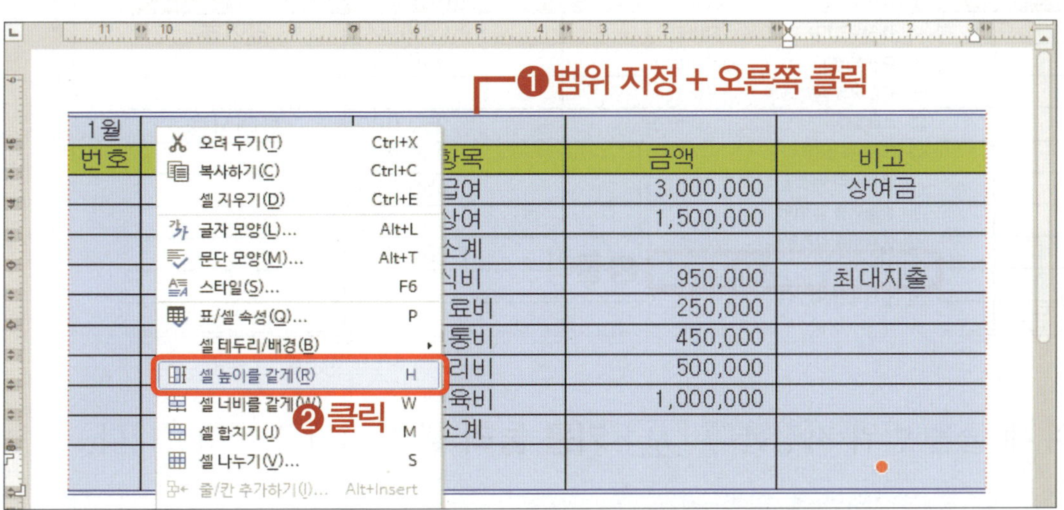

실력쑥쑥 TIP

범위를 지정한 후 [H] 키를 누르면 행의 높이가 같아지고, [W] 키를 누르면 열의 너비가 같아집니다.

10 삽입된 행의 첫 번째 열에 『잔액』을 입력합니다.

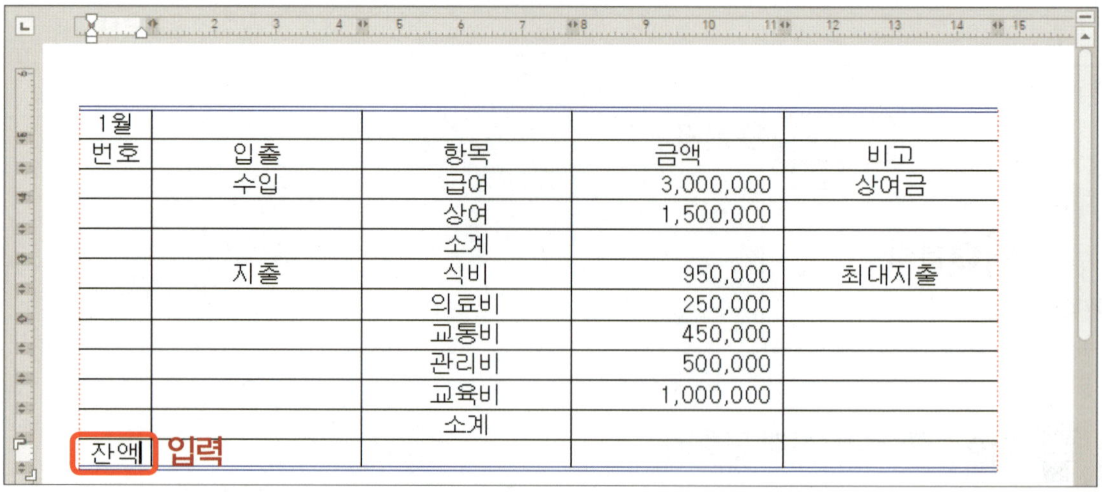

1월				
번호	입출	항목	금액	비고
	수입	급여	3,000,000	상여금
		상여	1,500,000	
		소계		
	지출	식비	950,000	최대지출
		의료비	250,000	
		교통비	450,000	
		관리비	500,000	
		교육비	1,000,000	
		소계		
잔액				

입력

11 다음과 같이 첫 번째 행을 범위 지정하고 마우스 오른쪽 버튼을 클릭한 후 **[셀 합치기]**를 클릭하거나 [M] 키를 누릅니다.

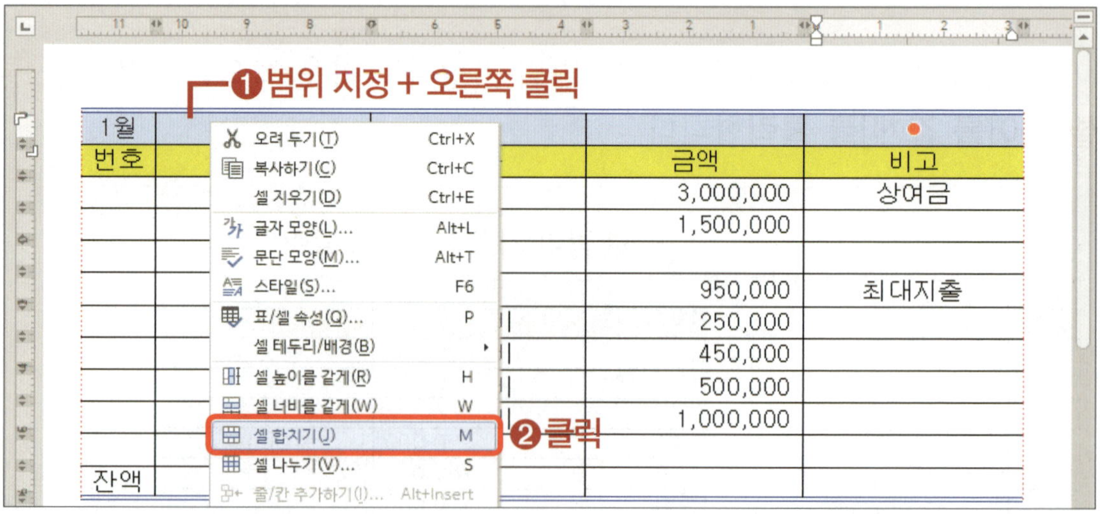

❶ 범위 지정 + 오른쪽 클릭

오려 두기(T)	Ctrl+X
복사하기(C)	Ctrl+C
셀 지우기(D)	Ctrl+E
글자 모양(L)...	Alt+L
문단 모양(M)...	Alt+T
스타일(S)...	F6
표/셀 속성(Q)...	P
셀 테두리/배경(B)	
셀 높이를 같게(R)	H
셀 너비를 같게(W)	W
셀 합치기(J)	M
셀 나누기(V)...	S
줄/칸 추가하기(I)...	Alt+Insert

❷ 클릭

12 '수입'의 세 줄을 범위 지정한 후 [M] **키를 눌러** 셀 합치기를 지정합니다.

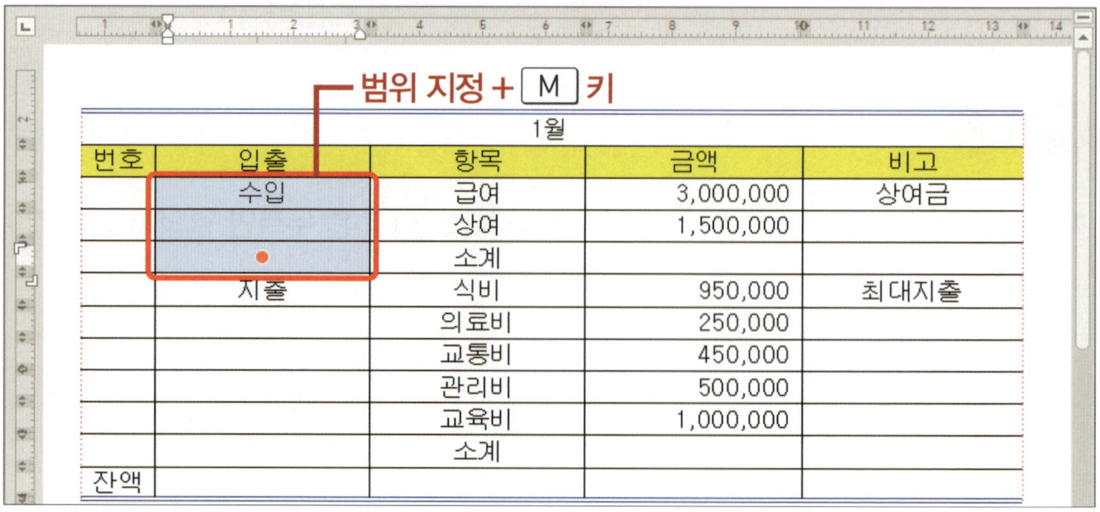

범위 지정 + [M] 키

1월				
번호	입출	항목	금액	비고
	수입	급여	3,000,000	상여금
		상여	1,500,000	
		소계		
	지출	식비	950,000	최대지출
		의료비	250,000	
		교통비	450,000	
		관리비	500,000	
		교육비	1,000,000	
		소계		
잔액				

13 다음과 같이 셀을 범위 지정한 후 [M] **키를 이용**하여 각각 셀 합치기를 합니다.

❶범위 지정 + [M] 키

1월				
번호	입출	항목	금액	비고
	수입	급여	3,000,000	상여금
		상여	1,500,000	
		소계		
	지출	식비	950,000	최대지출
		의료비	250,000	
		교통비	450,000	
		관리비	500,000	
		교육비	1,000,000	
		소계		
잔액				

❷범위 지정 + [M] 키

14 마지막 셀을 선택한 후 **[표 디자인] 탭에서 [테두리]의 [대각선 하향 테두리]를 선택**합니다.

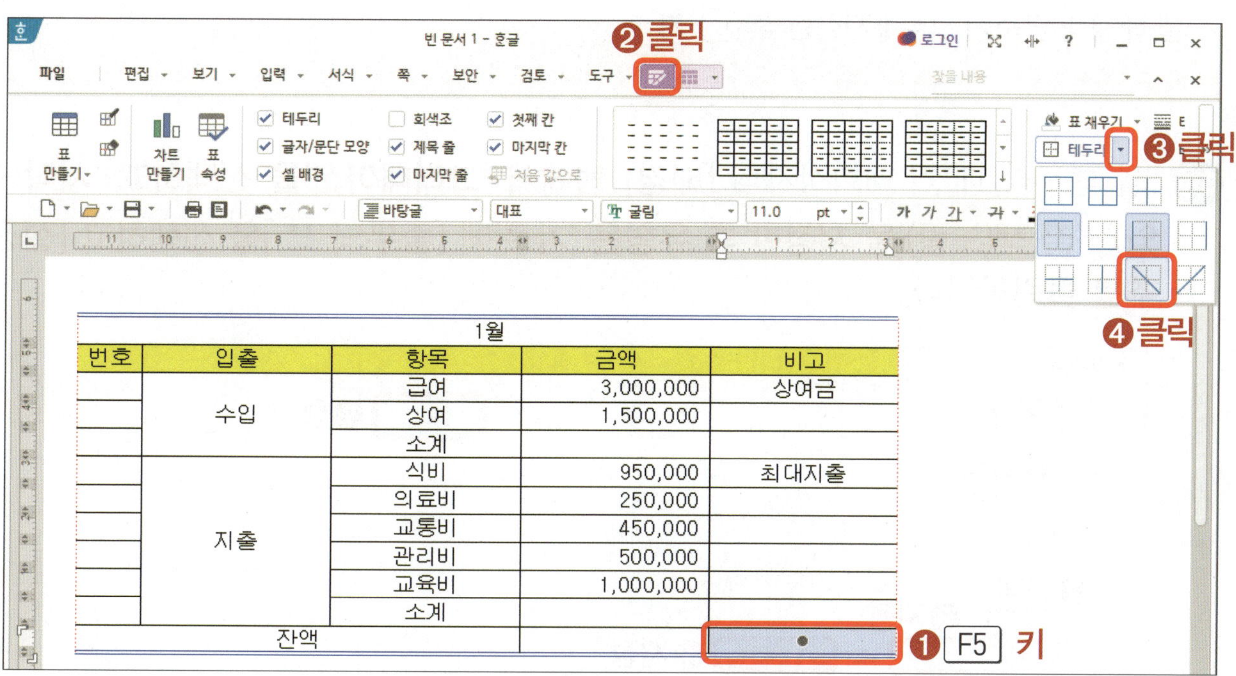

1월				
번호	입출	항목	금액	비고
	수입	급여	3,000,000	상여금
		상여	1,500,000	
		소계		
	지출	식비	950,000	최대지출
		의료비	250,000	
		교통비	450,000	
		관리비	500,000	
		교육비	1,000,000	
		소계		
잔액				

실력쑥쑥 TIP

하나의 셀 선택 : [F5]

15 다음과 같이 마지막 행을 범위 지정하고 마우스 오른쪽 버튼을 클릭한 후 **[셀 테두리/배경]-[각 셀마다 적용]**을 클릭하거나 C 키를 누릅니다.

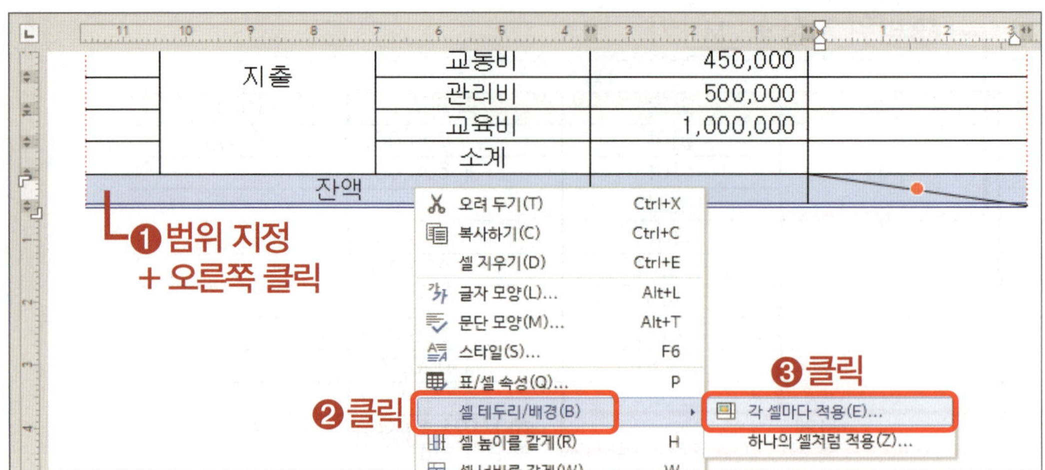

셀 배경색 단축키 : 범위 지정한 후 C 키

16 [셀 테두리/배경] 대화상자의 **[배경] 탭에서 '그러데이션'을 선택하고 '시작 색(하양)', '끝 색(노랑)'을 지정한 후 유형은 '가로'에 [줄무늬]를 선택하고 [설정] 단추를 클릭**합니다.

셀 나누기

① 범위를 지정하고 [표 레이아웃]-[셀 나누기]를 클릭하거나 S 키를 누릅니다.

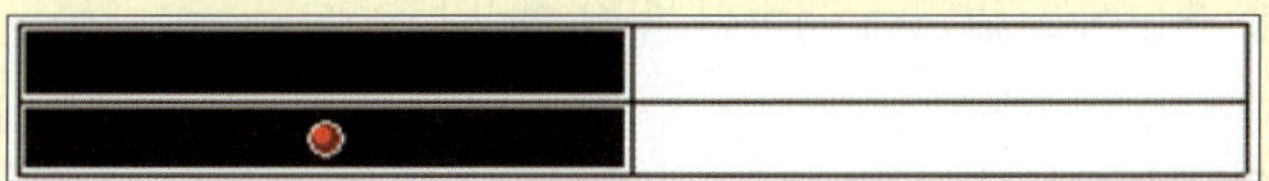

② [셀 나누기] 대화상자에서 줄 개수와 칸 개수를 입력합니다.

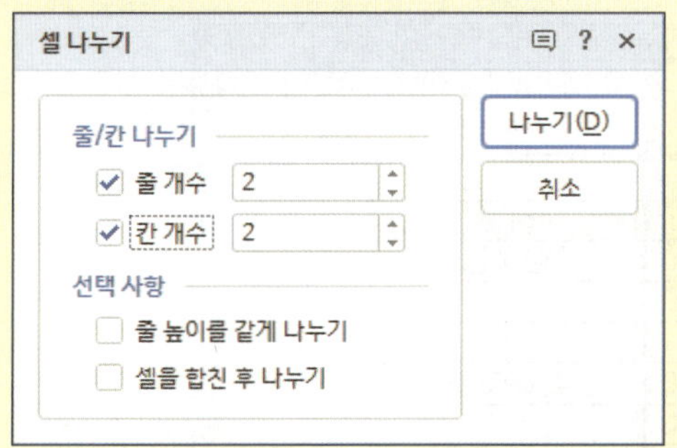

③ 다음과 같이 셀이 나눠지게 됩니다.

17 다음과 같이 표가 완성되었는지 확인합니다.

1월				
번호	입출	항목	금액	비고
	수입	급여	3,000,000	상여금
		상여	1,500,000	
		소계		
	지출	식비	950,000	최대지출
		의료비	250,000	
		교통비	450,000	
		관리비	500,000	
		교육비	1,000,000	
		소계		
잔액				

실습 4 채우기, 1,000 단위 구분기호, 블록 계산하기

숫자를 자동으로 채우는 방법과 표에 입력된 수치를 계산하는 방법에 대하여 배워봅니다.

1 다음과 같이 번호 셀에 **『1』과 『2』를 각각 입력**하고 '1'과 '2'가 포함되도록 아래 행까지 **범위 지정**합니다.

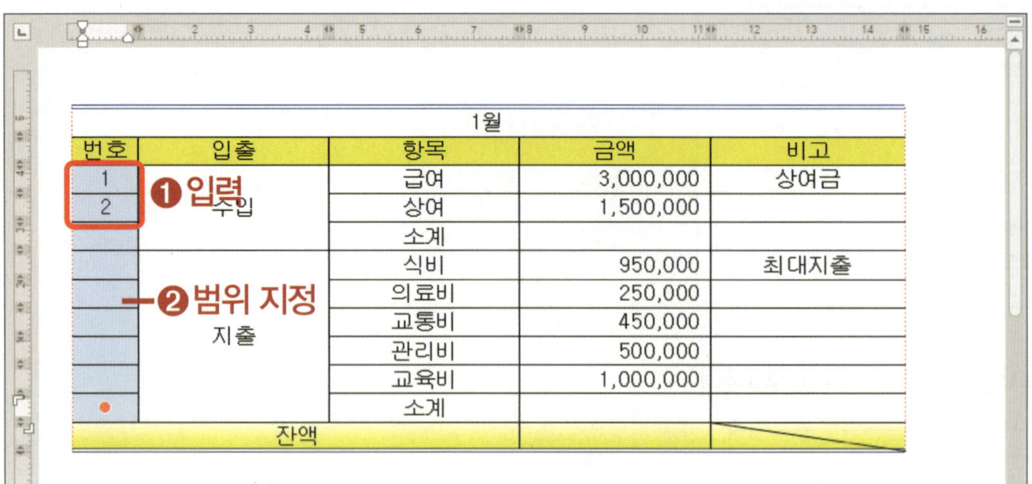

1월				
번호	입출	항목	금액	비고
1	수입	급여	3,000,000	상여금
2		상여	1,500,000	
		소계		
	지출	식비	950,000	최대지출
		의료비	250,000	
		교통비	450,000	
		관리비	500,000	
		교육비	1,000,000	
		소계		
잔액				

2 범위가 지정된 상태에서 마우스 오른쪽 버튼을 클릭하고 **[채우기]-[표 자동 채우기]를 클릭**하거나 키보드의 A 키를 누릅니다.

1월				
번호	입출	항목	금액	비고
1		급여	3,000,000	상여금
2		상여	1,500,000	
		소계		
		식비	950,000	최대지출
		의료비	250,000	
		교통비	450,000	
		관리비	500,000	
		교육비	1,000,000	
		소계		

자동 채우기 단축키 : 범위를 지정한 후 A 키를 클릭

❸ 다음 그림과 같이 3~9까지 숫자가 자동으로 입력되어 채워집니다.

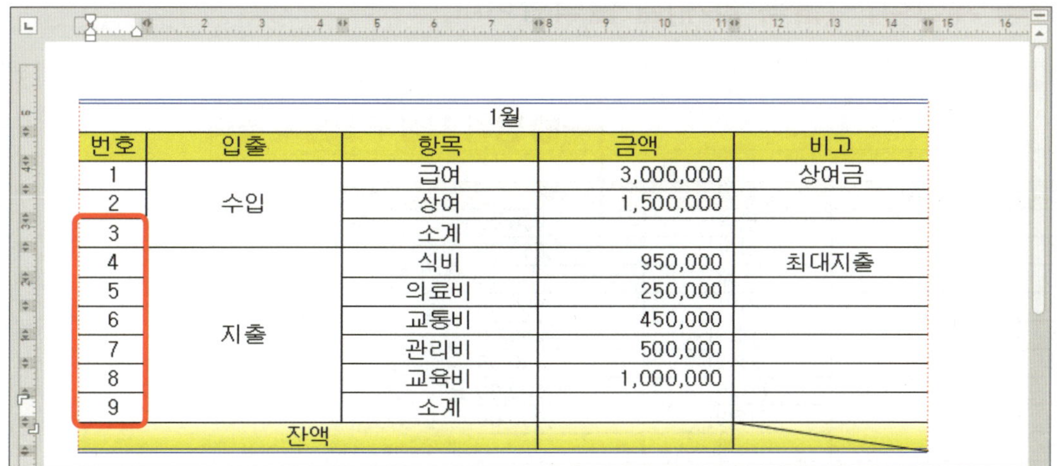

1월				
번호	입출	항목	금액	비고
1	수입	급여	3,000,000	상여금
2		상여	1,500,000	
3		소계		
4	지출	식비	950,000	최대지출
5		의료비	250,000	
6		교통비	450,000	
7		관리비	500,000	
8		교육비	1,000,000	
9		소계		
잔액				

실력쑥쑥 TIP **자동 채우기**

- 일, 월을 셀에 입력하고 범위를 지정한 후 A 키를 누르면 다음과 같이 요일이 자동으로 입력됩니다.

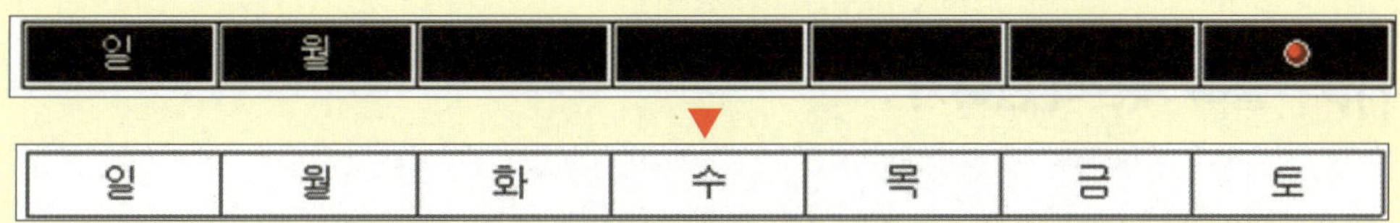

- 2000년, 2001년을 셀에 입력하고 범위를 지정한 후 A 키를 누르면 다음과 같이 년도가 자동으로 입력됩니다.

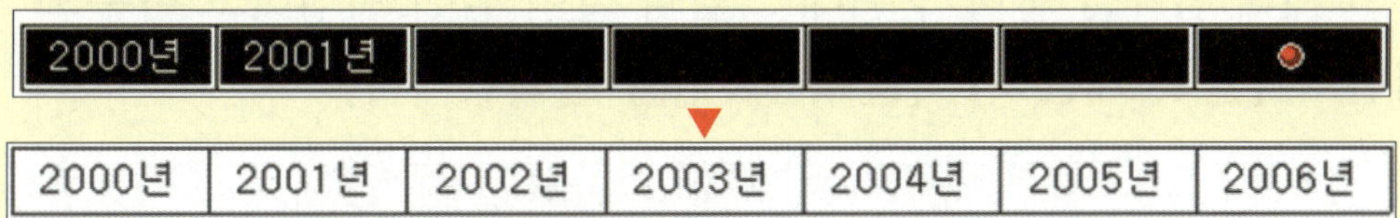

- [입력] 탭의 [목록단추 ▾]–[채우기]–[자동 채우기 내용]을 선택하면 [자동 채우기 내용] 대화상자가 나타나며 [기본] 탭에서 자동으로 채울 수 있는 목록을 확인할 수 있고, [사용자 정의] 탭에서 자동으로 채울 내용을 입력할 수도 있습니다.

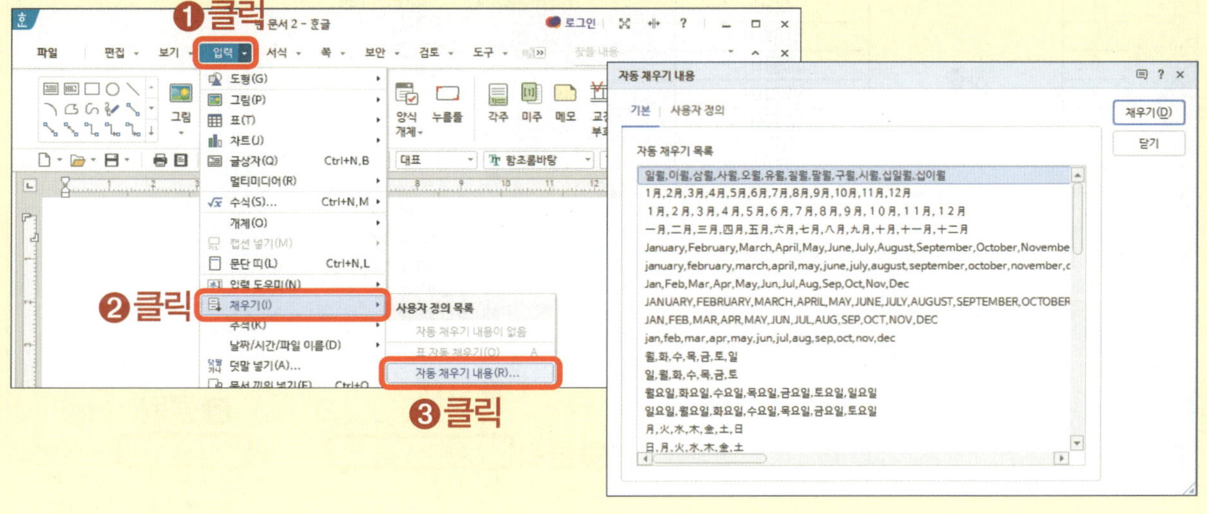

4 '수입'의 '소계' 합계를 구하기 위해 행을 범위 지정하고 마우스 오른쪽 버튼을 클릭한 후 **[블록 계산식]-[블록 합계]를 클릭**합니다.

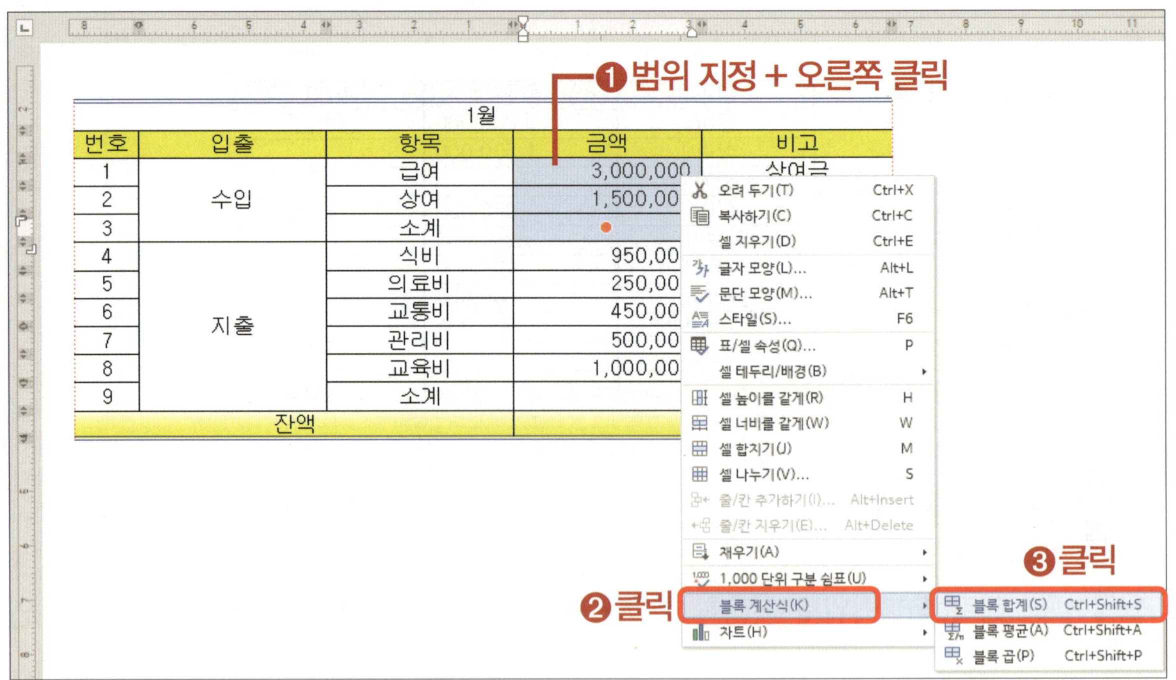

실력쑥쑥 TIP **블록 계산식 단축키**

범위 지정 시 블록 계산식의 결과가 표시될 셀까지 포함하지 않아도 됩니다.

5 다시 지출 소계의 합계를 구하기 위해 그림과 같이 범위 지정하고 마우스 오른쪽 버튼을 클릭한 후 **[블록 계산식]-[블록 합계]를 클릭**합니다.

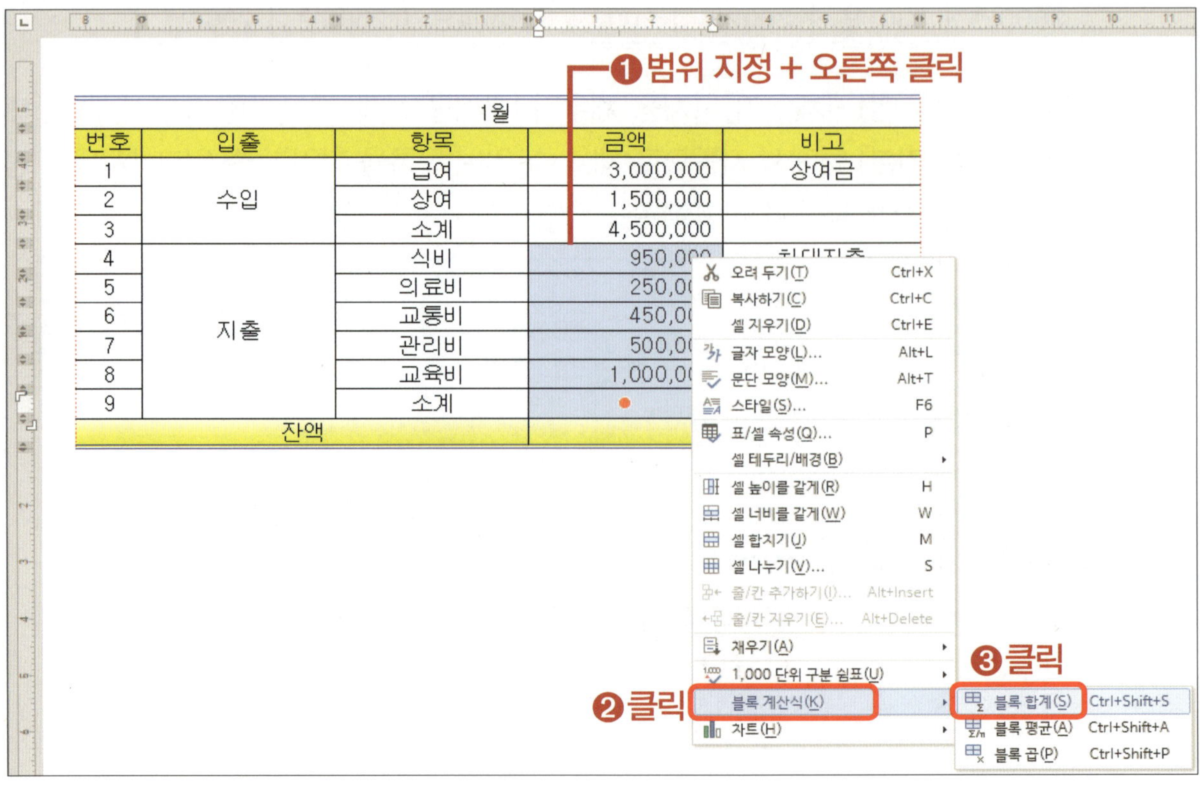

실력쑥쑥 TIP 블록 계산식 단축키

- 블록 합계 : 범위를 지정한 후 Ctrl+Shift+S
- 블록 평균 : 범위를 지정한 후 Ctrl+Shift+A

❻ 다음과 같이 '수입'의 '소계'와 '지출'의 '소계' 합계가 구해집니다.

1월				
번호	입출	항목	금액	비고
1	수입	급여	3,000,000	상여금
2		상여	1,500,000	
3		소계	4,500,000	
4	지출	식비	950,000	최대지출
5		의료비	250,000	
6		교통비	450,000	
7		관리비	500,000	
8		교육비	1,000,000	
9		소계	3,150,000	
잔액				

❼ '잔액'을 계산하기 위해 빈 셀을 선택하고 **마우스 오른쪽 버튼을 클릭한 후 [계산식]을 클릭**합니다.

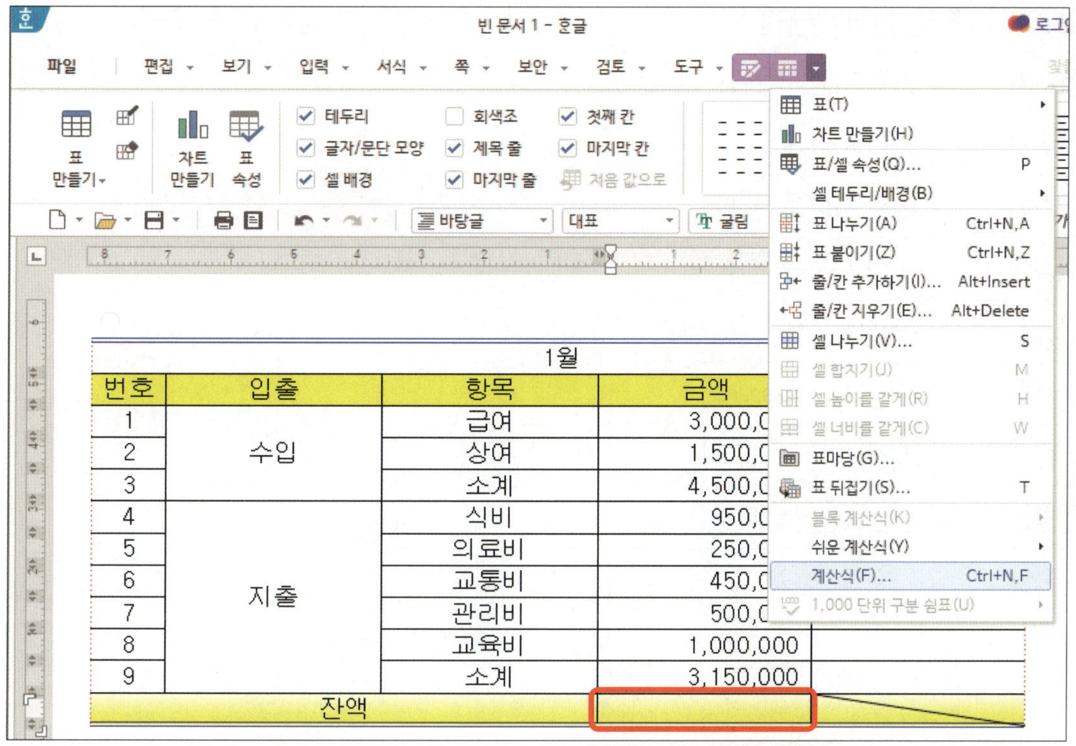

8 [계산식] 대화상자의 '계산식'에 『=D5-D11』을 입력한 후 [설정] 단추를 클릭합니다.

계산식에서 표의 셀 위치는 열은 A, B, C이고, 행은 1, 2, 3으로 지정됩니다.

A1	B1	C1	D1
A2	B2	C2	D2
A3	B3	C3	D3
A4	B4	C4	D4

실력쑥쑥 TIP **표 작업에서 사용하는 단축키**

기능	단축키
표 만들기	Ctrl+N, T
셀 합치기	범위 지정 후 M
셀 나누기	범위 지정 후 S
선 모양	범위 지정 후 L
셀 배경색	범위 지정 후 C
줄 삽입	Ctrl+Enter
줄 삭제	Ctrl+Backspace
블록 합계	Ctrl+Shift+S
블록 평균	Ctrl+Shift+A

실습 5 캡션 지정하기

표에 캡션 기능을 이용하여 캡션을 삽입하는 방법에 대하여 배워봅니다.

1 표를 선택하고 **[표 레이아웃] 탭에서 [캡션]의 [위]를 클릭**합니다.

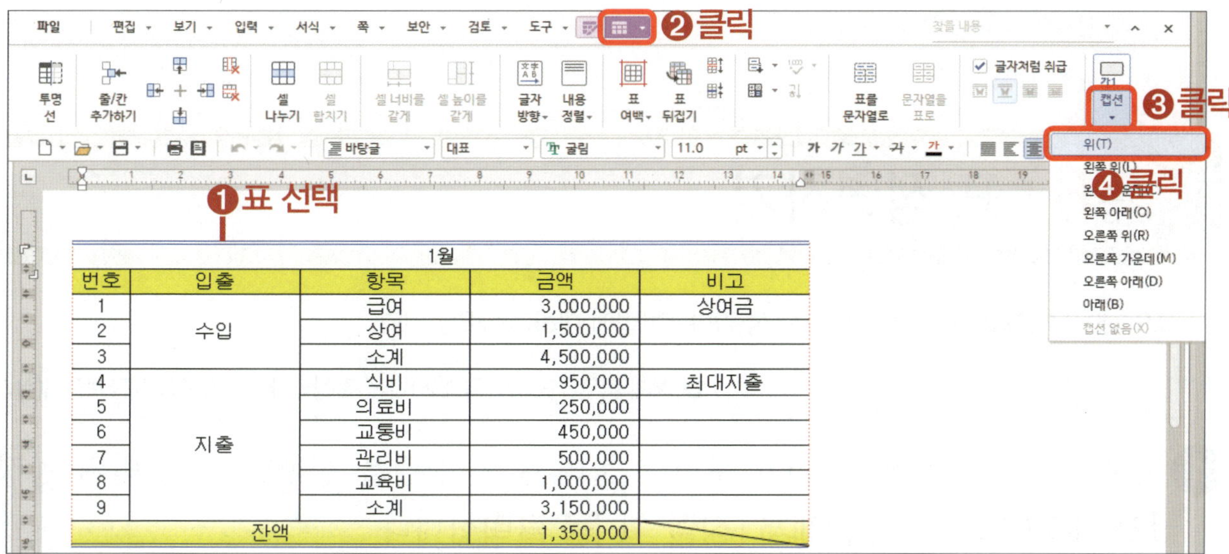

1월				
번호	입출	항목	금액	비고
1	수입	급여	3,000,000	상여금
2		상여	1,500,000	
3		소계	4,500,000	
4	지출	식비	950,000	최대지출
5		의료비	250,000	
6		교통비	450,000	
7		관리비	500,000	
8		교육비	1,000,000	
9		소계	3,150,000	
잔액			1,350,000	

2 다음과 같이 표 위에 자동으로 입력된 캡션의 **'표 1' 글자를 삭제**합니다.

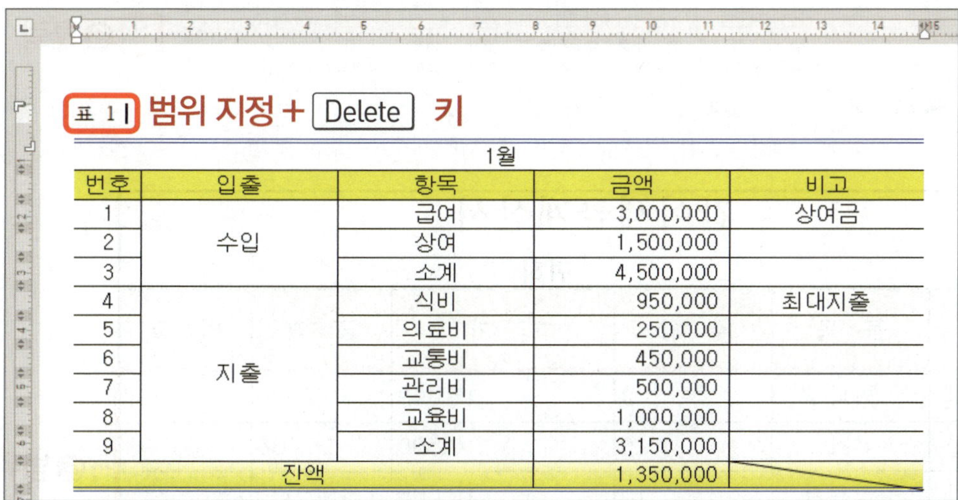

1월				
번호	입출	항목	금액	비고
1	수입	급여	3,000,000	상여금
2		상여	1,500,000	
3		소계	4,500,000	
4	지출	식비	950,000	최대지출
5		의료비	250,000	
6		교통비	450,000	
7		관리비	500,000	
8		교육비	1,000,000	
9		소계	3,150,000	
잔액			1,350,000	

3 캡션에 **『2022년도(단위 : 원)』을 입력**합니다.

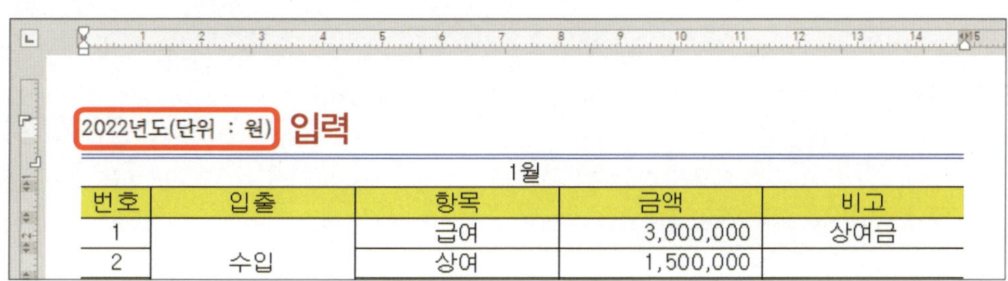

1월				
번호	입출	항목	금액	비고
1	수입	급여	3,000,000	상여금
2		상여	1,500,000	

4 입력된 캡션을 범위 지정한 후 **글꼴(굴림), 크기(11pt), 오른쪽 정렬을 지정**합니다.

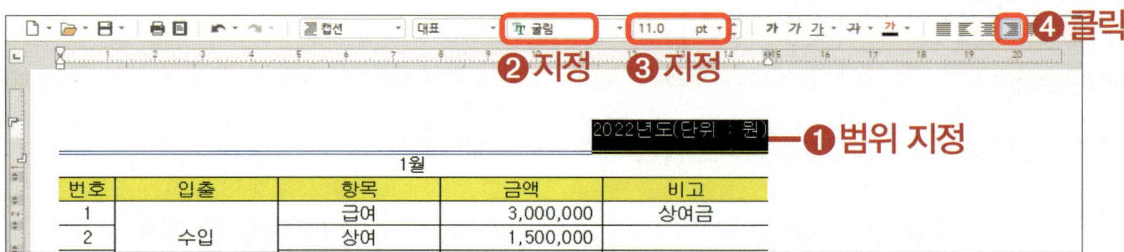

실습 6 표 정렬하기

표의 내용을 오름차순 또는 내림차순 정렬하는 방법에 대하여 배워봅니다.

● 예제 파일 : Easy한글2020\실습및정답파일\6장\6장.세금계산서(실습).hwp

1 '6장.세금계산서(실습).hwp' 문서를 불러온 후 정렬을 실행할 셀을 범위 지정하고 **[표 레이아웃] 탭에서 [정렬]을 클릭**합니다.

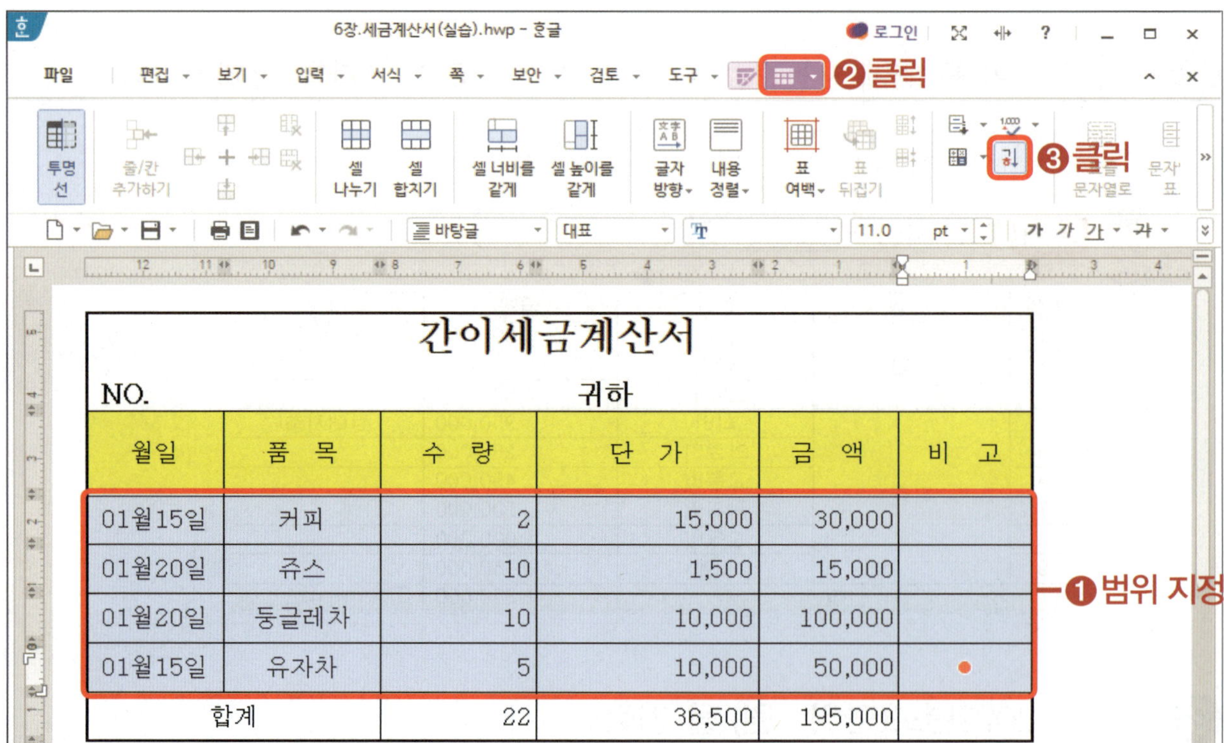

2 [정렬] 대화상자에서 첫 번째 정렬 **'기준 1'의 '위치'를 '필드1'로 지정하고, '형식'을 '숫자(012)'로 지정**합니다. **'기준 2'의 위치를 '필드2', 형식을 '글자(가나다)'로 지정하고 [설정] 단추를 클릭**합니다.

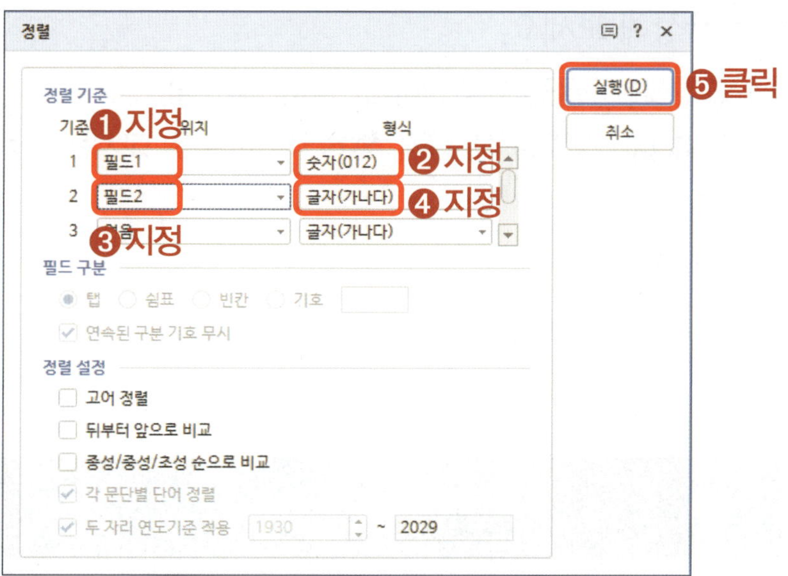

3 첫 번째 필드의 '날짜'가 오름차순(낮은 숫자에서 높은 숫자 순)으로, 두 번째 필드의 품목이 오름차순(가나다순)으로 정렬되었는지 확인합니다.

간이세금계산서

NO. 귀하

월일	품 목	수 량	단 가	금 액	비 고
01월15일	유자차	5	10,000	50,000	
01월15일	커피	2	15,000	30,000	
01월20일	둥글레차	10	10,000	100,000	
01월20일	쥬스	10	1,500	15,000	
합계		17	36,500	195,000	

1 표 기능을 이용하여 시간표를 작성해 보세요.

- 제목 : 글꼴(한컴 윤고딕 250), 크기(32pt), 글꼴 속성(진하게), 글자 색(초록)
- 표 : 글꼴(한컴 윤고딕 230), 크기(13pt), 면색(남색), 글자 색(하양), 요일 및 교시는 자동 채우기 사용

시간표

	월	화	수	목	금	토
1교시						
2교시						
3교시						
4교시						
5교시						
6교시						

Hint!

- 표 생성 : [입력] 탭에서 [표]를 클릭하거나, Ctrl+N, T 키를 이용
- 자동 채우기 : 두 개의 데이터를 입력한 후 범위 지정하고 [A] 키를 누름
- 선 모양 지정 : 범위 지정하고 마우스 오른쪽 버튼을 클릭한 후 [셀 테두리/배경]-[각 셀마다 적용]-[테두리]
- 배경 색 지정 : 범위 지정하고 마우스 오른쪽 버튼을 클릭한 후 [셀 테두리/배경]-[각 셀마다 적용]-[배경]
- 대각선 지정 : 범위 지정하고 마우스 오른쪽 버튼을 클릭한 후 [셀 테두리/배경]-[각 셀마다 적용]-[대각선]

2 다음의 지시사항에 따라 표를 작성해 보세요.

- 제목 : 글꼴(궁서체), 크기(30pt), 글꼴 속성 (진하게)
  글꼴(굴림체), 크기(20pt), 글꼴 속성(기울임)
- 정렬 : 문자는 가운데 정렬, 숫자는 오른쪽 정렬
- 표 : 글꼴(돋움체), 크기(11pt), 면색(하늘색), 글자 색(하양)
  한글의 계산 기능을 이용하여 '수량', '단가', '금액'의 합계를 계산

견 적 서

아래와 같이 견적합니다.

품목	규격	수 량	단 가	금 액	비 고
외장하드	USB 3.0	1	185,000	185,000	
CPU	I5-12세대	1	354,400	354,400	
RAM	PC4-25600	4	36,000	144,000	
합계		6	575,400	683,400	

Hint!

- 표 생성 : [입력] 탭에서 [표]를 클릭하거나, Ctrl+N, T 키를 이용
- 셀 합치기 : 범위를 지정한 후 M 키를 누름
- 합계 계산 : 범위 지정하고 마우스 오른쪽 버튼을 클릭한 후 [블록 계산식]-[블록 합계]를 클릭하거나 Ctrl+Shift+S 키를 누름
- 선 모양 : 범위 지정한 후 L 키를 누름
- 배경색 : 범위 지정한 후 C 키를 누름

3 다음의 지시사항에 따라 표를 작성해 보세요.

- 제목 : 글꼴(굴림체), 크기(20pt), 속성(진하게, 기울임)
- 표 : 글꼴(굴림체), 크기(11pt)

자연휴양림 이용 안내

입장료 & 주차료

구분		기준	이용요금		비고
			개인	단체	
입장권	어른	1인x1일	1,000원	800원	동절기(12월~3월)에는 입장료 면제(캠프장을 사용하는 경우 포함, 다만, 제주도에 소재하는 자연휴양림의 경우 입장료 징수)
	청소년	1인x1일	600원	500원	
	어린이	1인x1일	300원	200원	
주차료	경형	1일x1대	1,500원		주차료는 일 징수
	중·소형	1일x1대	3,000원		
	대형	1일x1대	5,000원		

Hint!

- 표 생성 : Ctrl+N, T
- 셀 합치기 : 셀 범위 지정한 후 M 키
- 선 모양 : 셀 범위 지정한 후 L 키
- 셀 배경색 : 셀 범위 지정한 후 C 키

4 다음의 지시사항에 따라 표를 작성해 보세요.

- 표 전체 : 돋움, 10pt
- 정렬 : 문자(가운데 정렬), 숫자(오른쪽 정렬)
- 셀 배경(그러데이션) : 유형(가로-원형), 시작 색(흰색), 끝 색(노랑)
- 한글의 계산 기능을 이용하여 '평균'과 '합계'를 계산
- 캡션 : 위쪽

고령자 재취업 현황(단위 : %)

구분	2019년	2020년	2021년	2022년	평균
서울/경기	23.7	18.6	27.4	39.6	109.3
부산	16.8	25.3	28.6	33.2	103.9
광주	22.1	34.5	24.2	27.3	108.1
강원	14.6	25.3	36.1	29.4	105.4
합계	77.2	103.7	116.3	129.5	

Hint!
- 블록 계산식 합계 : Ctrl + Shift + S
- 블록 계산식 평균 : Ctrl + Shift + A

차트 만들기

표를 이용하여 차트를 작성하고 작성된 차트를 편집하는 방법에 대하여 배워봅니다.

무료 동영상

완성파일 미리보기

소비자 물가 지수 현황

(단위:%)

지수종류	2019년	2020년	2021년	2022년
생활물가	4.6	5.9	3.6	4.8
신선식품	6.1	2.5	6.2	5.8
농산물및석유류제외	3.9	5.7	5.1	3.3
평균	4.8	4.70	4.9	4.6

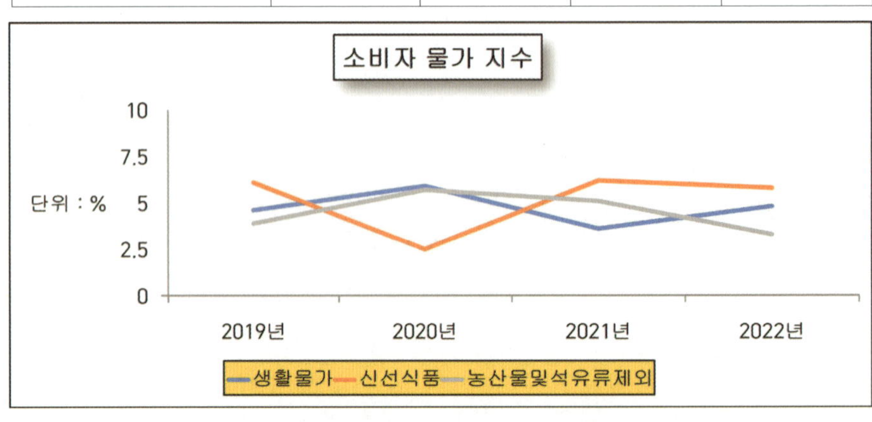

지시사항

- 차트는 표의 지수종류별 2019년, 2020년, 2021년, 2022년 값을 이용할 것
- 차트 종류 : 묶은 세로 막대형(변경 전 차트)
- 차트 제목 : 글꼴(굴림체), 진하게, 크기(12pt), 채우기(하양), 선(검정), 그림자(대각선 오른쪽 아래)
- 축 제목 : 글꼴(굴림체), 크기(10pt), 글자 방향(가로)
- Y(값) 축 : 최댓값(10), 주 단위(2.5)
- X(항목) 축 : 글꼴(굴림체), 크기(10pt)
- 범례 : 글꼴(굴림체), 크기(10pt), 위치(아래쪽), 선(검정), 채우기색(강조4)
- 눈금선 : 해제
- 차트 종류 변경 : 꺾은선형

실습 1 차트 만들기

표를 이용하여 차트를 작성하는 방법에 대하여 배워봅니다.

● 예제 파일 : Easy한글2020\실습및정답파일\7장\7장.차트만들기(실습).hwp

1 '7장.차트만들기(실습).hwp' 문서를 불러온 후 표에서 차트에 사용될 원본 데이터의 범위를 드래그하여 지정하고, **[표 디자인] 탭에서 [차트 만들기] 도구를 클릭**합니다.

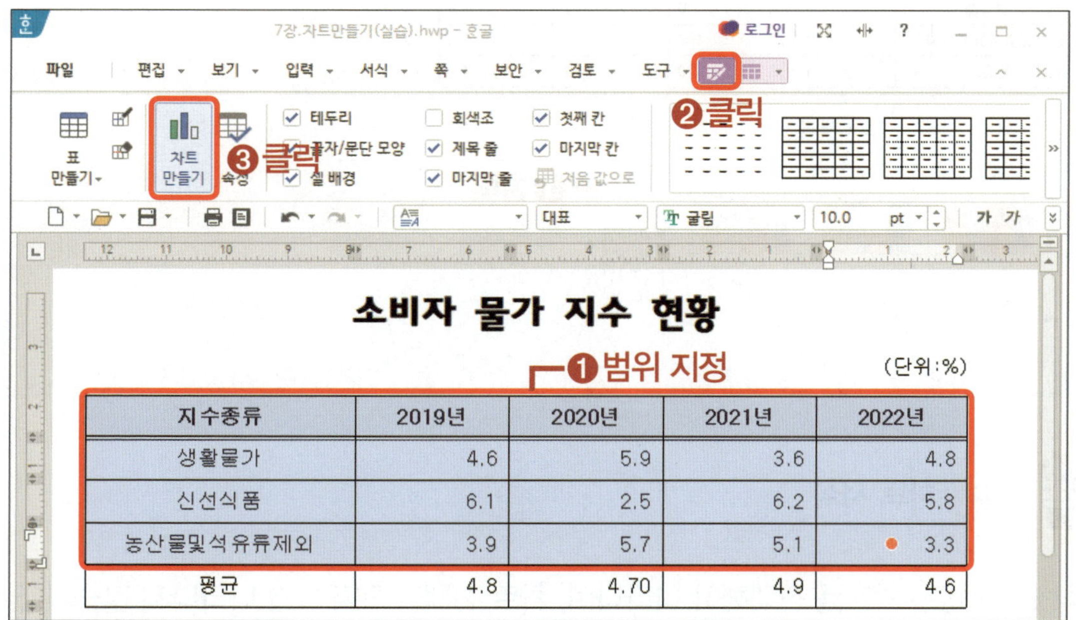

지수종류	2019년	2020년	2021년	2022년
생활물가	4.6	5.9	3.6	4.8
신선식품	6.1	2.5	6.2	5.8
농산물및석유류제외	3.9	5.7	5.1	3.3
평균	4.8	4.70	4.9	4.6

실력쑥쑥 TIP 차트 만들기

- 차트는 [편집] 탭과 [입력] 탭의 [차트]를 클릭하여 추가할 수도 있습니다.
- 범위를 지정한 후 바로가기 메뉴(마우스 오른쪽 버튼을 클릭)에서 [차트]-[묶은 세로 막대형] 메뉴를 선택해도 됩니다.
- 서로 떨어져 있는 셀의 범위를 지정할 때는 Ctrl 키를 이용합니다.

2 차트가 생성되면서 나타나는 [차트 데이터 편집] 대화상자는 **[닫기 ×]를 클릭**하여 닫습니다.

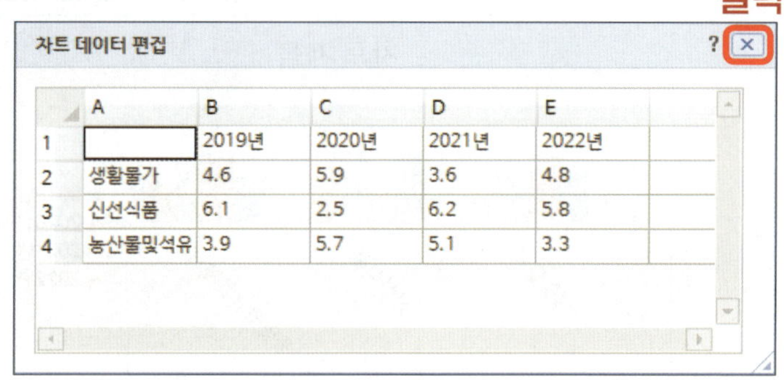

	A	B	C	D	E
1		2019년	2020년	2021년	2022년
2	생활물가	4.6	5.9	3.6	4.8
3	신선식품	6.1	2.5	6.2	5.8
4	농산물및석유	3.9	5.7	5.1	3.3

3 차트가 표 위에 생성되면 차트를 표 하단으로 이동하기 위해 차트를 선택한 후 **[차트 서식] 탭에서 '글자처럼 취급'에 체크**하면 차트가 표의 아래쪽으로 이동합니다.

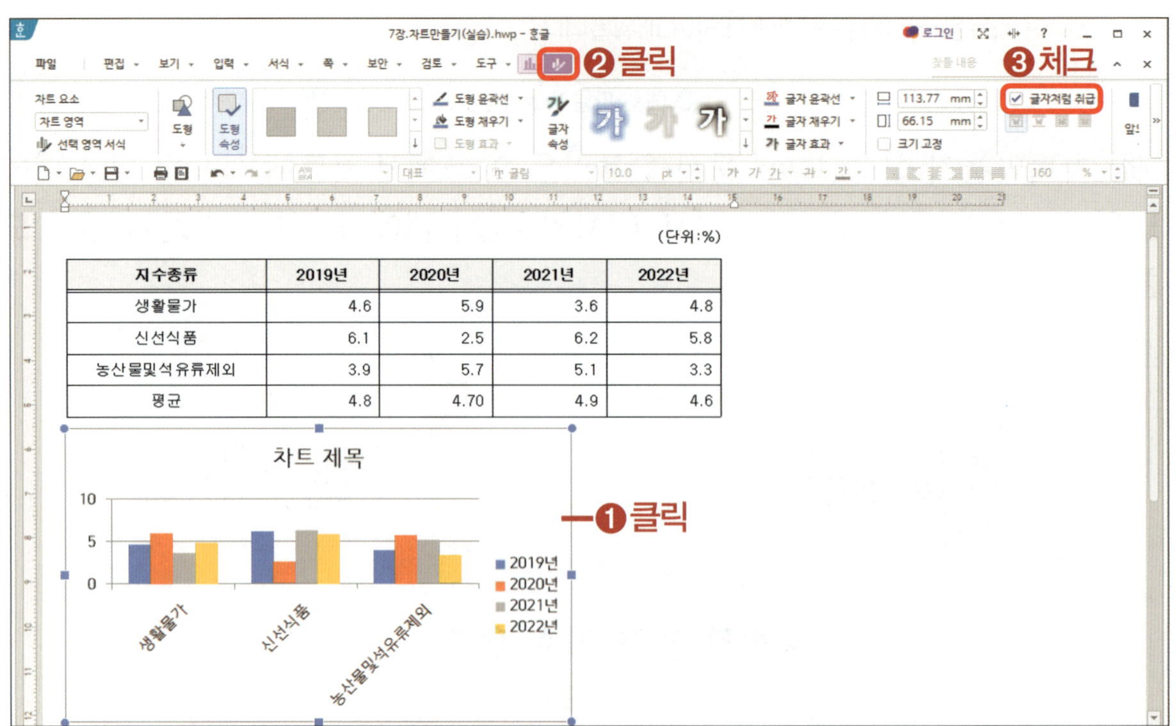

(단위:%)

지수종류	2019년	2020년	2021년	2022년
생활물가	4.6	5.9	3.6	4.8
신선식품	6.1	2.5	6.2	5.8
농산물및석유류제외	3.9	5.7	5.1	3.3
평균	4.8	4.70	4.9	4.6

차트 서식

[차트 서식] 탭은 차트를 선택해야 나타나며, 차트 선택을 해제하면 나타나지 않습니다.

4 차트가 표 아래로 이동되면 차트의 **크기 조절점(■)을 오른쪽으로 드래그**하여 차트의 크기를 표의 너비에 맞춰서 조절합니다.

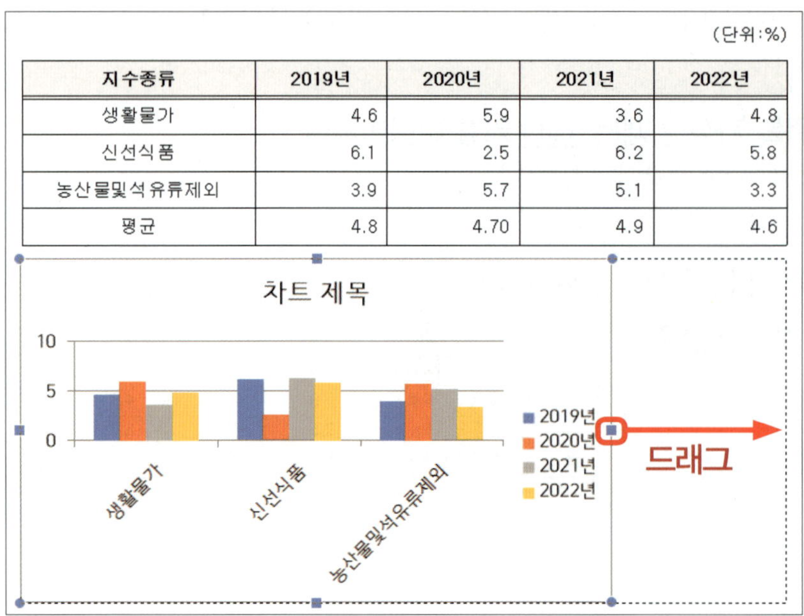

(단위:%)

지수종류	2019년	2020년	2021년	2022년
생활물가	4.6	5.9	3.6	4.8
신선식품	6.1	2.5	6.2	5.8
농산물및석유류제외	3.9	5.7	5.1	3.3
평균	4.8	4.70	4.9	4.6

5 [차트 디자인] 탭에서 **[줄/칸 전환]을 클릭**하면 그림과 같이 항목 축과 범례의 위치가 전환됩니다.

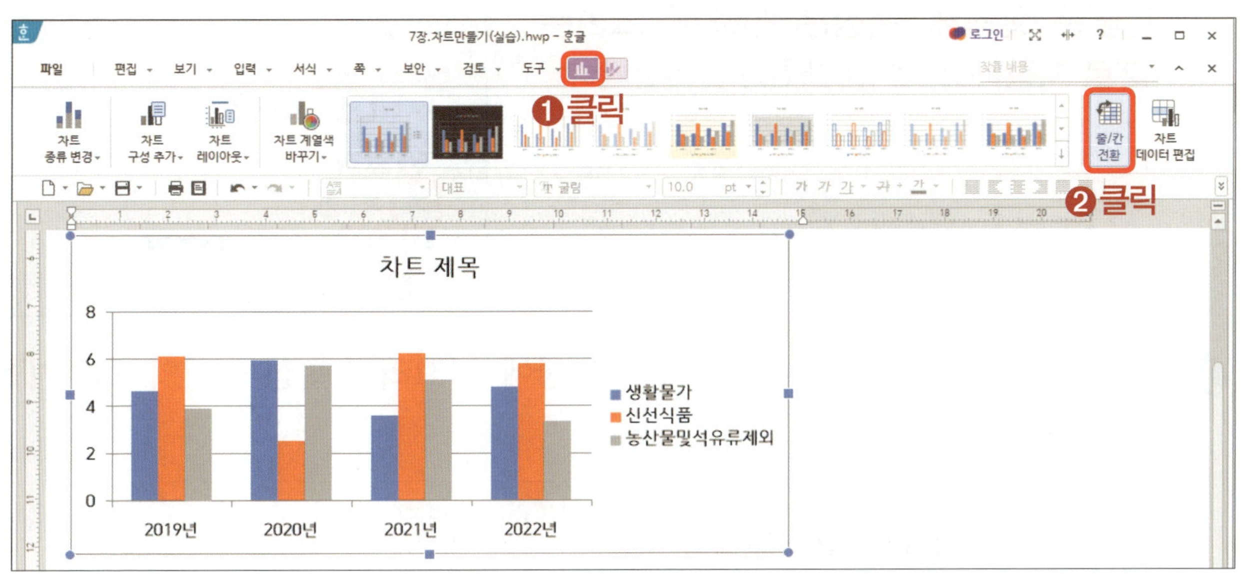

실습 2 차트 편집하기

생성된 차트의 제목, 축 제목, 차트의 글자 모양, 범례 설정, 눈금선을 편집하는 방법에 대하여 배워봅니다.

차트 제목 및 차트 글꼴 설정

1 '차트 제목'에서 마우스 오른쪽 버튼을 클릭한 후 **[제목 편집]**을 클릭합니다.

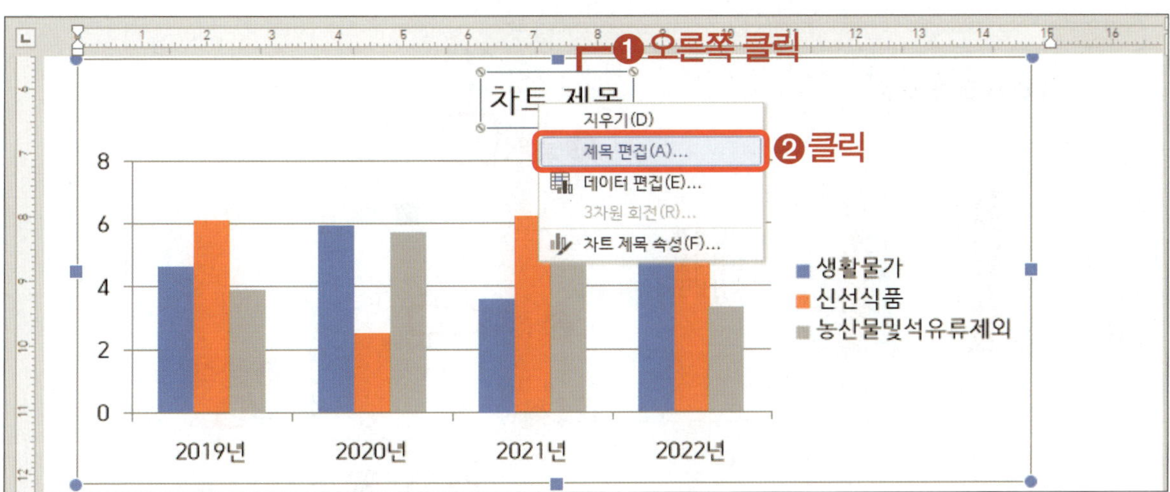

2 [차트 글자 모양] 대화상자에서 글자 내용에 **『소비자 물가 지수』를 입력한 후 '한글 글꼴'은 '굴림체', 속성은 '진하게', 크기는 '12'로 지정**하고 [설정] 단추를 클릭합니다.

3 차트 제목을 더블 클릭한 후 [개체 속성] 창에서 **[그리기 속성]의 '채우기'를 '단색'에 '하양'을 선택**합니다.

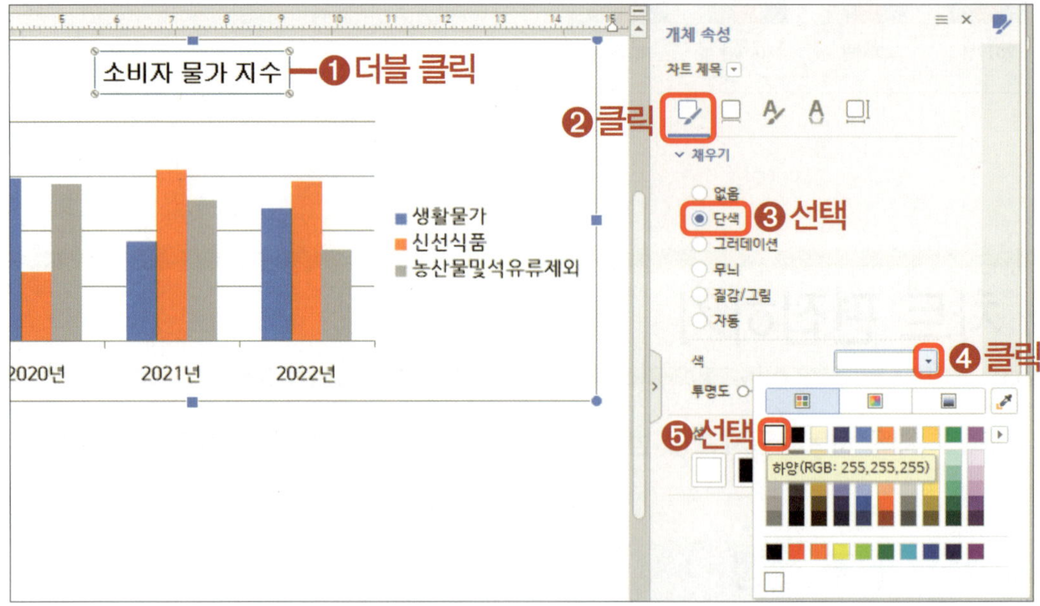

4 [개체 속성] 창에서 **[그리기 속성]의 '선'을 '단색'에 '검정'을 선택**합니다.

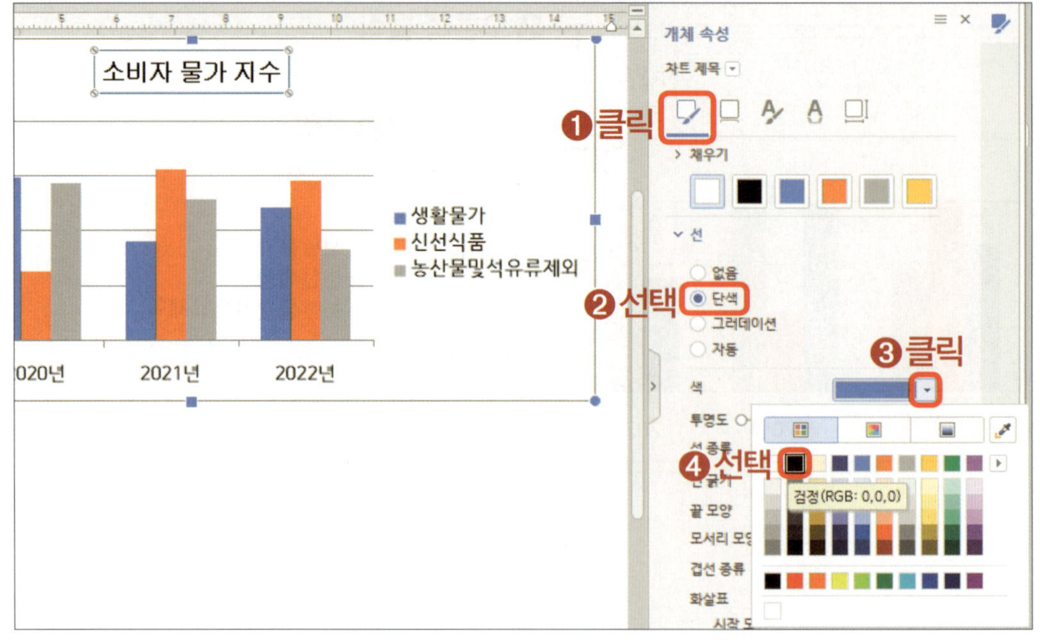

5 [개체 속성] 창의 [효과]에서 '그림자'의 [대각선 오른쪽 아래]를 선택합니다.

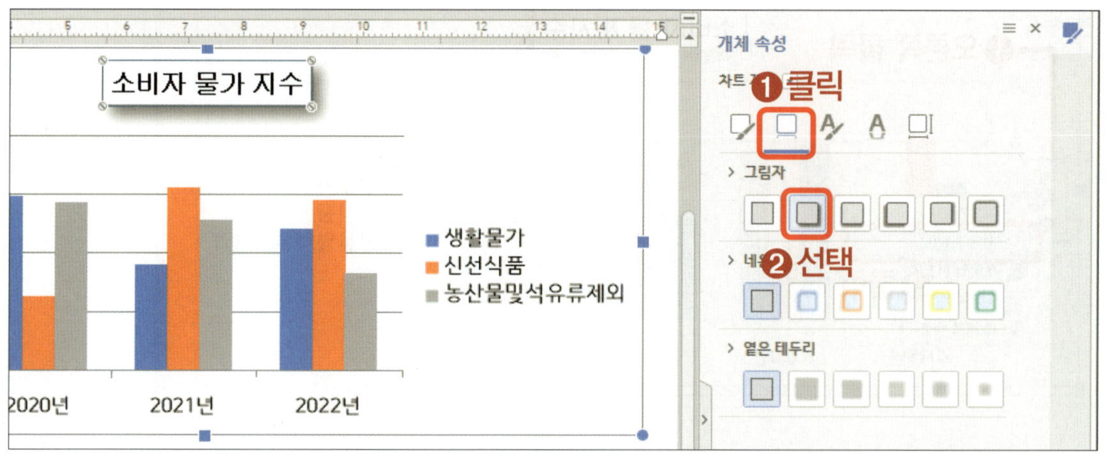

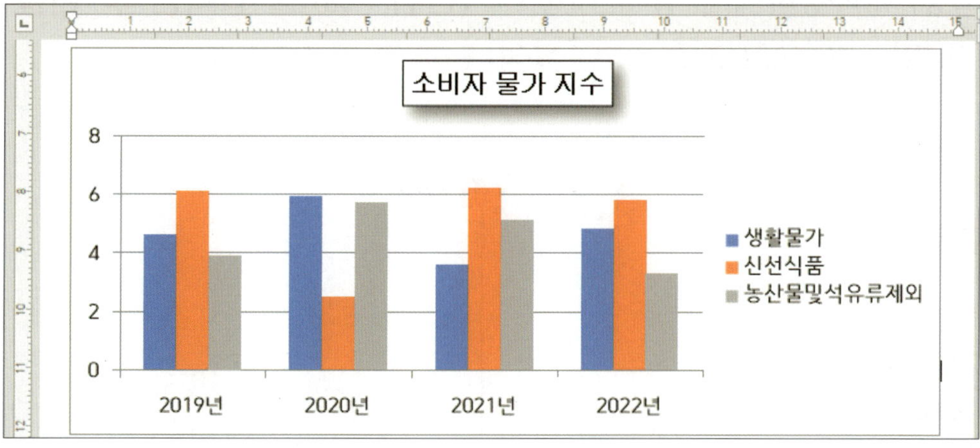

축 제목 설정 및 축 값 지정하기

6 'Y(값)축'의 제목을 설정하기 위해 [차트 디자인] 탭에서 [차트 구성 추가]–[축 제목]–[기본 세로]를 선택하여 추가합니다.

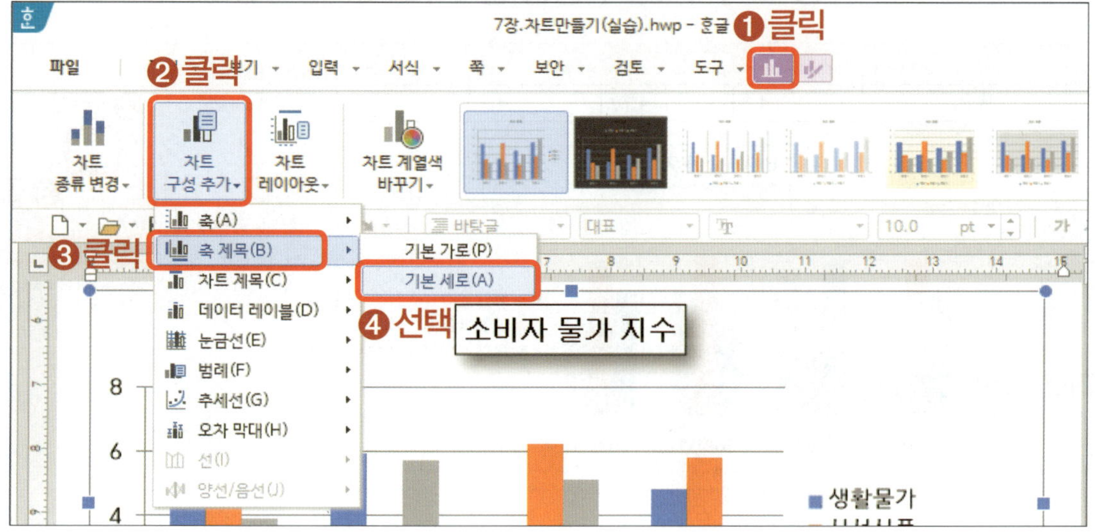

7 생성된 '축 제목'에서 마우스 오른쪽 버튼을 클릭한 후 **[제목 편집]**을 클릭합니다.

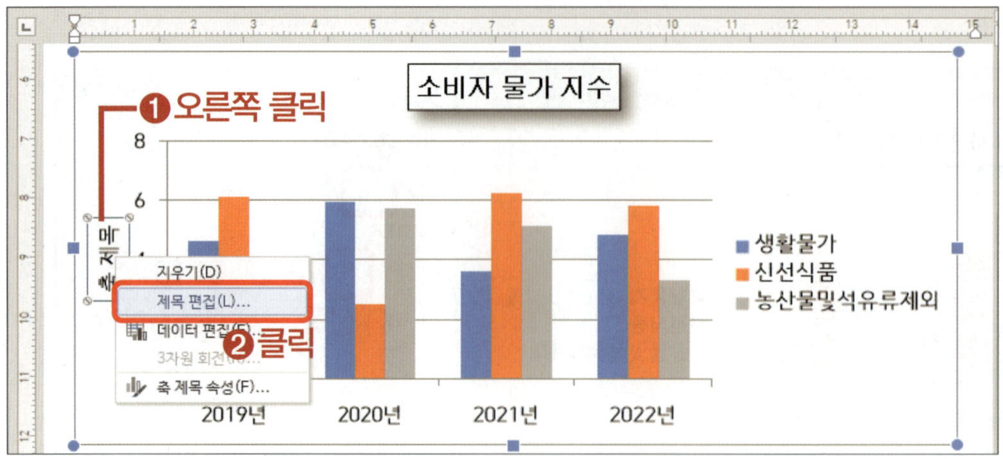

8 [차트 글자 모양] 대화상자에서 '글자 내용'에 **『(단위 : %)』를 입력한 후 '한글 글꼴'은 '굴림체', 크기는 '10'으로 지정하고 [설정] 단추를 클릭**합니다.

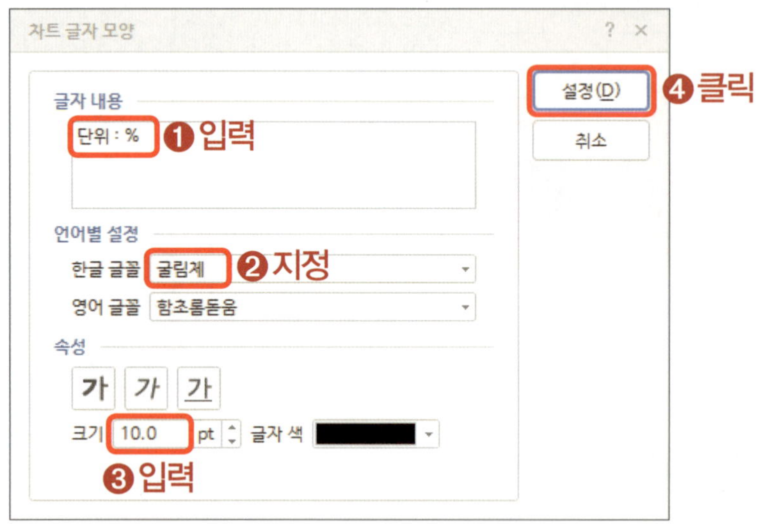

9 '축 제목'을 가로 방향으로 지정하기 위해서는 '축 제목'을 더블 클릭한 후 [개체 속성] 창에서 **[크기 및 속성]의 '글자 방향'을 '가로'로 선택**합니다.

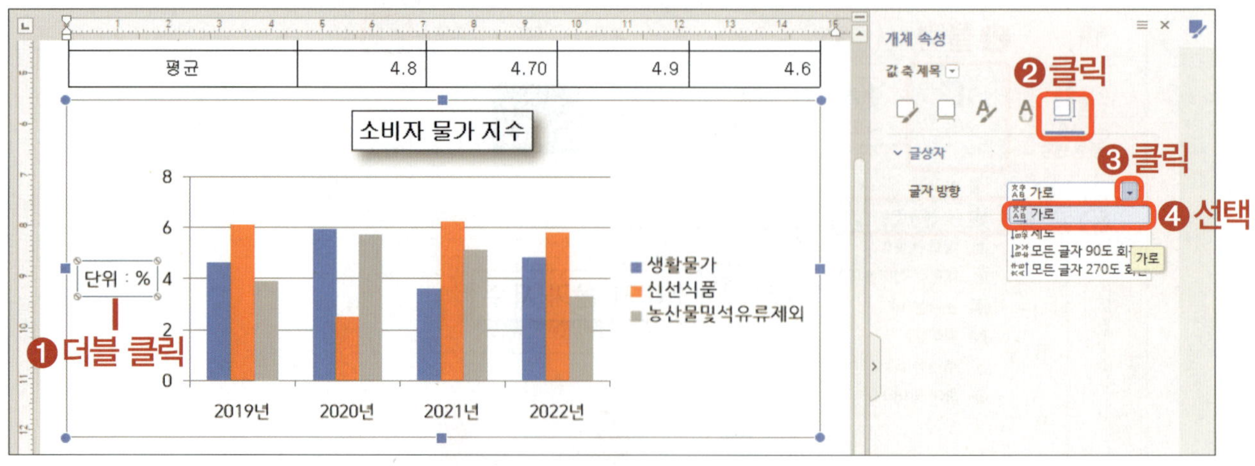

⑩ 'Y축 값'을 선택한 후 마우스 오른쪽 버튼을 클릭한 후 **[글자 모양 편집]**을 클릭합니다.

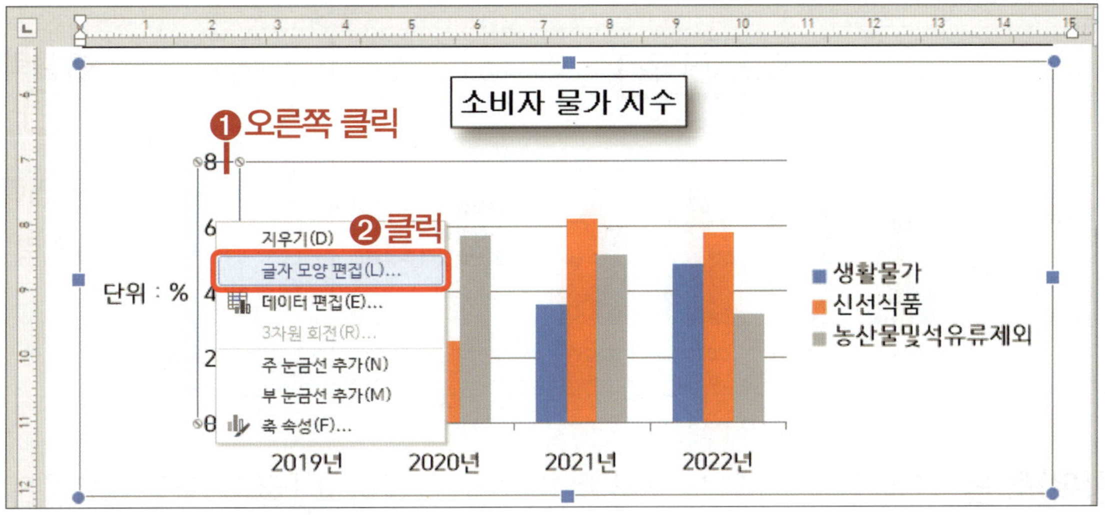

⑪ [차트 글자 모양] 대화상자에서 **'한글 글꼴'은 '굴림체', 크기는 '10'으로 지정**하고 [설정] 단추를 클릭합니다.

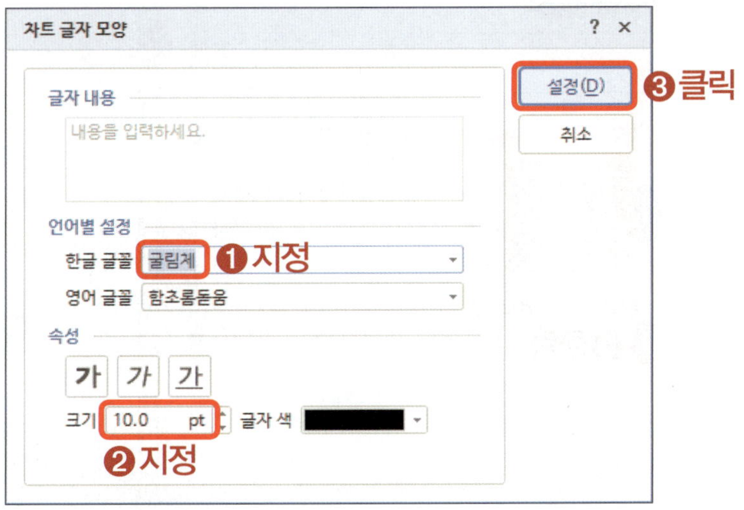

⑫ 'Y축 값'을 선택한 후 마우스 오른쪽 버튼을 클릭한 후 **[축 속성]을 클릭**합니다.

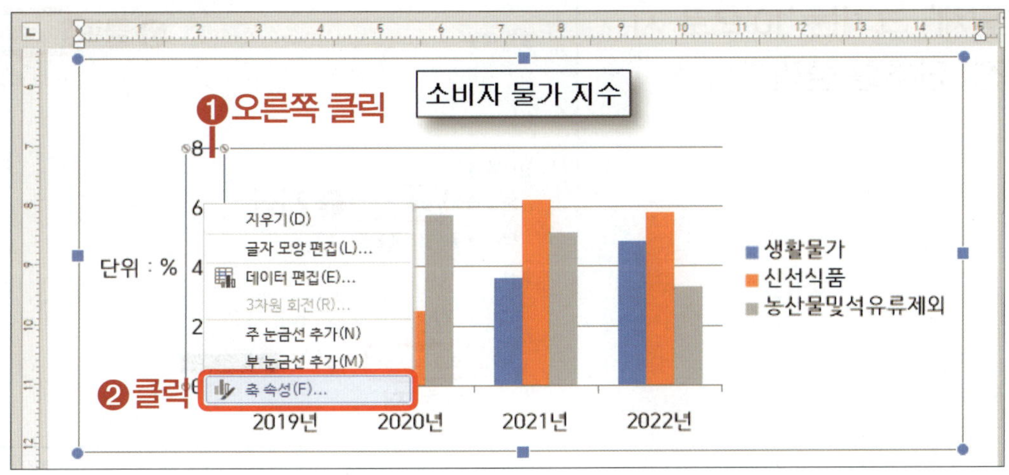

13 [개체 속성] 창에서 **[축 속성]의 '최댓값'은 『10』으로 '단위'의 '주'는 『2.5』로 입력**합니다.

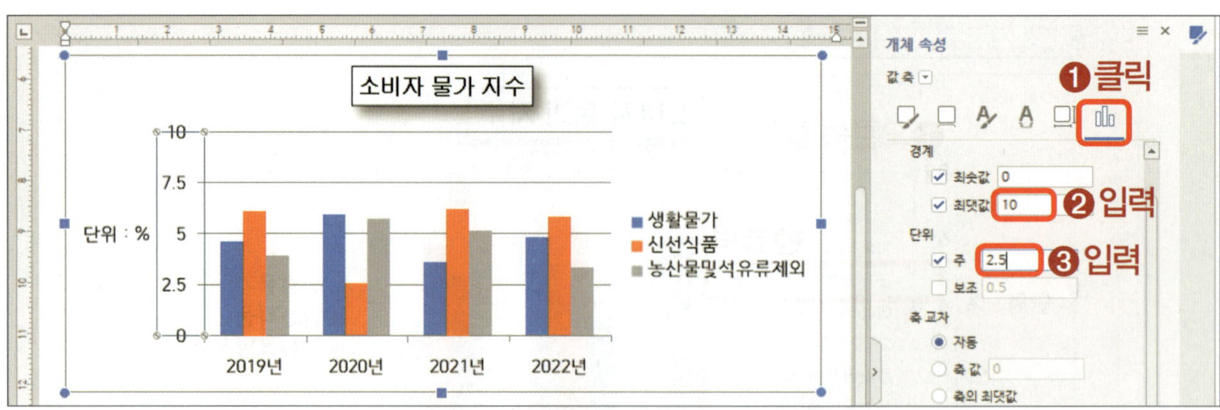

14 **'X(항목)축'을 선택**한 후 마우스 오른쪽 버튼을 클릭하고 **[글자 모양 편집]**을 클릭합니다.

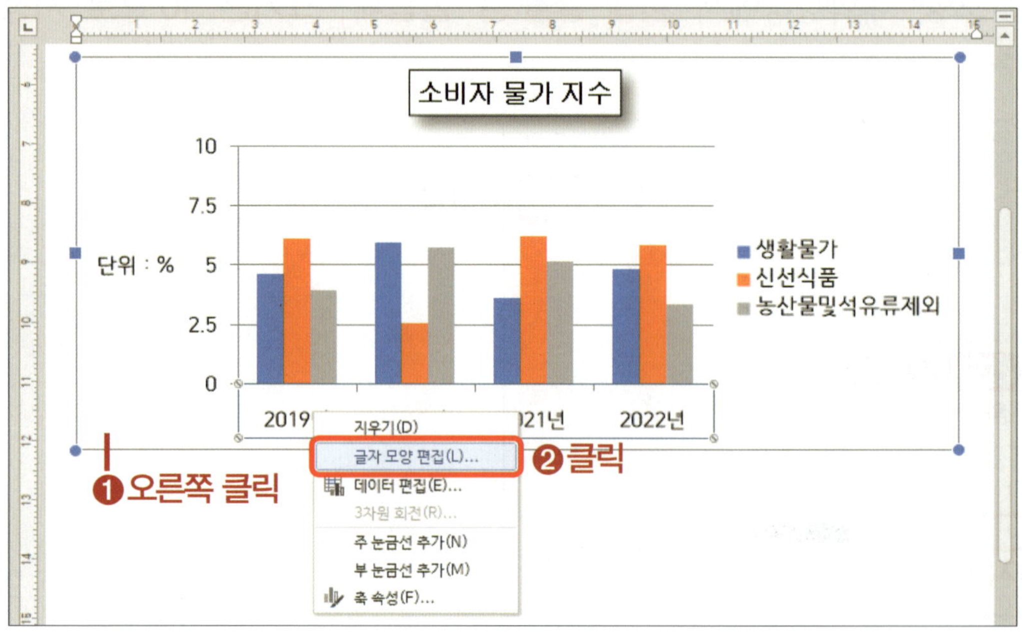

15 [차트 글자 모양] 대화상자에서 **'한글 글꼴'은 '굴림체', 크기는 '10'으로 지정하고 [설정] 단추를 클릭**합니다.

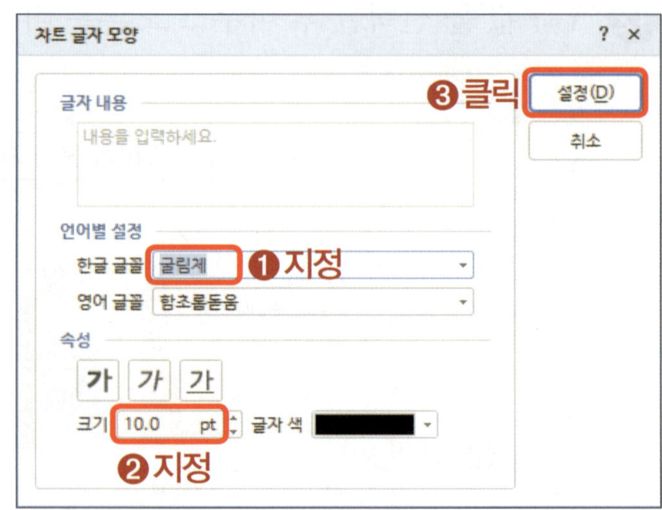

범례 설정

16 '범례'를 선택한 후 마우스 오른쪽 버튼을 클릭하고 **[글자 모양 편집]**을 클릭합니다.

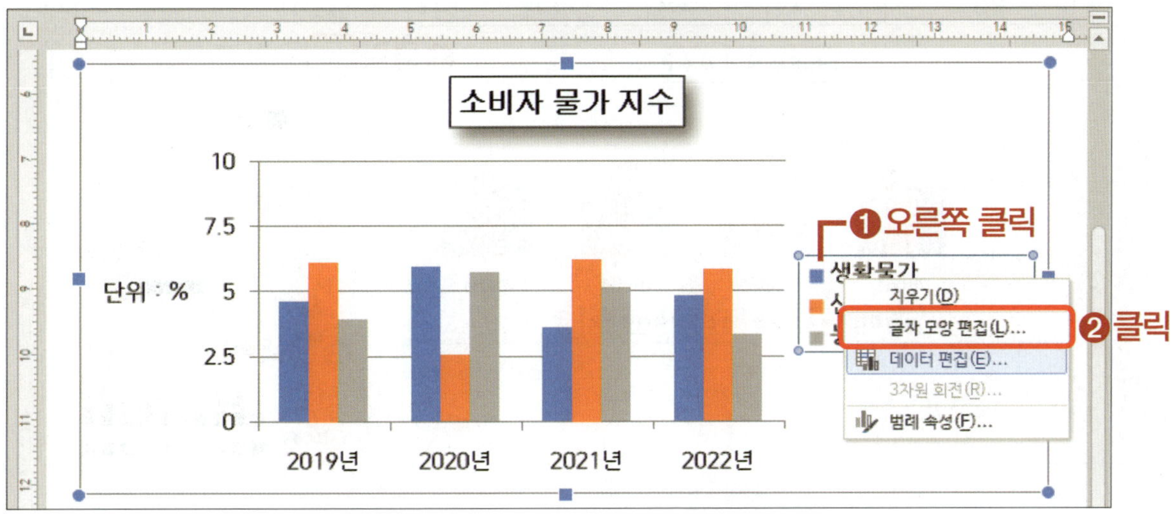

17 [차트 글자 모양] 대화상자에서 **'한글 글꼴'은 '굴림체', 크기는 '10'으로 지정한 후 [설정] 단추를 클릭**합니다.

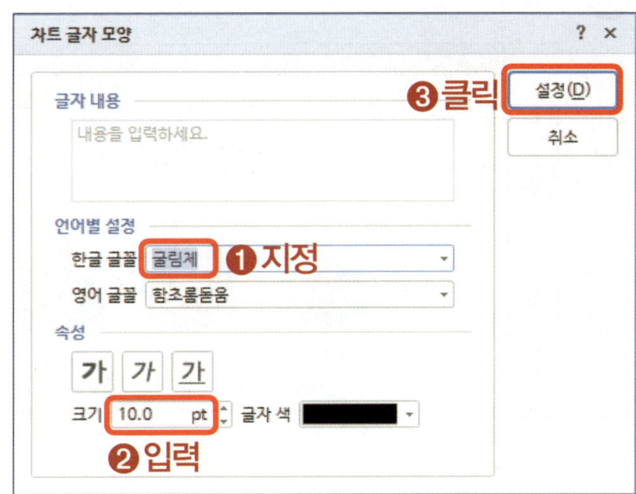

18 **범례를 더블 클릭**하고 [개체 속성] 대화상자의 **[범례 속성]에서 '범례 위치'를 '아래쪽'으로 선택**합니다.

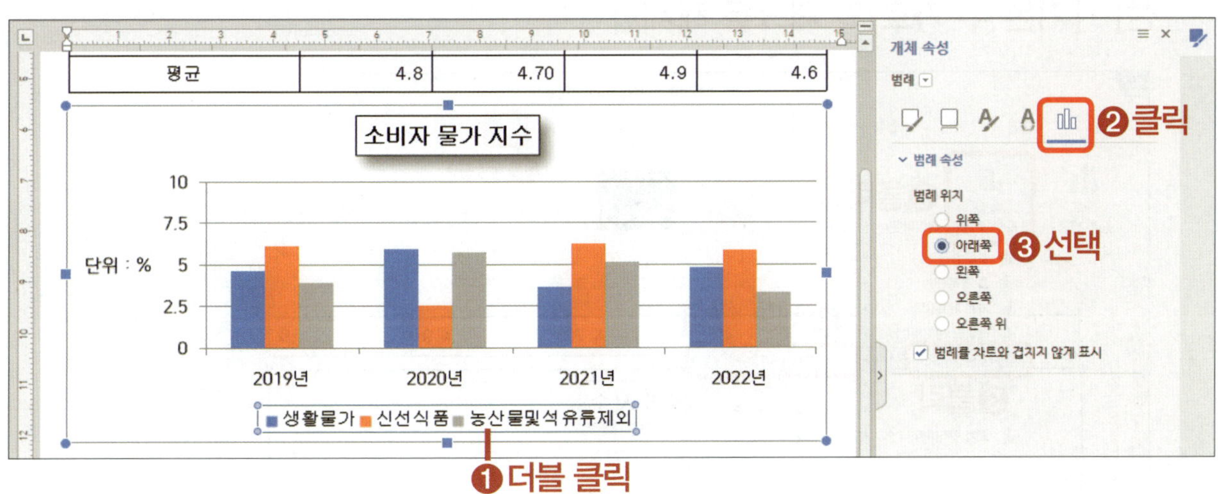

⑲ **범례를 더블 클릭**하고 [개체 속성] 대화상자의 **[그리기 속성]에서 '선'의 색을 '단색'에 '검정'으로 지정**합니다.

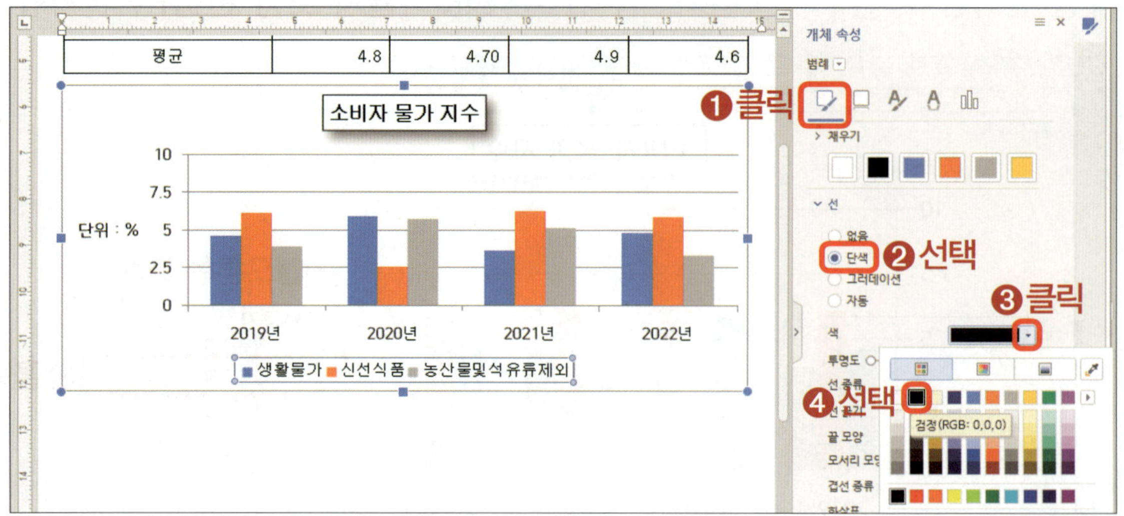

⑳ [개체 속성] 대화상자의 **[그리기 속성]에서 '채우기'의 색을 '강조 4'로 지정**합니다.

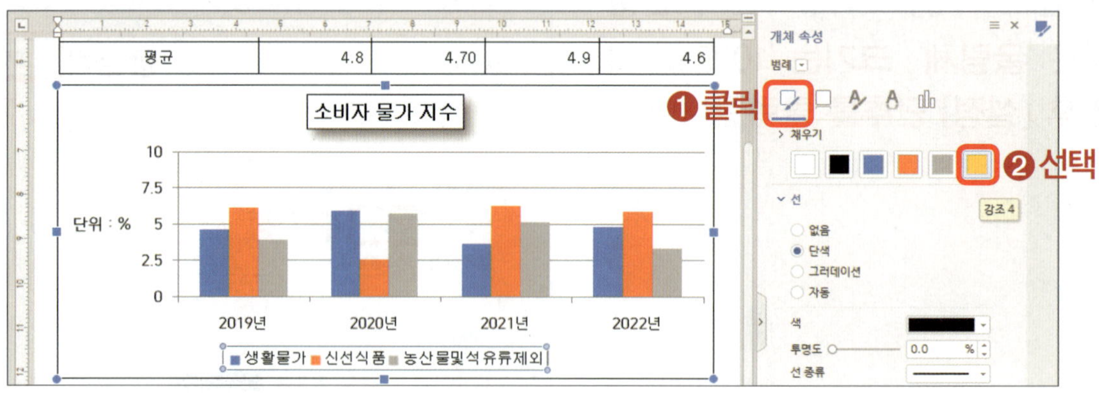

눈금선 해제

㉑ 눈금선을 해제하기 위해 **[차트 디자인] 탭에서 [차트 구성 추가]-[눈금선]-[기본 주 가로]의 체크를 해제**합니다.

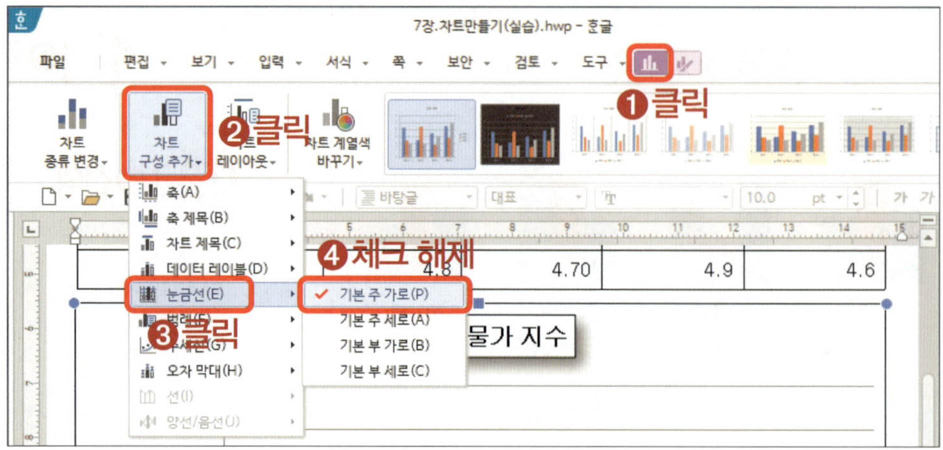

실습 3 차트 종류 변경하기

차트의 종류를 변경하는 방법에 대해 배워봅니다.

1 차트를 선택하고 [차트 디자인] 탭에서 **[차트 종류 변경]-[꺾은선형/영역형]-[꺾은선형]을 선택하여 차트의 종류**를 변경합니다.

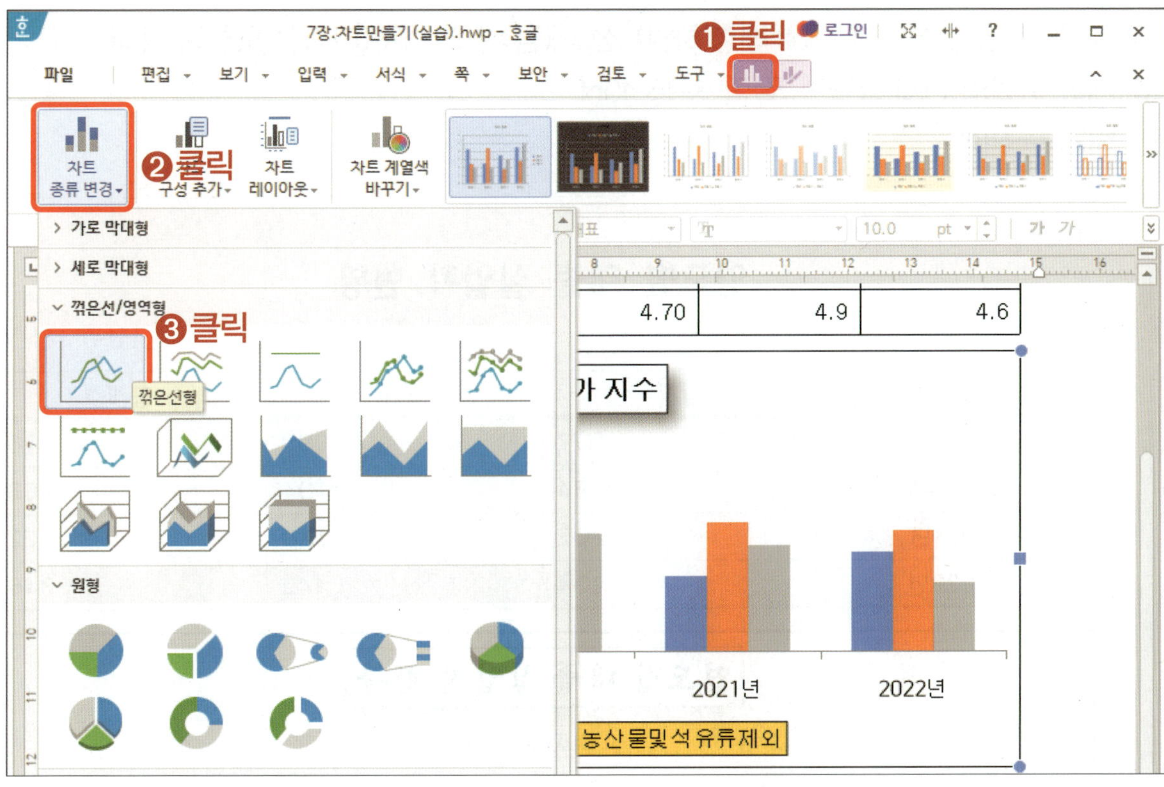

2 차트 작성이 끝나면 빈 화면을 클릭하고 다음 그림과 같이 차트가 완성되었는지 확인합니다.

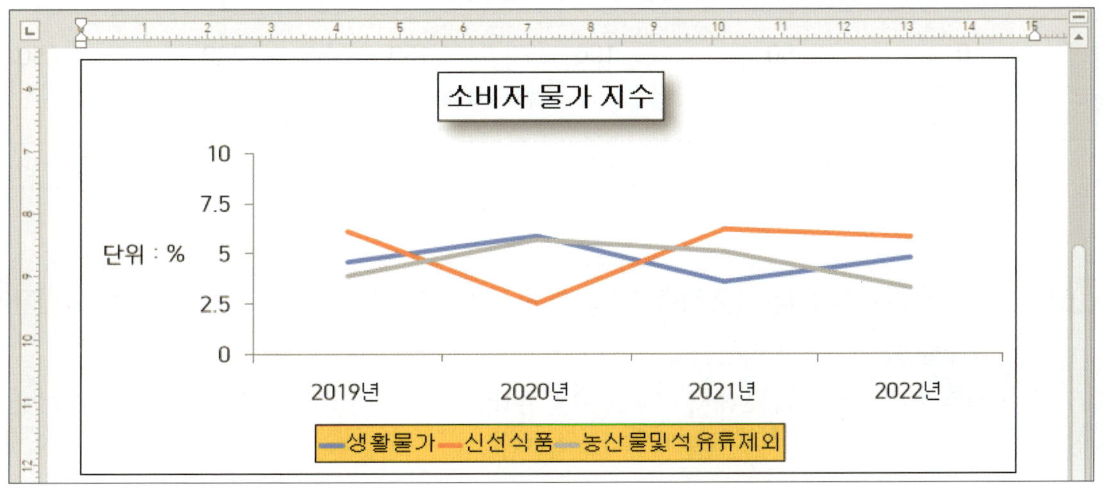

◉ 예제 파일 : Easy한글2020\실습및정답파일\7장\혼자풀어보기1(실습).hwp

1 '혼자풀어보기1(실습).hwp' 문서의 표를 이용하여 조건에 따라 차트를 완성해 보세요.

(1) 차트 데이터는 표 내용에서 연도별 남자, 여자의 값만 이용할 것

(2) 종류 – 〈2차원 가로 막대형〉으로 작업할 것

(3) 제목 – 궁서, 진하게, 13pt, 배경(하양), 선 색(검정). 그림자(대각선 오른쪽 아래)

(4) 제목 이외의 전체 글꼴 – 굴림, 보통, 10pt

(5) 범례 – 위쪽

연도별 대졸 실업자 현황

(단위 : 천명)

연도	남자	여자	합계
2019년	177	99	276
2020년	164	104	268
2021년	202	120	322
2022년	204	142	346

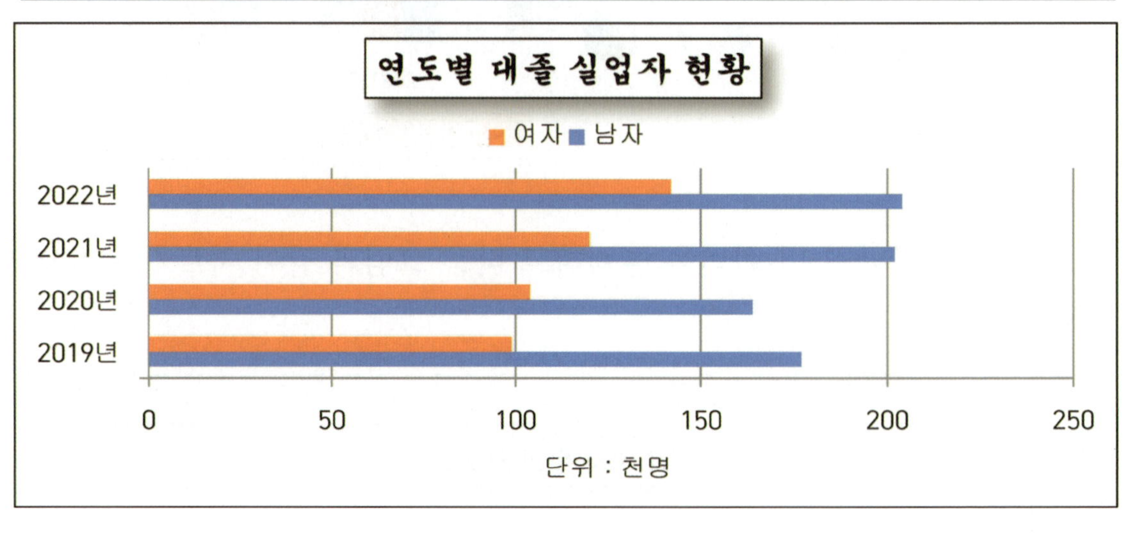

Hint!
- 차트 만들기 : 데이터의 범위를 드래그하여 지정한 후 [표 디자인] 탭에서 [차트 만들기] 도구를 클릭
- 차트 제목 : '차트 제목'에서 마우스 오른쪽 버튼을 클릭한 후 [제목 편집]을 클릭

◎ 예제 파일 : Easy한글2020\실습및정답파일\7장\혼자풀어보기2(실습).hwp

2 '혼자풀어보기2(실습).hwp' 문서의 표를 이용하여 조건에 따라 차트를 완성해 보세요.

(1) 차트 데이터는 표 내용에서 구분별 외국인과 내국인 값만 이용할 것
(2) 종류 – 외국인(세로 막대형), 내국인(꺾은선형, 보조 축)
(3) 제목 – HY견고딕, 진하게, 12pt, 배경(강조4), 선 색(검정). 그림자(아래쪽)
(4) 범례 – 아래쪽
(5) 차트 스타일 – 스타일 6

서울시 관광객 이용 현황

(단위 : 명)

구분	외국인	내국인	계
2019년	8,130	7,432,908	7,441,038
2020년	6,517	7,120,702	7,127,219
2021년	11,807	7,456,486	7,468,293
2022년	17,784	7,666,799	7,684,583

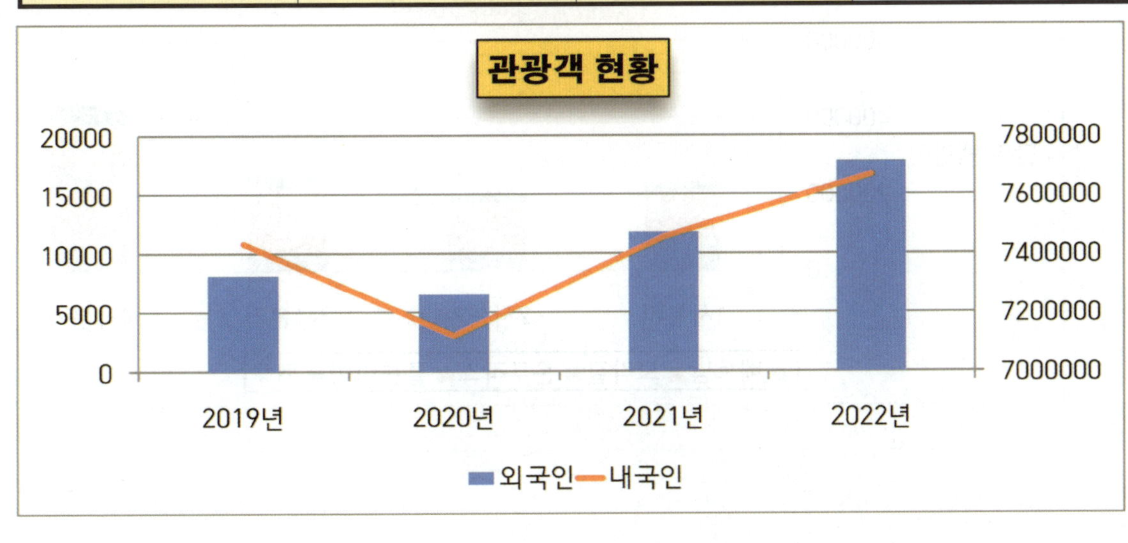

Hint!
• 차트 변경 및 보조 축 지정 : 내국인의 데이터 계열을 선택하고 차트 종류를 꺾은선형으로 변경한 후 데이터 계열을 더블 클릭하고 [개체 속성] 창의 [계열 속성]에서 '보조 축'을 선택
• 차트 스타일 : 차트를 선택한 후 [차트 디자인] 탭에서 '스타일6'을 선택

예제 파일 : Easy한글2020\실습및정답파일\7장\혼자풀어보기3(실습).hwp

3 '혼자풀어보기3(실습).hwp' 문서의 표를 이용하여 조건에 따라 차트를 완성해 보세요.

(1) 차트 데이터는 표 내용 전체 값을 이용할 것
(2) 종류 – 〈누적 세로 막대형〉으로 작업할 것
(3) 제목 – 맑은 고딕, 진하게, 14pt, 배경(강조3), 선 색(검정). 그림자(아래쪽)
(4) 범례 – 아래쪽, 선 색(검정)
(5) Y축 제목 – 글자 방향 가로로

커피 수입 현황

(단위:백만원)

구분	1사분기	2사분기	3사분기	4사분기
베트남	100,703	55,974	51,143	86,695
브라질	40,850	41,977	62,104	123,272
온두라스	25,412	28,980	40,901	65,828
콜롬비아	42,327	49,978	65,661	108,796
페루	22,610	19,124	32,109	54,167

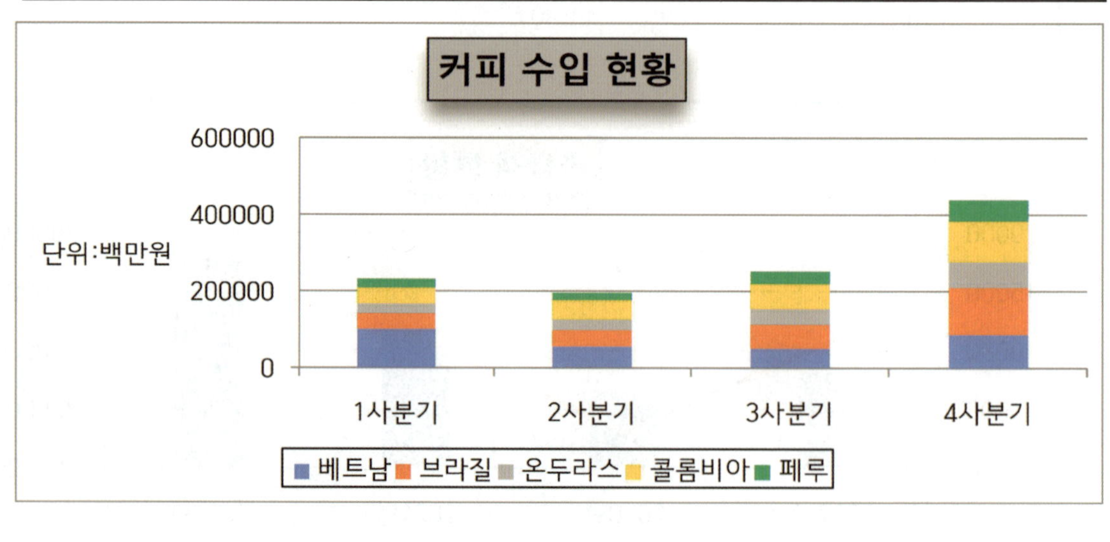

4 '혼자풀어보기4(실습).hwp' 문서의 표를 이용하여 조건에 따라 차트를 완성해 보세요.

(1) 차트 데이터는 표 내용 중 모델명별 판매대수와 상반기 대비 값을 이용할 것
(2) 종류 – 판매대수(꺾은선형, 보조 축), 상반기대비(세로 막대형)
(3) 제목 – 궁서체, 진하게, 12pt, 배경(하양), 선 색(검정). 그림자(오른쪽)
(4) 범례 – 위쪽
(5) Y축 값 – 최솟값 : 0, 최댓값 : 50
(6) 차트 스타일 - 스타일 5

순위별 하반기 판매 종합현황

모델명	판매대수	상반기대비	전년비
K5	7,070	26.1%	13.7%
그랜저	9,337	33.7%	-20.5%
모닝	7,437	29.8%	38.6%
쏘나타	7,640	30.0%	1.9%
아반떼	9,305	28.4%	26.0%

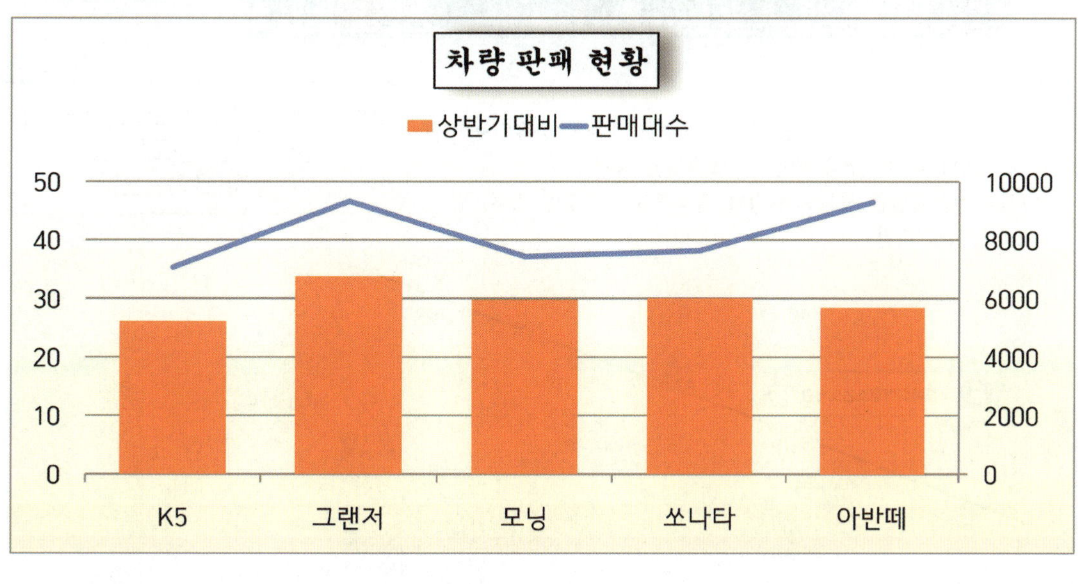

Hint!

- 차트 변경 및 보조 축 지정 : '판매대수'의 데이터 계열을 선택하고 차트 종류를 꺾은선형으로 변경한 후 데이터 계열을 더블 클릭하고 [개체 속성] 창의 [계열 속성]에서 '보조 축'을 선택
- 값 축 변경 : 값 축을 더블 클릭하고 [개체 속성] 창에서 [축 속성]의 '최솟값'은 『0』, 최댓값은 『50』으로 입력
- 차트 스타일 : 차트를 선택한 후 [차트 디자인] 탭에서 '스타일 5'를 선택

글맵시, 그림 삽입 및 편집

글맵시를 이용하여 제목을 예쁘게 꾸미는 방법과 인터넷 화면을 캡처하여 한글에 붙여넣는 방법에 대하여 배워봅니다.

완성파일 미·리·보·기

무료 동영상

글맵시 : '가나다 채우기-없음, 직사각형 모양',
글맵시 모양 : 위쪽 리본 사각형]
채우기 : 그러데이션의 시작색(하양), 끝색(하늘색), 가로 줄무늬
선 : 선색(하늘색), 선 종류(점선)
그림자 : 색(초록), X 위치(1%), Y 위치(1%)

국립어린이청소년도서관

그림1.jpg 삽입, 그림 자르기, 그림 스타일(파란 아래쪽 그림자), 그림 테두리 선 굵기(0.7mm)

운영시간 : 10:00 ~ 17:00
휴관일 : 매월 둘째.넷째 월요일, 일요일을 제외한 공휴일
(단, 설연휴와 추석연휴 기간 중 일요일은 휴관),
임시휴관일(특별한 사유로 관장이 필요하다고 인정한 경우)
※ 어린이날 개관

그림에서 글자 가져오기(그림2.jpg), 글꼴(한컴 윤고딕 230), 글자 크기(12pt)

네이버 지도에서 '국립어린이청소년도서관' 검색 후 지도 캡처
그림 테두리(하늘색), 그림자(아래쪽)

실습 1 글맵시 사용하기

글맵시 기능을 이용하여 문서의 제목을 입력하고 바탕색, 글자 색, 그림자 설정을 배워봅니다.

1. 한글 2020을 실행한 후 새 문서를 불러옵니다.

2. [입력] 탭에서 [글맵시]의 [목록단추]를 클릭한 후 **[가나다 채우기-없음, 직사각형 모양]을 선택**합니다.

3. [글맵시 만들기] 대화상자에서 내용에 **『국립어린이청소년도서관』을 입력하고 [글맵시 모양]에서 [위쪽 리본 사각형] 모양을 클릭**한 후 [설정] 단추를 클릭합니다.

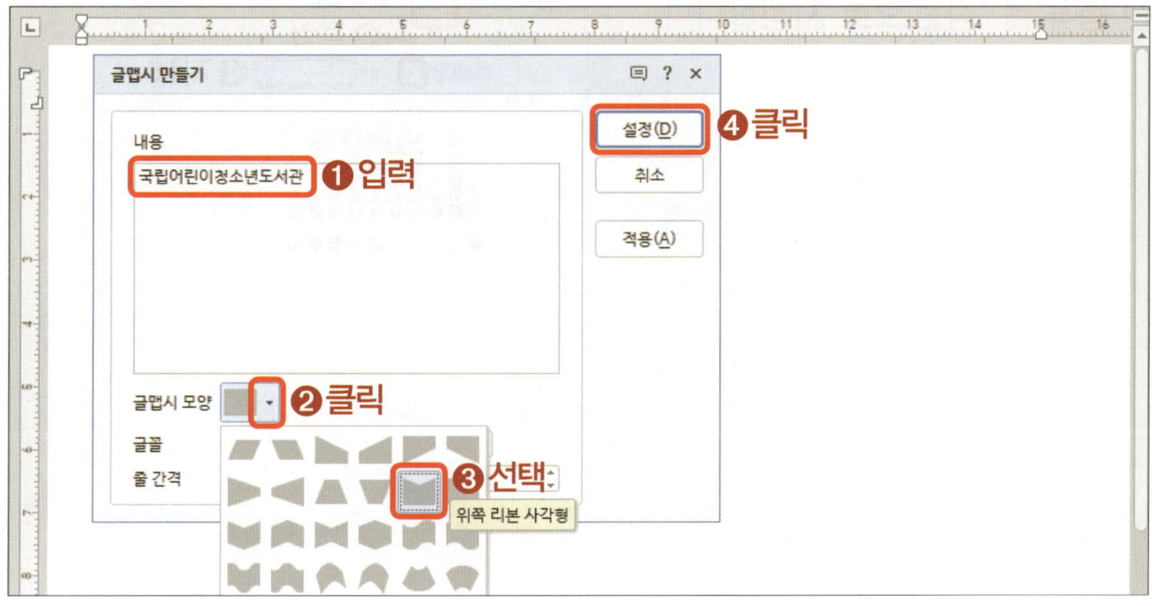

④ 생성된 글맵시를 선택한 후 마우스 오른쪽 버튼을 클릭하고 **[개체 속성]**을 선택합니다.

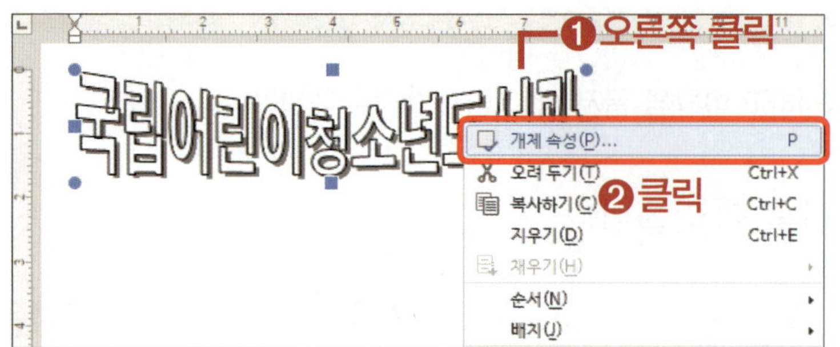

실력쑥쑥 TIP 개체 속성

생성된 글맵시를 더블 클릭해도 [개체 속성] 대화상자가 실행됩니다.

⑤ [개체 속성] 대화상자의 **[채우기] 탭에서 '그러데이션'을 선택하고 '시작 색(하양)', '끝 색(하늘색)'을 지정한 후, '유형'은 '가로'에 '줄무늬 ▭'를 선택**합니다.

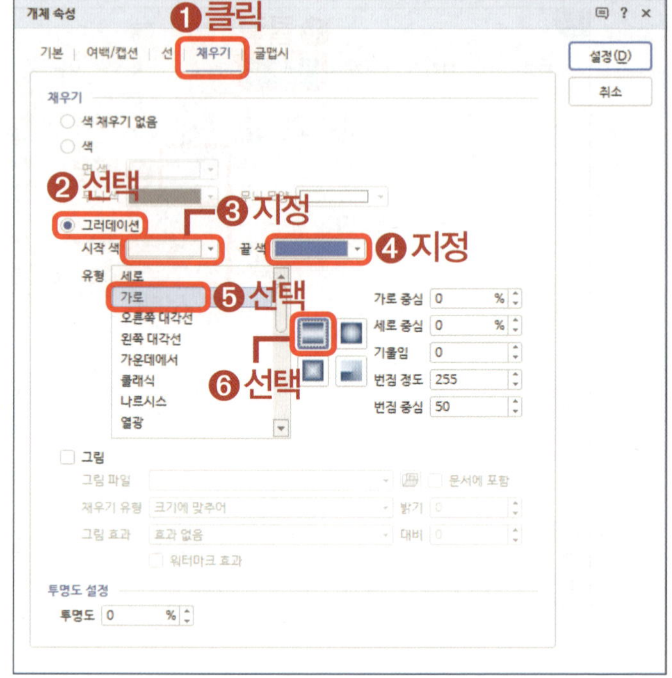

⑥ [선] 탭에서는 **'선'의 '색'을 '하늘색', '선 종류'를 '점선'으로 지정**합니다.

7 [글맵시] 탭에서 **'그림자'의 '색'에 '초록'**을 선택하고 **'X 위치'는 '1%', 'Y 위치'를 '1%'로 지정**한 후 [설정] 단추를 클릭합니다.

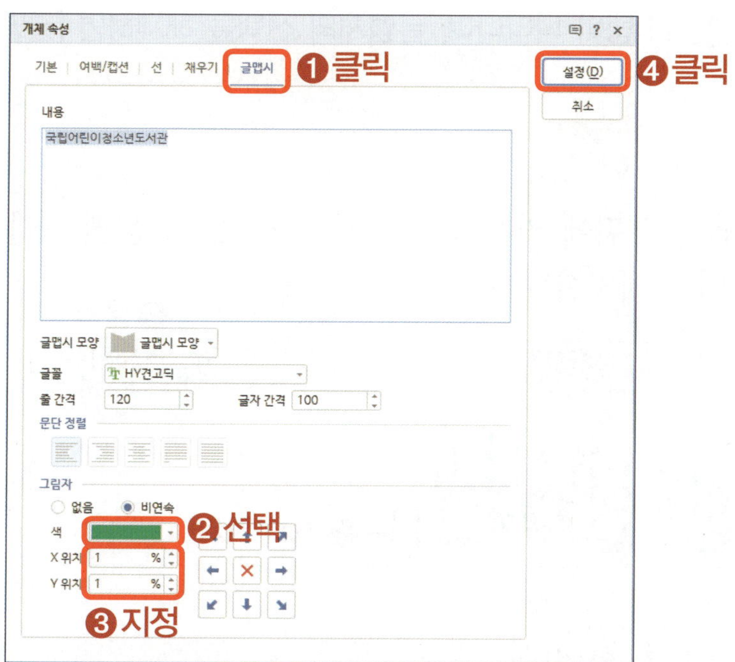

8 글맵시 개체의 오른쪽 아래의 크기 조절점에서 마우스 포인터 모양이 대각선 방향 **크기 조절 모양( )으로 바뀌면 크기가 늘어나도록 드래그**합니다.

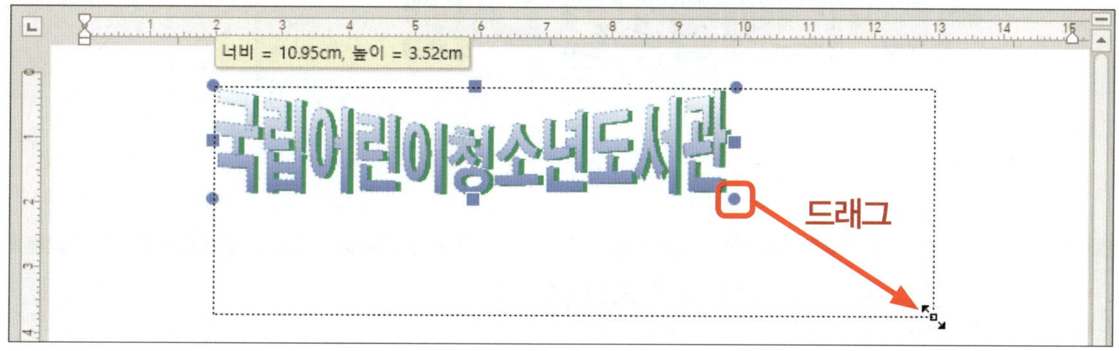

9 글맵시를 선택한 후 **[글맵시] 탭에서 '글자처럼 취급'에 체크**합니다.

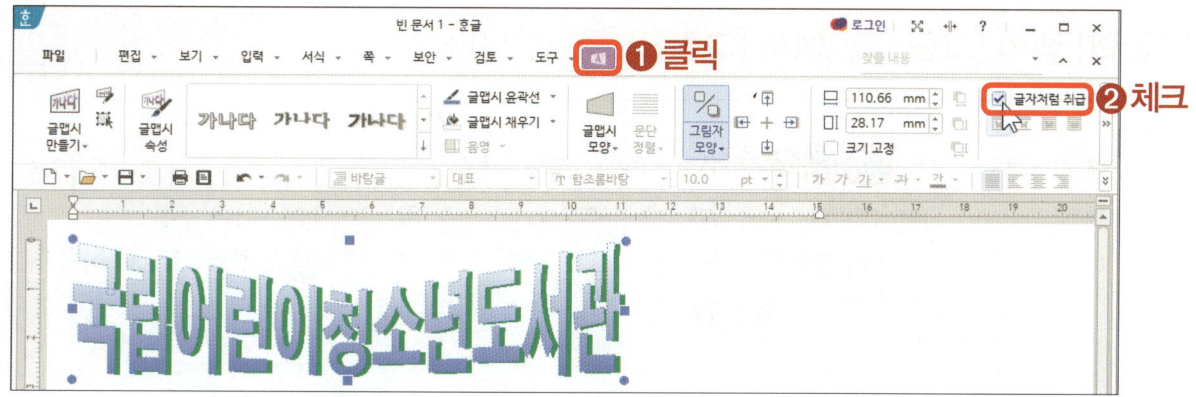

[글맵시] 탭

생성된 글맵시를 선택해야 [글맵시] 탭이 나타나며, 글맵시의 선택을 해제하면 [글맵시] 탭이 사라지게 됩니다.

10 '국립어린이청소년도서관' 글맵시의 뒤에 커서를 위치한 후 [가운데 정렬]을 클릭하여 글맵시를 문서의 가운데로 배치합니다.

11 다음과 같이 글맵시가 완성되었는지 확인합니다.

실습 2 그림 삽입 및 편집하기

그림을 삽입하고 편집하는 방법에 대하여 배워봅니다.

1 [입력] 탭의 [그림]에서 [그림]을 클릭합니다.

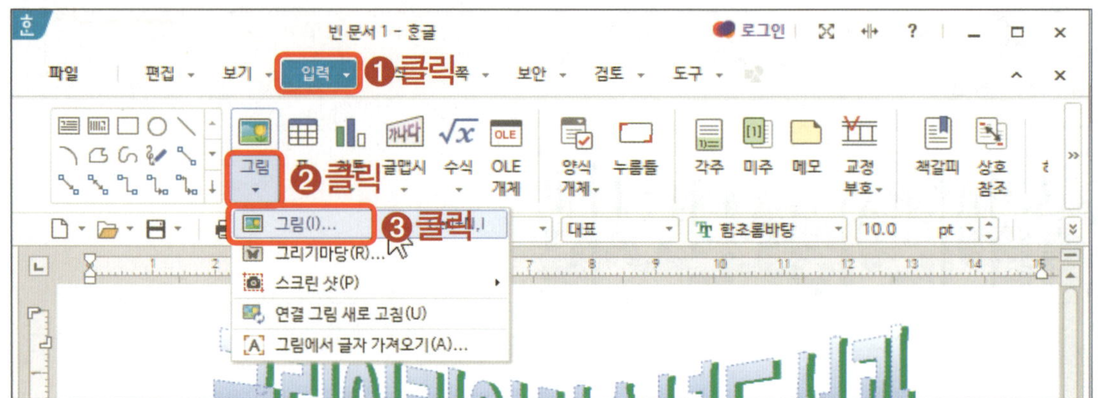

❷ [그림 넣기] 대화상자에서 **'그림1.jpg'를 선택하고, '문서에 포함', '글자처럼 취급'에 체크한 후 [열기] 단추를 클릭**합니다.

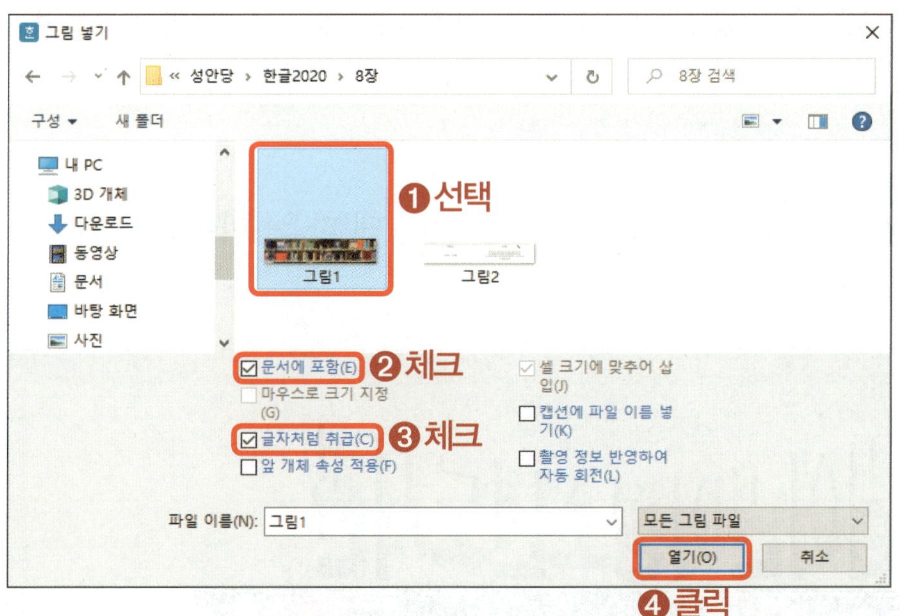

문서에 포함

그림 삽입 시 '문서에 포함'에 체크해야 그림이 문서에 포함되며, 체크를 해제하면 단순히 그림이 연결된 상태로 됩니다.

❸ 그림을 선택한 후 **[그림 편집] 탭에서 [자르기]를 클릭**합니다. 그림 테두리에 최대 8개의 경계선 모양이 나타나고, 경계선 모양 가까이에 마우스 포인터를 갖다 대면 마우스 포인터의 모양이 바뀝니다.

실력쑥쑥 TIP 그림 자르기

자르기 도구를 이용하지 않고 그림을 선택한 후 Shift 키를 누른 채 조절점을 드래그하여 그림을 자를 수 있습니다.

4 **오른쪽 하단의 모서리(┛)**에 마우스 포인터를 갖다 댄 다음, 마우스를 클릭한 채로 그림의 위쪽으로 드래그하여 그림을 잘라 냅니다.

5 다음과 같이 그림이 잘렸는지 확인합니다.

6 그림이 선택된 상태에서 **[그림 편집] 탭의 '스타일'을 [파란색 아래쪽 그림자]로 선택**합니다.

7 [그림 편집] 탭에서 [그림 테두리]의 [선 굵기]를 '0.7mm'로 지정합니다.

8 다음과 같이 그림이 완성됩니다.

실습 3 그림에서 글자 가져오기

그림 형식으로 되어 있는 문자를 문서에 글자 형식으로 가져오는 방법에 대하여 배워봅니다.

1 [입력] 탭에서 **[그림]-[그림에서 글자 가져오기]를 클릭**합니다.

2 [그림에서 글자 가져오기] 대화상자에서 **[추가 +] 단추를 클릭**합니다.

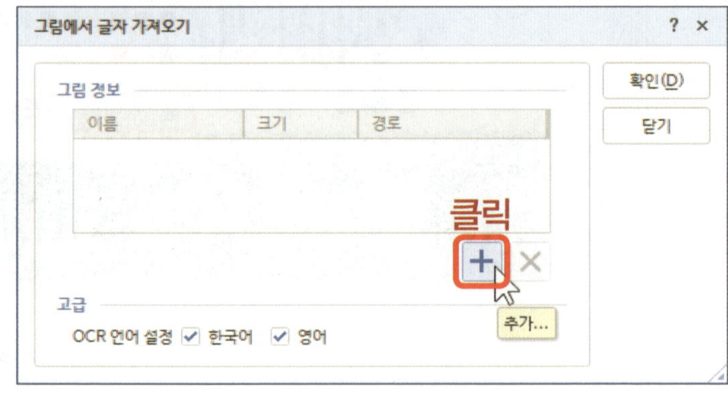

3 [불러오기] 대화상자에서 **'그림2.jpg'를 선택한 후 [열기] 단추를 클릭**합니다.

4 [그림에서 글자 가져오기] 대화상자에서 **'한국어', '영어'에 체크한 후 [확인] 단추를 클릭**합니다.

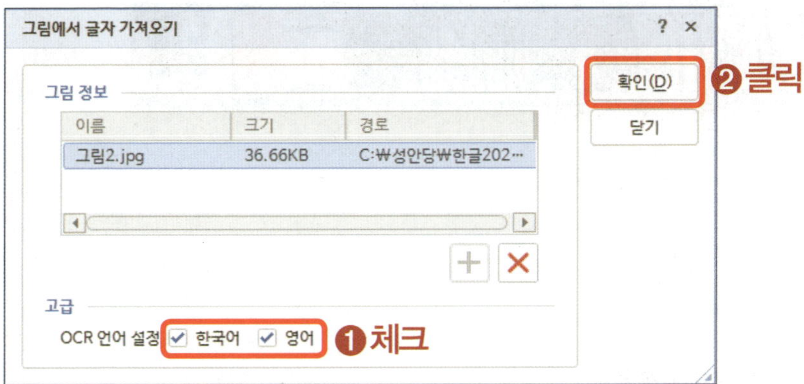

5 [글자 가져오기] 대화상자에서 '글자 가져오기를 완료했습니다.'가 나타나면 **[확인] 단추를 클릭**합니다.

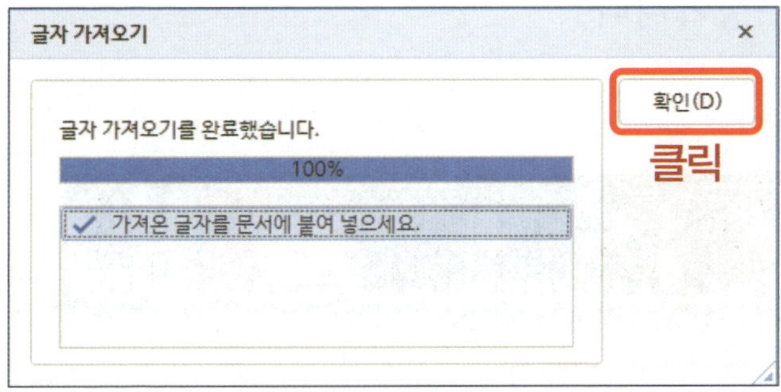

6 한글 작업장에서 마우스 오른쪽 버튼을 클릭한 후 **[붙이기]를 클릭**합니다.

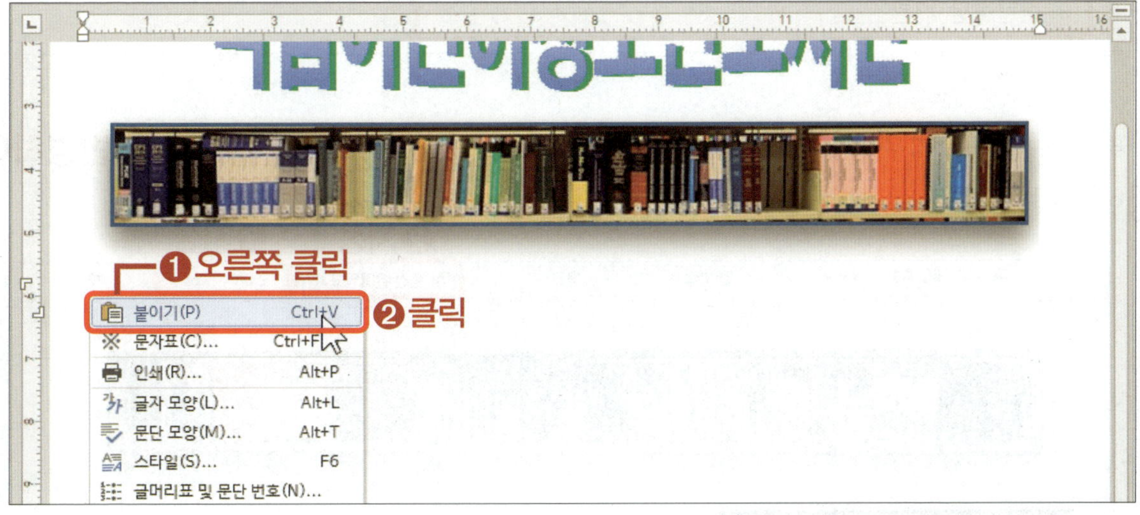

7 다음과 같이 그림으로 되어 있는 문자 가져오기가 완료됩니다.

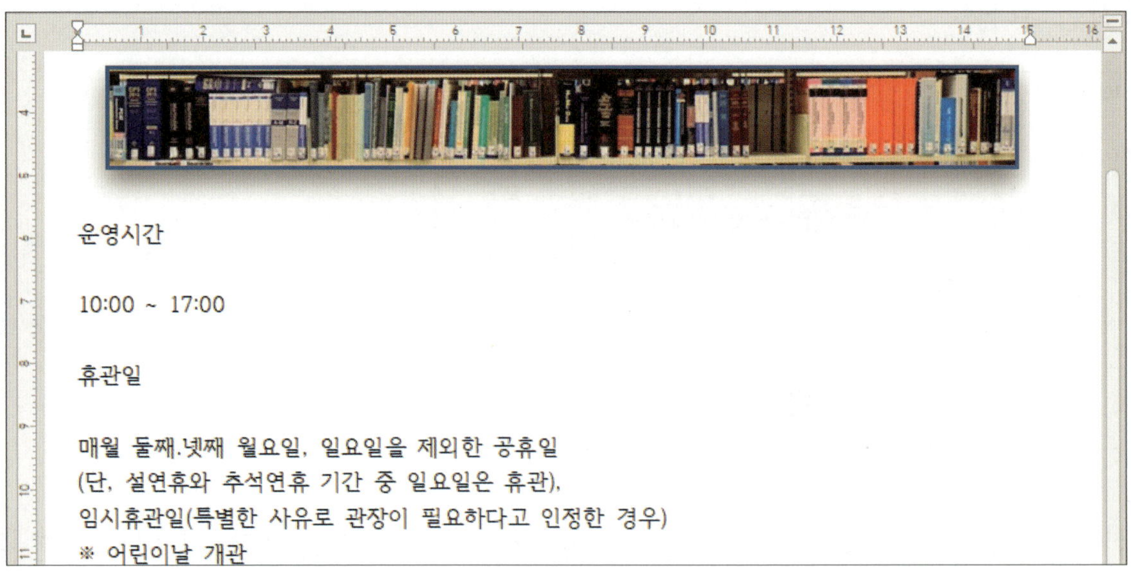

8 다음 그림과 같이 가져온 텍스트를 수정합니다.

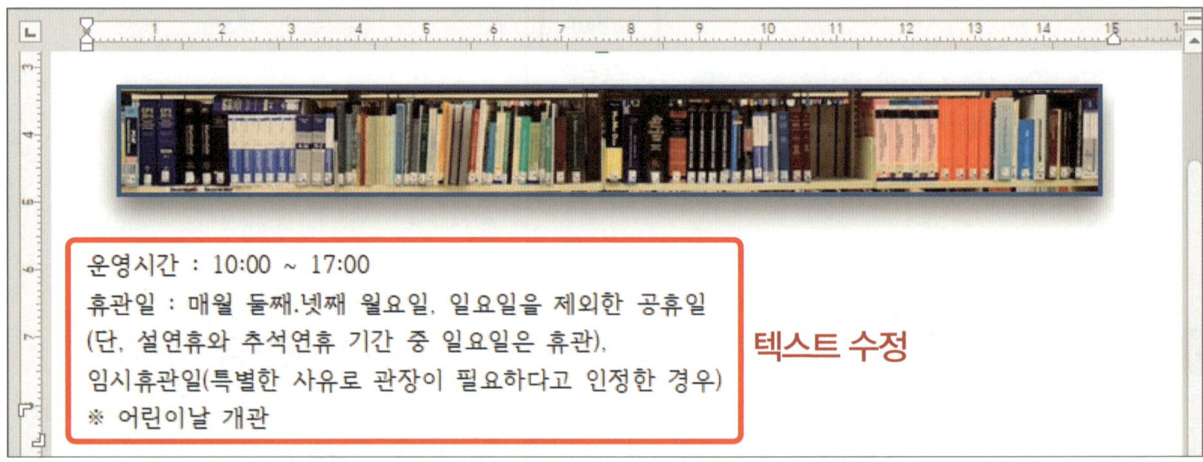

9 가져온 문자를 범위 지정한 후 **글꼴(한컴 윤고딕 230)과 크기(12pt)를 변경하여 수정**합니다.

인터넷 화면 캡처하여 사진 편집하기

인터넷 화면을 캡처하여 한글에 가져와 편집하는 방법에 대하여 배워봅니다.

1 인터넷에서 지도를 캡처하기 위해 인터넷의 네이버에서 **[지도] 메뉴를 클릭**합니다.

2 검색 창에 **『국립어린이청소년도서관』을 입력한 후 '국립어린이청소년도서관'을 클릭**합니다.

3 [입력] 탭의 **[그림]에서 [스크린 샷]-[화면 캡처]를 클릭**합니다.

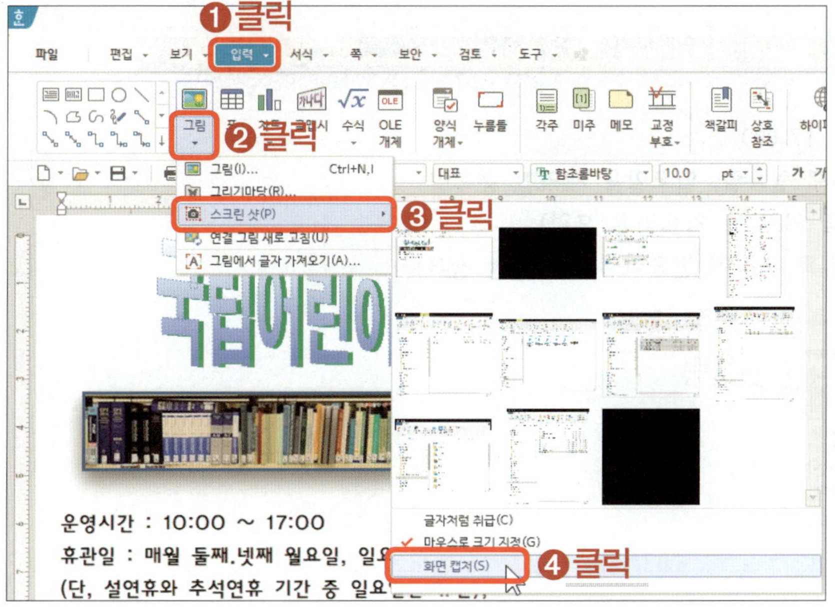

4 방금 전 검색한 네이버 지도 화면이 나타나면 캡처할 영역을 마우스로 드래그합니다.

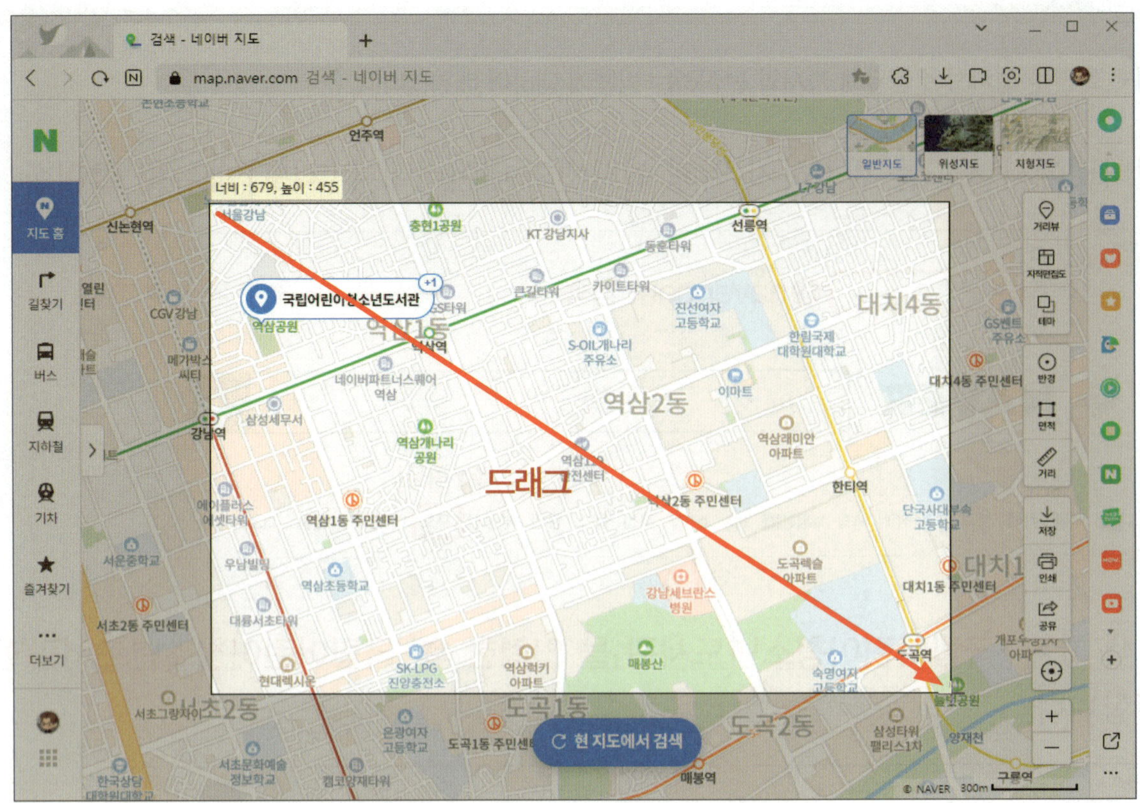

캡처의 다른 방법

- PrintScreen : 모니터 화면 전체를 캡처합니다.
- Alt + PrintScreen : 활성화되어 있는 창만을 캡처합니다.

5 다시 한글로 돌아와서 마우스 오른쪽 버튼을 클릭한 후 **[붙이기]**를 선택합니다.

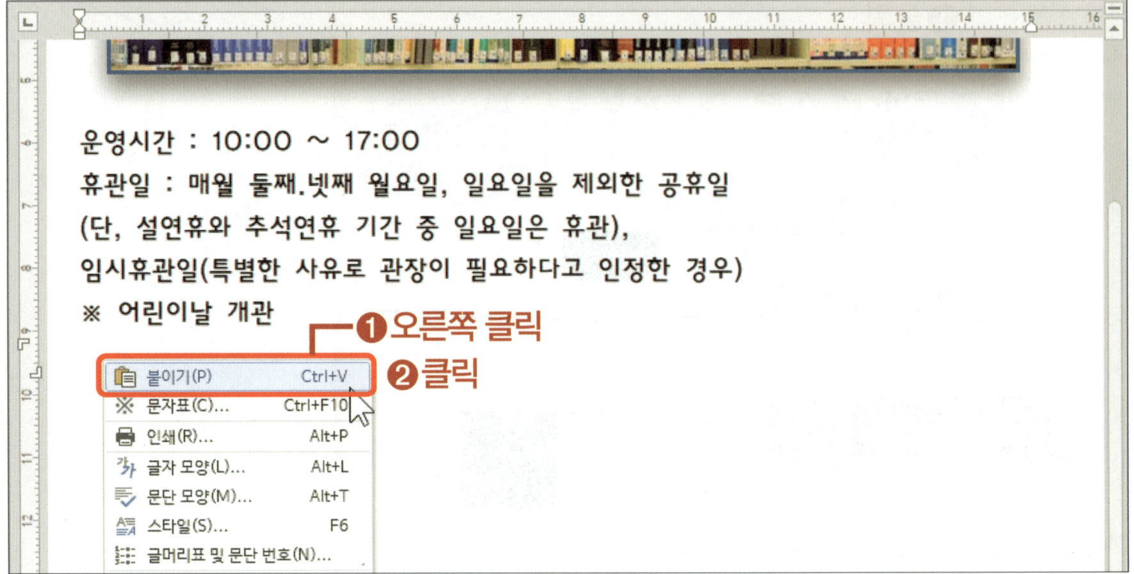

❻ 다음과 같이 캡처한 그림이 삽입됩니다.

❼ 그림이 선택된 상태에서 **[그림 편집] 탭의 [그림 테두리]에서 '하늘색'을 지정** 합니다.

8 그림을 선택하고 [그림 편집] 탭에서 **[그림자]-[아래쪽]을 선택**합니다.

9 다음과 같이 캡처한 그림에 '테두리'와 '그림자'가 지정됩니다.

1 글맵시와 지도를 이용하여 문서를 완성해 보세요.

- 글맵시 : 글맵시 스타일(가나다 , 채우기–파란색 그러데이션, 진회색 그림자, 직사각형 모양)
  그림에서 글자 가져오기 : 그림3.jpg, 글꼴(한컴 윤고딕 250), 글자 크기(14pt)
- 지도 캡처 : naver.com에서 주소 검색(경기도 용인시 수지구 풍덕천로 129번길 15)
- 그림 스타일 : 회색 아래쪽 그림자

Happy 1st Birth day!

Han jeongsoo

주소 : 경기도 용인시 수지구 풍덕천로 129번길 15 한샘빌딩 4층

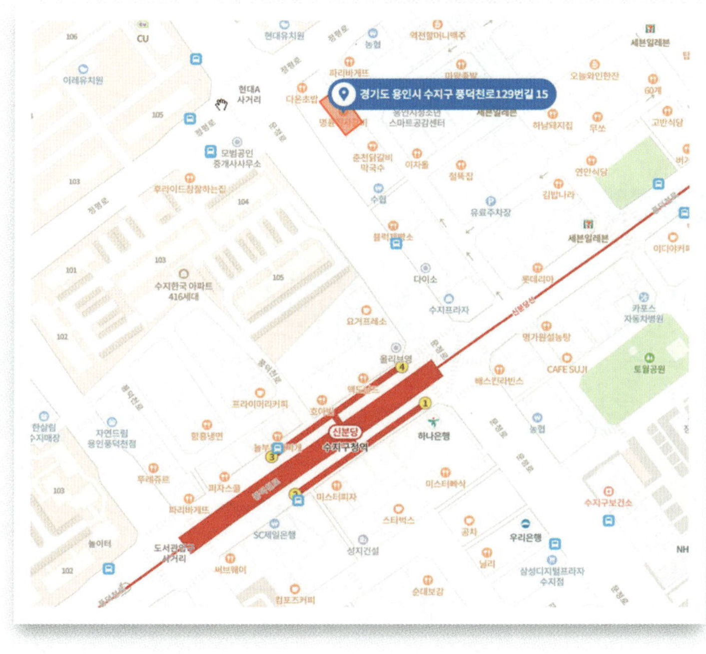

Hint!
- 글맵시 : [입력] 탭–[글맵시]
- 그림에서 글자 가져오기 : [그림] 탭–[그림에서 글자 가져오기]
- 화면 캡처 : [그림] 탭–[스크린 샷]–[화면 캡처]

2 글맵시와 지도를 이용하여 문서를 완성해 보세요.

- 글맵시 : 글맵시 스타일(**가나다** 채우기-남색, 연보라색 그림자, 육각형 모양)
  그림에서 글자 가져오기 : 그림3.jpg, 글꼴(한컴 윤고딕 230), 글자 크기(16pt)
- 지도 캡처 : naver.com에서 주소 검색(경기 수원시 권선구 금곡로 102번길 56)
- 그림 스타일 : 회색 그림자 옅은 테두리

입학식 안내

입학일에는 학부모님은 참석하지 않습니다.

장소 : 경기 수원시 권선구 금곡로 102번길 56

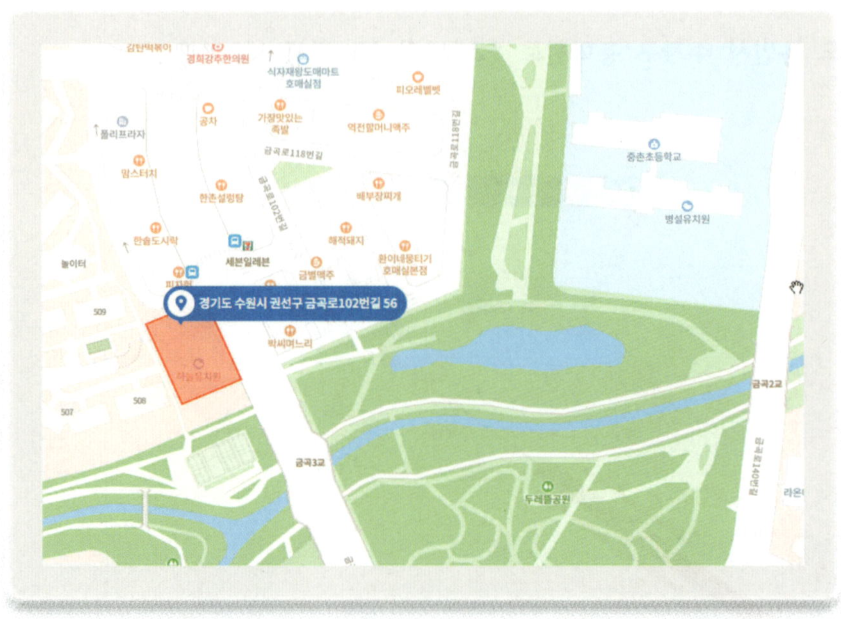

약도가 삽입된 세미나 안내장 만들기

글상자와 도형을 만드는 방법과 그림과 그리기 조각/클립아트를 삽입한 다음 다양한 편집 효과로 문서를 예쁘게 꾸미는 방법을 배워봅니다.

| 무료 동영상 |

완성파일 미리보기

글 상자, 너비(130), 높이(20), 글자처럼 취급
선 색(초록), 종류(얇고 굵은 이중선), 굵기(2mm),
둥근 모양, 면색(하늘색 80% 밝게),
글꼴(한컴 윤고딕 250), 글자 크기(18pt),
글자 속성(진하게), 글자 색(하늘색), 가운데 정렬

직사각형 도형,
선 종류(점선),
글꼴(한컴
윤고딕 250),
글자 크기(10pt),
도형 안에 그림
넣기(노트.jpg),
본문과의
배치(글 뒤로)

다각형 도형 : 도형 안에 그림
넣기(회사3.jpg), 문서에 포함,
채우기 유형(크기에 맞추어)

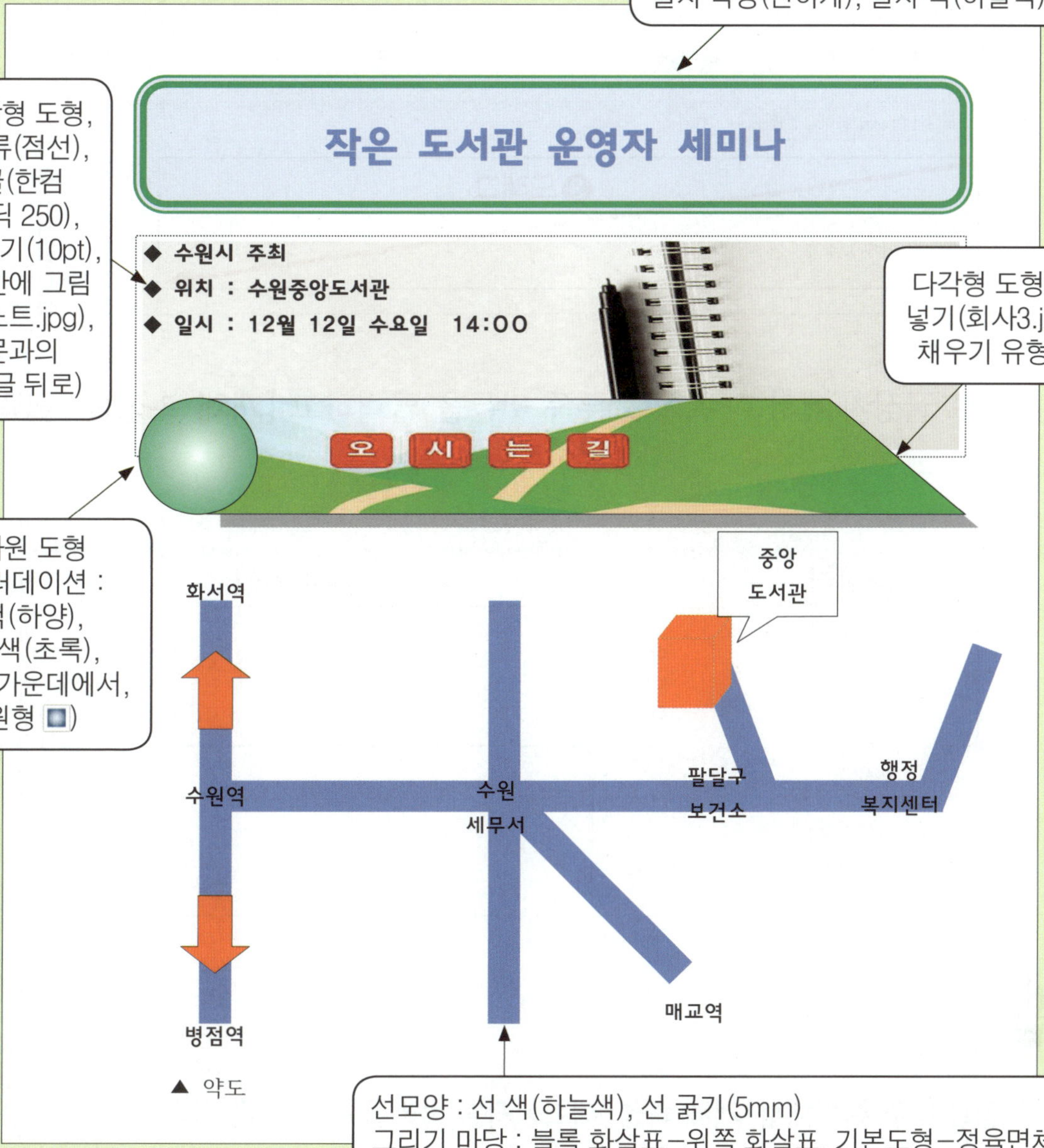

타원 도형
그러데이션 :
색(하양),
끝 색(초록),
유형(가운데에서,
원형)

선모양 : 선 색(하늘색), 선 굵기(5mm)
그리기 마당 : 블록 화살표–위쪽 화살표, 기본도형–정육면체,
설명선–사각형 설명선
글 상자 : 글꼴(한컴 윤고딕 230), 진하게, 가운데 정렬

글상자와 도형 사용하기

글상자와 도형을 작성하고 테두리 선의 두께, 종류, 채우기 색 등을 설정하는 방법을 알아봅니다.

글상자 꾸미기

1 한글 2020을 실행한 후 새 문서에서 **[입력] 탭의 '도형 개체'에서 '가로 글상자 ☰'를 클릭**한 후 드래그하여 그립니다.

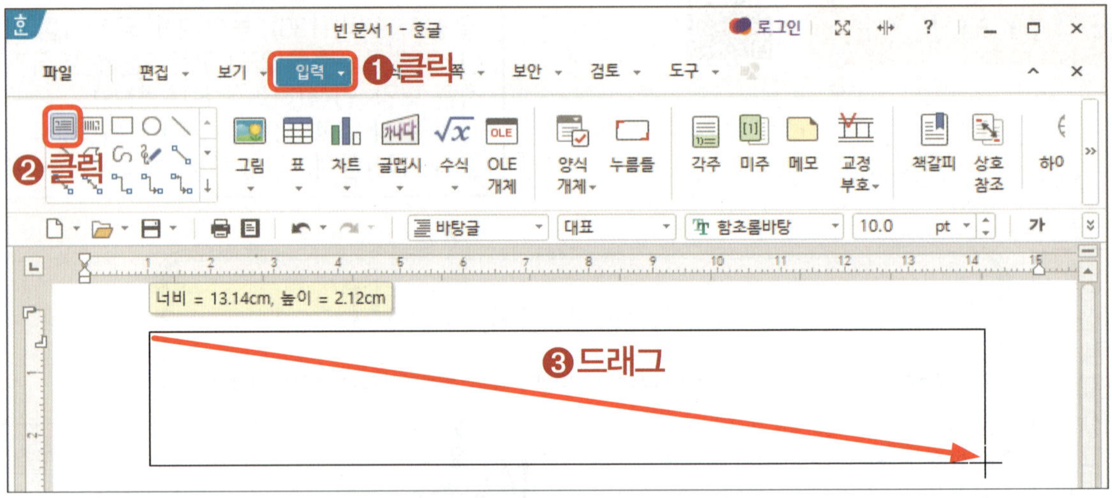

2 삽입된 '가로 글상자'에서 마우스 오른쪽 버튼을 클릭하고 **[개체 속성]을 클릭**합니다.

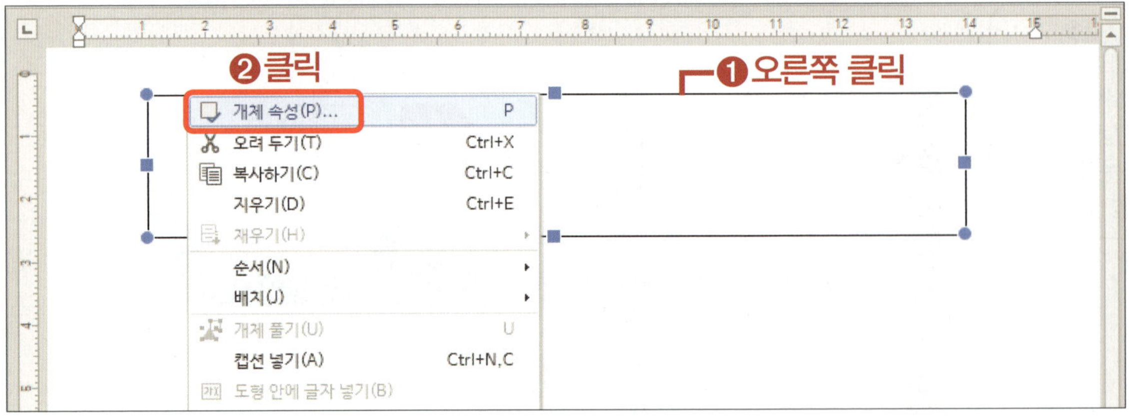

개체 속성

글상자나 도형을 더블 클릭해서 [개체 속성] 대화상자를 불러올 수도 있습니다.

❸ [개체 속성] 대화상자의 **[기본] 탭에서 '너비'에 『130』, 높이에 『20』을 입력한 후 '글자처럼 취급'에 체크**합니다.

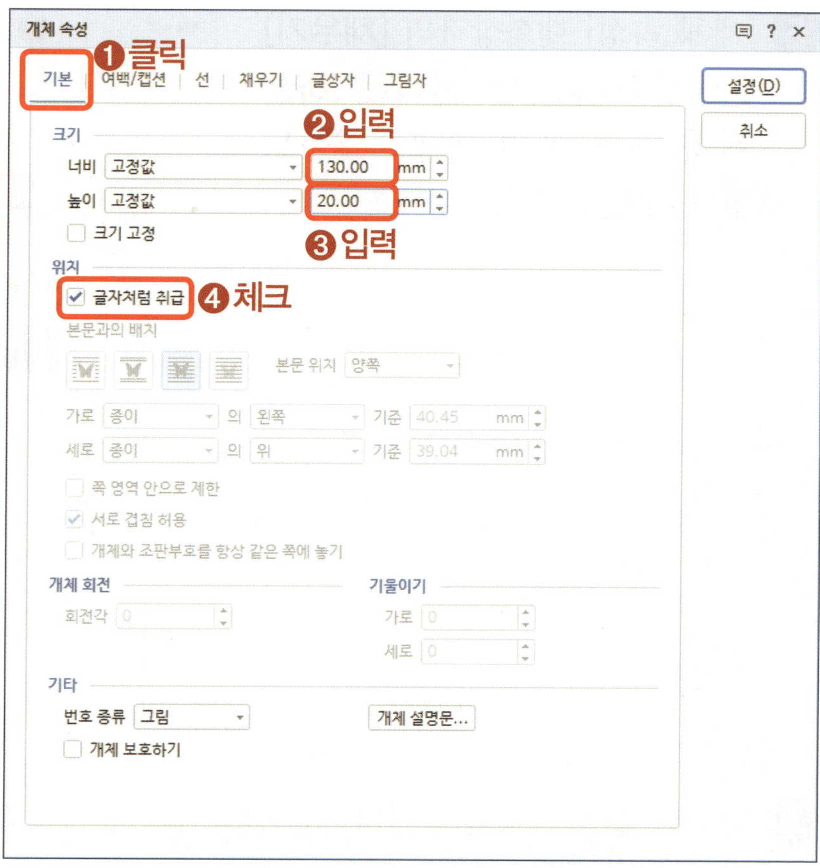

❹ [개체 속성] 대화상자의 **[선] 탭에서 '선'의 '색'은 '초록', '종류'는 '얇고 굵은 이중선', '굵기'에 『2』를 입력하고, '사격형의 모서리 곡률'에서 '둥근 모양'을 선택**합니다.

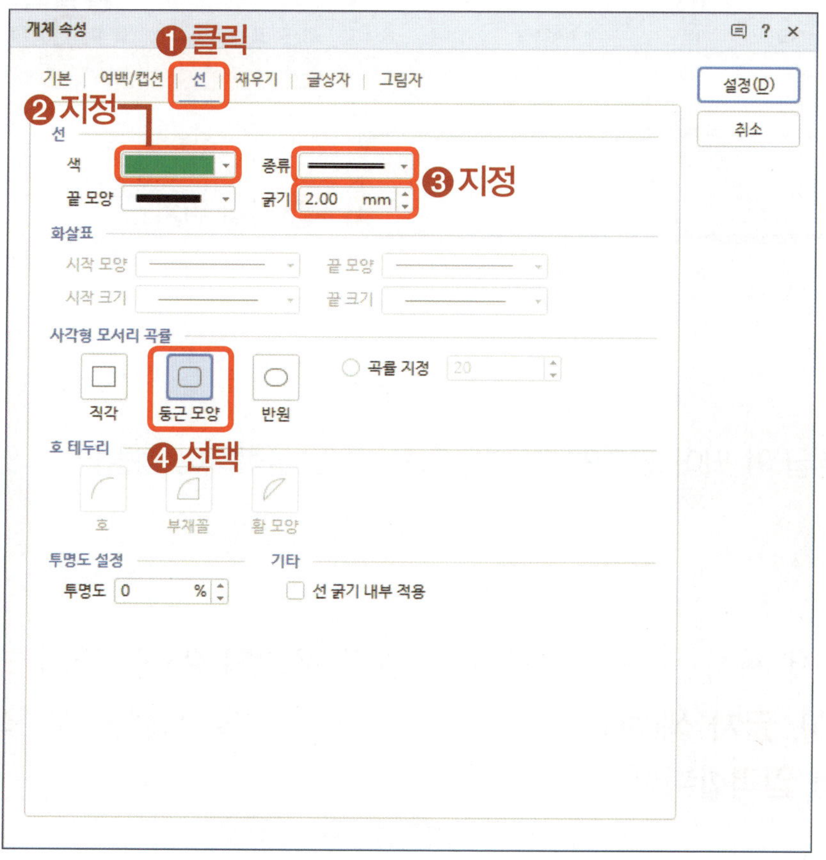

5 [개체 속성] 대화상자의 **[채우기] 탭에서 '채우기'의 '면색'은 '하늘색 80% 밝게'를 선택**한 후 [설정] 단추를 클릭합니다.

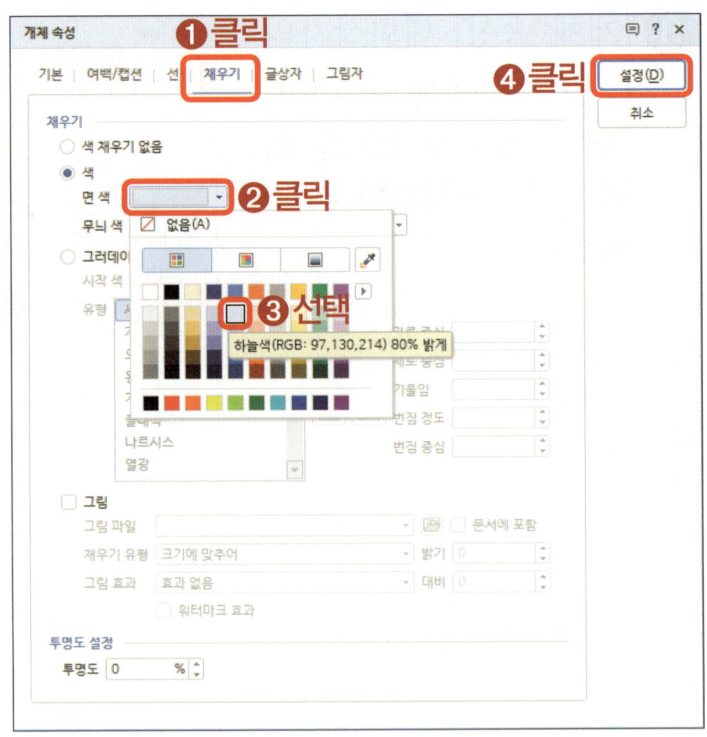

6 다음과 같이 글상자가 나타나면 글상자의 앞이나 뒤에 커서를 위치시킨 다음 **[가운데 정렬]을 클릭**합니다.

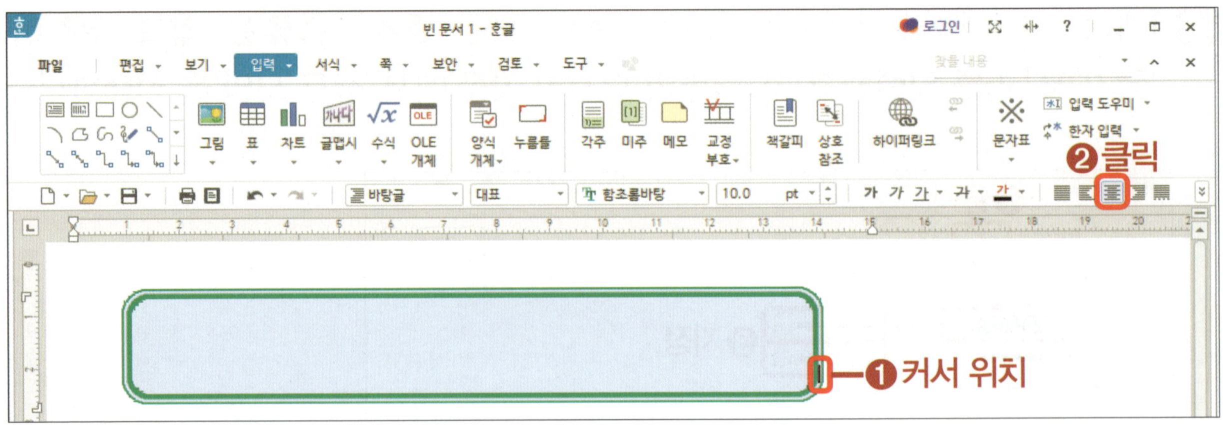

실력쑥쑥 TIP

글상자나 도형이 '글자처럼 취급'이 되어 있으면 '가운데 정렬' 등을 클릭하여 정렬할 수 있습니다.

7 글상자가 선택된 상태에서 서식 도구 상자의 **글꼴(한컴 윤고딕 250), 글자 크기(18pt), 글자 속성(진하게), 글자 색(하늘색), '가운데 정렬 '을 지정한 후 『작은 도서관 운영자 세미나』를 입력**합니다.

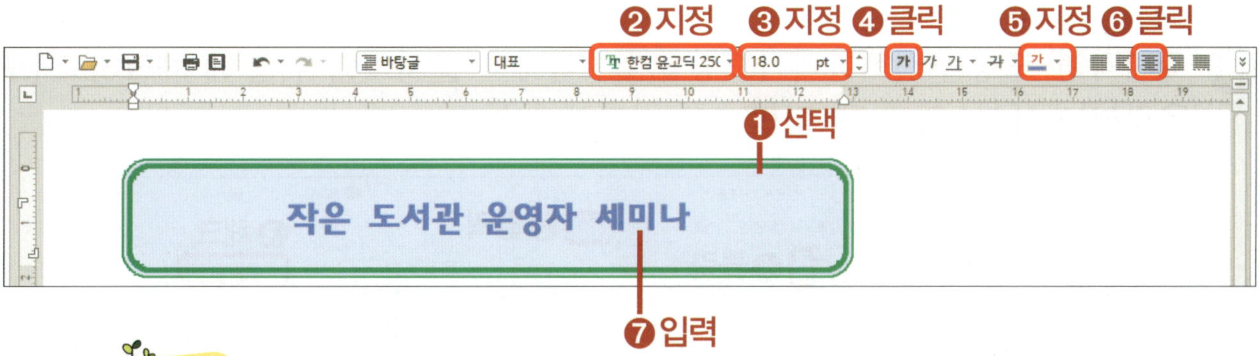

❷지정 ❸지정 ❹클릭 ❺지정 ❻클릭

❶선택

작은 도서관 운영자 세미나

❼입력

실력쑥쑥 TIP 도형 안에 글자 넣기

글상자 대신에 도형(직사각형)을 삽입한 다음 마우스 오른쪽 버튼을 클릭한 후 [도형 안에 글자 넣기]를 선택하면 도형 안에 글자를 삽입할 수 있으며, 다시 마우스 오른쪽 버튼을 클릭한 후 [글상자 속성 없애기]를 선택하면 다시 일반 도형으로 변경됩니다.

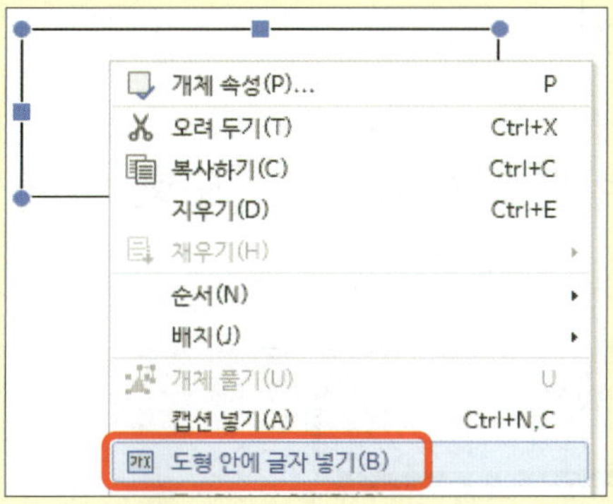

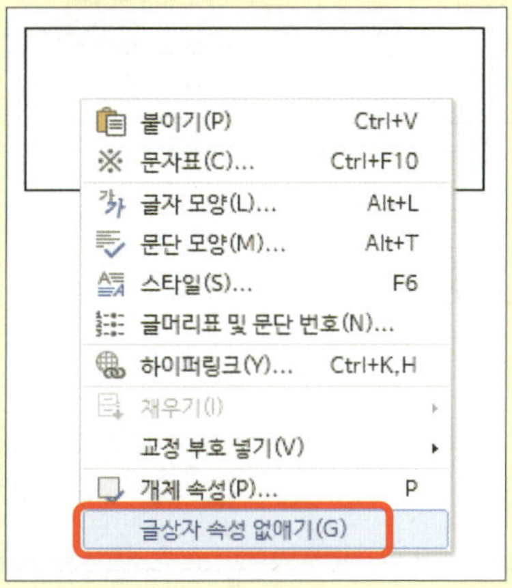

도형 그리기

8 [입력] 탭의 '도형 개체'에서 **'직사각형 □ '을 클릭**한 다음 드래그하여 작성합니다.

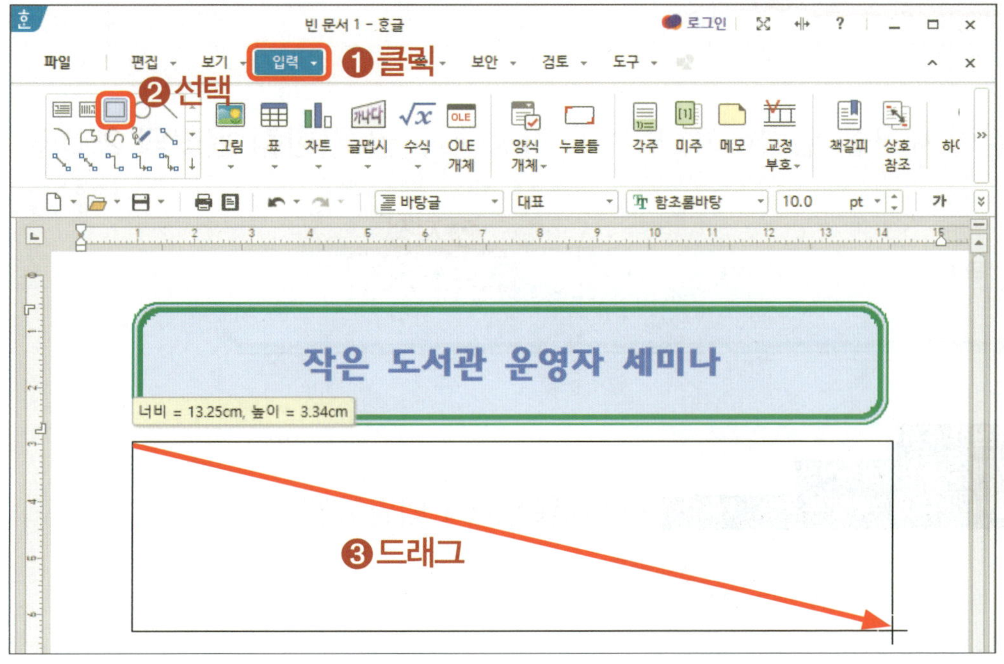

9 '직사각형' 도형을 선택한 후 [도형] 탭에서 **'글자처럼 취급'에 체크하고 [도형 윤곽선]에서 '선 종류'를 '점선'**으로 지정합니다.

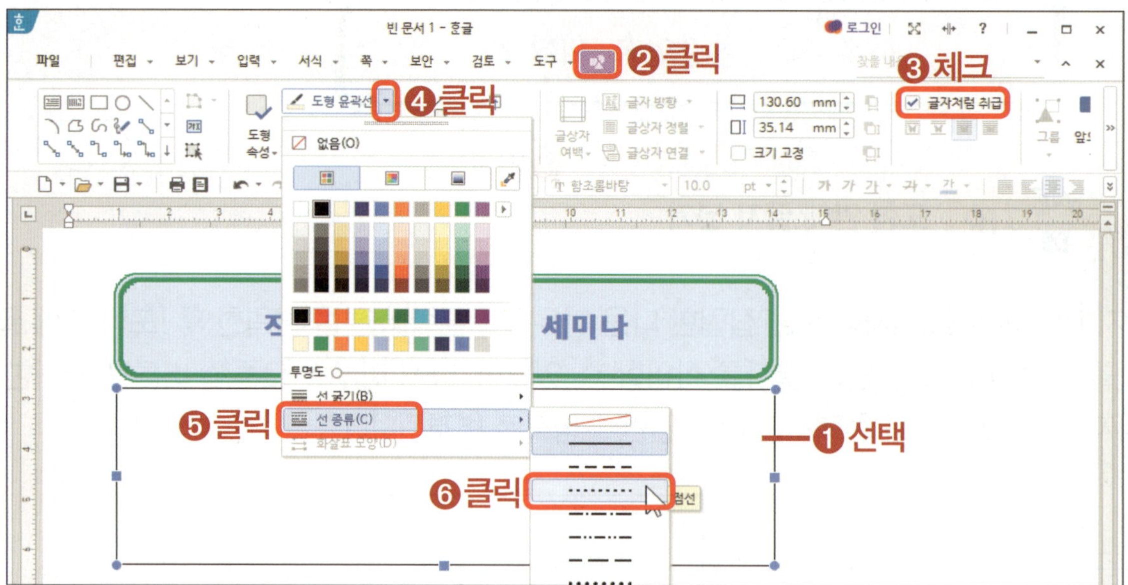

10 '직사각형' 도형을 선택한 상태에서 마우스 오른쪽 버튼을 클릭한 후 **[도형 안에 글자 넣기]를 선택**합니다.

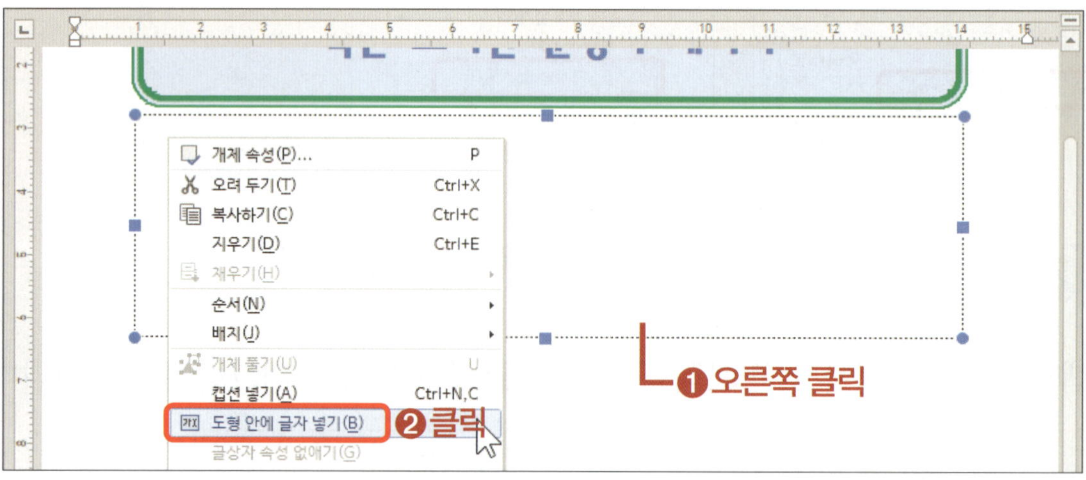

11 다음 그림과 같이 내용을 입력하고, 범위를 지정한 후 **글꼴(한컴 윤고딕 250)을 지정**합니다.

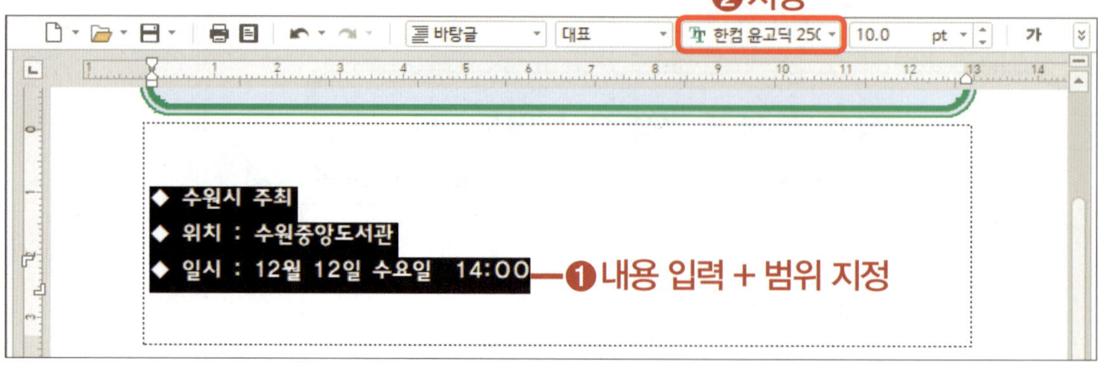

세로 정렬

글상자에서 마우스 오른쪽 버튼을 클릭한 후 [개체 속성]을 선택한 다음 [글상자] 탭에서 글자의 안쪽 여백이나 세로 정렬, 글자 방향 등을 지정할 수 있습니다.

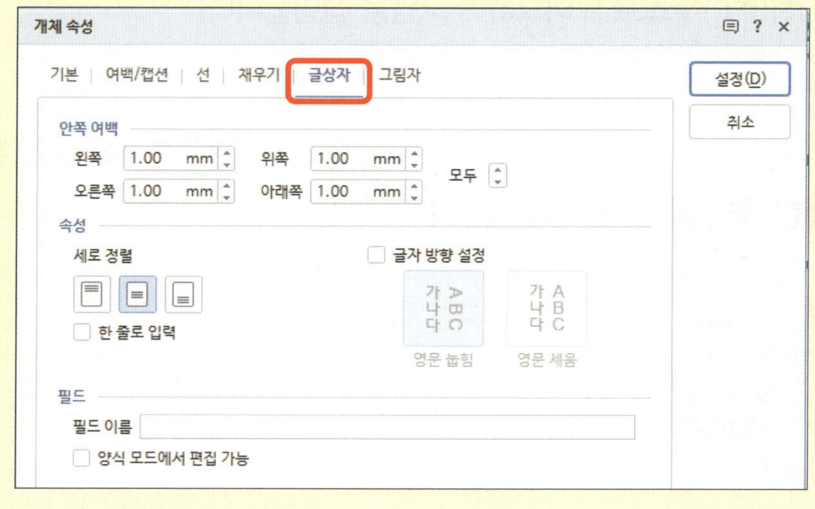

12 도형 안에 그림을 넣기 위해 도형 안에 커서를 위치하고 **[입력] 탭에서 [그림]을 클릭**합니다.

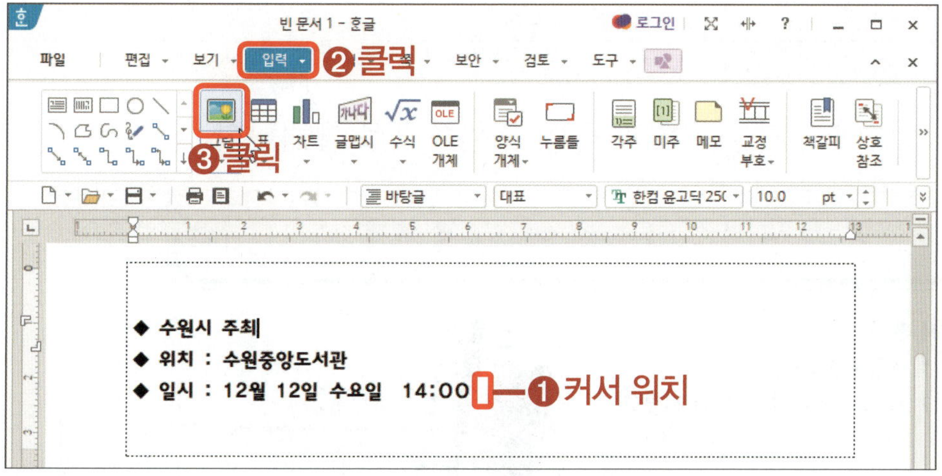

13 [그림 넣기] 대화상자에서 **'노트.jpg'** 파일을 선택하고, **'문서에 포함'에 체크**한 후 **[열기] 단추를 클릭**합니다.

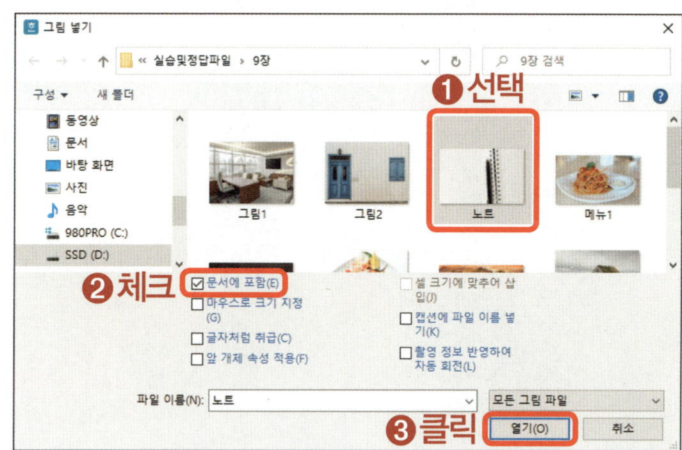

문서에 포함/마우스로 크기 지정

- 문서에 포함 : 체크 표시하면 문서에 그림이 포함되어 저장되므로 다른 컴퓨터에서 불러와도 그림이 표시됩니다.
- 마우스로 크기 지정 : 체크 표시하면 마우스로 드래그하여 그림을 삽입합니다.

⑭ 삽입된 **'노트.jpg'** 그림을 더블 클릭하고 [개체 속성] 대화상자의 **[기본] 탭에서 '위치'에 [글 뒤로]를 선택한 후 [설정] 단추를 클릭**합니다.

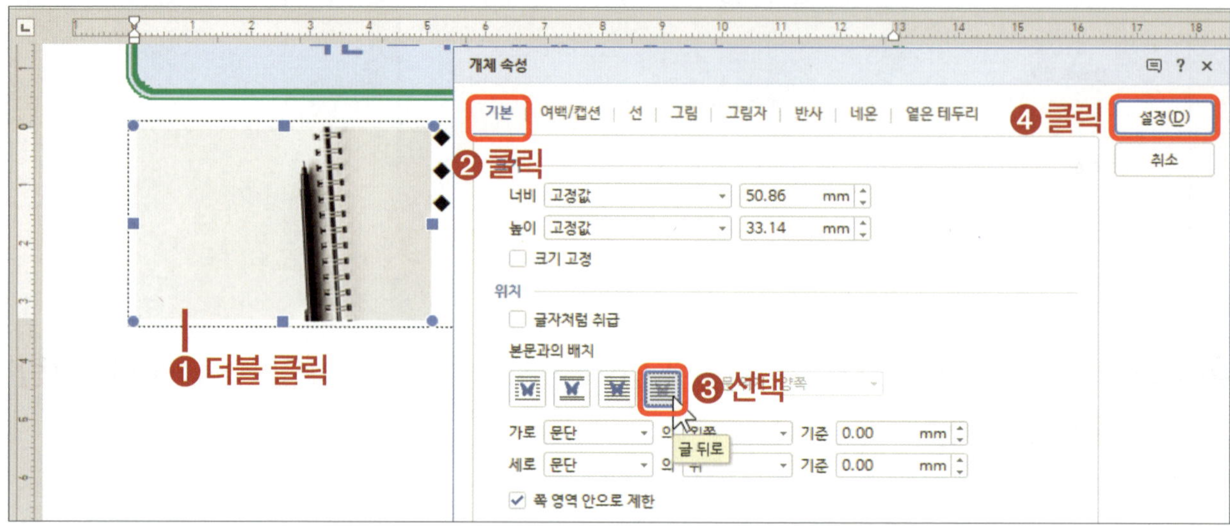

⑮ 글 뒤로 이동된 그림의 크기를 그림과 같이 오른쪽으로 늘립니다.

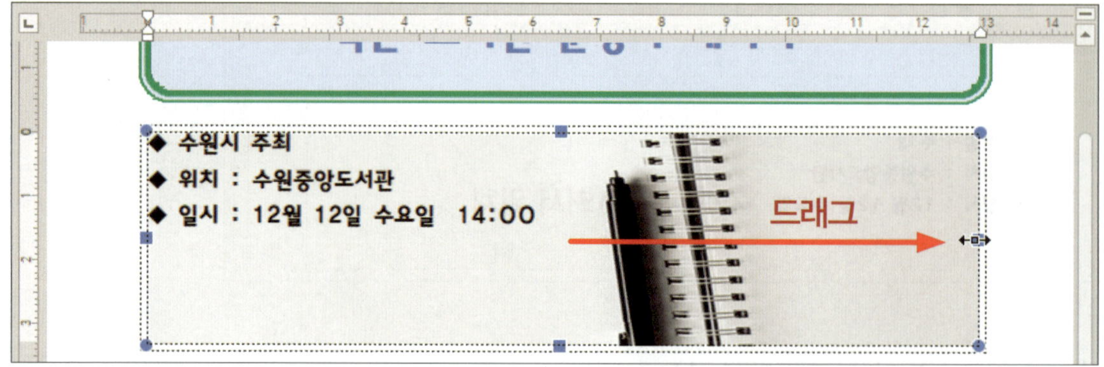

그림 본문과의 배치

그림과 본문과의 배치 방법에는 어울림, 자리 차지, 글 뒤로, 글 앞으로 등이 있으며, [개체 속성] 대화상자의 [기본] 탭에서 [본문과의 배치] 항목에서 설정합니다.

- 어울림 : 그림과 글자가 서로 자리를 침범하지 않도록 배치합니다.

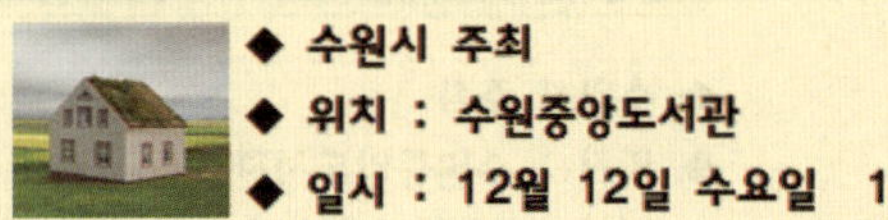

- 자리 차지 : 그림이 차지하는 영역에 글자가 침범하지 못합니다.

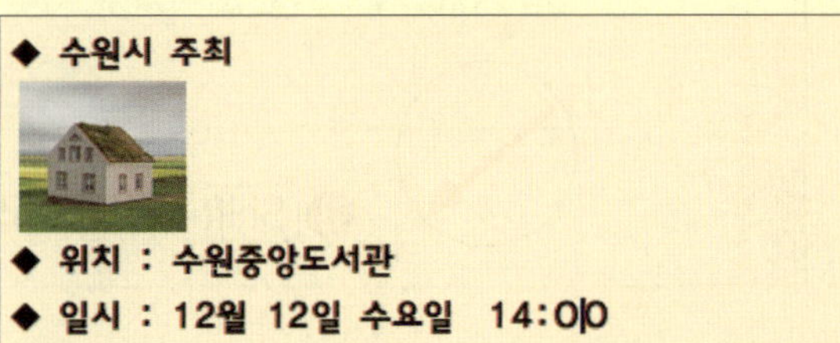

- 글 앞으로 : 그림이 글자 앞에 배치됩니다.

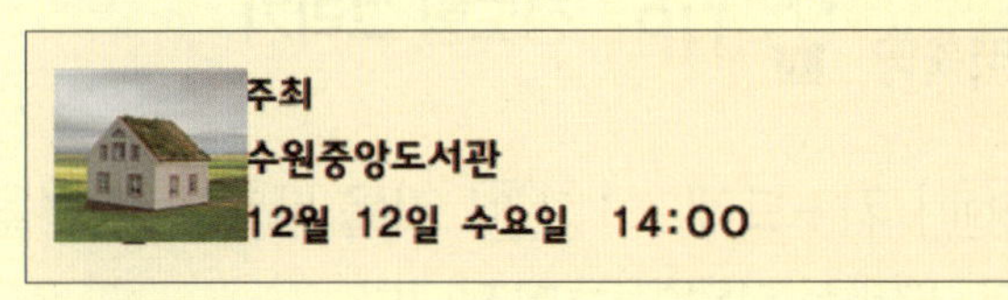

- 글 뒤로 : 그림이 글자 뒤에 배치됩니다.

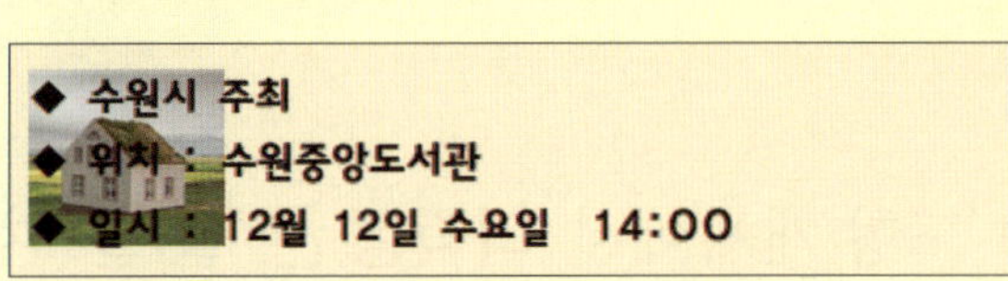

그림 바깥 여백 설정

[개체 속성] 대화상자에서 [여백/캡션] 탭에서 그림의 여백을 설정할 수 있습니다.

16 [입력] 탭의 '도형 개체'에서 **'타원 ○'**을 클릭한 후 본문에 Shift **키를 누른 채 드래그**합니다.

실력쑥쑥 TIP **정도형 그리기**

Shift 키+드래그 : Shift 키를 누르고 도형을 그리면서 드래그하면 가로와 세로의 길이가 같은 정사각형, 정원이 그려집니다.

17 '도형 개체'에서 **'다각형 ⌂'**을 클릭한 다음 본문에 **꼭짓점마다 클릭하여 다각형 도형을 그립니다.**

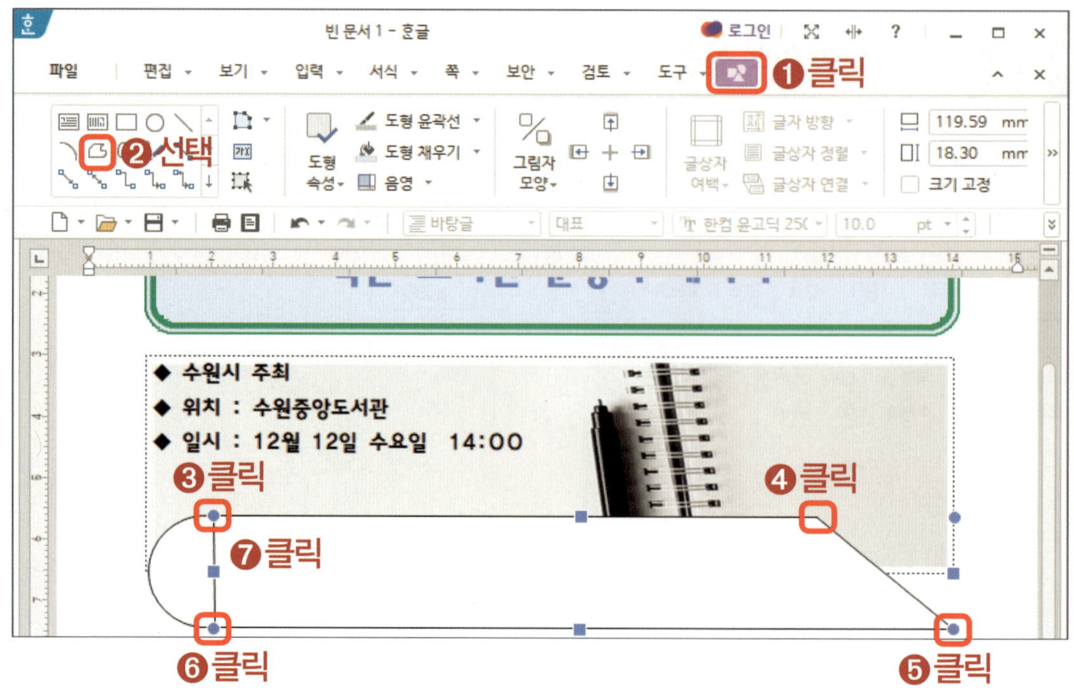

다각형 그리기( ) 및 다각형 편집( )

- 다각형을 그릴 때는 꼭짓점마다 클릭한 다음 처음 시작한 꼭짓점으로 다시 돌아와 클릭하여 마무리합니다.

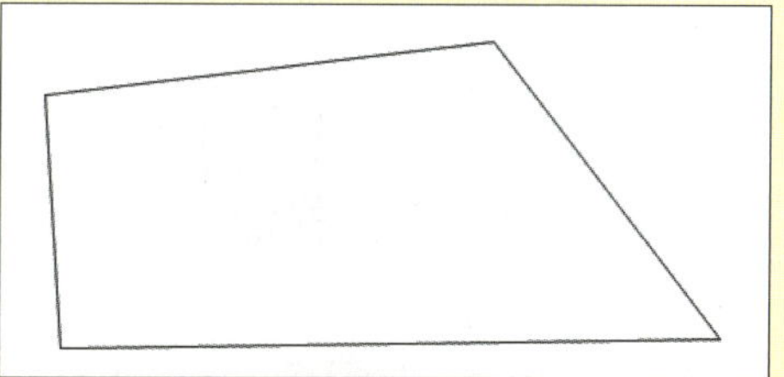

- 다각형 편집( )은 도형을 선택한 후 [다각형 편집] 클릭하여 실행하며, 도형의 모양을 바꿀 수 있는 기능으로 도형에 표시된 편집 점(■)을 드래그하여 모양을 바꿉니다.

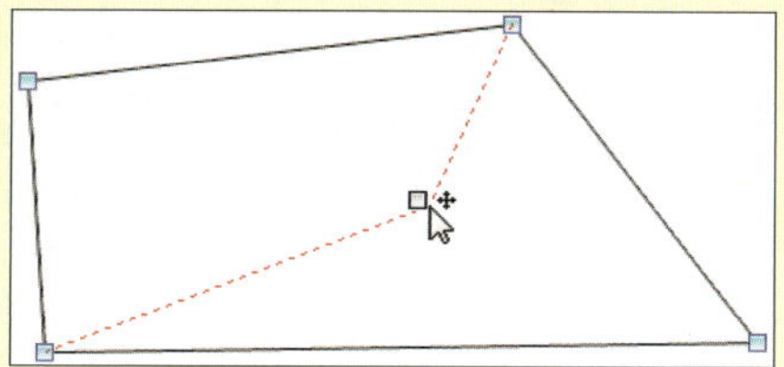
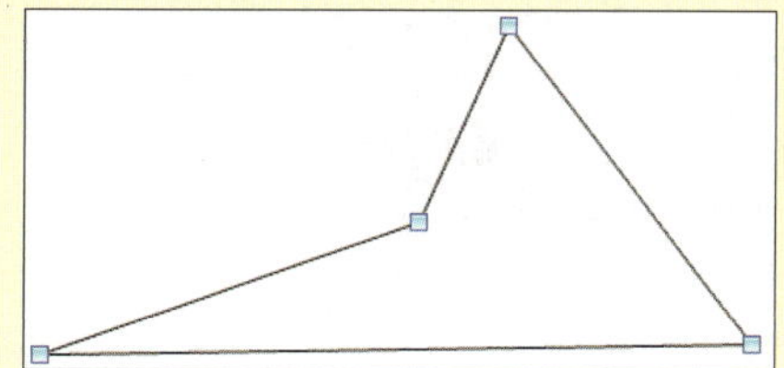

- Ctrl 키를 누른 채 추가할 선 위에서 마우스 포인터가 모양으로 바뀔 때 마우스를 클릭하면 편집 점이 추가되거나 삭제됩니다.

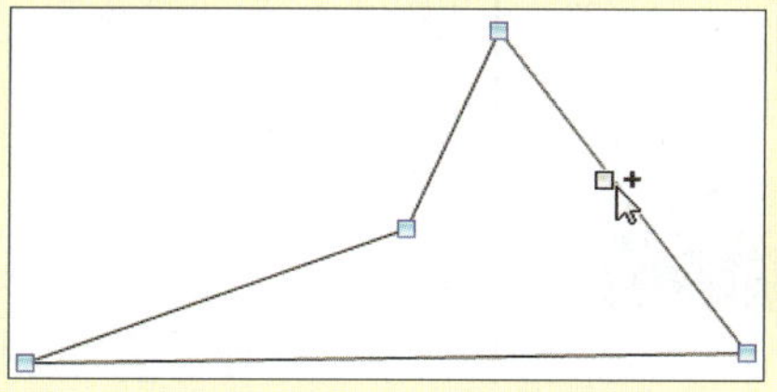
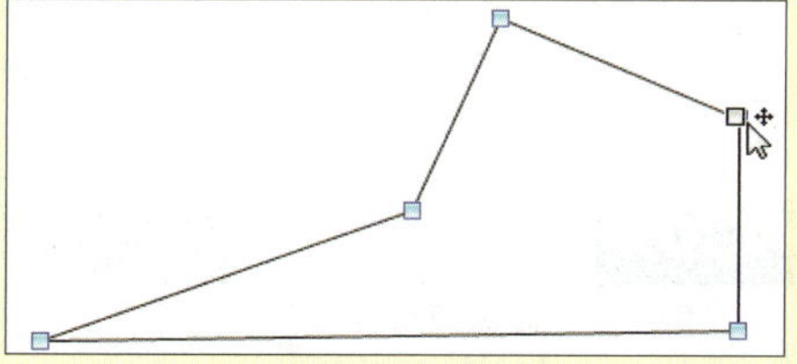

실습 2 도형에 그림 채우기

도형 안에 그림을 삽입하고 편집해 봅니다.

그림 넣기

1 입력된 '다각형' 도형을 더블 클릭하고 **[개체 속성]**을 선택한 다음 **[채우기] 탭에서 '그림'에 체크 표시하고 [그림 선택]을 클릭**합니다.

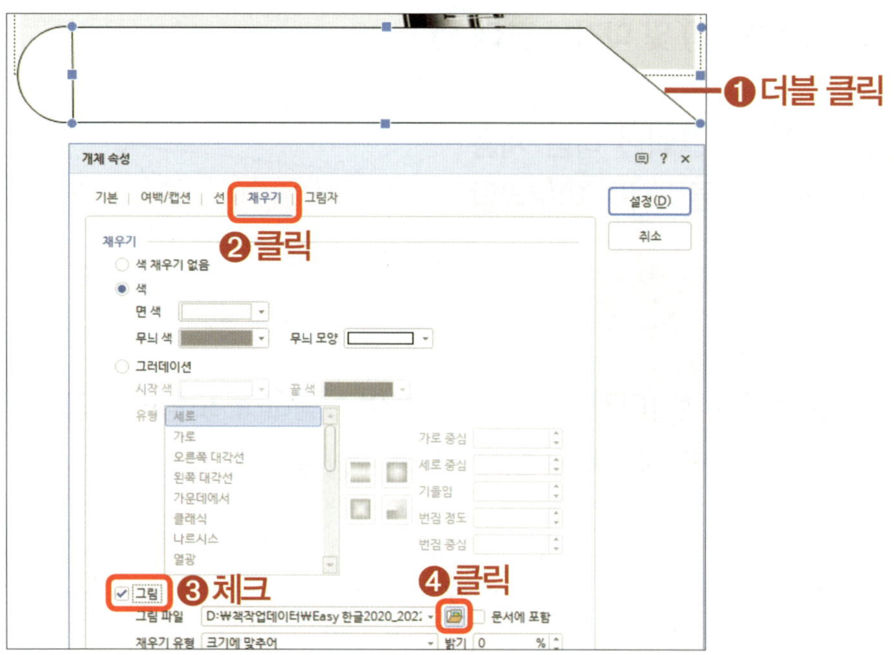

❷ [그림 넣기] 대화상자에서 **'회사3.jpg'** 파일을 선택하고 **'문서에 포함'에 체크**가 되어 있는지 확인한 후 **[열기] 단추를 클릭**합니다.

❸ 다시 **[채우기] 탭의 '그림'의 '채우기 유형'에서 '크기에 맞추어'를 지정한 후 [설정] 단추를 클릭**합니다.

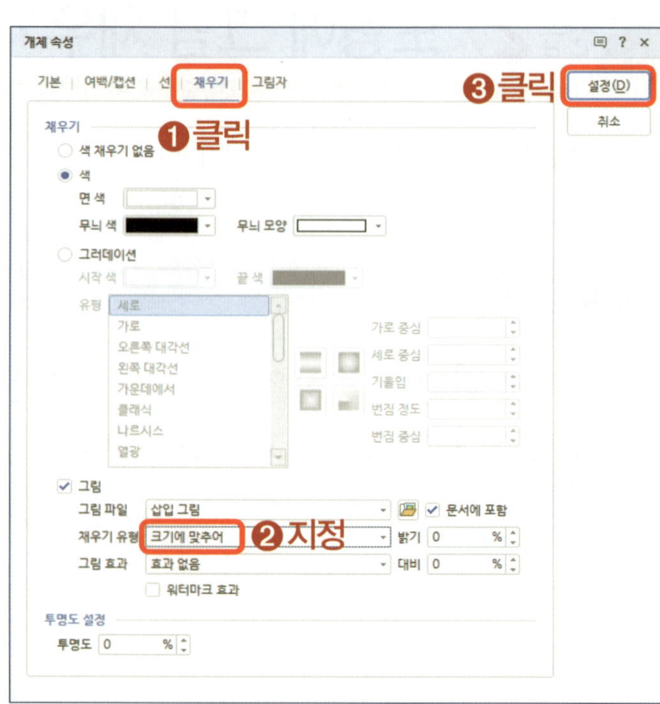

워터마크 효과

원래 그림을 밝고 명암대비가 작은 그림으로 바꿉니다.

4 다음과 같이 도형 안에 그림이 삽입된 것을 확인합니다.

실력쑥쑥 TIP **도형의 맞춤/배분**

Shift 키를 이용하여 여러 개의 도형을 선택한 다음 [도형] 탭의 '정렬'에서 [맞춤]에서 [가로 간격을 동일하게]나 [중간 맞춤]으로 도형들의 간격을 동일하게 지정하거나 정렬할 수 있습니다.

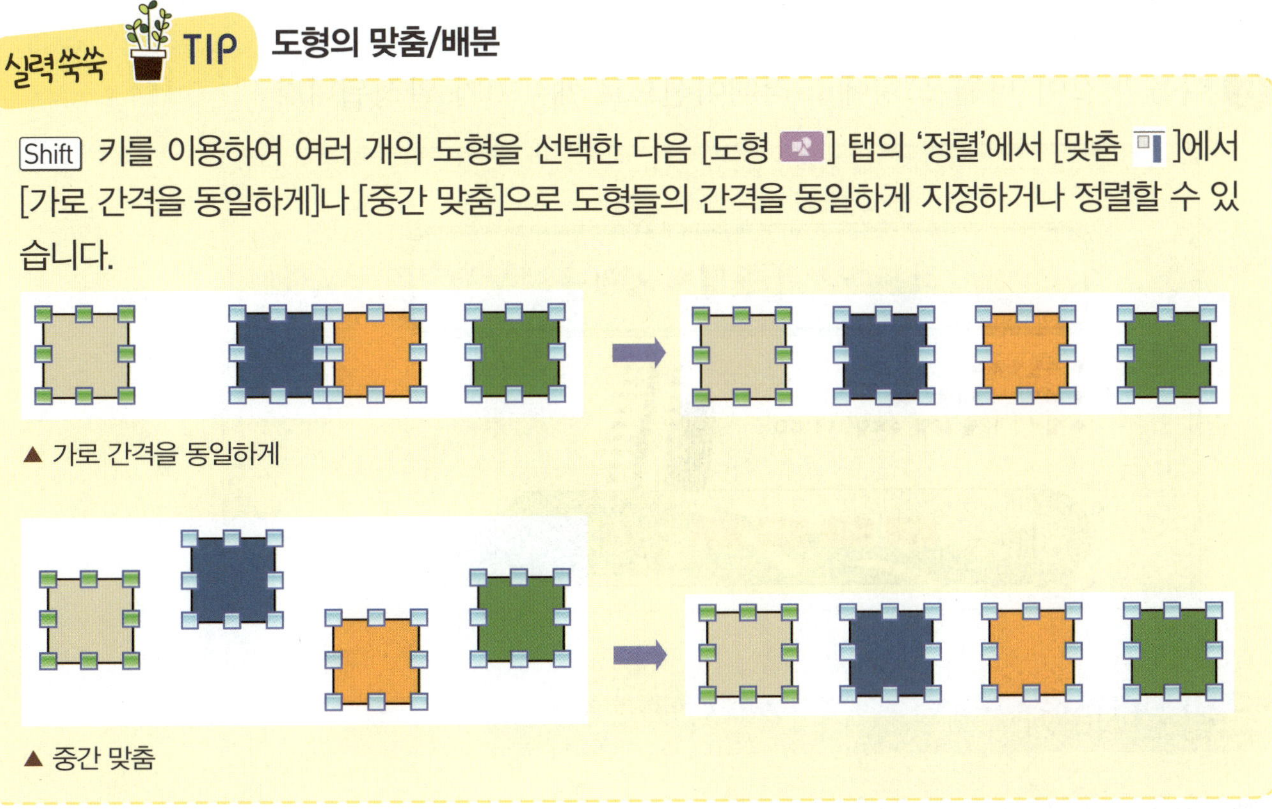

▲ 가로 간격을 동일하게

▲ 중간 맞춤

5 정원 도형을 더블 클릭하고 [개체 속성] 대화상자의 **[채우기] 탭에서 '그러데이션'을 선택한 후 시작 색(하양), 끝 색(초록)을 선택하고, 유형(가운데에서, 원형)을 지정한 후 [설정] 단추를 클릭**합니다.

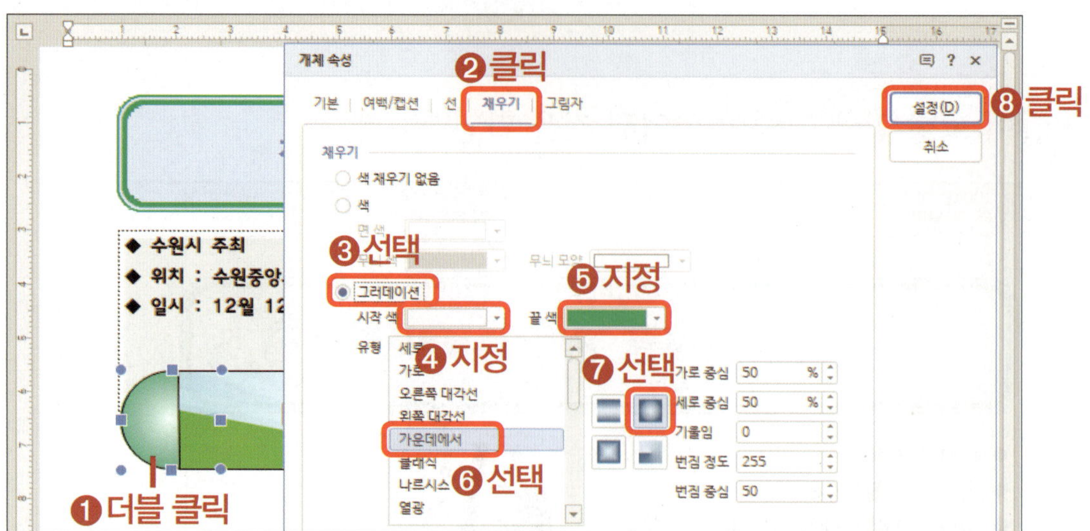

[그림] 삽입

그리기 도구 상자의 [그림]을 클릭하여 그림을 삽입할 수 있지만, 도형 안에 그림을 삽입할 때 [개체 속성] 대화상자의 [채우기] 탭을 이용합니다.

6 다음과 같이 '타원' 도형에 그러데이션으로 채우기가 완성됩니다.

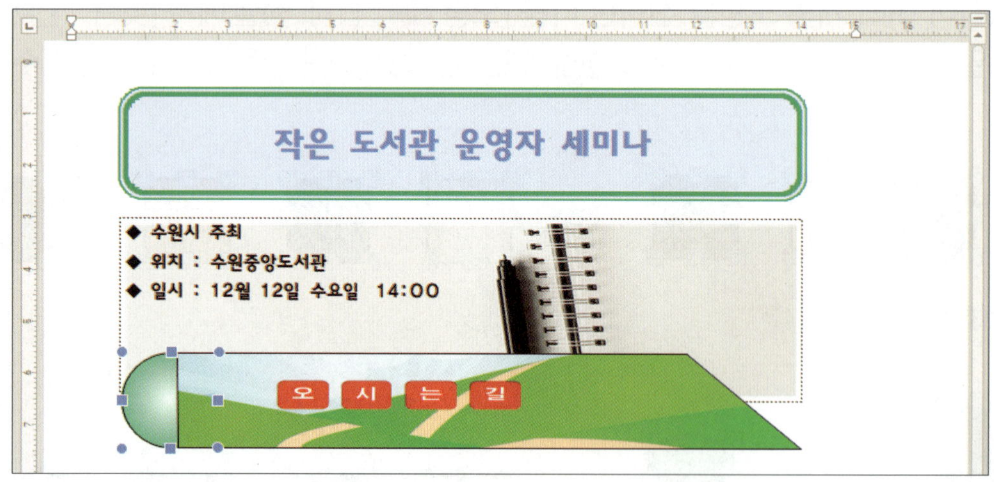

그림 편집하기

7 타원 도형이 선택된 상태에서 마우스 오른쪽 버튼을 클릭한 후 **[순서]-[맨 앞으로]**를 선택하여 타원 도형을 다각형 도형 앞으로 배치합니다.

8 다음과 같이 원형의 도형이 맨 앞으로 이동됩니다.

도형의 순서 바꾸기

여러 개의 도형이 겹쳐 있으면 [도형 편집] 탭에서 '앞으로', '뒤로'를 이용하여 도형의 순서를 바꿀 수 있습니다.

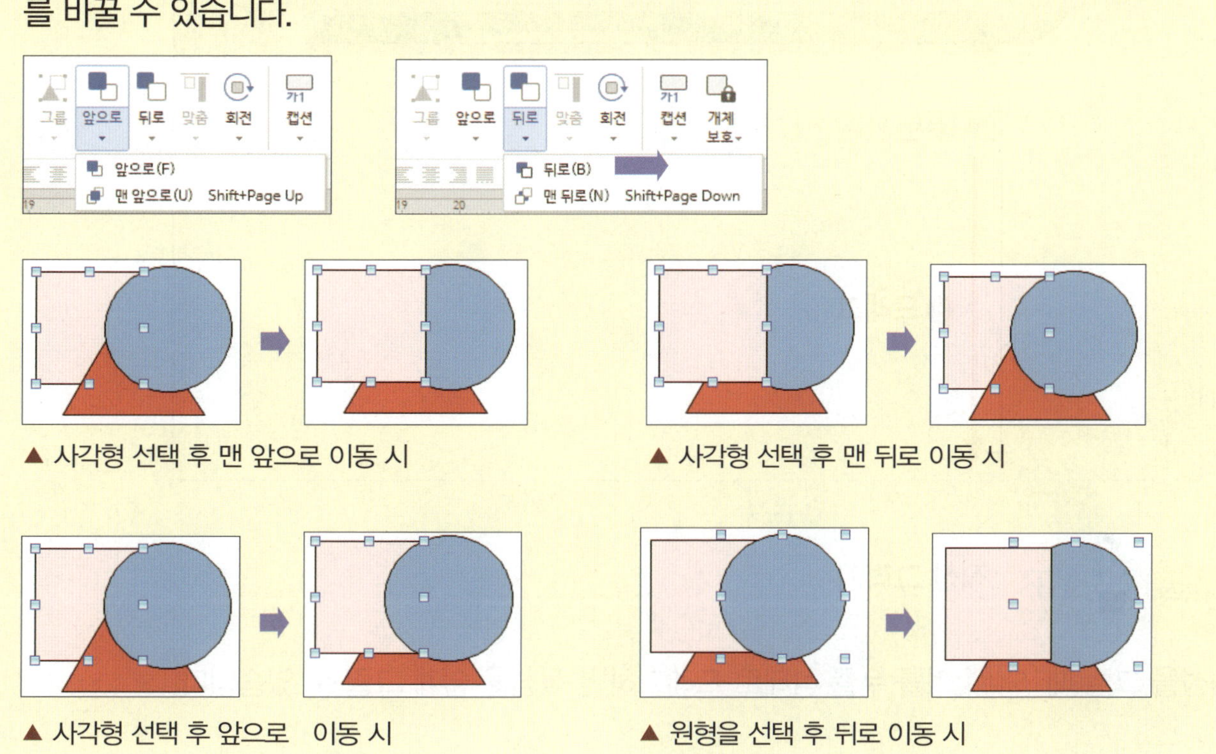

▲ 사각형 선택 후 맨 앞으로 이동 시

▲ 사각형 선택 후 맨 뒤로 이동 시

▲ 사각형 선택 후 앞으로 이동 시

▲ 원형을 선택 후 뒤로 이동 시

9 다각형 도형을 선택한 후 [도형] 탭의 '그림자'에서 **[그림자 모양]을 선택**한 후 **[오른쪽 아래] 그림자를 설정**합니다.

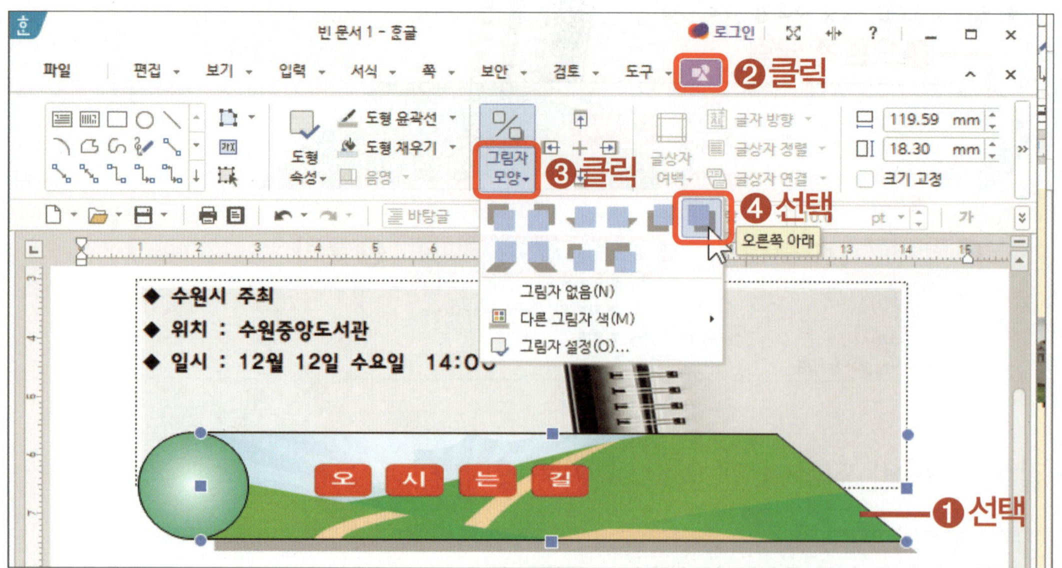

10 약도를 그리기 위해 [입력] 탭의 '도형 개체'에서 **'직선 ╲ '**을 선택한 후 Shift **키를 누른 상태에서 드래그**하여 직선을 추가합니다.

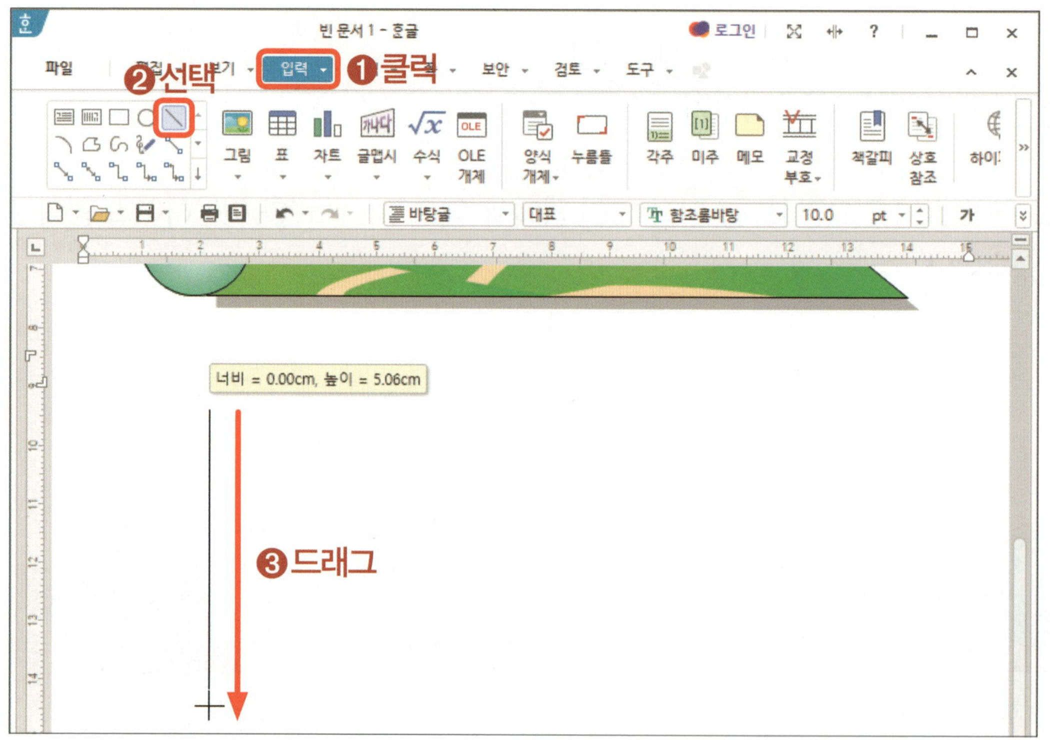

직선 그리기

직선을 그릴 때 Shift 키를 누를 상태로 드래그하면 직선을 쉽게 그릴 수 있습니다.

11 선을 선택한 후 [도형] 탭에서 **'도형 윤곽선'에 선 색(하늘색), 선 굵기(5mm)를 지정**합니다.

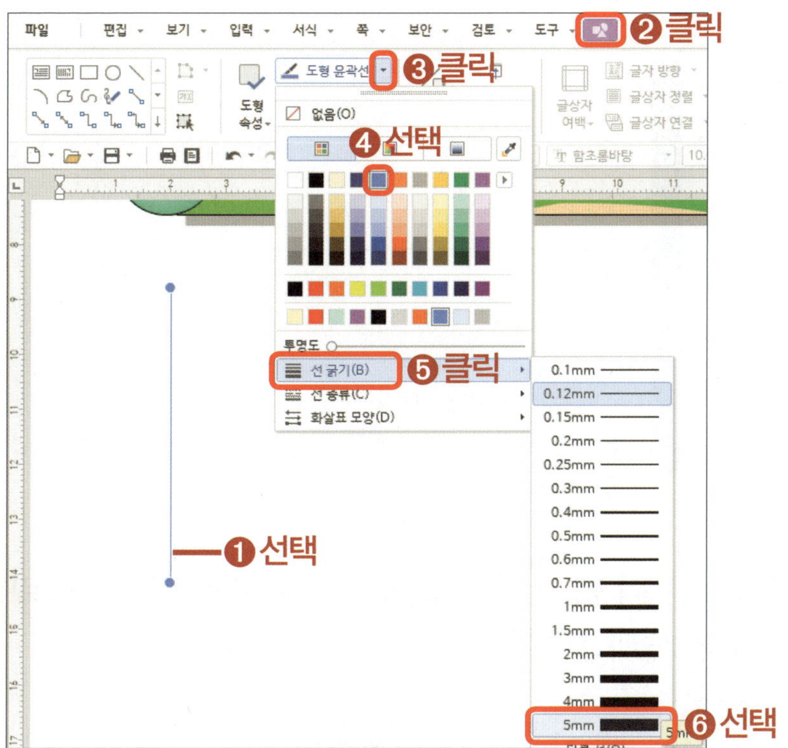

12 선을 선택한 상태에서 [Ctrl]+[Shift] **키를 누른 채 오른쪽으로 드래그**하여 직선을 복사합니다.

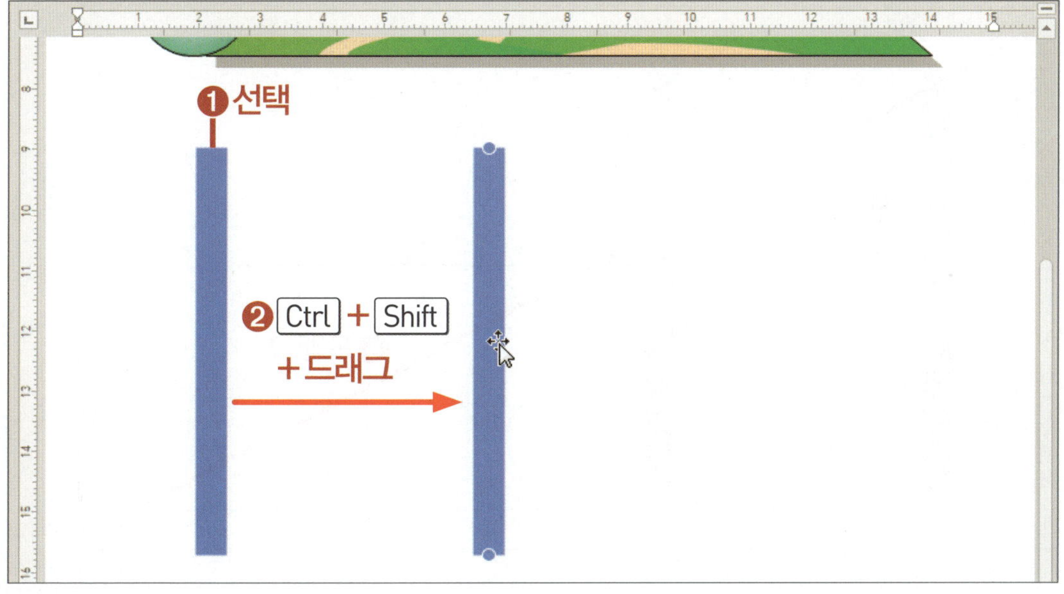

실력쑥쑥 TIP 도형 복사

도형을 선택한 후 [Ctrl] 키를 누른 채 드래그하면 복사되고, [Ctrl]+[Shift] 키를 누른 채 드래그하면 수평 또는 수직으로 복사됩니다.

⑬ [입력] 탭의 '도형 개체'에서 **'직선 ＼'**을 선택한 후 다음과 같이 직선을 추가합니다.

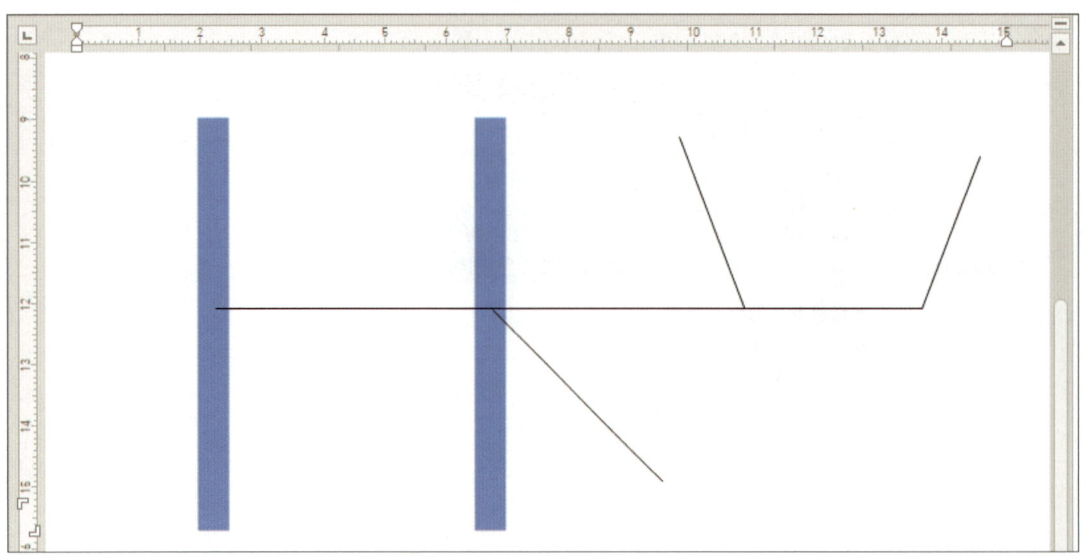

⑭ 도형이 선택된 상태에서 **[도형] 탭의 '도형'에서 [개체 선택]을 클릭**한 후 작업한 '직선'이 모두 포함되도록 드래그하여 직선 개체를 모두 선택합니다.

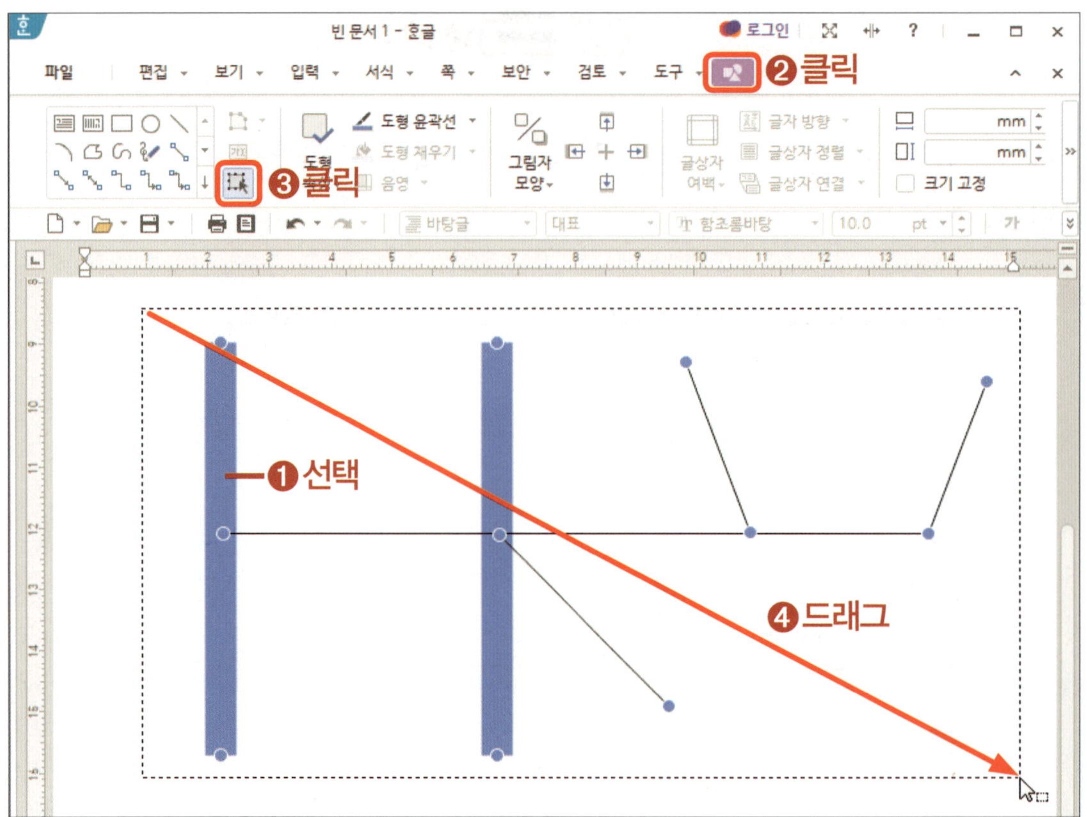

⑮ 여러 '직선'들이 선택되면 [도형] 탭에서 '스타일'에 **선 색(하늘색), 선 굵기(5mm)를 지정**합니다.

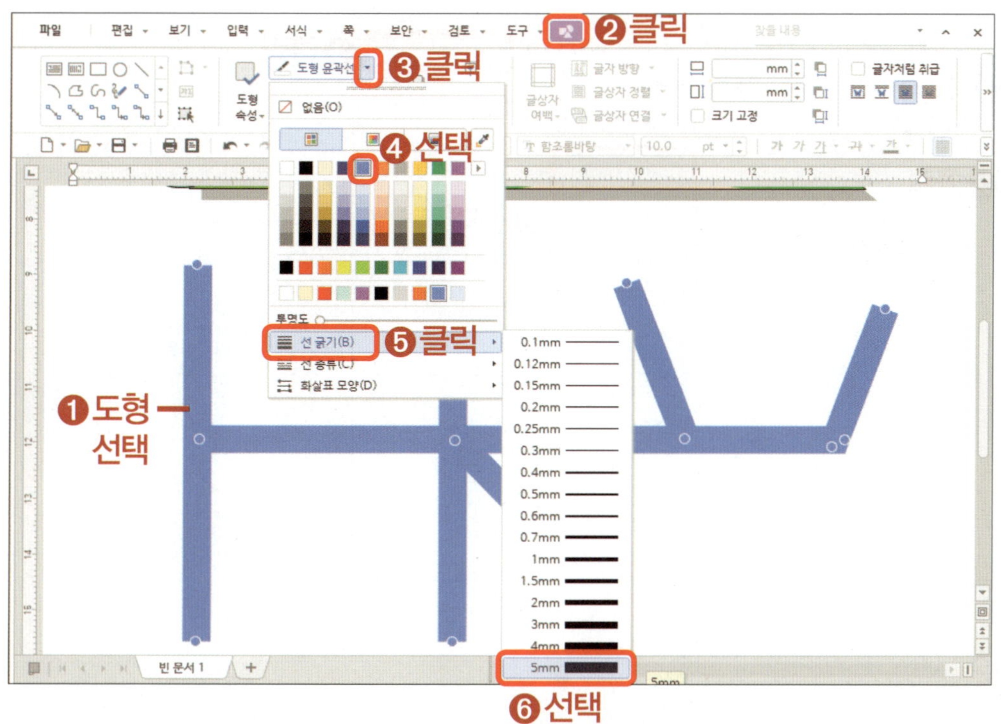

실습 3 다른 그리기 조각 사용하기

도형 안에 그리기 조각(그리기 마당)을 이용하여 도형을 삽입하고 편집해 봅니다.

그리기마당/다른 그리기 조각

① [입력] 탭에서 '도형 개체'의 [자세히 ↓]를 눌러 **[다른 그리기 조각]을 선택**합니다.

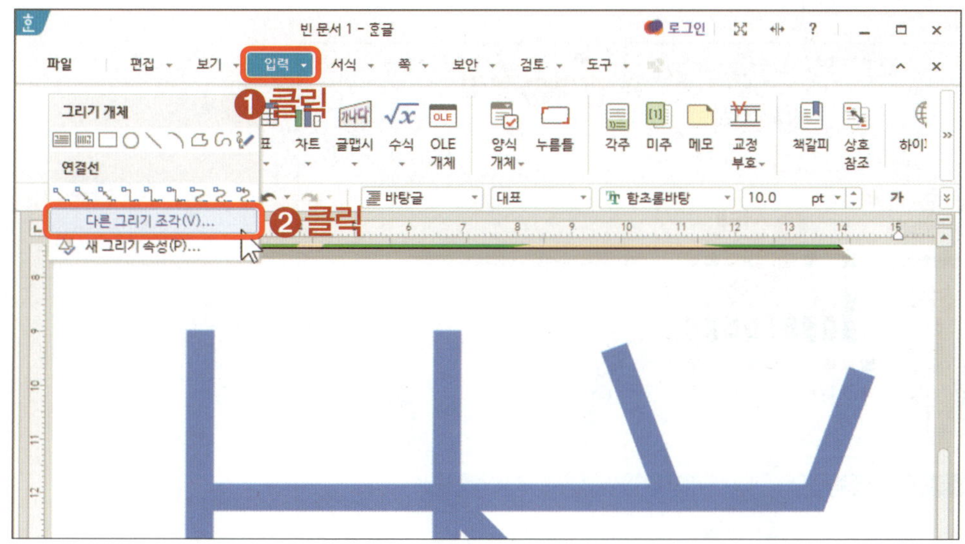

❷ [그리기마당] 대화상자의 [그리기 조각] 탭에서 **'블록화살표 : 위쪽 화살표 ⇧'**를 선택한 후 [넣기] 단추를 클릭합니다.

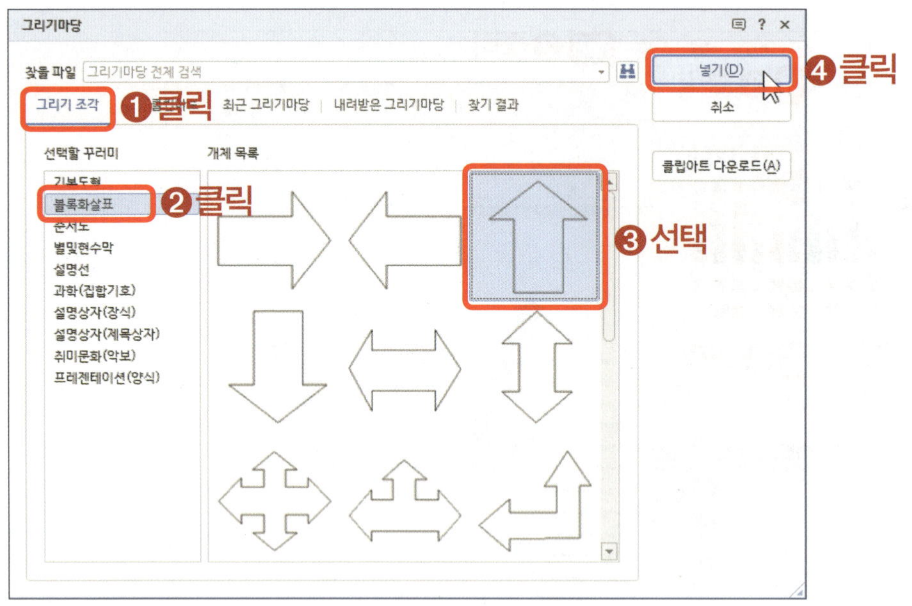

도형의 [다른 그리기 조각]은 [입력] 탭의 [그림]에 [그리기마당]을 이용해도 됩니다.

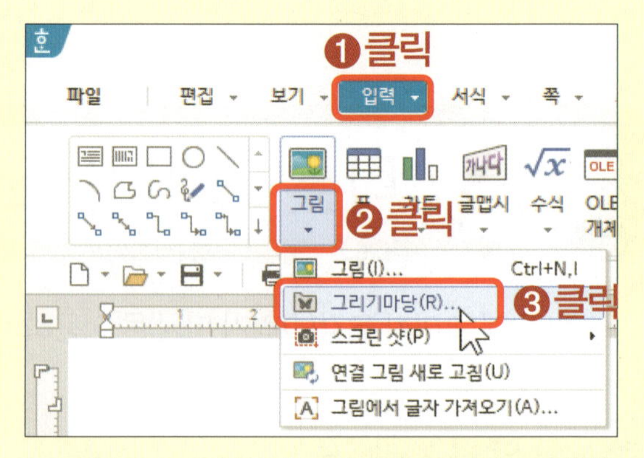

❸ '위쪽 화살표' 도형이 선택된 상태에서 **[도형 편집] 탭의 [도형 채우기]에서 '주황'을 선택**합니다.

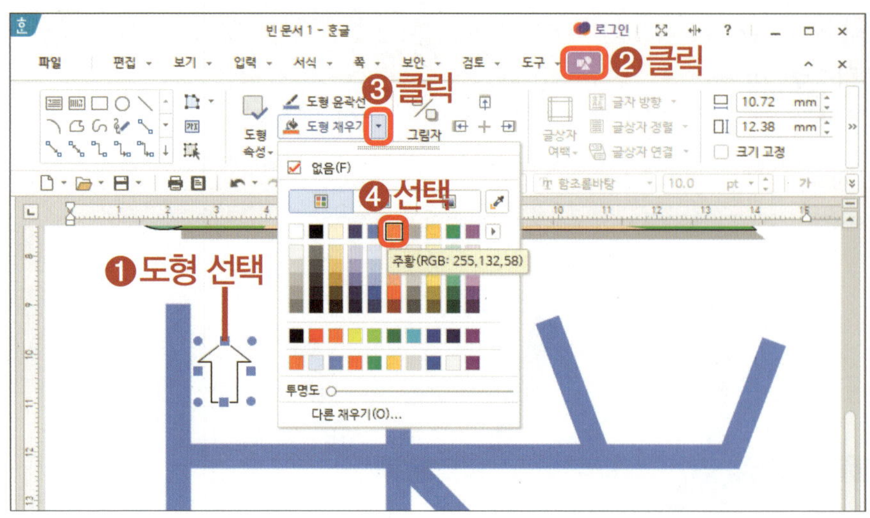

❹ '위쪽 화살표' 그리기 조각을 선택한 후 Ctrl+Shift 키를 누른 채 아래쪽으로 드래그하여 복사합니다.

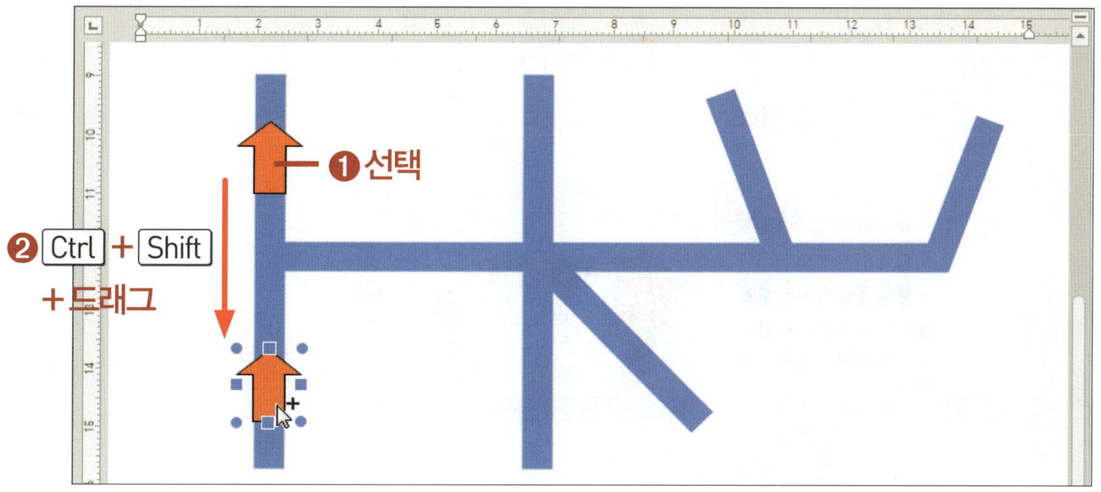

❺ [도형] 탭의 [회전]에서 [상하 대칭]을 클릭합니다.

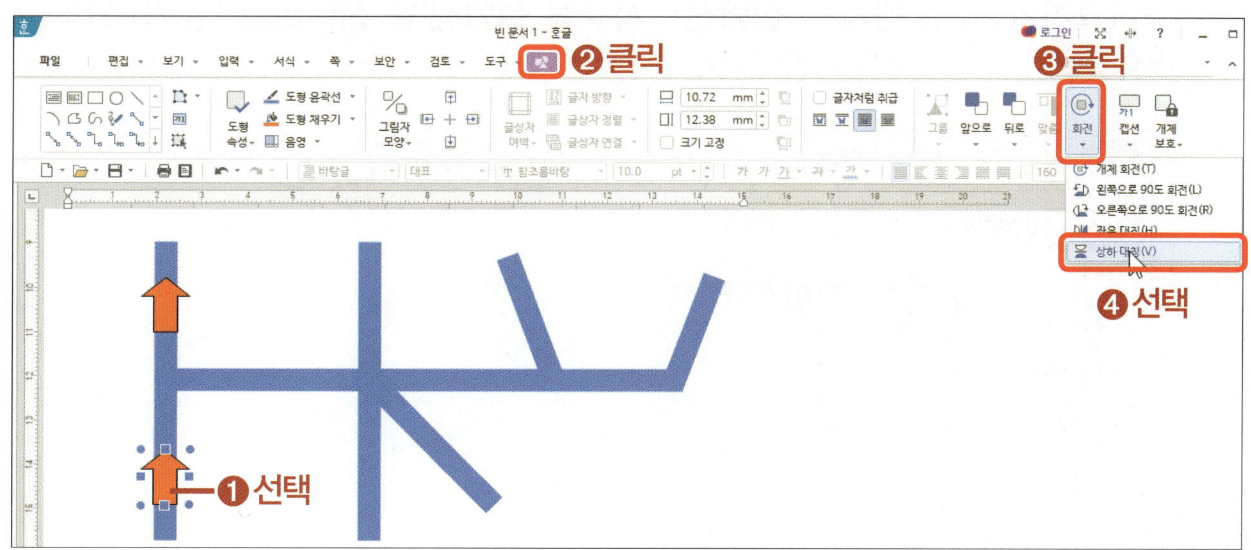

❻ [입력] 탭의 [그림]에서 [그리기마당]을 클릭한 다음 [그리기마당] 대화상자의 [그리기 조각] 탭에서 '기본도형 : 정육면체'를 선택하고 [넣기] 단추를 클릭합니다.

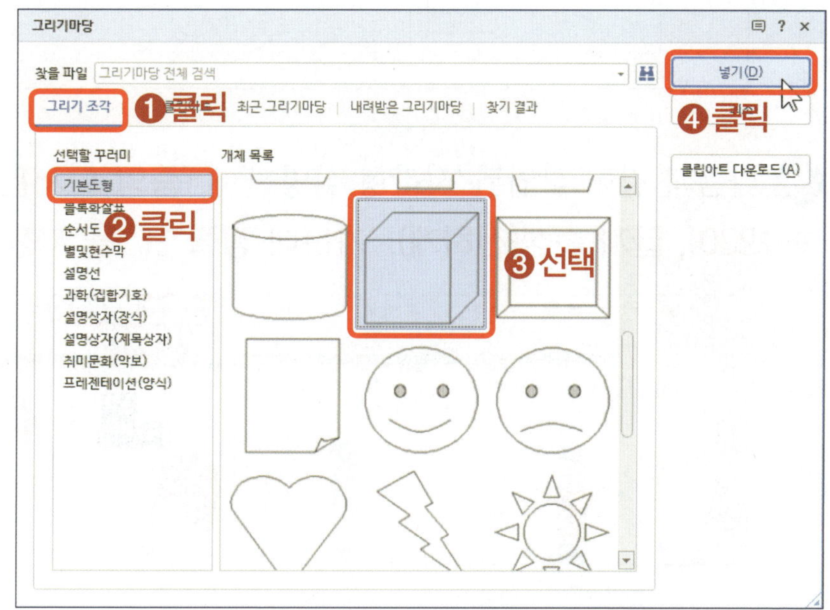

7 '정육면체' 도형이 선택된 상태에서 [도형] 탭의 **[도형 채우기]에서 '주황'을 선택**합니다.

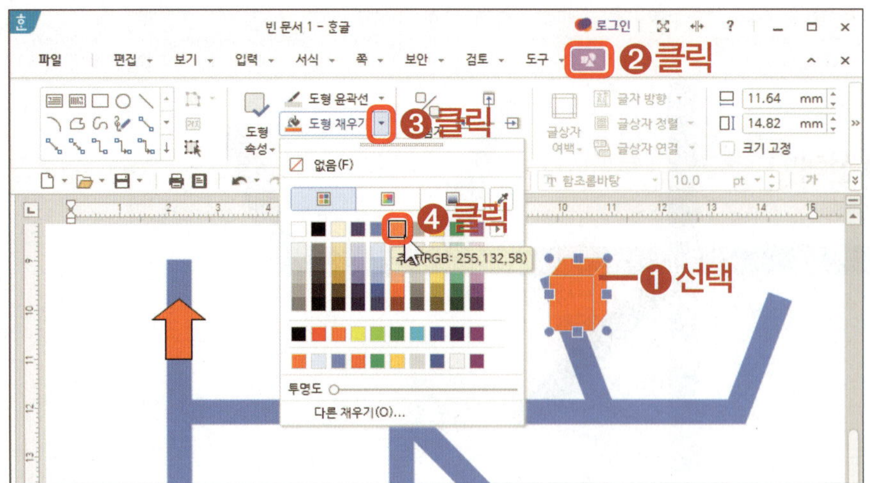

8 [입력] 탭의 [그림]에서 [그리기마당]을 클릭한 다음 [그리기마당] 대화상자의 [그리기 조각] 탭에서 **'설명선 : 사각형 설명선'을 선택하고 [넣기] 단추를 클릭**합니다.

9 다음과 같이 삽입된 '사각형 설명선'에 **『중앙 도서관』을 입력하고 글꼴(한컴 윤고딕 230), 글자 속성(진하게), '가운데 정렬 '을 지정**합니다.

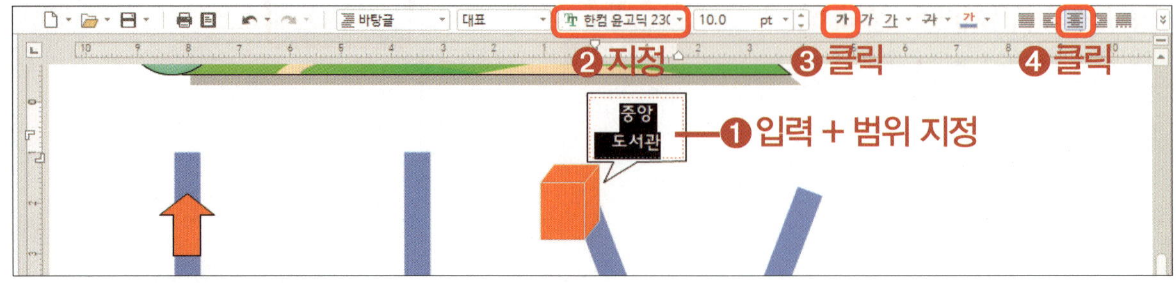

⑩ [입력] 탭의 '도형'에서 **'가로 글상자 ▤'를 클릭**하고 드래그하여 추가한 후 삽입된 **'가로 글상자'를 선택**합니다. [도형 편집 ▣] 탭의 **[도형 윤곽선 ✎]에서 '없음'**, **[도형 채우기 ▲]에서 '없음'**을 지정합니다.

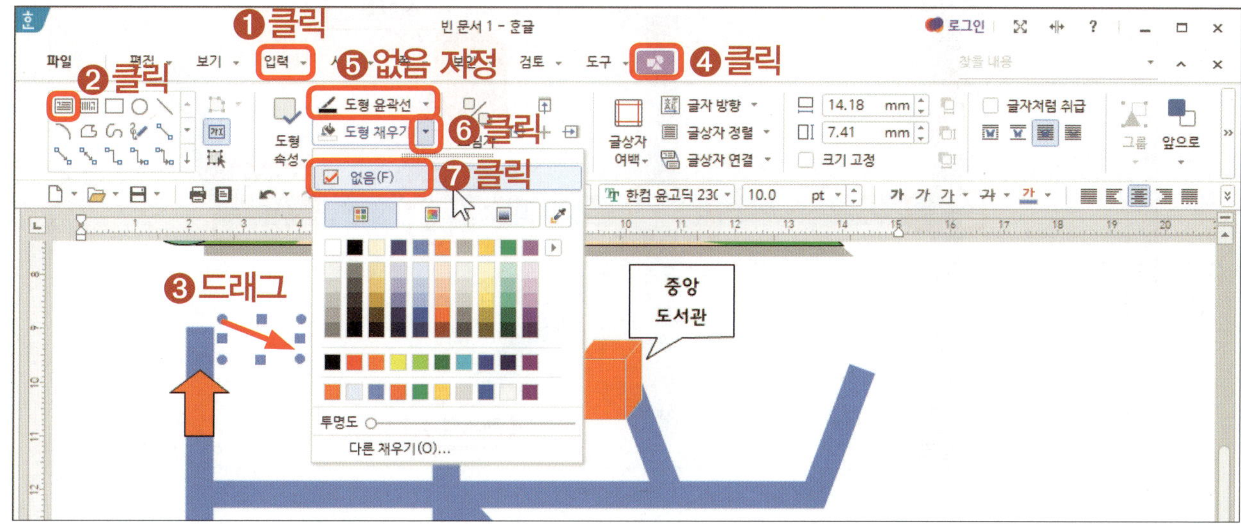

⑪ '가로 글상자' 안을 클릭한 후 **『화서역』을 입력**하고 범위 지정한 후 **글꼴(한컴 윤고딕 230), 글자 속성(진하게), '가운데 정렬 ≡ '을 지정**합니다.

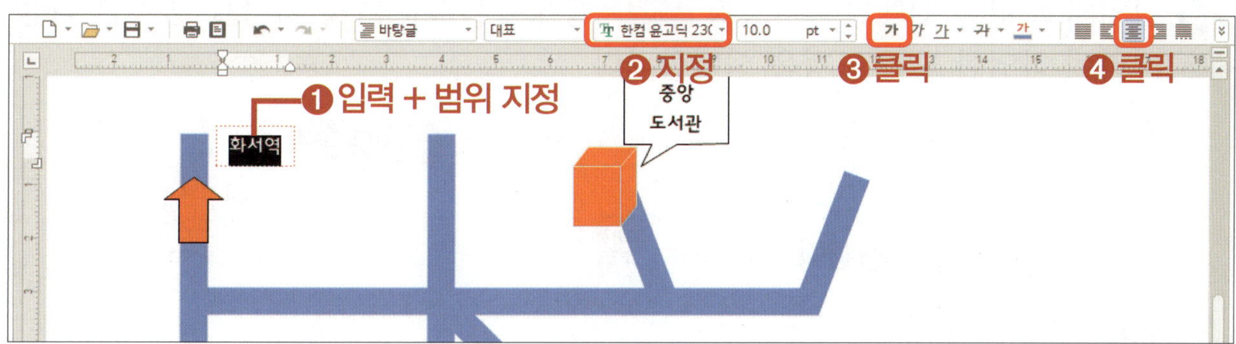

⑫ '화서역'이 입력된 **'가로 글상자'를 선택한 후 Ctrl 키를 누른 채 드래그**하여 다음과 같이 복사합니다.

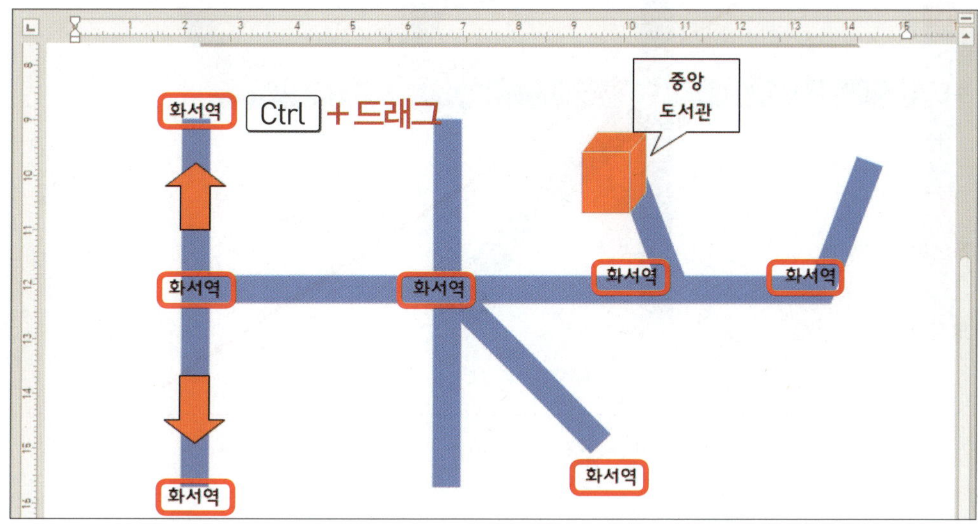

⑬ 복사된 '가로 글상자'의 텍스트를 다음과 같이 수정합니다.

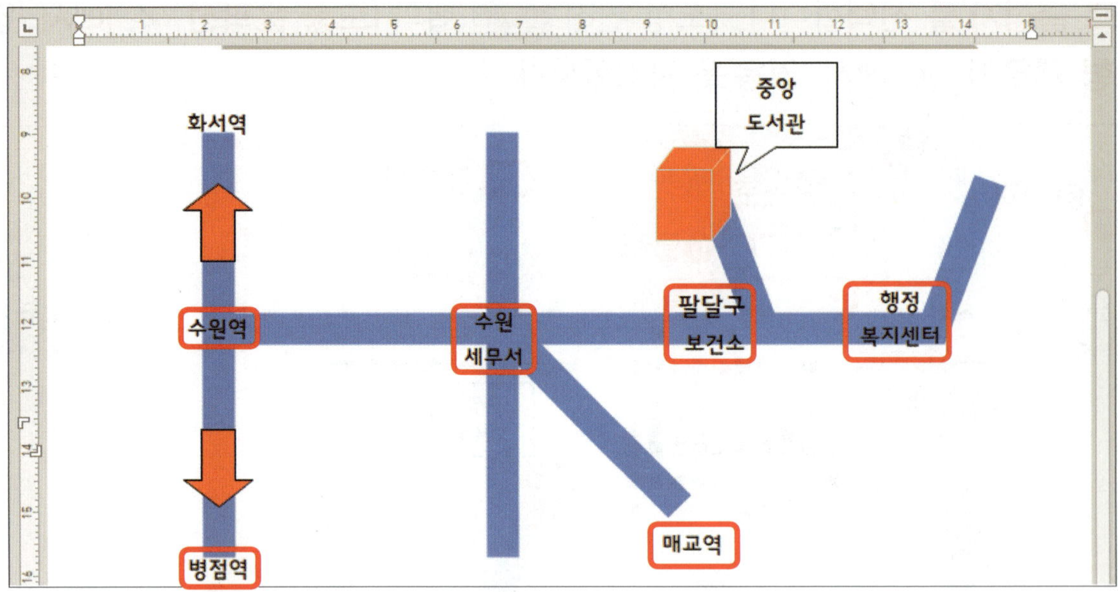

개체 묶기

⑭ 임의의 도형을 선택한 후 [도형] 탭에서 **[개체 선택]을 클릭**한 다음 드래그하여 작업한 모든 도형을 선택합니다.

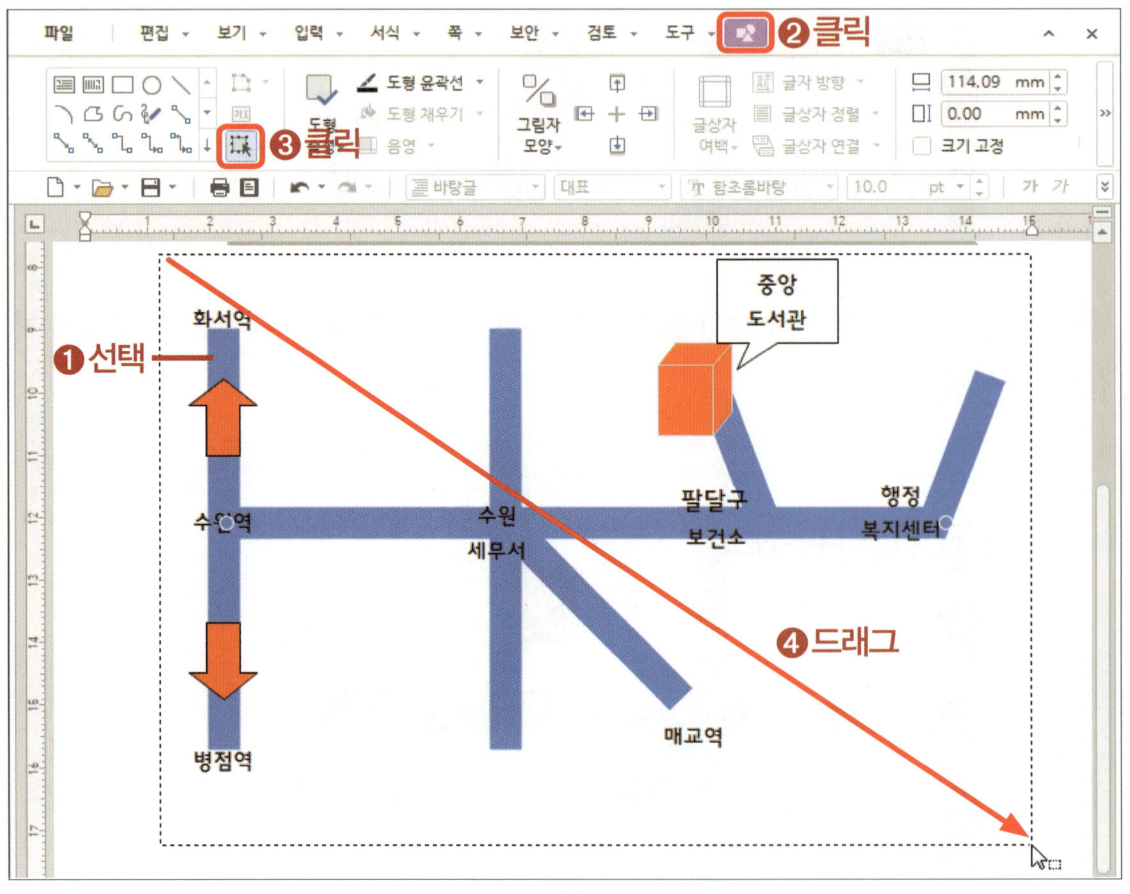

⑮ 모든 도형 개체가 선택된 상태에서 마우스 오른쪽 버튼을 클릭하고 **[개체 묶기]를 선택**합니다.

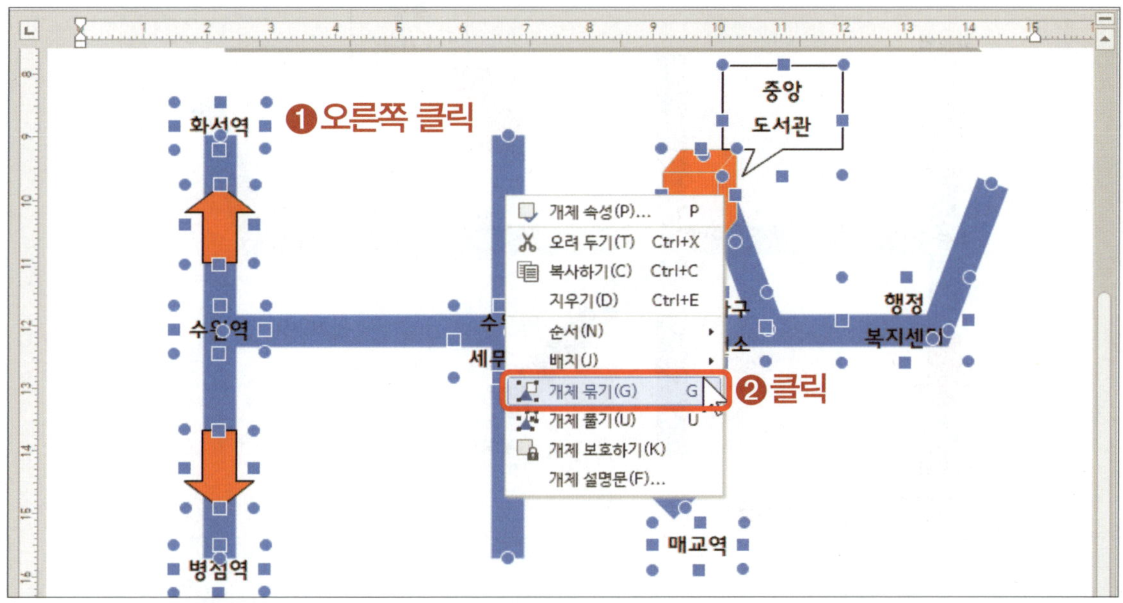

⑯ [개체 묶기] 대화상자가 활성화되면 **[실행] 단추를 클릭**하여 개체 묶기를 실행합니다.

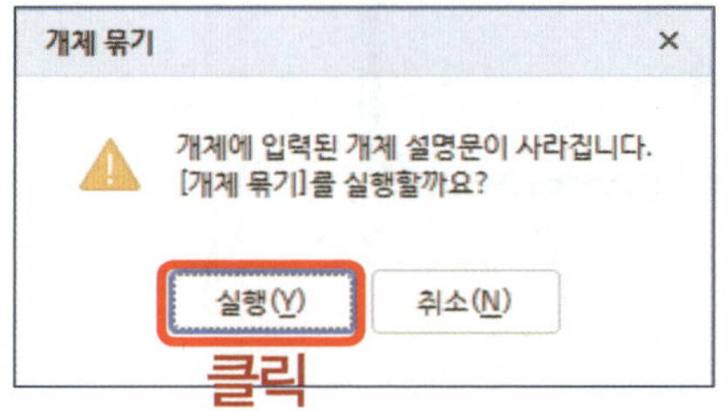

⑰ 완성된 약도 그림을 선택하고 [도형] 탭에서 **[캡션]의 [아래]를 선택**합니다.

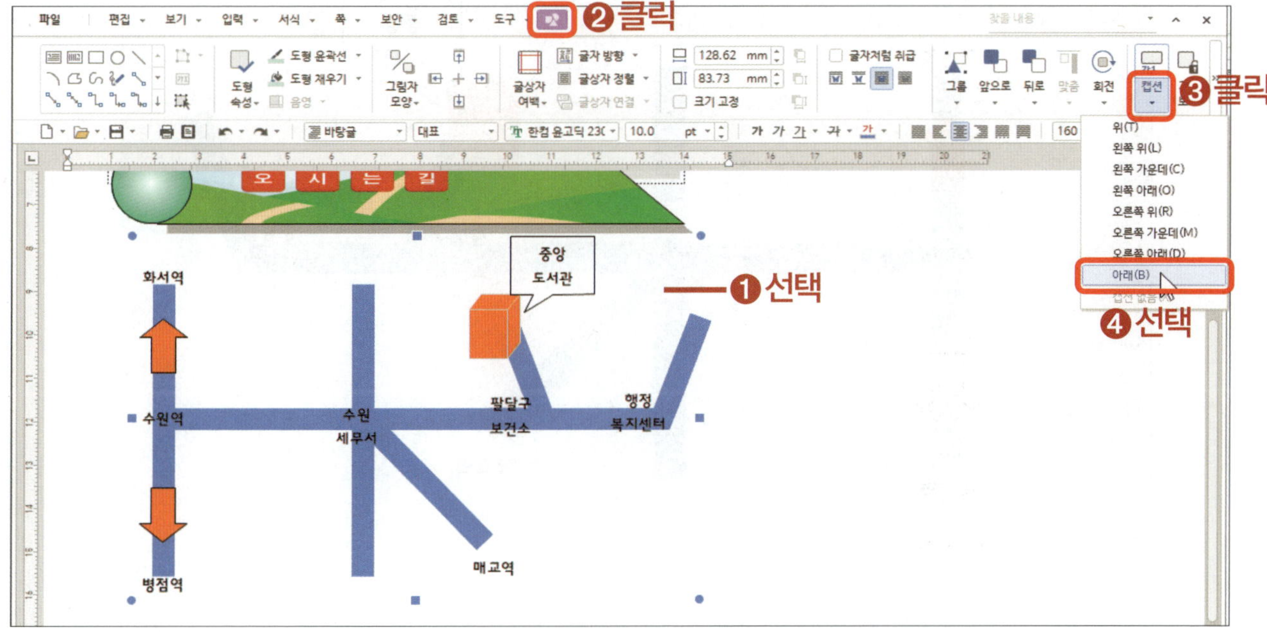

18 도형 아래쪽에 나타난 캡션의 텍스트 '**그림 2**'를 『**약도**』로 **수정**합니다.

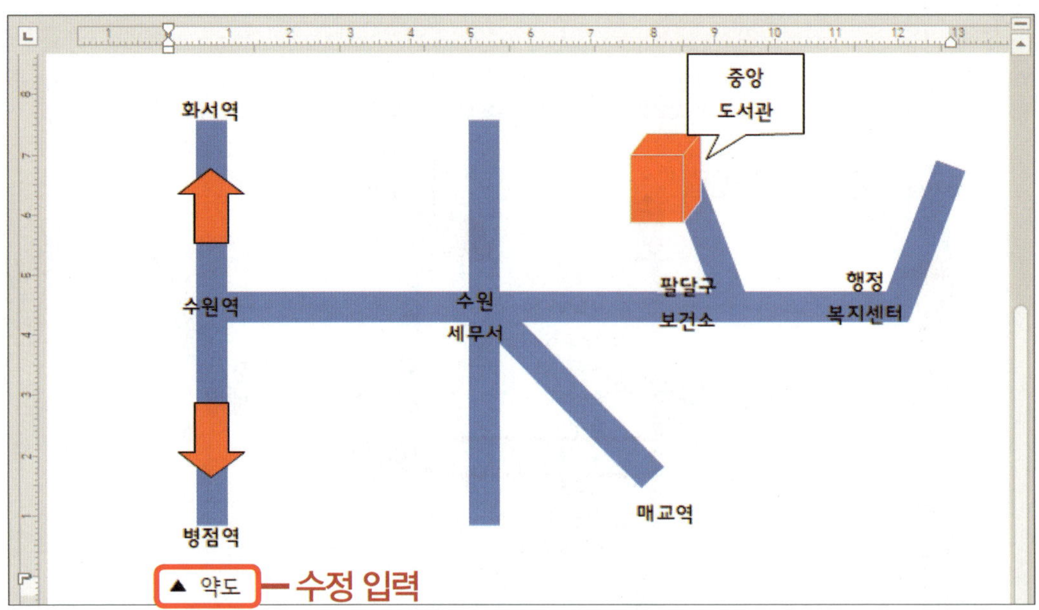

19 다음과 같이 작업이 완성되었는지 확인합니다.

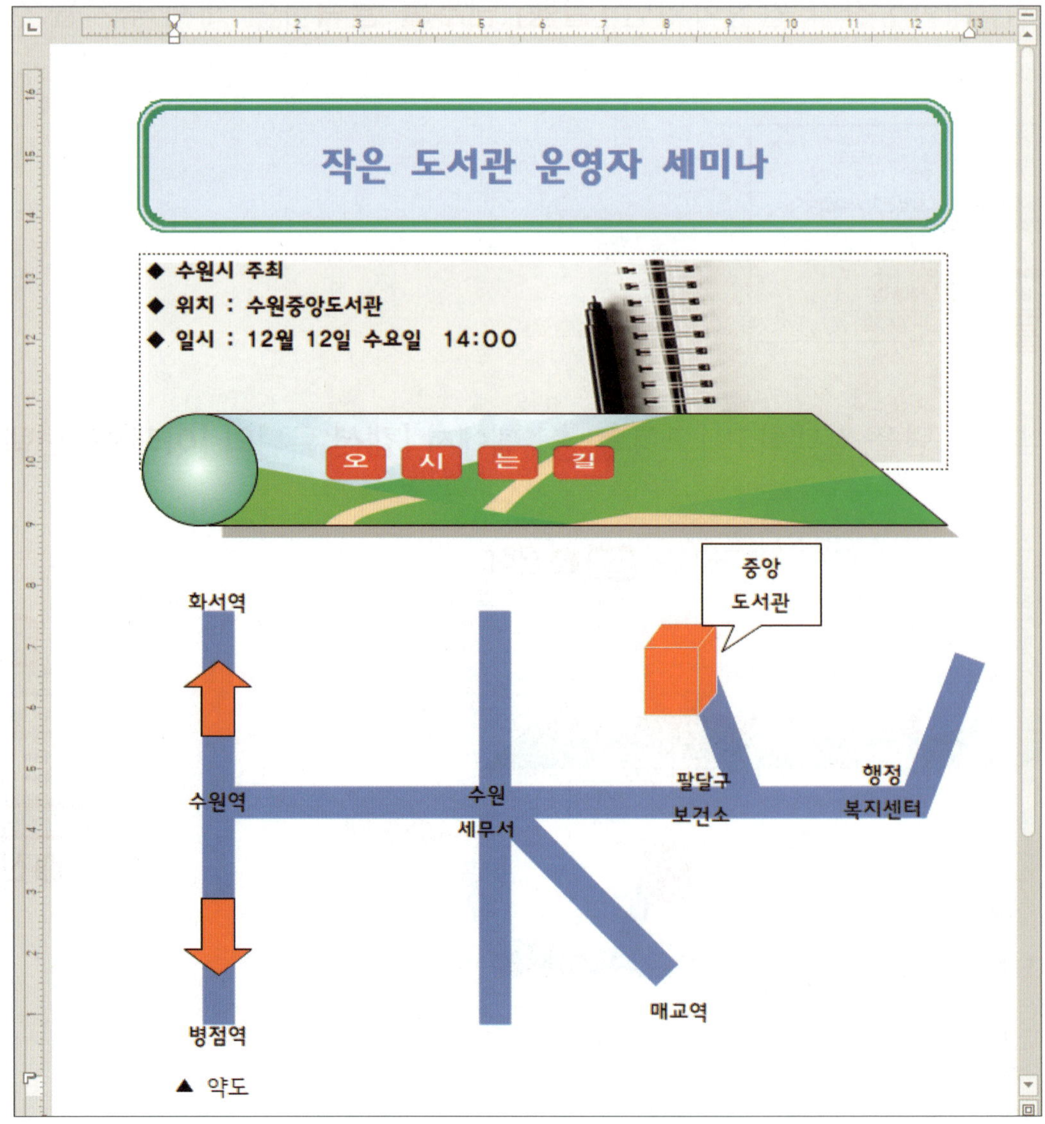

1 글상자, 도형, 그림, 그리기마당 등을 이용해서 다음의 문서를 작성해 보세요.

- 제목 : 글상자(둥근 모양), 테두리 선(보라), 면 색(초록-80% 밝게), 글꼴(바탕), 글자 크기(20pt), 진하게, 가운데 정렬
- 그리기마당 : 별(노란색 채우기)
- 본문 도형 : 글꼴(바탕), 글자 크기(14pt), 진하게, 타원 면색(보라), 테두리 선(노른자색), 직사각형 면색(하늘색 80% 밝게), 그림자 모양(오른쪽 뒤)
- 도형을 [개체 묶기]한 다음 [그리기]-[맞춤/배분]-[세로 간격을 동일하게]
- 그림 : 해안도시.jpg, 워터마크 효과, 글 뒤로

제주 우도 투어

1 1일차 : 용두암, 용연구름

2 2일차 : 이호테우 해수욕장

3 3일차 : 새섬, 새연교

4 3일차 : 조랑말 승마체험

Hint! 워터마크 지정 : [개체 속성]의 [그림] 탭에서 '워터마크 효과' 체크

2 글상자, 도형, 그림, 그리기마당 등을 이용해서 다음의 문서를 작성해 보세요.

- 제목 : 글상자(둥근 모양), 선 색(파랑), 면 색(하늘색 80% 밝게), 글꼴(궁서), 글자 크기(20pt), 진하게, 가운데 정렬
- 그림 : 직사각형(둥근 모양) 도형 안에 삽입(메뉴1~3.jpg), 캡션 넣기, 글꼴(바탕), 그림자 모양(오른쪽 아래)
- 그리기 마당 : 설명상자(제목상자)–제목상자01

PASTA & PIZZA MENU

● 오늘의 추천 메뉴

▲ 토마토스파게티

▲ 피자

▲ 스테이크

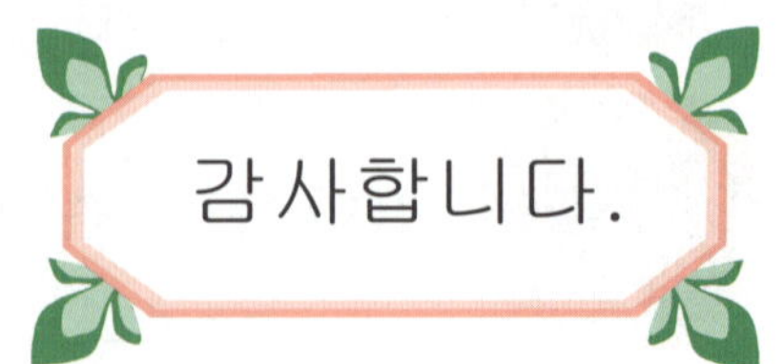

정돈된 문서 만들기

한글의 조판 기능인 덧말 넣기, 머리말/꼬리말, 문단 첫 글자 장식, 각주 달기, 다단 지정, 쪽 번호, 책갈피 및 하이퍼링크 기능을 이용하여 문서를 꾸며봅니다.

| 무료 동영상 |

완성파일 미·리·보·기

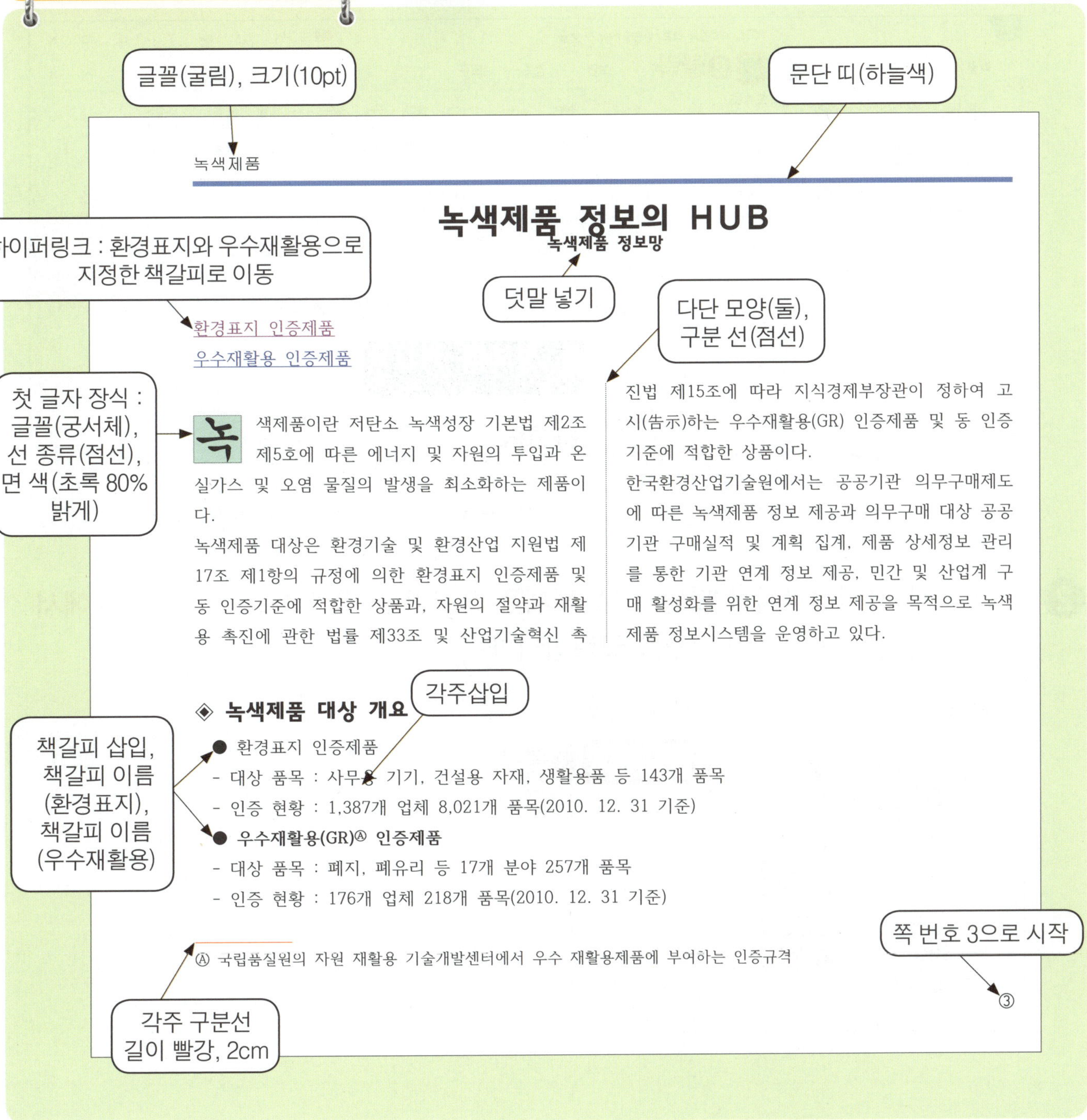

글꼴(굴림), 크기(10pt)

문단 띠(하늘색)

녹색제품

녹색제품 정보의 HUB

녹색제품 정보망

하이퍼링크 : 환경표지와 우수재활용으로 지정한 책갈피로 이동

덧말 넣기

다단 모양(둘), 구분 선(점선)

환경표지 인증제품

우수재활용 인증제품

첫 글자 장식 : 글꼴(궁서체), 선 종류(점선), 면 색(초록 80% 밝게)

녹색제품이란 저탄소 녹색성장 기본법 제2조 제5호에 따른 에너지 및 자원의 투입과 온실가스 및 오염 물질의 발생을 최소화하는 제품이다.

녹색제품 대상은 환경기술 및 환경산업 지원법 제17조 제1항의 규정에 의한 환경표지 인증제품 및 동 인증기준에 적합한 상품과, 자원의 절약과 재활용 촉진에 관한 법률 제33조 및 산업기술혁신 촉진법 제15조에 따라 지식경제부장관이 정하여 고시(告示)하는 우수재활용(GR) 인증제품 및 동 인증 기준에 적합한 상품이다.

한국환경산업기술원에서는 공공기관 의무구매제도에 따른 녹색제품 정보 제공과 의무구매 대상 공공기관 구매실적 및 계획 집계, 제품 상세정보 관리를 통한 기관 연계 정보 제공, 민간 및 산업계 구매 활성화를 위한 연계 정보 제공을 목적으로 녹색제품 정보시스템을 운영하고 있다.

각주삽입

◈ **녹색제품 대상 개요**

책갈피 삽입, 책갈피 이름(환경표지), 책갈피 이름(우수재활용)

● 환경표지 인증제품
- 대상 품목 : 사무용 기기, 건설용 자재, 생활용품 등 143개 품목
- 인증 현황 : 1,387개 업체 8,021개 품목(2010. 12. 31 기준)

● **우수재활용(GR)Ⓐ 인증제품**
- 대상 품목 : 폐지, 폐유리 등 17개 분야 257개 품목
- 인증 현황 : 176개 업체 218개 품목(2010. 12. 31 기준)

쪽 번호 3으로 시작

Ⓐ 국립품실원의 자원 재활용 기술개발센터에서 우수 재활용제품에 부여하는 인증규격

③

각주 구분선 길이 빨강, 2cm

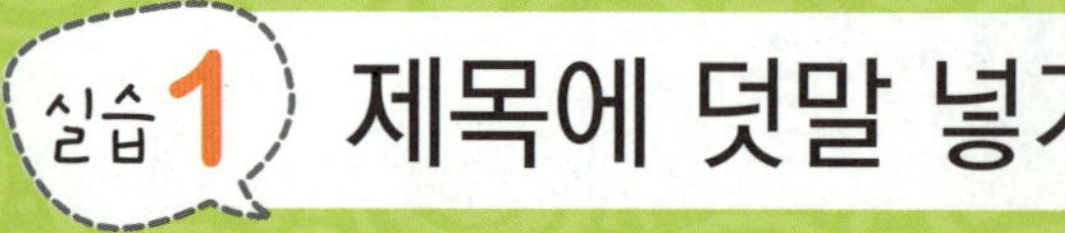

실습1 제목에 덧말 넣기

덧말은 글의 전개로 보아서 본문의 내용 중에 넣기는 어려우나, 본문에서 인용한 자료의 출처를 밝히거나 본문에서 언급한 내용에 대한 간단한 내용의 보충 자료를 제시할 때 본말의 아래 또는 위에 넣는 말입니다. 덧말 넣기 기능에 대하여 배워봅니다.

◯ 예제 파일 : Easy한글2020\실습및정답파일\10장\10장.녹색제품정보(실습).hwp

❶ '10장.녹색제품정보(실습).hwp' 문서를 불러온 후 제목인 **'녹색제품 정보의 HUB'를 범위 지정**하고 [입력] 탭의 [목록단추 ▾]를 클릭한 후 **[덧말 넣기 덧말가나]를 클릭**합니다.

❷ [덧말 넣기] 대화상자에서 '덧말'에 **『녹색제품 정보망』을 입력하고, '덧말 위치'에서 '아래'를 선택한 후 [넣기] 단추를 클릭**합니다.

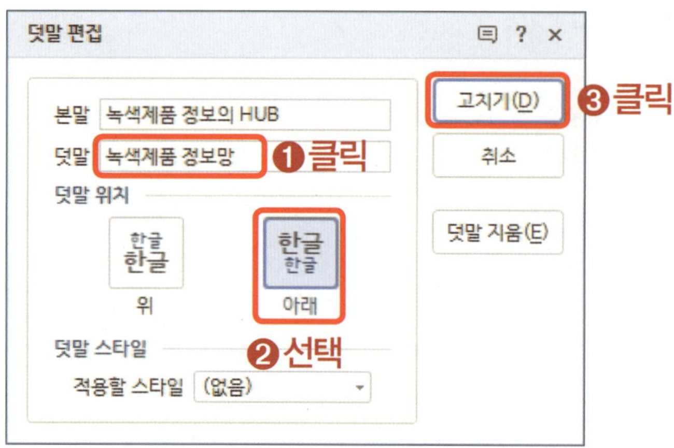

[덧말 넣기] 대화상자

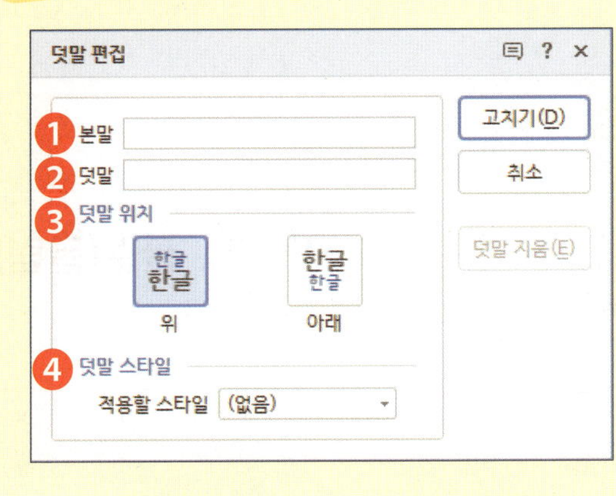

❶ 본말 : 본말에 입력할 내용 입력

❷ 덧말 : 덧말에 입력할 내용 입력

❸ 덧말 위치 : 덧말을 본말의 위에 넣을 것인지, 아래에 넣을 것인지 덧말의 위치를 정할 수 있습니다.

❹ 덧말 스타일 : 입력한 덧말의 글자 모양을 변경하려면 [적용할 스타일] 목록에서 스타일을 선택합니다.

머리말과 꼬리말 지정하기

페이지의 맨 위와 아래에 한두 줄의 내용이 쪽마다 고정적으로 반복되는 것이 있는데, 이것을 [머리말]과 [꼬리말]이라고 합니다. 머리말/꼬리말을 지정하는 방법에 대하여 배워봅니다.

머리말 삽입

1. 머리말을 삽입하기 위해 **[쪽] 탭에서 [머리말]-[위쪽]-[양쪽]에 [모양 없음]을 선택**합니다.

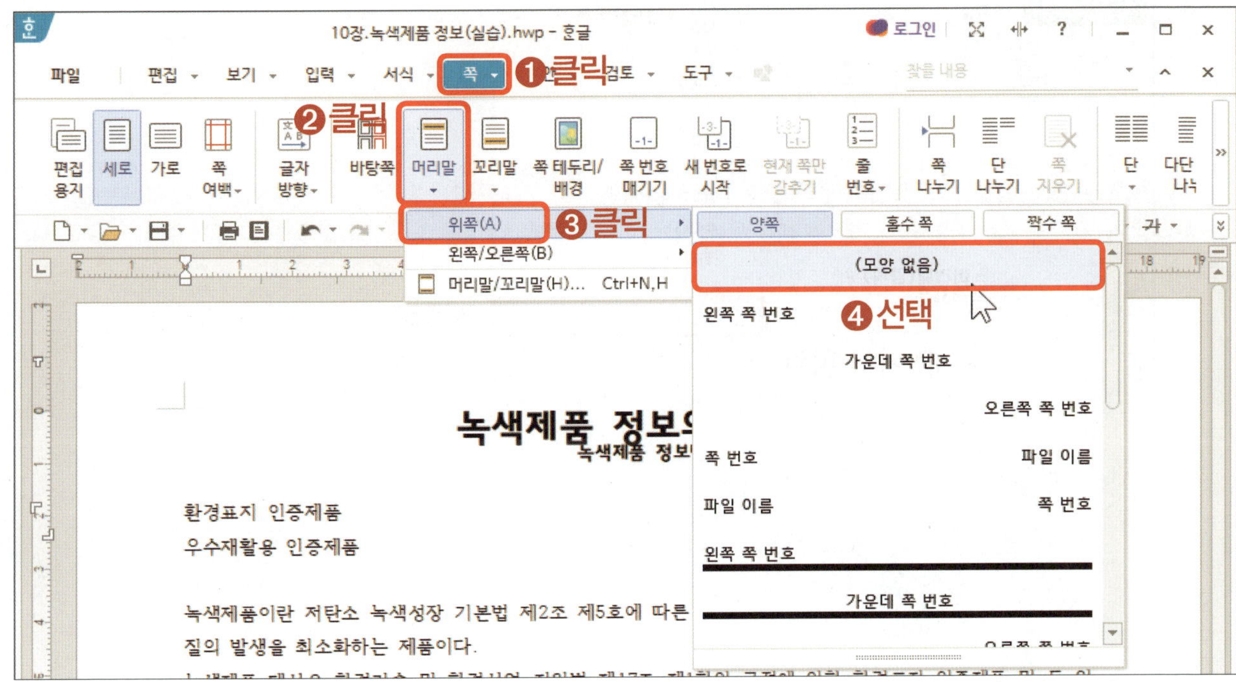

머리말/꼬리말 단축키 : Ctrl+N, H

❷ '머리말(양쪽)' 입력화면에서 『녹색제품』을 입력한 후 범위를 지정하고, 글꼴(굴림), 크기(10pt)를 지정합니다.

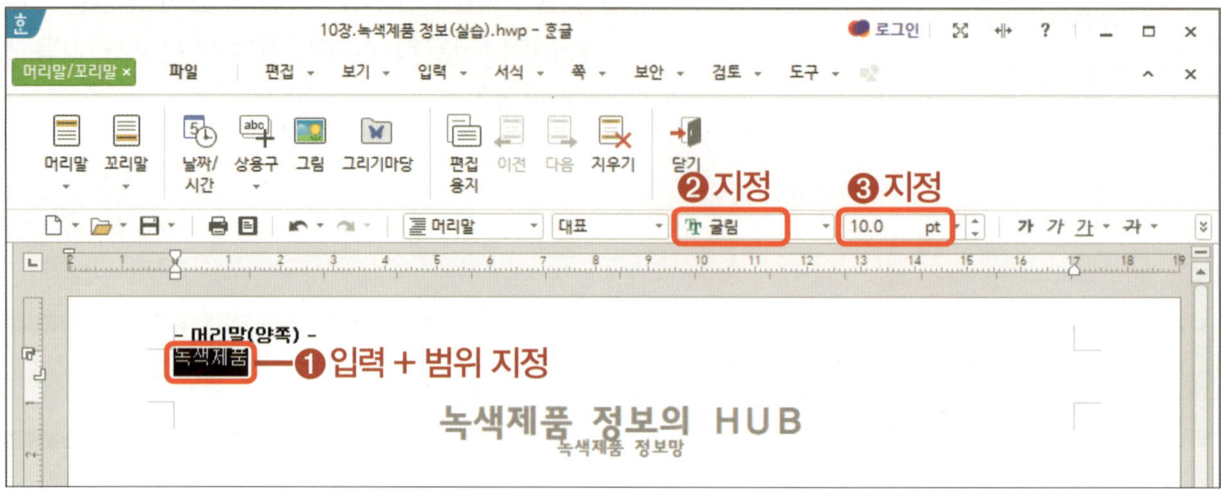

문단 띠 삽입

❸ 머리말로 입력한 '녹색제품' 문자 뒤에서 Enter 키를 눌러 다음 줄로 커서를 이동한 후 [입력] 탭의 [목록단추 ▾]를 클릭하고 [문단 띠 ▭]를 클릭합니다.

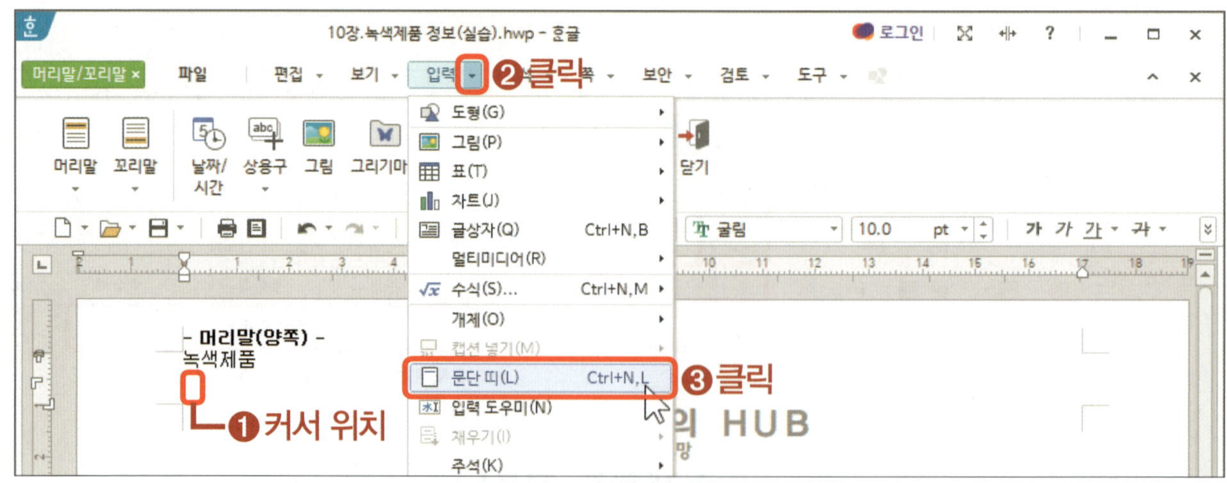

4 삽입된 문단 띠를 선택한 후 [도형]의 [도형 채우기]에서 '하늘색'을 선택합니다.

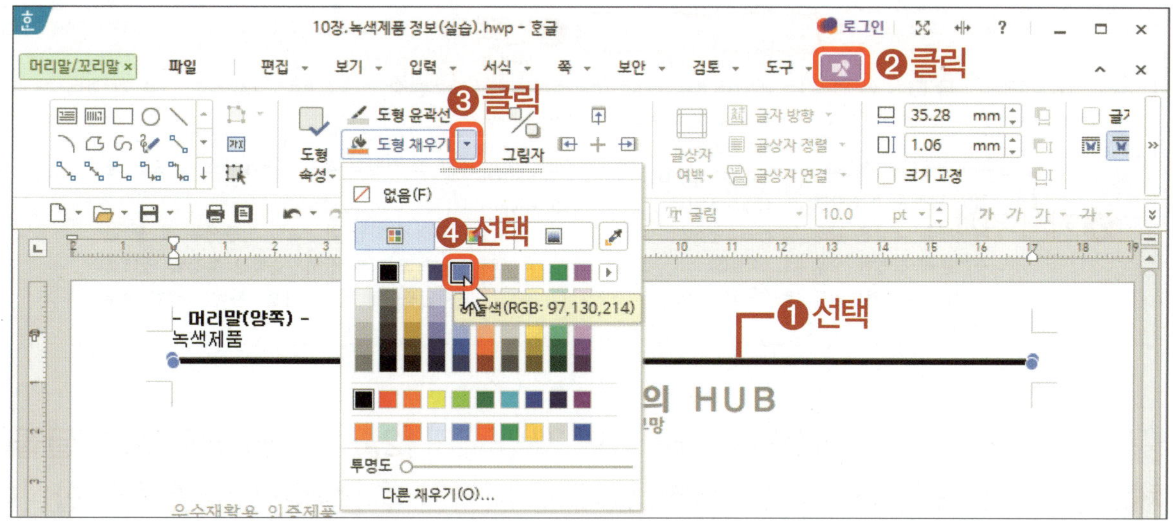

5 [머리말/꼬리말] 탭에서 [닫기]를 클릭하여 본문의 편집 화면으로 돌아옵니다.

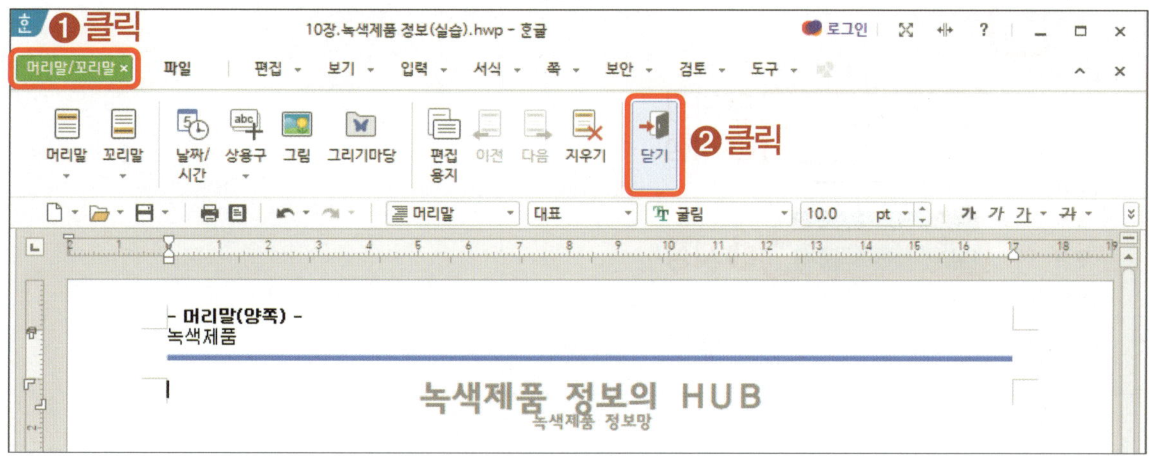

실습 3 문단 첫 글자 장식

문단의 첫 글자를 드롭캡(Drop cap) 형식으로 만들어 문단을 장식하는 방법에 대하여 배워봅니다.

문단 첫 글자 장식 지정

1 첫 글자를 장식할 글자인 '녹' 앞에 커서를 놓고 [서식] 탭의 [목록단추]를 클릭한 후 [문단 첫 글자 장식]을 선택합니다.

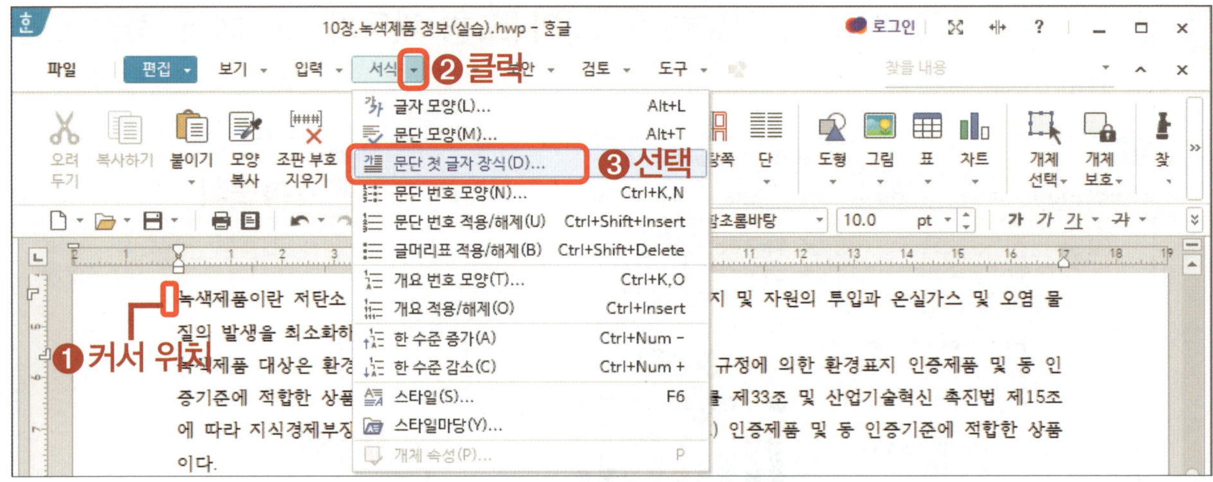

❷ [문단 첫 글자 장식] 대화상자가 나타나면 '모양'에서 **[2줄]을 클릭하고, 글꼴(궁서체), 선 종류(점선), 면 색(초록 80% 밝게)을 지정한 후 [설정] 단추를 클릭**합니다.

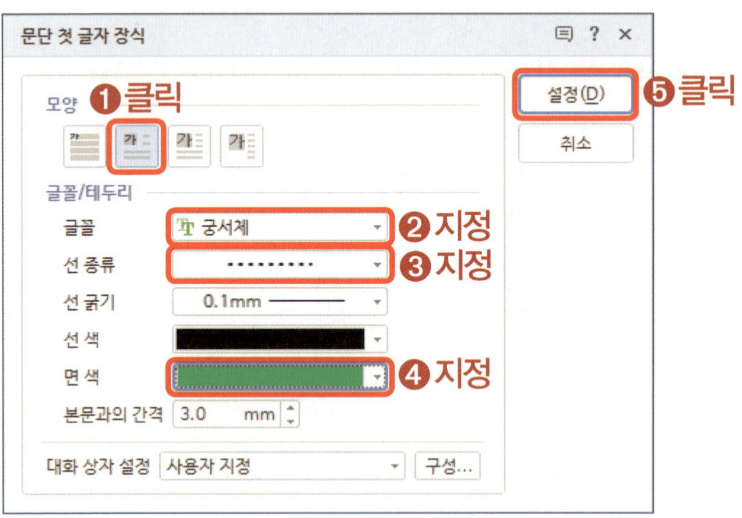

❸ 다음과 같이 첫 글자 장식이 지정된 것을 확인할 수 있습니다.

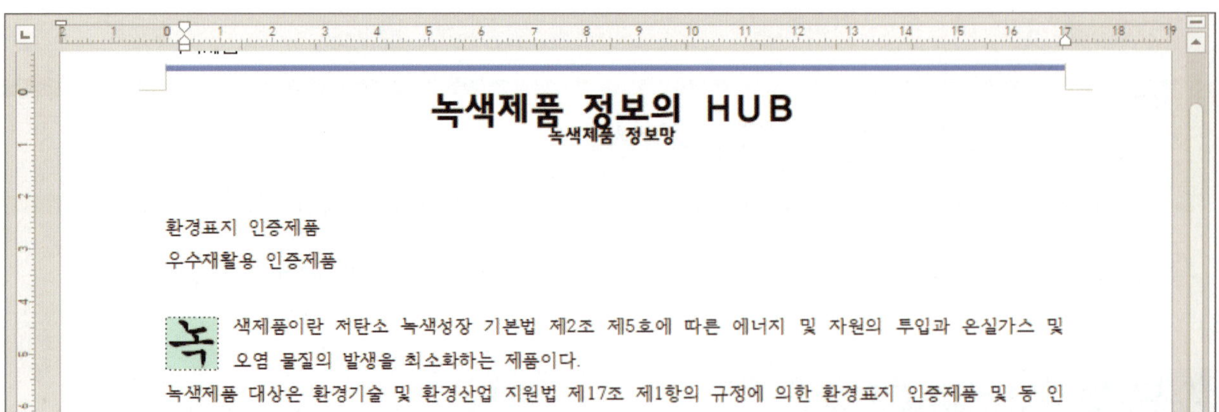

문단 첫 글자 장식 해제

❹ 문단 첫 글자 장식을 해제하기 위해 두 번째 문단의 '한' 글자 앞에 커서를 놓고 **[서식] 탭의 [목록단추 ▾]를 클릭한 후 [문단 첫 글자 장식]을 선택**합니다.

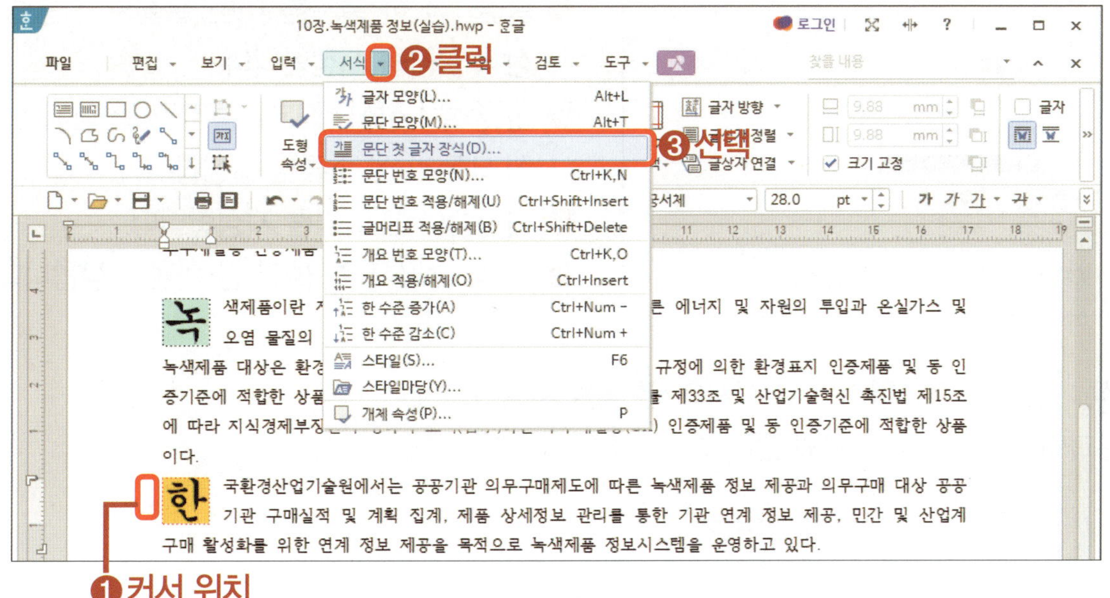

❺ [문단 첫 글자 장식] 대화상자에서 **'모양'에 '없음 ▤'을 클릭**한 후 [설정] 단추를 클릭하면 문단 첫 글자 장식이 해제됩니다.

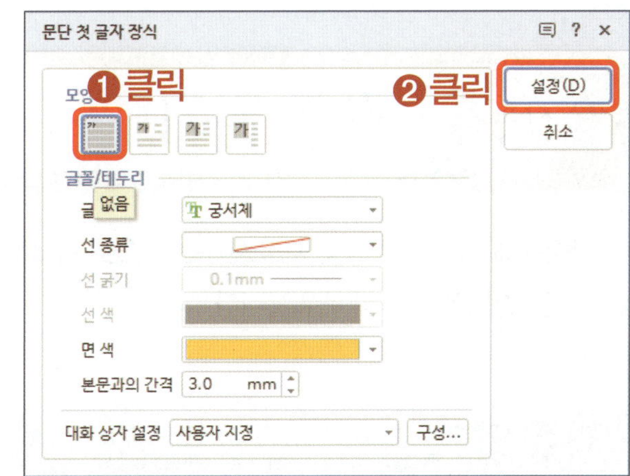

❻ 다음과 같이 문단 첫 글자 장식이 해제된 것을 확인합니다.

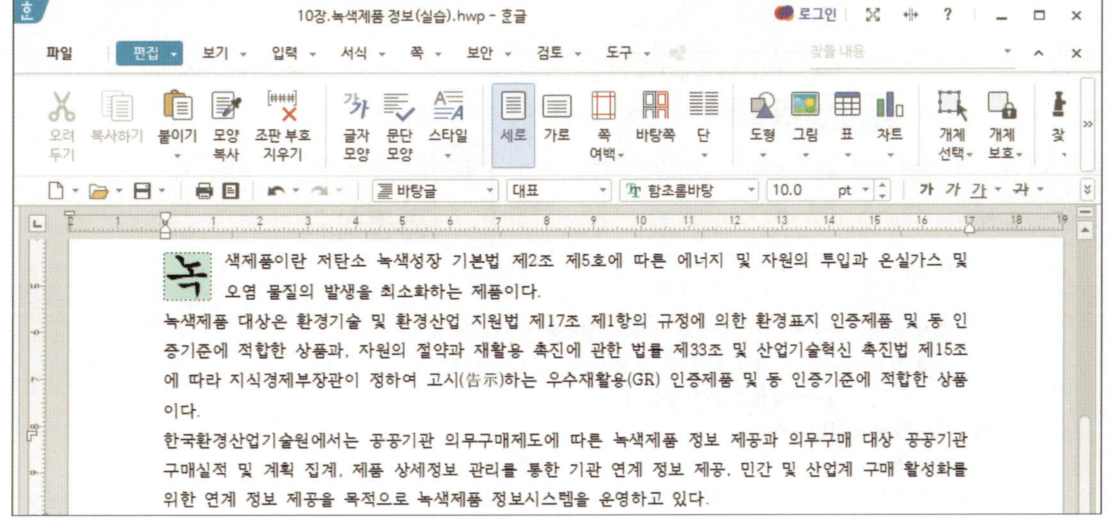

실력쑥쑥 TIP [문단 첫 글자 장식] 대화상자

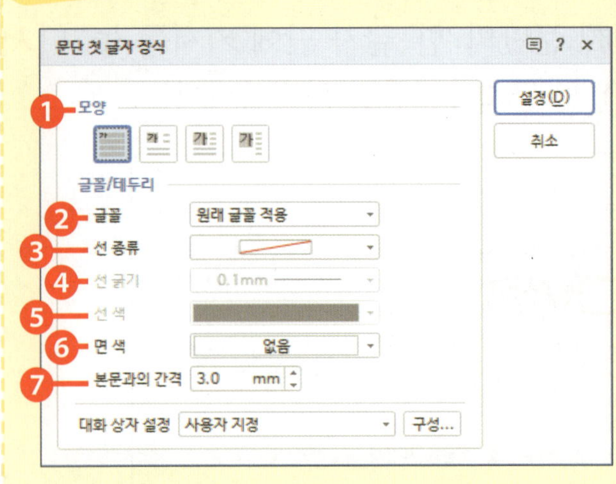

❶ 모양 : 문단 첫 글자의 장식 모양을 [없음], [2줄], [3줄], [여백] 아이콘 중에서 선택합니다.

❷ 글꼴 : 장식 글자를 어떤 글꼴로 사용할지 장식 글꼴을 지정합니다.

❸ 선 종류 : 장식 글자를 둘러싼 글 상자의 장식 테두리 선 종류를 설정합니다.

❹ 선 굵기 : 선 굵기를 지정합니다.

❺ 선 색 : 색상표를 눌러 선 색을 지정합니다.

❻ 면 색 : 장식 글자를 둘러싼 글 상자의 면 색을 지정합니다.

❼ 본문과의 간격 : 장식 글자와 본문과의 간격을 지정합니다.

실습 4 각주 달기

본문 내용에 대한 보충 자료를 구체적으로 제시하거나, 인용한 자료의 출처 등을 밝히는 주석을 '각주' 형식으로 만드는 방법에 대하여 배워봅니다.

각주 달기

❶ '우수재활용(GR)' 단어 뒤에 커서를 위치시킨 후 **[입력] 탭에서 [각주]를 클릭**합니다.

② 하단에 다음과 같이 각주 내용을 입력합니다.

– 국립품질원의 자원 재활용 기술개발센터에서 우수 재활용제품에 부여하는 인증규격

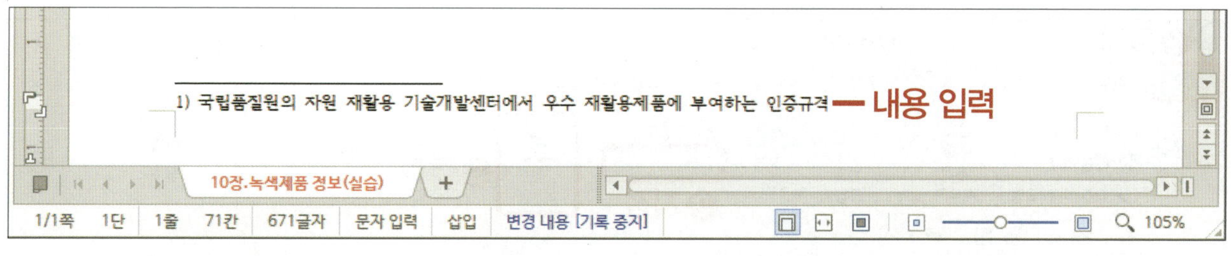

각주 삽입 단축키 : Ctrl+N, N

각주 모양 변경

③ 각주의 번호 모양을 변경하기 위해 **[주석] 탭에서 [번호 모양]을 클릭한 후 'ⓐ,ⓑ,ⓒ'를 선택**합니다.

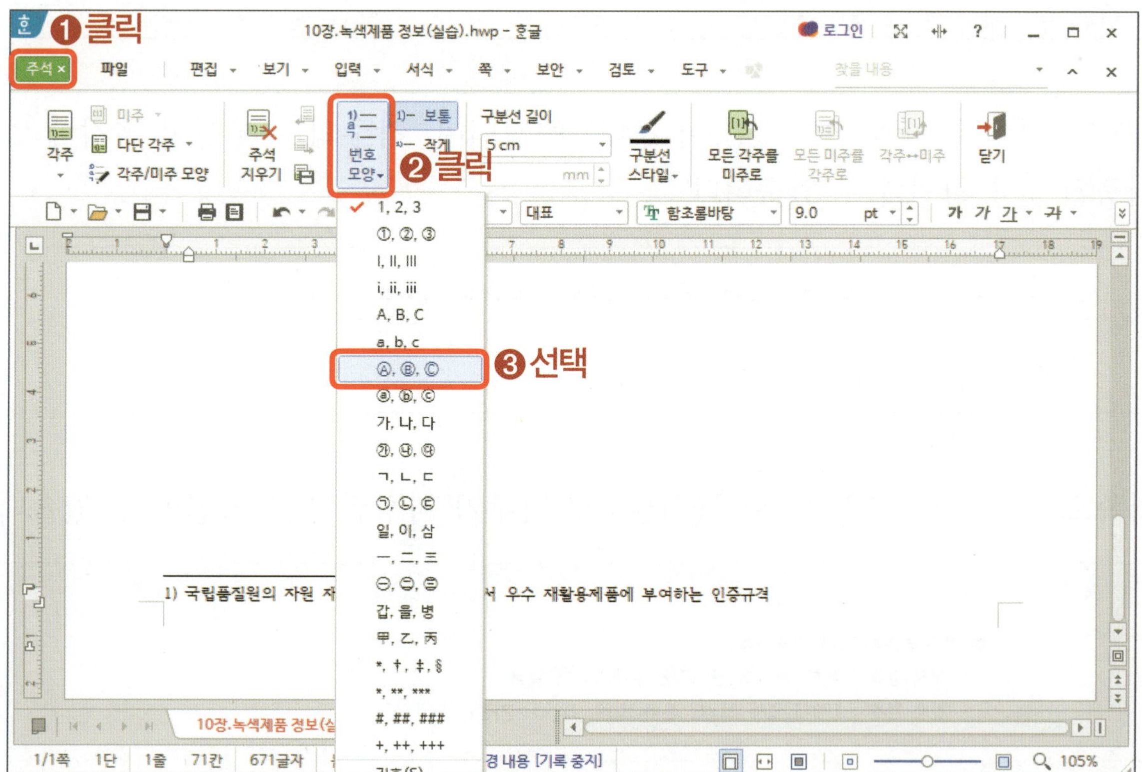

4 [주석] 탭에서 '구분선 길이'를 **'2cm'로 지정하고 [구분선 스타일]에서 '빨강'을 선택**합니다.

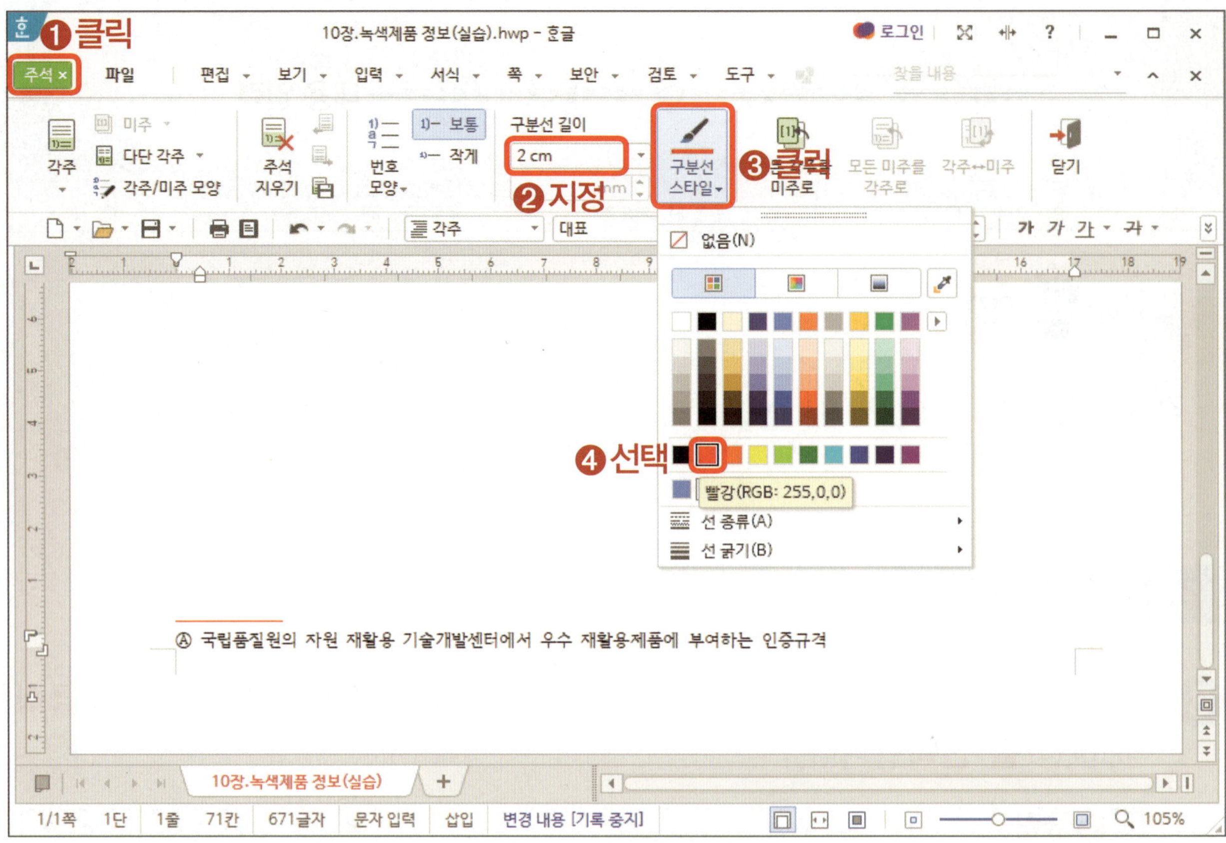

5 다음과 같이 주석의 번호 모양이 'Ⓐ'로 변경되며, 각주의 구분선이 빨강에 2cm로 지정된 것을 확인할 수 있습니다.

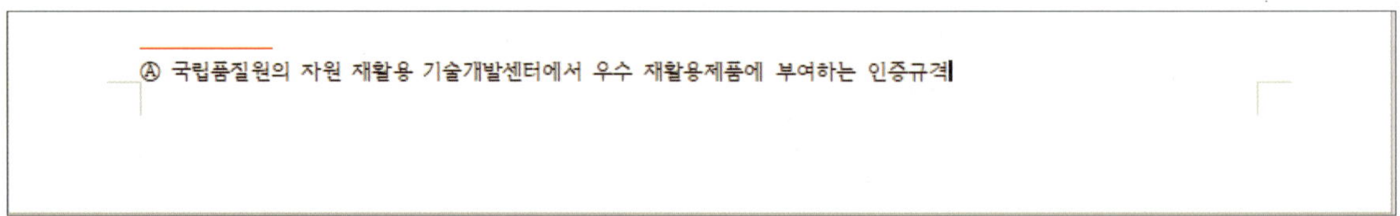

6 위쪽으로 이동하면 '우수재활용(GR)Ⓐ'로 각주가 지정된 것을 확인할 수 있습니다.

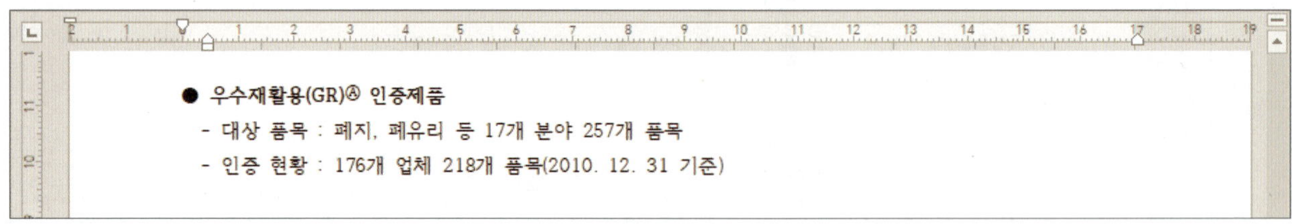

실습 5 다단 지정하기

문단에 다단을 지정하는 방법에 대하여 배워봅니다.

1 그림과 같이 단을 나눌 영역을 범위 지정하고 **[쪽] 탭에서 [단]-[다단 설정]을 클릭**합니다.

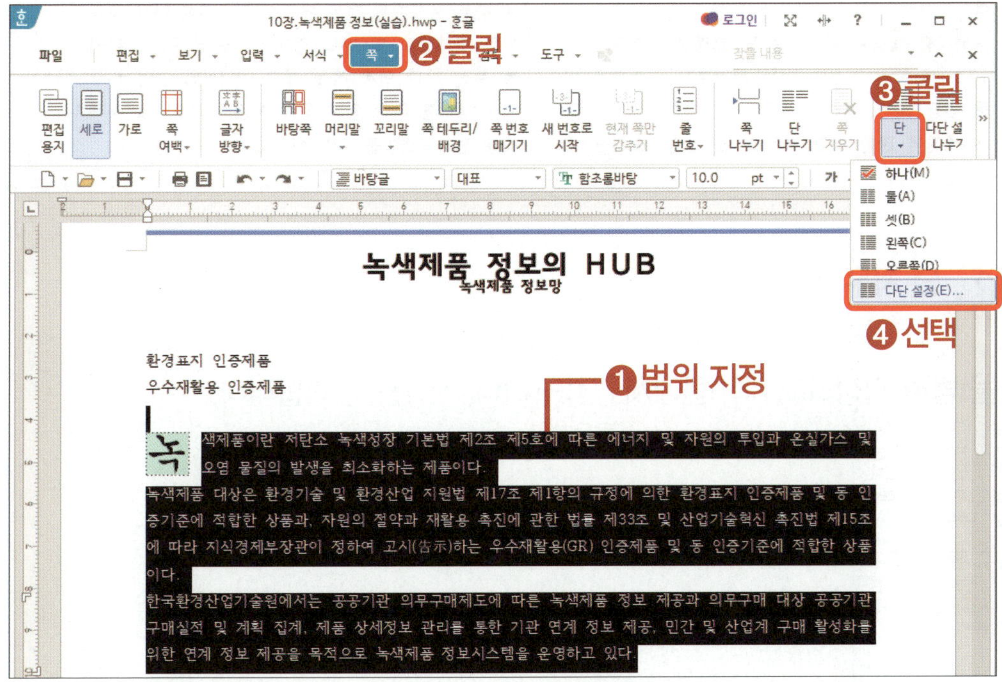

2 [단 설정] 대화상자에서 '자주 쓰이는 모양'을 **[둘]로 선택하고 '구분선 넣기'에 체크 후 '종류'를 '점선'으로 지정하고 [설정] 단추를 클릭**합니다.

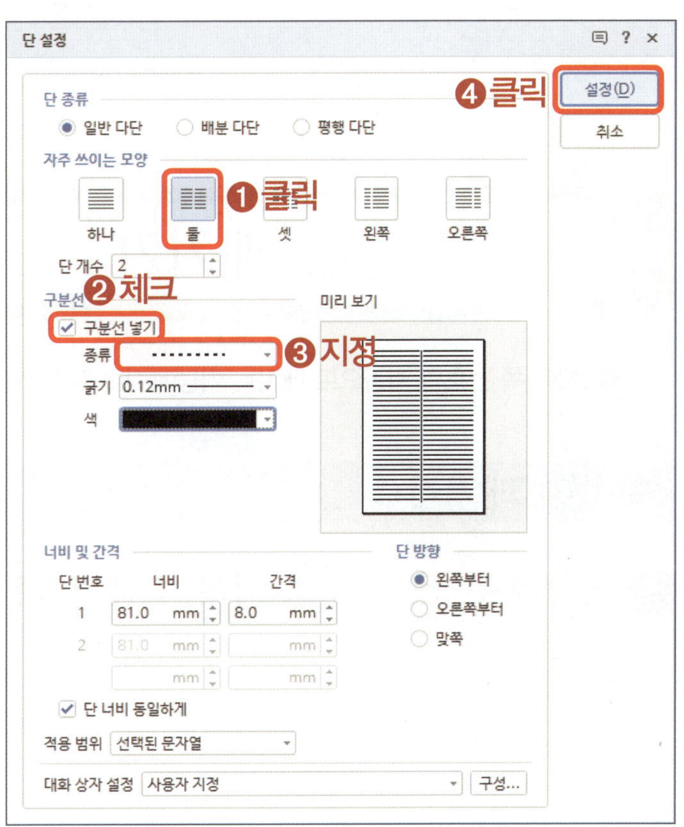

3 다음과 같이 범위로 지정한 문단이 2단으로 지정됩니다.

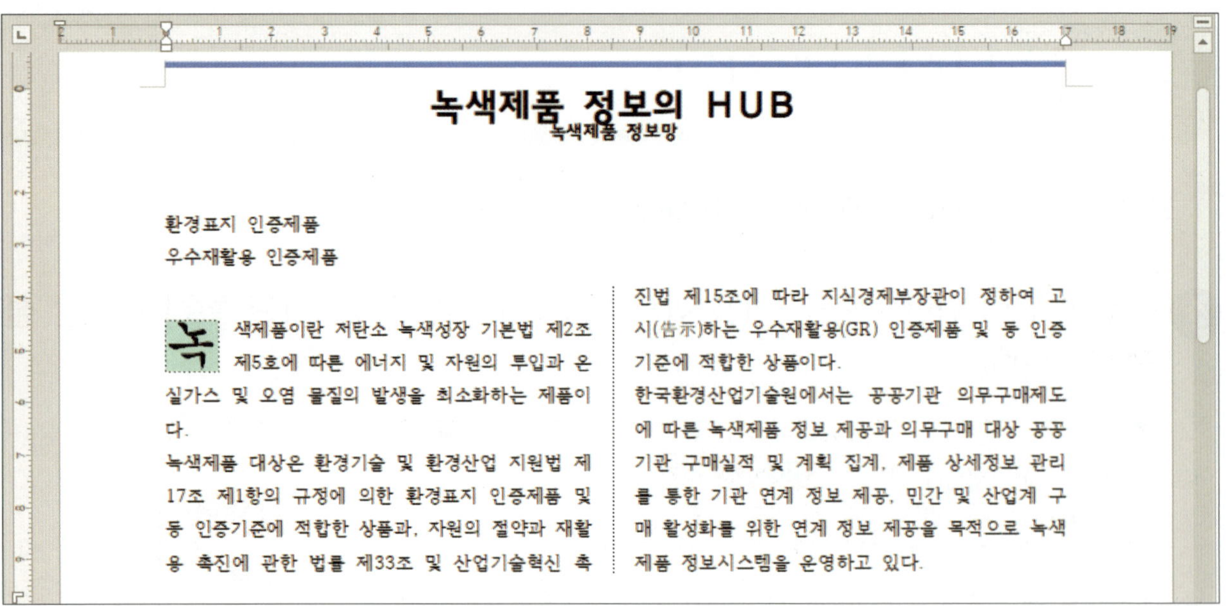

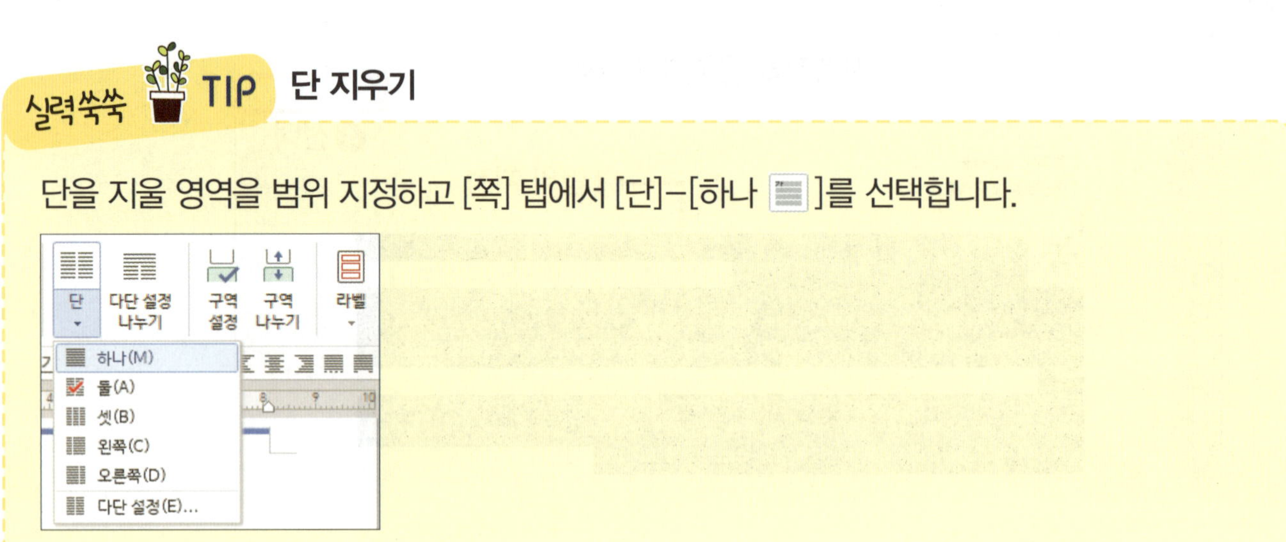

실습 6 쪽 번호 매기기

페이지에 쪽 번호를 자동으로 매기는 기능에 대하여 배워봅니다.

쪽 번호 매기기

1 쪽 번호를 삽입하기 위해 **[쪽] 탭에서 [쪽 번호 매기기 -1-]를 클릭**합니다.

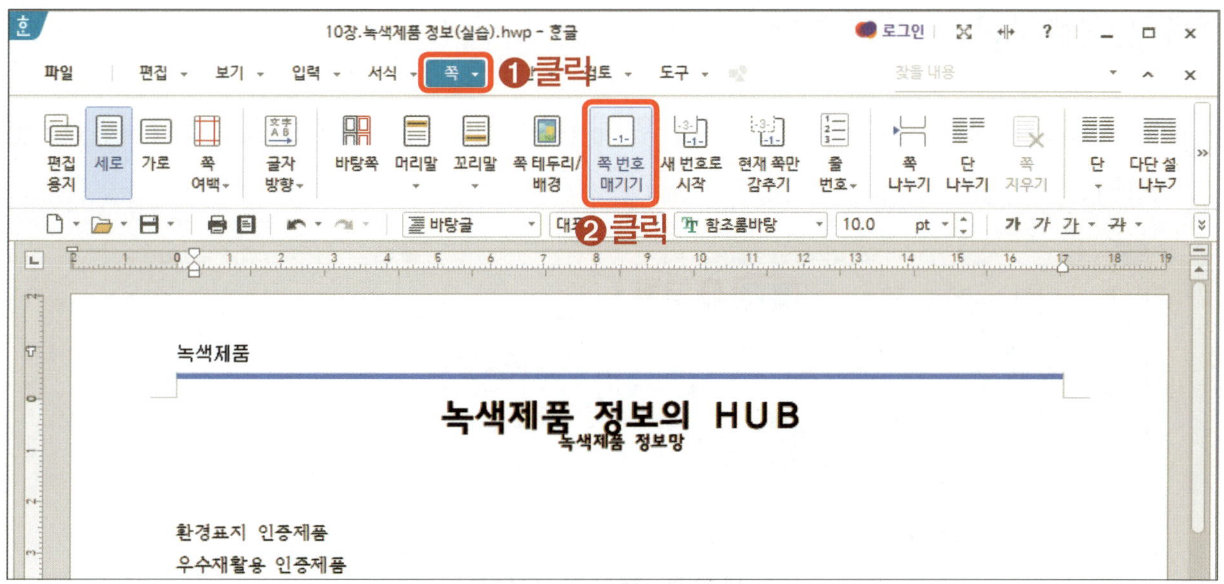

❷ [쪽 번호 매기기] 대화상자에서 **'번호 위치'를 오른쪽 아래 끝으로 선택하고, '번호 모양'을 '①,②,③'으로 지정한 후 '줄표 넣기'에 체크를 해제하고 [넣기] 단추를 클릭**합니다.

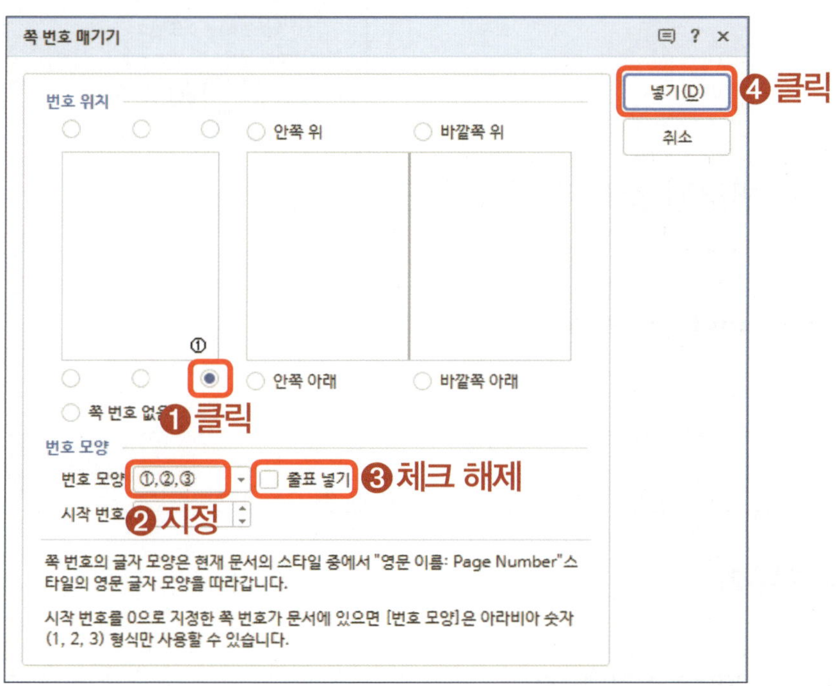

❸ 문서의 오른쪽 아래에 '①' 쪽 번호가 표시된 것을 확인할 수 있습니다.

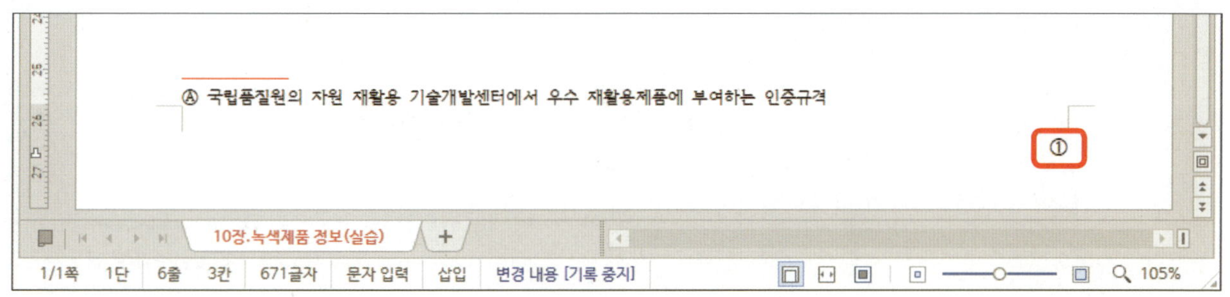

새 번호로 시작

4 쪽 번호의 시작 번호를 변경하기 위해 **[쪽] 탭에서 [새 번호로 시작]을 클릭합니다.**

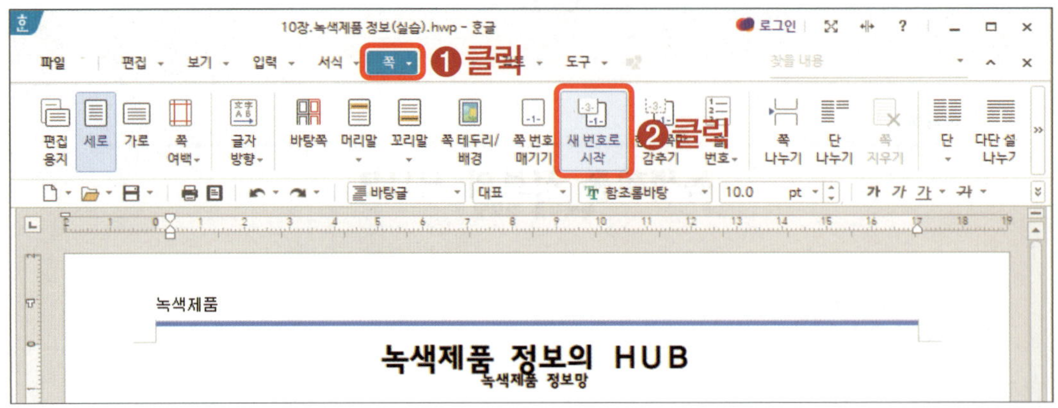

5 [새 번호로 시작] 대화상자에서 '번호 종류'에 **'쪽 번호'를 선택하고 '시작 번호'에 『3』을 입력한 후 [넣기] 단추를 클릭**합니다.

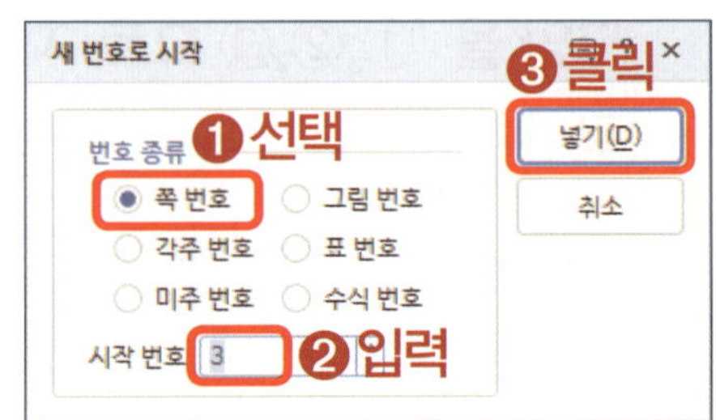

6 시작 번호가 '③' 쪽 번호로 변경된 것을 확인할 수 있습니다.

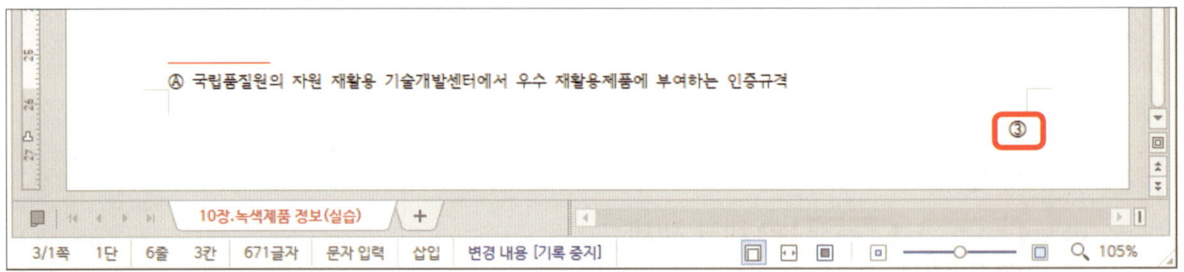

실력쑥쑥 TIP 쪽 번호 지우기

[쪽] 탭에서 [쪽 번호 매기기]를 클릭하고 [쪽 번호 매기기] 대화상자에서 '쪽 번호 없음'을 선택한 후 [넣기] 단추를 클릭합니다.

책갈피 및 하이퍼링크 지정하기

책갈피를 지정하고 하이퍼링크를 이용하여 지정한 책갈피로 이동하는 방법에 대하여 배워봅니다.

1 '● 환경표지 인증제품' 앞을 클릭하여 커서를 위치한 후 **[입력] 탭에서 [책갈피]를 클릭**합니다.

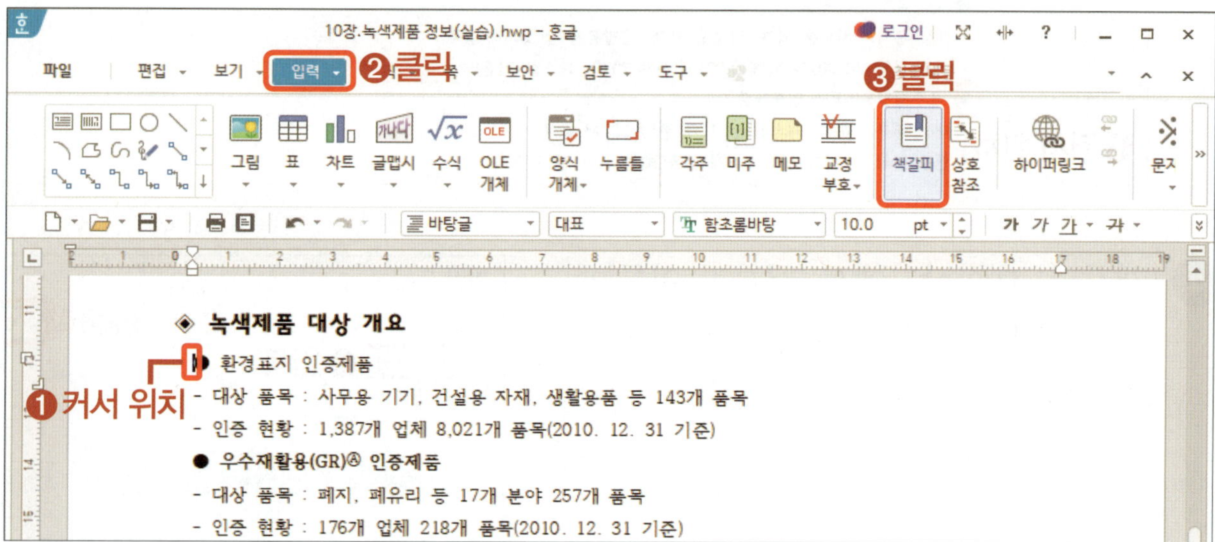

2 [책갈피] 대화상자에서 '책갈피 이름'에 **『환경표지』를 입력한 후 [넣기] 단추를 클릭**합니다.

3 '● 우수재활용(GR) 인증제품' 앞을 클릭하여 커서를 위치한 후 **[입력] 탭에서 [책갈피]를 클릭**합니다.

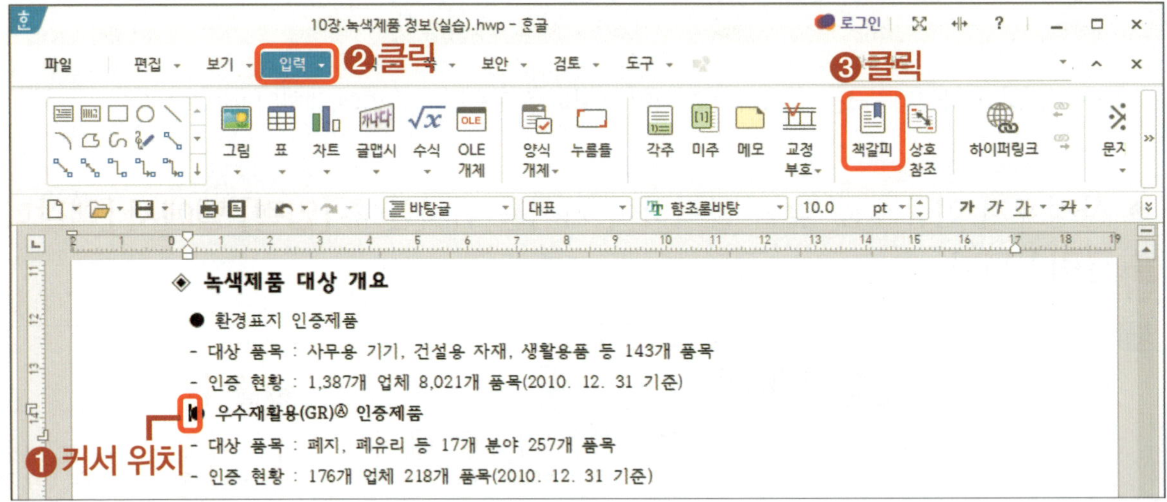

4 [책갈피] 대화상자에서 '책갈피 이름'에 **『우수재활용』을 입력한 후 [넣기] 단추를 클릭**합니다.

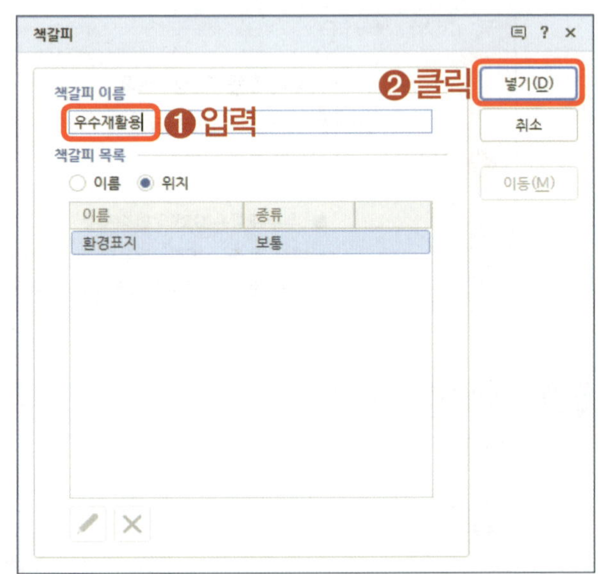

5 하이퍼링크를 설정하기 위해 '환경표지 인증제품' 문자열을 범위 지정한 후 **[입력] 탭에서 [하이퍼링크]를 클릭**합니다.

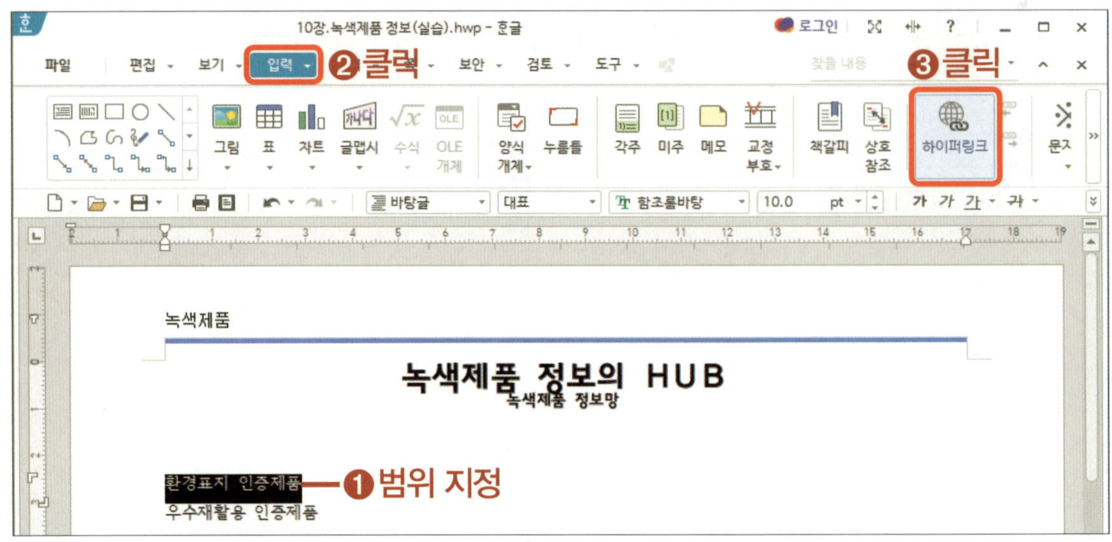

6 [하이퍼링크] 대화상자에서 **[호글 문서] 탭을 클릭하고 '책갈피'에 '환경표지'를 선택한 후 [넣기] 단추**를 클릭합니다.

7 이번에는 '우수재활용 인증제품' 문자열을 범위 지정한 후 마우스 오른쪽 버튼을 클릭한 후 **[하이퍼링크]를 선택**합니다.

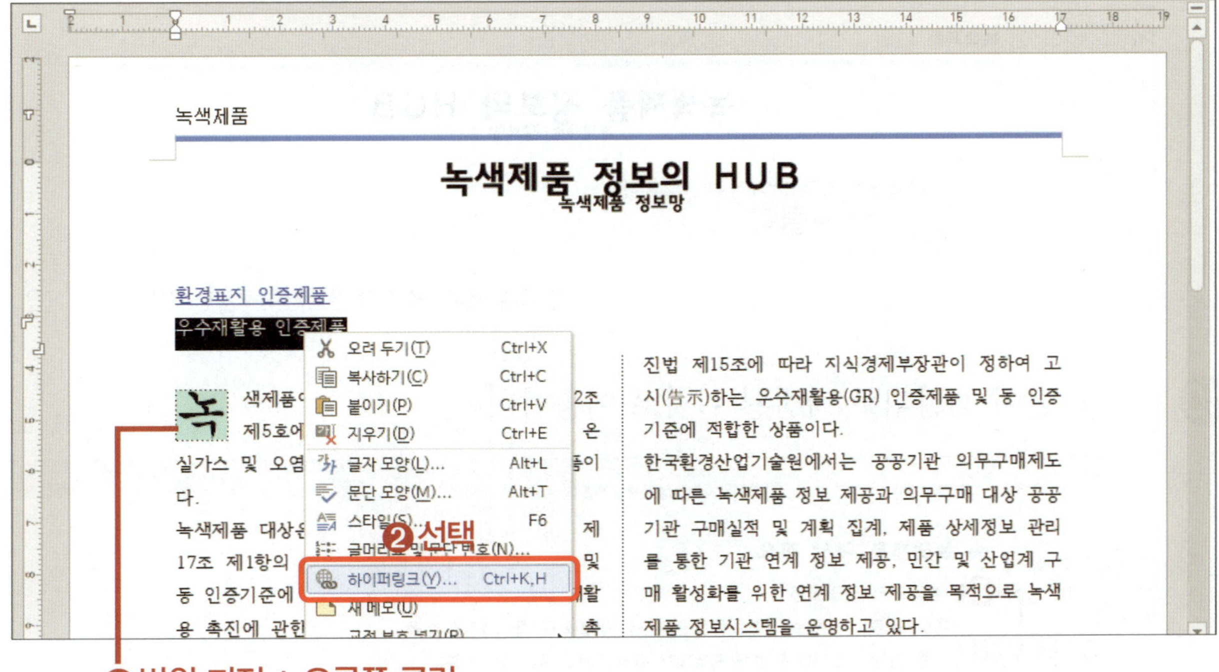

8 [하이퍼링크] 대화상자에서 [훈글 문서] 탭을 클릭하고 **'책갈피'에 '우수재활용'을 선택한 후 [넣기] 단추를 클릭**합니다.

9 하이퍼링크가 지정된 '환경표지 인증제품' 문자열을 클릭합니다.

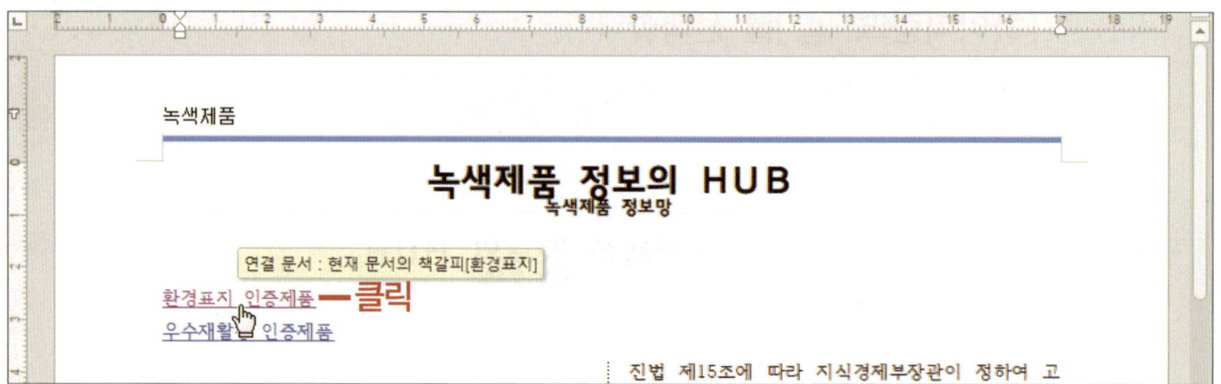

10 다음과 같이 책갈피로 지정된 위치로 이동합니다.

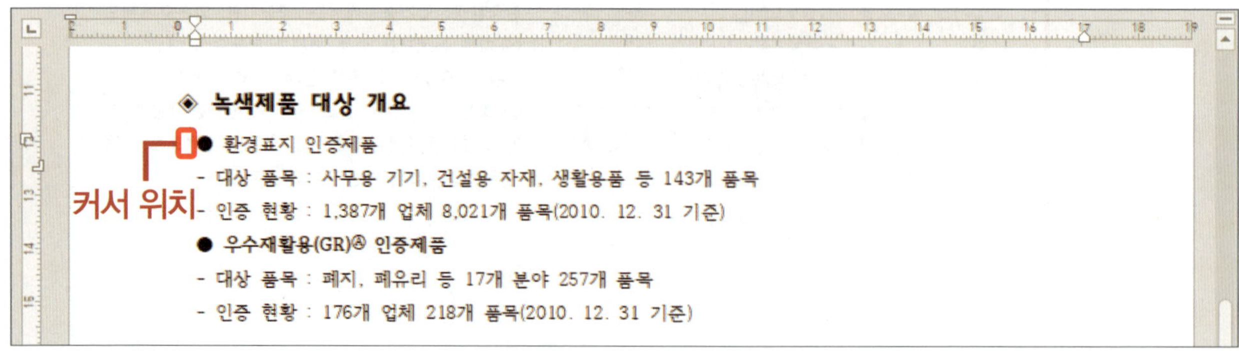

○ 예제 파일 : Easy한글2020\실습및정답파일\10장\혼자풀어보기1(실습).hwp

1 '혼자풀어보기1(실습).hwp' 문서를 불러와서 지시사항에 맞게 문서를 편집해 보세요.

머리말 기능 : 한컴 윤체M, 9pt, 진하게
문단 띠 : 루비색

서울시티투어버스

문단 첫 글자 장식(2줄), 글꼴(궁서), 배경색(노랑)

서울시티투어버스

하이퍼링크 : 책갈피에서 지정한 운행코스와 야간코스

운행코스/야간코스

서울시티투어버스(Seoul City Tour Bus)는 대한민국의 수도 서울특별시의 중심 관광지를 도는 광화문을 기점으로 하는 순환버스이다. 2011년 현재 승차권 가격은 전일권 성인 1만원, 고교생 이하 8천원, 1회권 및 야경 코스 이용권은 성인 5천원, 고교생 이하 3천원이다. 티켓을 제시하면 당일에 한해 일부 박물관과 전시관 등의 무료 입장이나 할인 서비스를 받을 수 있다(예를 들면 서울시립미술관 무료 입장 등). 요금은 미국 달러 또는 티머니로도 지불할 수 있다. 만약 달러로 지불할 경우, 거스름돈은 한화로만 받을 수 있다.

단 : 2단, 구분선(실선), 빨강

서울시티투어버스

책갈피 이름 : 운행코스

1. 운행 코스
   가. 청계천[I] 코스
   나. 야간 코스 (1층 버스)

각주

책갈피 이름 : 야간코스

2. 야간 코스 (2층 버스)
   가. 보유차량
   나. 현대자동차 : 현대 유니버스 스페이스 엘레강스 천연가스버스
   다. 네오플랜 : 네오플랜 스카이라이너 디젤

각주 구분선 빨강, 5cm

I 서울 한복판을 서쪽에서 동쪽으로 가로지르는 물길이 청계천이다.

- B -

쪽 번호 2로 시작

Hint!

- 머리말 : [쪽] 탭-[머리말]
- 문단 첫 글자 장식 : [서식] 탭-[목록단추]를 클릭한 후 [문단 첫 글자 장식]
- 문단 띠 : [입력] 탭-[목록단추]를 클릭한 후-[문단 띠]
- 각주 : [입력] 탭-[각주]
- 책갈피 : [입력] 탭-[책갈피]
- 쪽 번호 매기기 : [쪽] 탭-[쪽 번호 매기기]
- 각주 내용 : 서울 한복판을 서쪽에서 동쪽으로 가로지르는 물길이 청계천이다.

● 예제 파일 : Easy한글2020\실습및정답파일\10장\혼자풀어보기2(실습).hwp

2 '혼자풀어보기2(실습).hwp' 문서를 불러와서 지시사항에 맞게 문서를 편집해 보세요.

머리말 기능 : 궁서, 9pt,
문단 띠 : 초록

가스안전

편리한 가스 더욱 안전하게

문단 첫 글자 장식(3줄), 글꼴(바탕), 선 종류(점선), 배경색(초록) 80% 밝게)

종류 / 특성

하이퍼링크 : 책갈피에서 지정한 종류와 특성

원시 시대부터 오랫 동안 인류가 에너지원으로 사용한 연료는 나무, 석탄 등 고체 연료였다. 석탄을 사용한 증기 기관은 산업혁명을 불러와 근대 산업 사회의 문을 열었으나 여러 가지 면에서 사용에 불편한 점이 있었다. 그 이후 액체 연료인 석유의 출현으로 산업 사회는 비약적인 발전을 거듭하였으나 이 또한 환경오염을 비롯하여 자원의 고갈(枯渴) 등 많은 문제점을 안고 있다.

최근 가스 사용량은 연평균 12%의 증가세를 보인 반면 사고는 1997년부터 줄어들기 시작하여 해마다 약 20%의 감소세를 보이고 있으며, 가스 사고로 인한 사망자 등 인명 피해도 감소하고 있다. 그러나 아직도 가정용 연료인 LPG와 도시가스의 사고가 전체 가스 사고의 95%나 되어 가정에서의 자율적인 가스 안전 관리가 중요한 것으로 지적되고 있다.

단 : 3단, 구분선(점선)

▶ 가스 연료의 종류와 특성

책갈피 이름 : 종류

1. 종류
   가. 액화석유가스(LPG) : 원유 정제 시 나오는 탄화수소㉮를 냉각한 가스
   나. 액화천연가스(LNG) : 유전에서 채취한 천연가스를 액화한 가스

각주

책갈피 이름 : 특성

2. 특성
   가. 연소 효율이 높으며 완전 연소가 가능하다.
   나. 점화와 소화가 쉽고 열량이 높으며 저장과 운반이 용이하다.

각주 구분선 5cm

㉮ 탄소(C)와 수소(H) 만으로 이루어진 유기 화합물을 말한다.

- 3 -

쪽 번호 3으로 시작

Hint! 각주 내용 : 탄소(C)와 수소(H) 만으로 이루어진 유기 화합물을 말한다.

예제 파일 : Easy한글2020\실습및정답파일\10장\혼자풀어보기3(실습).hwp

3 '혼자풀어보기3(실습).hwp' 문서를 불러와서 지시사항에 맞게 문서를 편집해 보세요.

머리말 기능 : 굴림, 10pt
문단 띠 : 남색

전자파

전자파에 대한 올바른 이해

문단 첫 글자 장식(2줄), 글꼴(궁서), 배경색(하늘색)

적합인증 / 인증신청 ← 하이퍼링크 : 책갈피에서 지정한 적합인증과 인증신청

자기파의 원래 명칭은 전기자기파로서 이것을 줄여 전자파라고 부릅니다. 전자파는 전기장과 자기장의 두 가지 성분으로 구성된 파동으로서 공간을 광속도로 주파합니다. 전자파를 발생시키는 것으로는 우선 태양이 있습니다. 전자파는 전파, 적외선, 가시광선(빛), 자외선, X선, 감마선으로 나눌 수 있으며 이 중 전파는 대표적인 전자파로 우리 주위에서 여러 가지 형태로 이용되고 있어 일상생활에 없어서는 안 될 필수적인 것입니다. 전기 히터와 같이 따뜻한 물체에서 적외선 감지기로 감지가 가능한 적외선을 복사합니다. 감마선은 핵반응과 원자폭탄에서 발생하는 위험한 광선입니다.

단 : 2단, 구분선(점선)

▶ 방송통신기자재 적합성 평가제도

책갈피 이름 : 적합인증 → A. 적합인증 대상 기자재

① 의무항공기국에 설치하는 무선설비의 기기

② 해상이동업무용 디지털㉮ 선택 호출장치의 기기 ← 각주

책갈피 이름 : 인증신청 → B. 인증신청 준비 서류

① 방송기기인증신청서, 지정 시험기관으로부터 발급받은 시험성적서

② 인증수수료 : 적합인증 165,000원, 적합등록 55,000원

각주 구분선 주황, 2cm

㉮ 어떤 정보를 셀 수 있는 수의 형태로 바꿔 처리하는 방법

쪽 번호 5로 시작

⑤

Hint! 각주 내용 : 어떤 정보를 셀 수 있는 수의 형태로 바꿔 처리하는 방법

맞춤법 검사와 인쇄하기

편집 문서에서 맞춤법 검사하여 인쇄하고, 한글 문서를 PDF로 전환하는 방법에 대하여 배워봅니다.

완성파일 미리 보기

무료 동영상

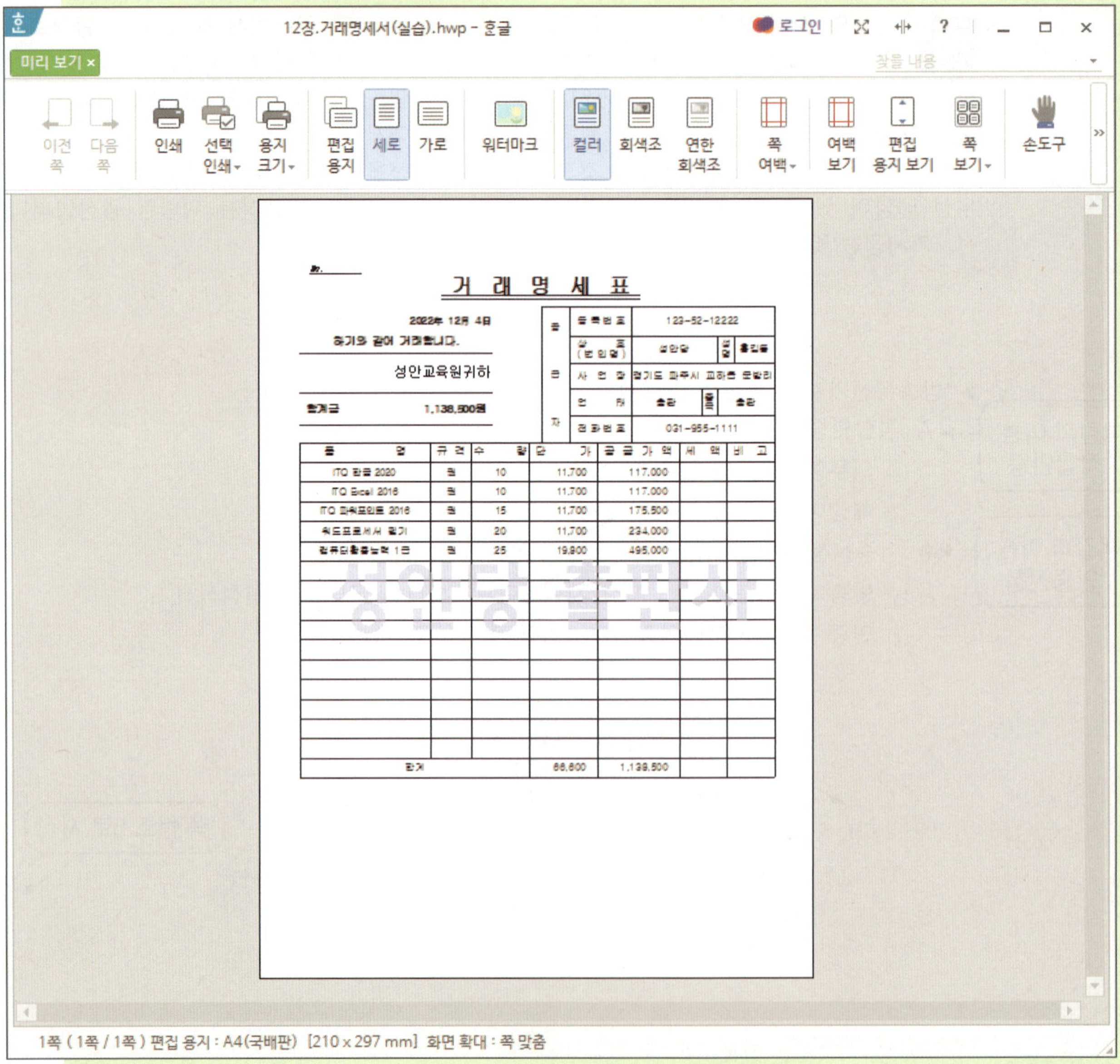

12장.거래명세서(실습).hwp - 한글

미리 보기 ×

이전 쪽 | 다음 쪽 | 인쇄 | 선택 인쇄 | 용지 크기 | 편집 용지 | 세로 | 가로 | 워터마크 | 컬러 | 회색조 | 연한 회색조 | 쪽 여백 | 여백 보기 | 편집 용지 보기 | 쪽 보기 | 손도구

No.

거 래 명 세 표

2022年 12月 4日

하기와 같이 거래합니다.

성안교육원귀하

합계금 1,138,500원

공급자		
등록번호	123-52-12222	
상호(법인명)	성안당	성명 홍길동
사업장	경기도 파주시 교하읍 문발리	
업태	출판	종목 출판
전화번호	031-955-1111	

품명	규격	수량	단가	공급가액	세액	비고
ITQ 한글 2020	권	10	11,700	117,000		
ITQ Excel 2016	권	10	11,700	117,000		
ITQ 파워포인트 2016	권	15	11,700	175,500		
워드프로세서 필기	권	20	11,700	234,000		
컴퓨터활용능력 1급	권	25	19,800	495,000		
합계			66,600	1,138,500		

성안당 출판사

1쪽 (1쪽 / 1쪽) 편집 용지 : A4(국배판) [210 x 297 mm] 화면 확대 : 쪽 맞춤

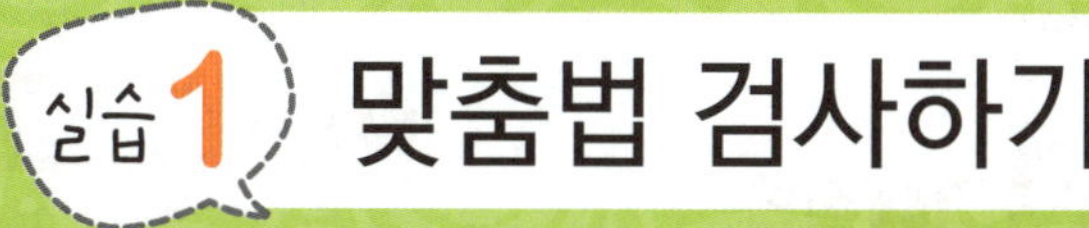

실습 1 맞춤법 검사하기

사전과 비교하여 틀린 곳을 찾아 올바른 단어를 제시해주는 맞춤법 검사 기능에 대하여 배워봅니다.

● 예제 파일 : Easy한글2020\실습및정답파일\11장\11장.거래명세서(실습).hwp

1 '11장.거래명세서(실습).hwp' 문서를 불러온 후 문서의 처음 문자 앞에 커서를 위치하고 **[도구] 탭에서 [맞춤법 검사]를 클릭**합니다.

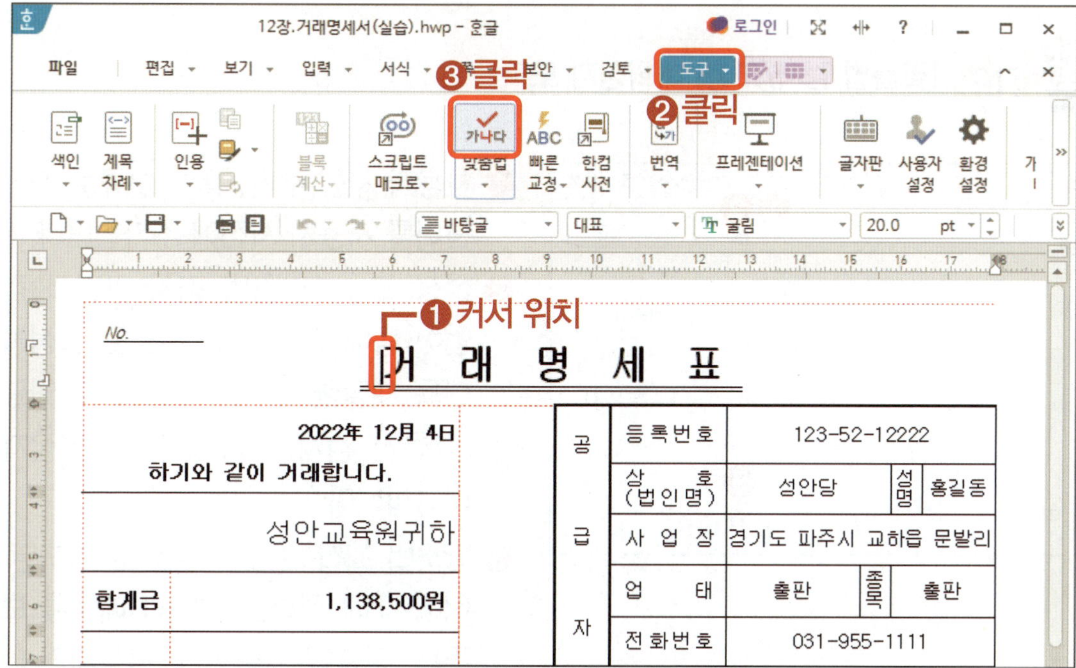

맞춤법 단축키 : F8

2 [맞춤법 검사/교정] 대화상자에서 **[시작] 단추를 클릭**합니다.

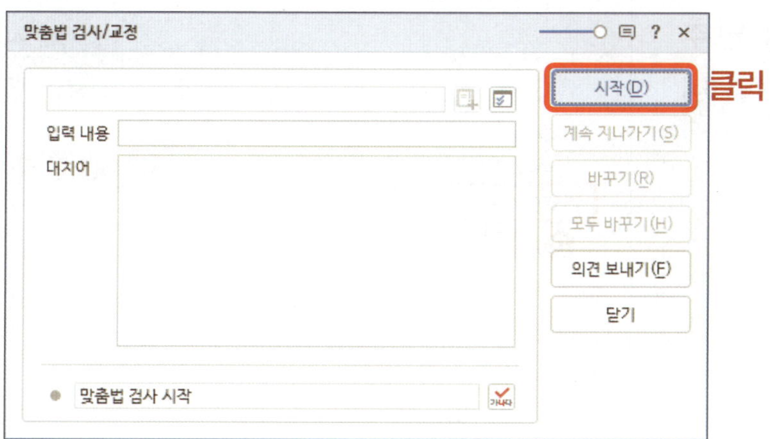

❸ 다음과 같이 교정이 필요 없는 문자가 나타날 때 **[지나가기]를 클릭**하면 변경 없이 지나갑니다.

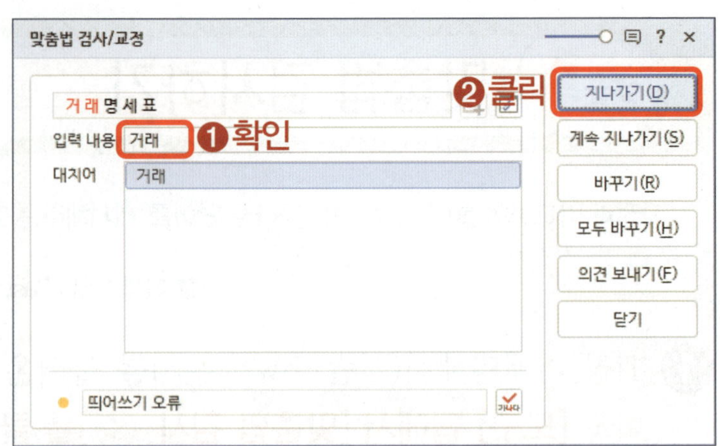

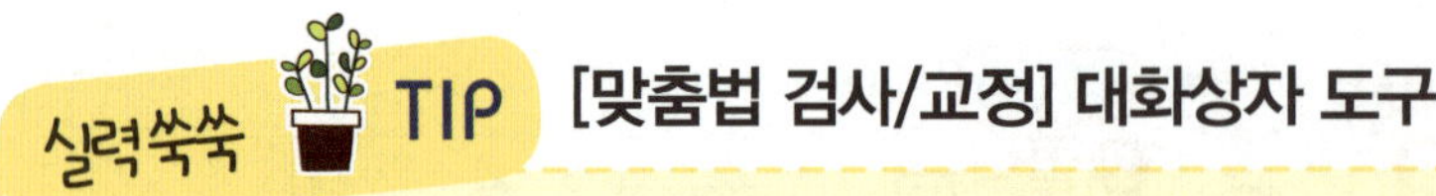

[맞춤법 검사/교정] 대화상자 도구

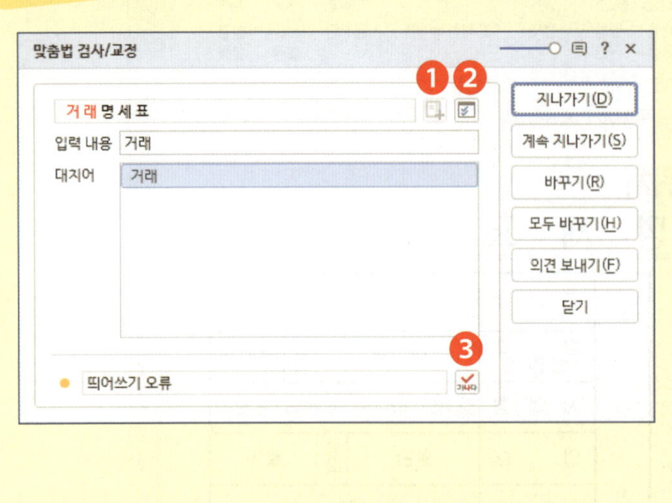

❶ 사용자 사전 추가( ) : 오류로 지적된 단어를 사용자 사전에 추가합니다.

❷ 설정( ) : 맞춤법 검사 방법과 검사 언어 등에 관한 선택 사항을 설정하여 더욱 세밀한 검사를 수행할 수 있도록 [맞춤법 검사/교정 설정] 대화상자가 나타납니다.

❸ 맞춤법 길잡이( ) : 오류로 지적된 단어에 대해 정확한 설명과 예문을 보여 주는 [맞춤법 길잡이] 대화상자가 나타납니다.

❹ '한귤'이란 오타 문자가 검색되면 **[맞춤법 길잡이]를 클릭**하여 맞춤법 오류에 관한 내용을 확인할 수 있으며, '대치어'에 '한글'을 선택한 후 **[바꾸기] 단추를 클릭**하면 '한귤'이 '한글'로 변경됩니다.

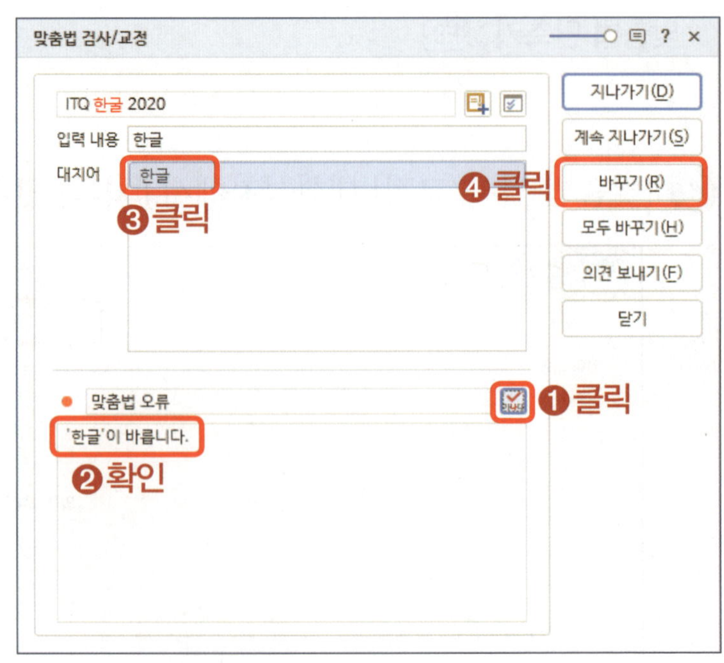

5 다시 'Ecel'이란 오타 문자가 검색되고 '대치어'에 알맞은 말이 없으면 '입력 내용'에 직접 **『Excel』을 입력한 후 [바꾸기] 단추를 클릭**하여 교정합니다.

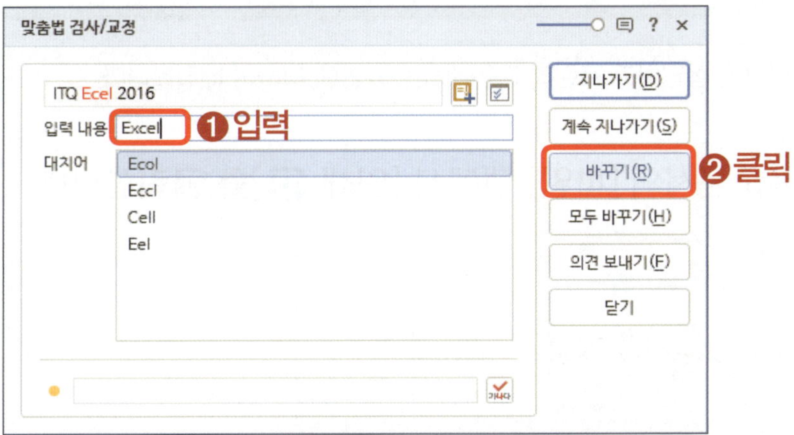

6 '문서의 처음부터 맞춤법 검사를 계속할까요?'라는 대화상자가 나타나면 **[검사] 단추를 클릭**하고 맞춤법 검사가 끝나면 **[확인] 단추를 클릭**합니다.

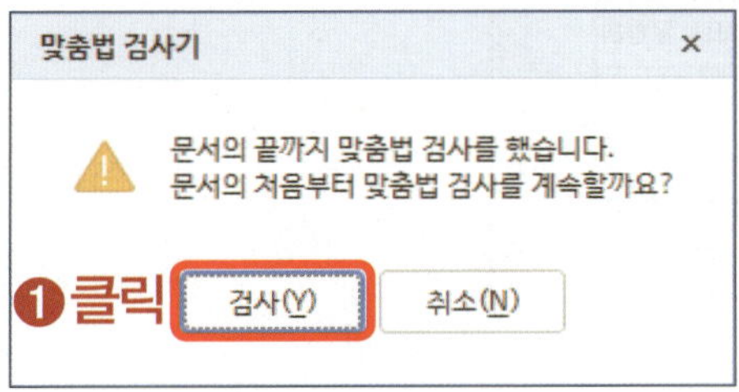

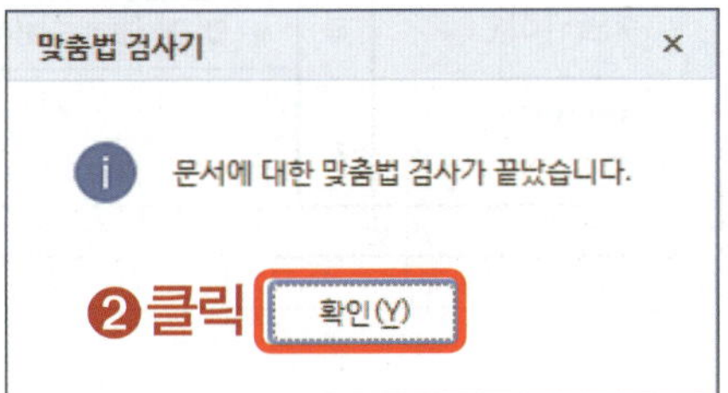

맞춤법 도우미 동작 설정

[도구] 탭에서 [맞춤법 검사]에 [맞춤법 도우미 동작]을 선택하면 오타가 있을 수 있는 단어나 문자열에 빨간색의 줄이 표시됩니다.

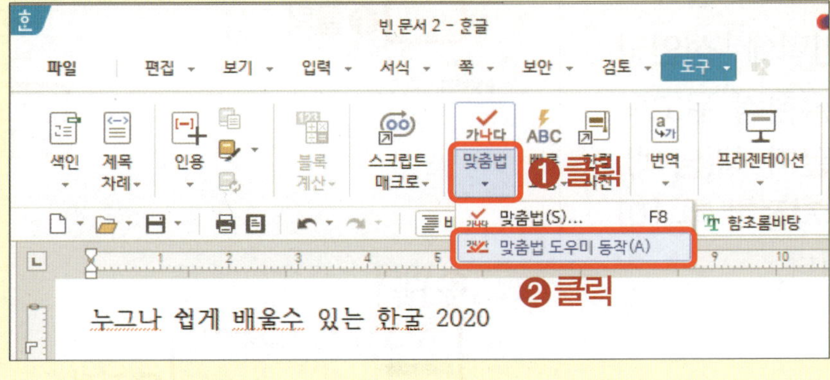

워터마크 삽입하고 인쇄하기

현재 편집 화면에 있는 문서에 워터마크를 삽입하고 프린터로 인쇄하는 방법에 대하여 배워봅니다.

1 '11장.거래명세서(실습).hwp' 문서의 [파일] 탭에서 [인쇄]를 클릭합니다.

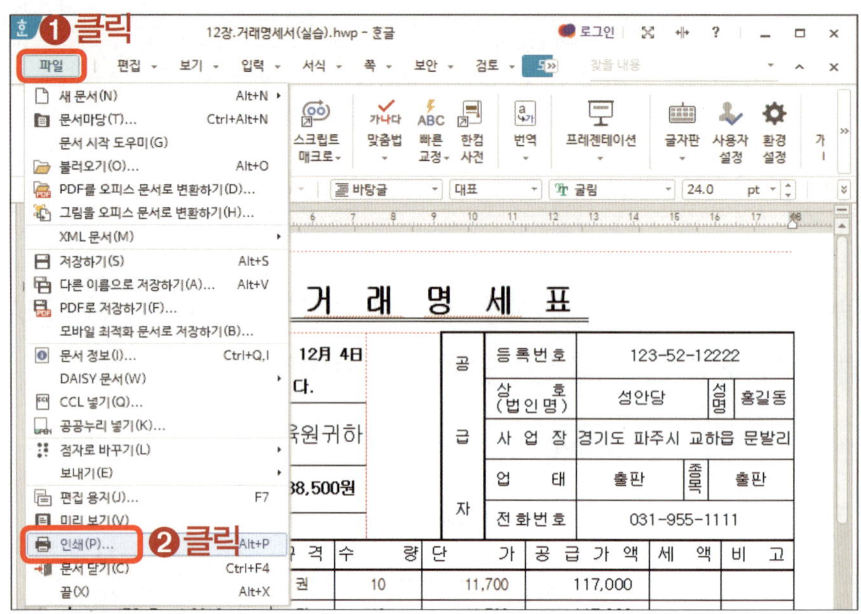

인쇄 미리 보기

[파일]에서 [미리 보기]를 클릭하면 출력할 내용을 미리 볼 수 있습니다.

2 [인쇄] 대화상자의 [워터마크] 탭에서 '글자 워터마크'의 글자 입력에 『성안당 출판사』를 입력하고, 글꼴(한컴 윤고딕 250), 글자 크기(80pt), 글자 색(남색), 각도(0), 투명도(50%)를 지정한 후 [미리 보기] 단추를 클릭합니다.

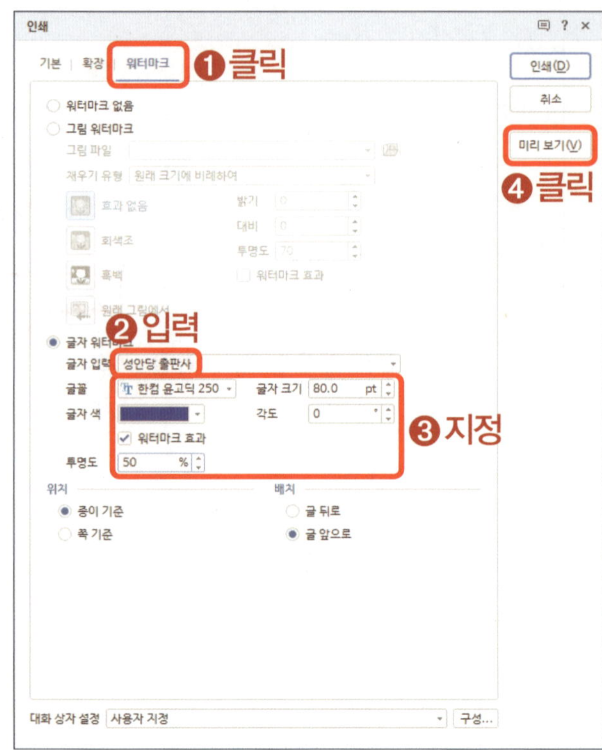

③ '미리 보기' 화면에서 인쇄되는 내용을 확인합니다.

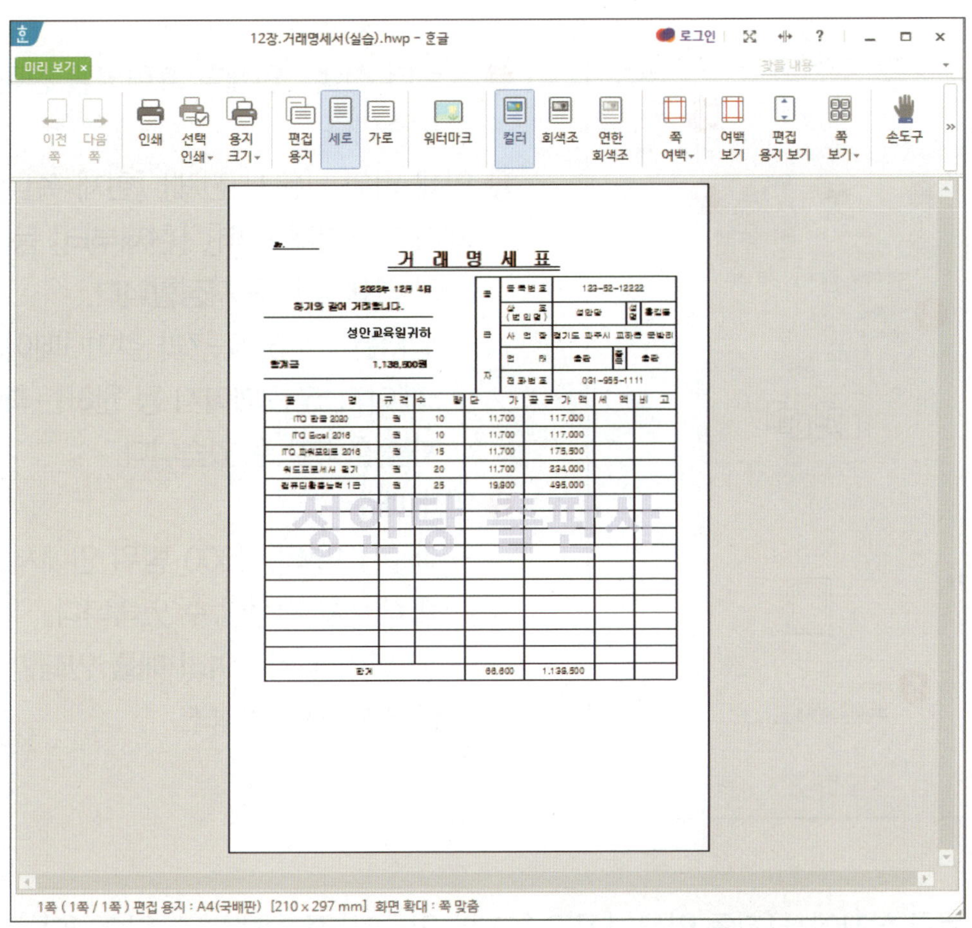

④ 워터마크를 제거하기 위해서 **[파일] 탭에서 [인쇄]를 클릭**하고, [인쇄] 대화상자의 **[워터마크] 탭에서 '워터마크 없음'을 선택한 후 [미리 보기] 단추를 클릭**합니다.

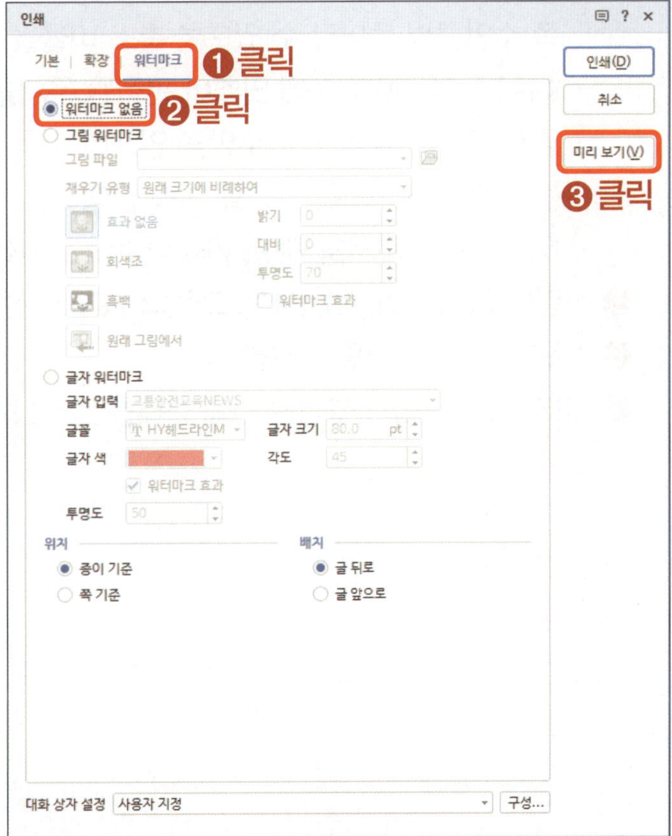

워터마크를 설정해 놓으면 다음에 다른 문서를 인쇄할 때 기존에 설정해 놓았던 워터마크가 인쇄되므로 워터마크를 사용하지 않으면 반드시 '워터마크 없음'으로 설정해야 합니다.

실력쑥쑥 TIP [인쇄] 대화상자

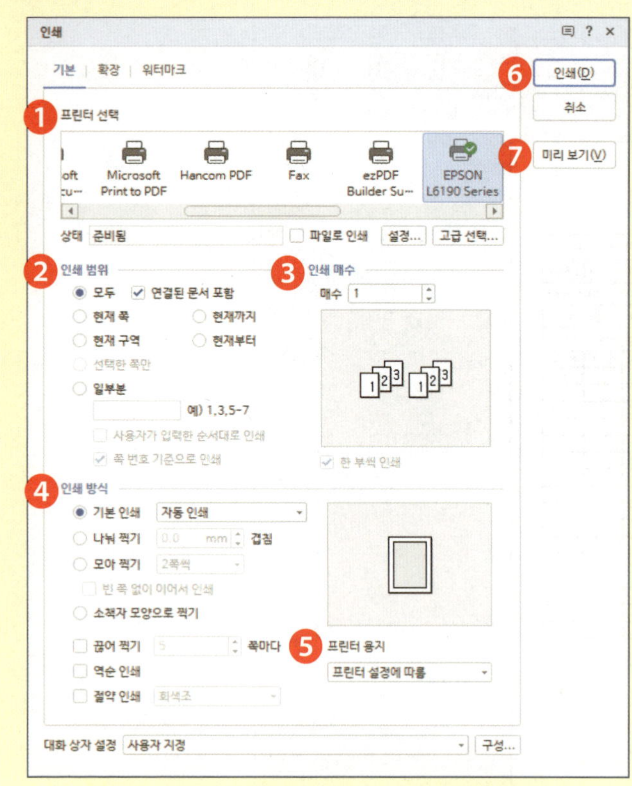

❶ 프린터 선택 : 인쇄할 프린터를 선택할 수 있습니다.

❷ 인쇄 범위 : [문서 전체], [현재 쪽], [현재까지], [현재 구역], [현재부터] 등 문서의 인쇄 범위를 지정합니다.

– 일부분 : 1, 3, 5–7과 같이 1페이지, 3페이지, 5~7페이지 등 원하는 페이지를 출력할 수 있습니다.

❸ 인쇄 매수

– 매수 : 1부터~1000 범위 안에서 인쇄 매수를 지정할 수 있습니다.

– 한 부씩 찍기 : 여러 매를 인쇄할 때 한 부씩 인쇄합니다.

❹ 인쇄 방식 :

– 기본 인쇄 : 목록 상자에서 [자동 인쇄], [공급 용지에 맞추어] 중 선택할 수 있습니다.

– 모아 찍기 : 모아 찍을 쪽 수를 지정하면 공급 용지 한 장에 편집된 문서 내용이 정해진 쪽 수만큼씩 들어갈 수 있도록 축소 비율을 자동으로 조절하여 인쇄합니다.

– 나눠 찍기 : 큰 종이에 맞추어 편집된 문서를 작은 종이 여러 장에 나누어 인쇄합니다.

– 끊어 찍기 : 일정한 쪽 수만큼 인쇄한 다음 사용자에게 다음 인쇄를 위한 준비가 다 되었는지를 확인하므로, 인쇄를 계속 진행하거나 도중에 멈출 수 있습니다.

– 역순 인쇄 : 문서를 맨 뒤부터 역순으로 인쇄합니다.

❺ 프린터 용지 : A3, A4, B4 등 프린터 용지를 선택할 수 있습니다.

❻ [인쇄] 단추 : 인쇄를 시작합니다.

❼ [미리 보기] 단추 : 설정된 인쇄 상태를 [미리 보기] 화면에서 미리 확인해 볼 수 있습니다.

실습3 한글 파일을 PDF로 저장 및 인쇄

보안 기능과 인덱스 기능으로 전자도서를 구성하는 데 매우 유용한 PDF 파일로 변환하고 인쇄하는 방법에 대하여 배워봅니다.

1. '11장.거래명세서(실습).hwp' 문서를 불러온 후 **[파일]-[PDF로 저장하기]를 클릭**합니다.

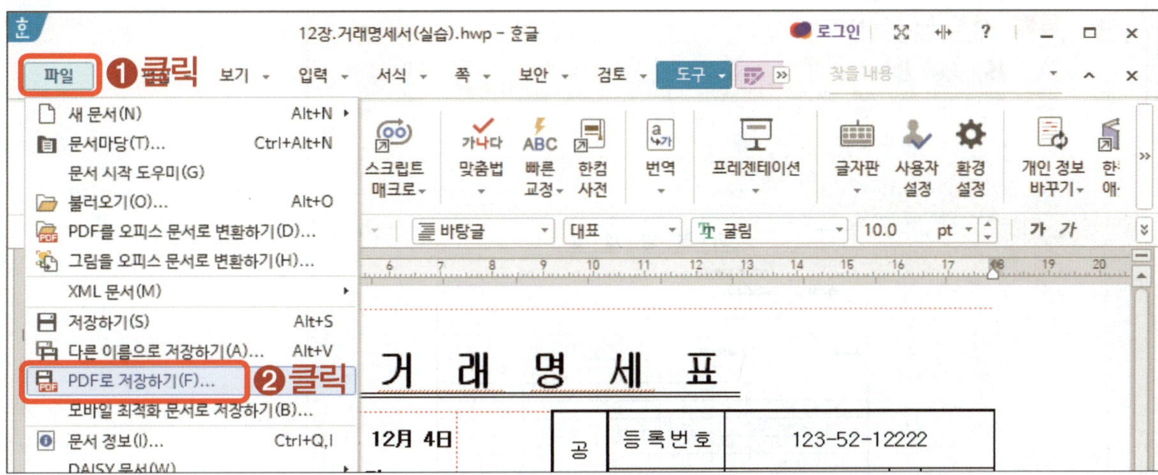

2. [PDF로 저장하기] 대화상자에서 [바탕 화면]을 클릭하고 '파일 이름'에 **『PDF인쇄연습』을 입력한 후 [저장] 단추를 클릭**합니다.

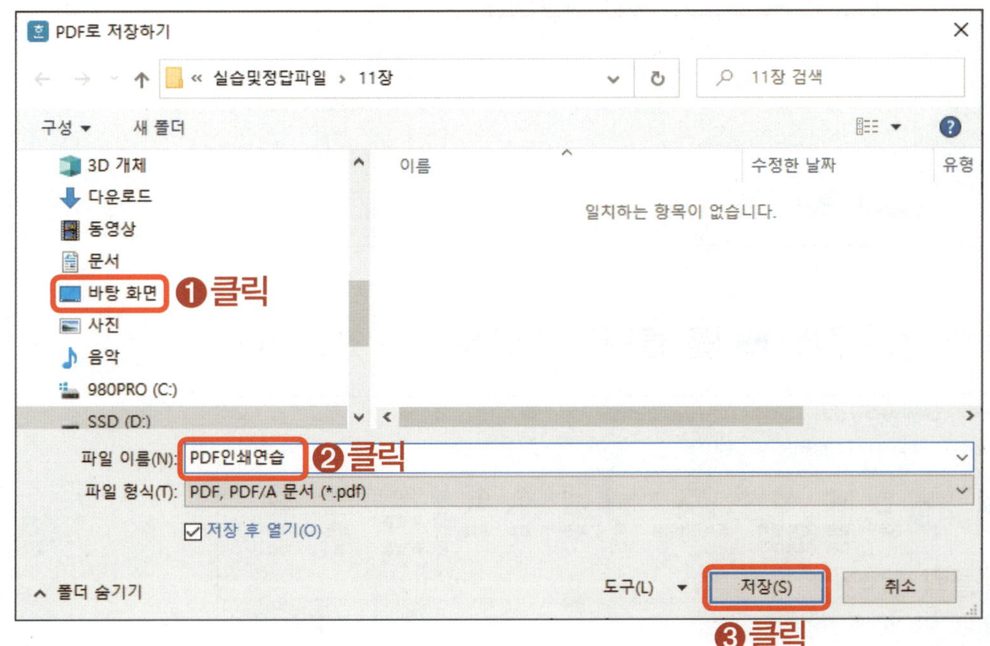

PDF 파일이란?

PDF 포맷은 포토샵으로 유명한 Adobe 사의 Acrobat을 이용해 제작되는 것으로 원본과 똑같은 결과물을 모든 PC에서 열어볼 수 있다는 장점이 있으며, 보안 기능과 인덱싱 기능으로 전자도서를 구성하는 데 매우 유용하게 사용되고 있습니다.

3 다음과 같이 한글 파일이 PDF로 변환된 것을 확인할 수 있습니다.

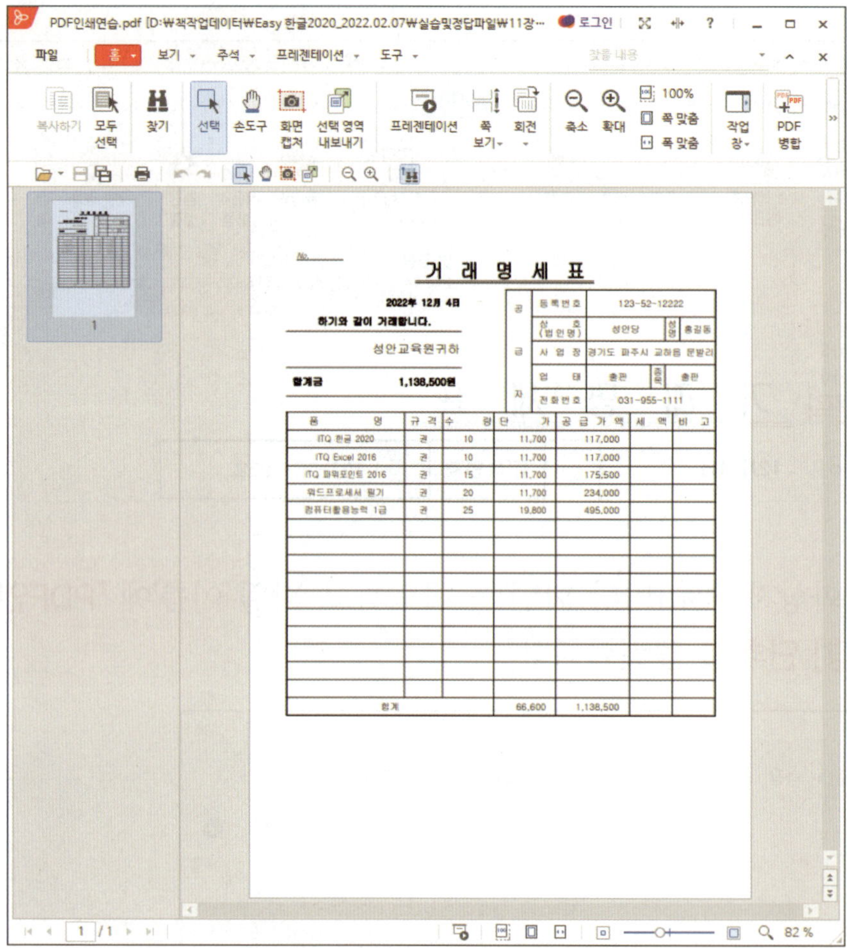

4 서식 도구 상자에서 **[인쇄 🖶]를 클릭**하면 인쇄할 수 있습니다.

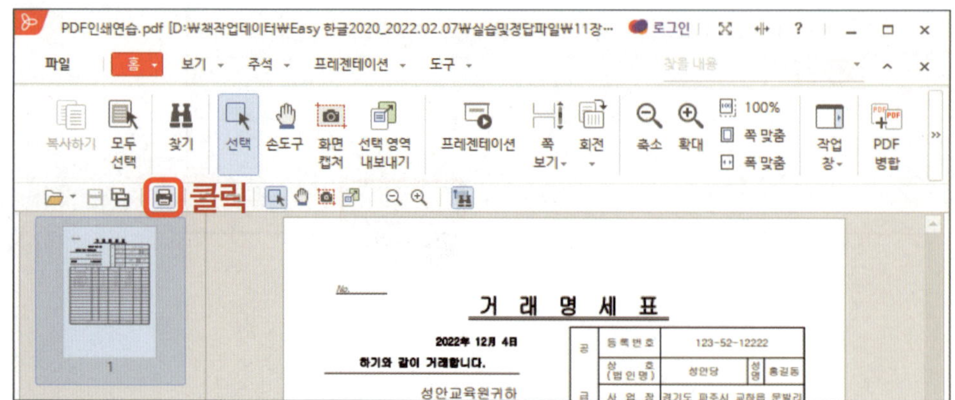

◎ 예제 파일 : Easy한글2020\실습및정답파일\11장\혼자풀어보기1(실습).hwp

1 '혼자풀어보기1(실습).hwp' 문서를 불러와서 맞춤법 검사를 실행하여 문서를 수정해 보세요.

– 맞춤법 검사 : 켐페인→캠페인, 가족 봉사단→가족봉사단, Progran→Program, 사엽→사업

가족 친화 문화조성 사업

건강가정지원센터는 가족이 함께 많은 시간을 보냄으로써 서로를 이해할 수 있는 폭을 넓히고 가족의 기능을 강화할 수 있도록 가족 단위로 참여할 수 있는 프로그램을 제공한다. 또한 가족 친화 문화에 대한 인식 개선 및 지역 단위로의 확장을 위해 노력하고 있다. 작게는 가족(家族)이 함께 식사하기 캠페인을 시행하고 온 가족이 함께 보낼 수 있는 프로그램들을 제공하며, 크게는 가족봉사단 활동과 가족 합창제 등 가족 단위로 지역 내에서 참여할 수 있는 활동을 통해 지역 내의 가족 친화적 문화를 만들어 가고 있다.

가족 문제로 같이 상담을 받거나 교육(教育)을 받으려 해도 배우자나 다른 가족 구성원이 함께 참여하기를 꺼리거나 거부할 때, 그들이 더욱 쉽게 참여할 수 있는 가족 단위 여가활동이나 센터 내의 가족 친화 문화 프로그램을 활용하여 센터에 대해 친숙함을 키울 수도 있다. 지역 내에서 육아에 관한 비슷한 목적을 가진 가족들 간에 육아 품앗이가 있어야 할 때 연결해 주고, 부모와 자녀가 함께할 수 있는 가족 단위 여가 Program 등을 제공함으로써 가족과 이웃이 더욱 친밀하게 소통할 수 있도록 지원하며 이를 통해 가족 문제를 예방하기 위한 사업이다.

Hint! 맞춤법 검사 : F8 키 또는 [도구] 탭–[맞춤법 검사]

예제 파일 : Easy한글2020\실습및정답파일\11장\혼자풀어보기1(실습).hwp

2 '혼자풀어보기2(실습).hwp' 문서를 불러와서 맞춤법 검사를 실행하여 문서를 수정해 보세요.

– 맞춤법 검사 : 고윳가→고유가, 득히→특히, 애너지→에너지, 녹생 쟁활→녹색 생활

친환경 성장 동력의 녹색기술

세계는 지금 기후변화로 상징되는 환경 위기와 고유가로 대표되는 자원 위기에 동시에 직면해 있다. 특히 기후변화는 각종 기상재해로 이어져 생태계의 질서를 뒤흔들며 인류의 생존을 위협하고 있다. 신흥(新興) 개발도상국의 경제 개발과 세계 인구의 지속적인 증가 또한 에너지와 자원의 부족 현상을 부추기고 있다. 이에 선진국들은 오래전부터 자원을 효율적이고 환경친화적으로 이용하는 방법에 국력을 집중하고 있다. 녹색산업이나 녹색기술이 새로운 성장 엔진으로 자리 잡아 가는 것도 같은 맥락이다. 유럽연합을 포함한 선진국들은 녹색기술의 육성과 환경 규제를 통해 관련 산업의 성장을 끌어내는 것은 물론 새로운 시장을 선점하고 일자리까지 창출하는 등 발 빠른 움직임을 보인다.

▣ 녹색 한국의 미래상

가) 국가와 기업

a) 국가 : 저탄소 녹색성장을 통한 녹색 일류 국가 구현

b) 기업 : 녹색기술과 녹색산업을 통한 국가 경쟁력 제고

나) 국민과 취약 계층

a) 국민 : 녹색 생활을 통한 녹색 선진 국민 구현

b) 취약 계층 : 취약 계층에 대한 녹색사회 안전망 구축

Hint! 맞춤법 검사 : F8 키 또는 [도구] 탭–[맞춤법 검사]

3 '혼자풀어보기3(실습).hwp' 문서에 워터마크를 지정해 보세요.

– 워터마크 : 글자 입력(교통안전교육NEWS), 글꼴(HY헤드라인M), 크기(80pt), 글자 색(파랑), 투명도(50%), 각도(45도), 배치(글 뒤로)

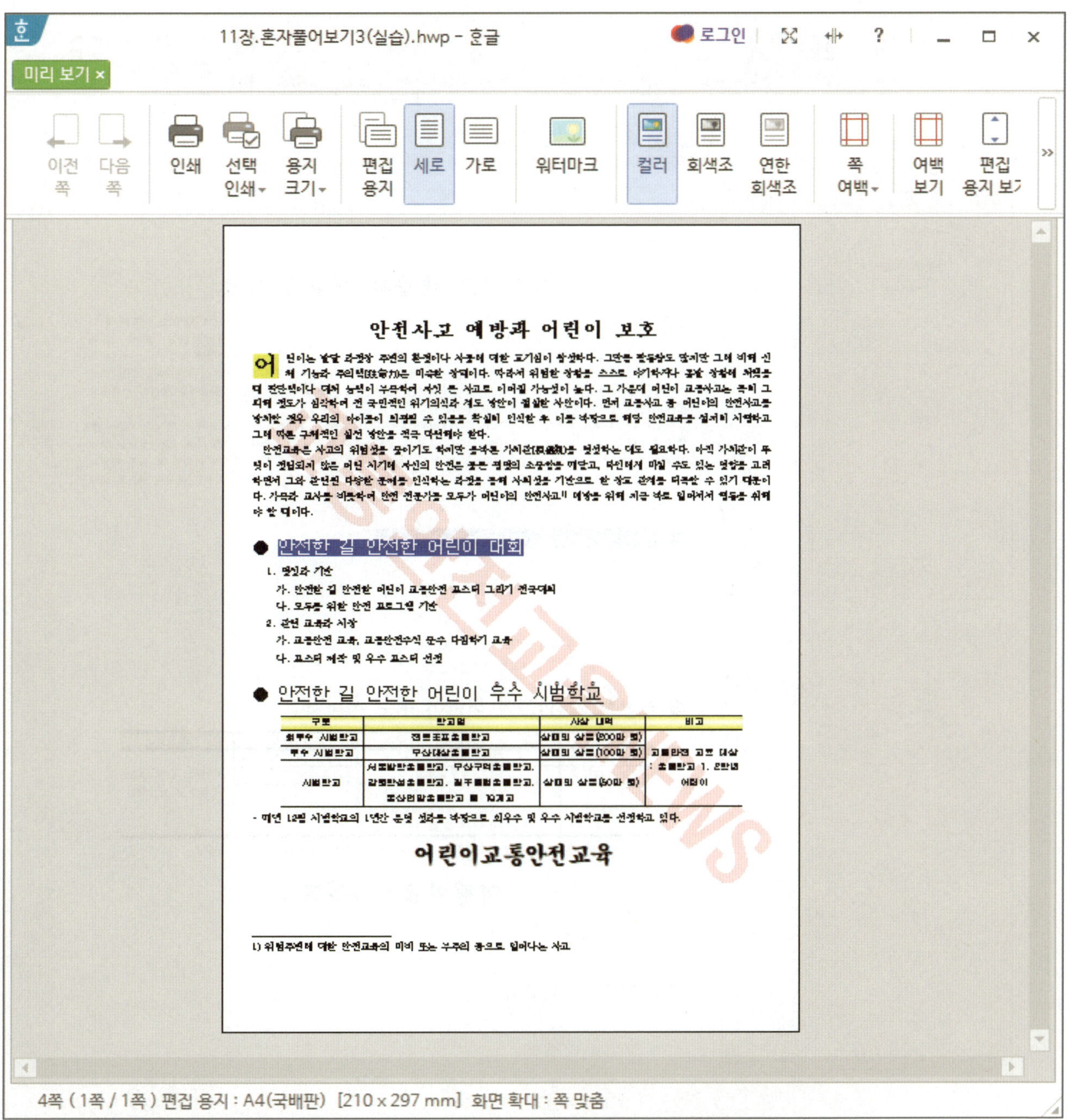

Hint! 워터마크 : [파일]–[인쇄]를 클릭한 후 [인쇄] 대화상자의 [워터마크] 탭에서 지정

● 예제 파일 : Easy한글2020\실습및정답파일\11장\혼자풀어보기1(실습).hwp

4 '혼자풀어보기3(소스).hwp' 문서를 PDF 문서로, 파일 이름은 '혼자풀어보기4'로 저장해 보세요.

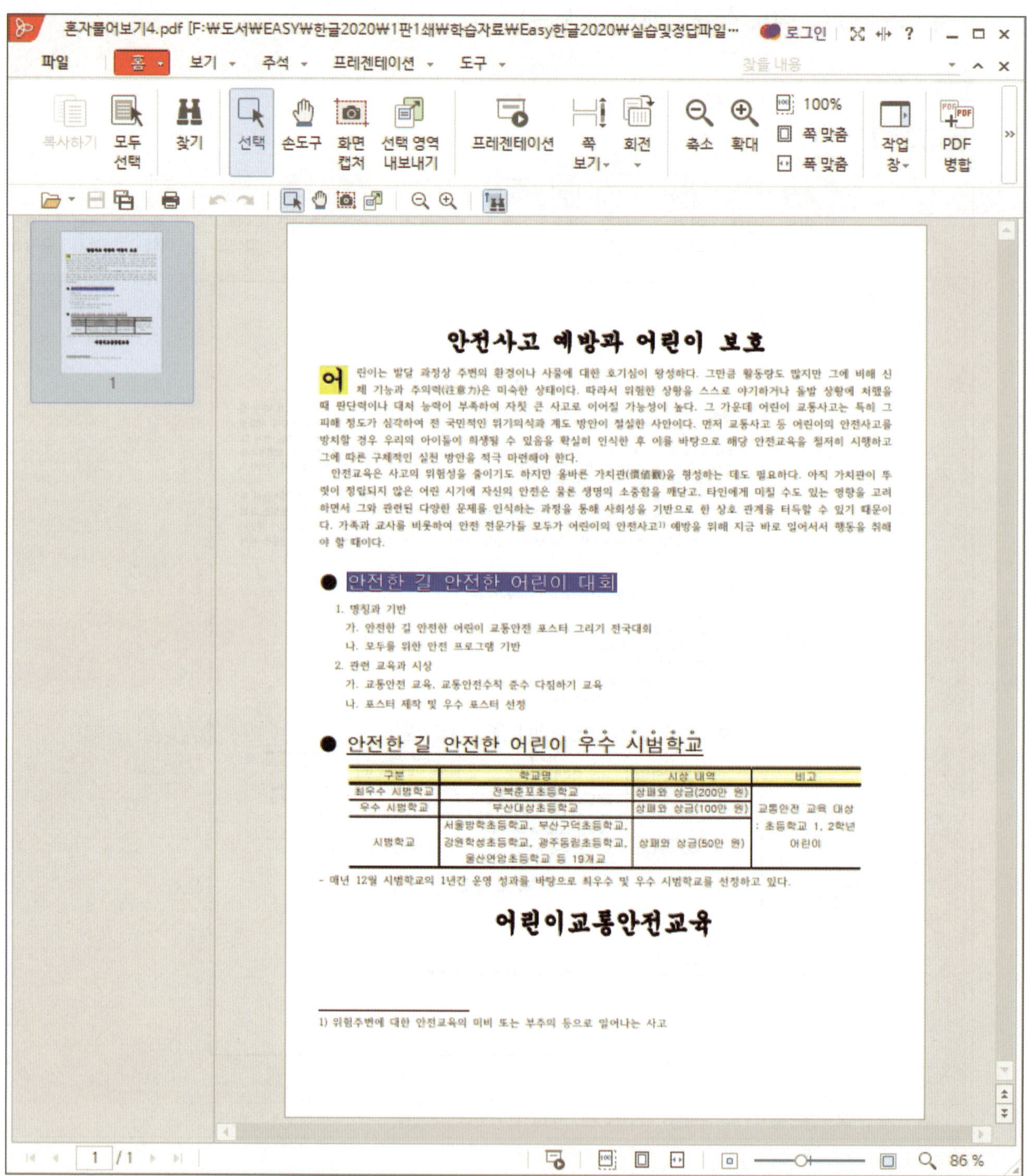

Hint! PDF 저장 : [파일]–[PDF로 저장하기]

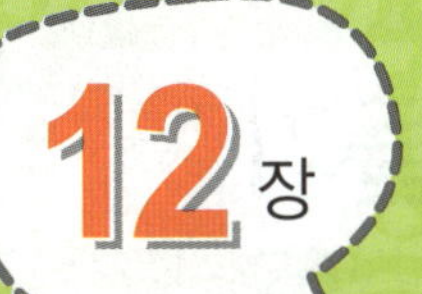

12장 메일 머지 사용하기

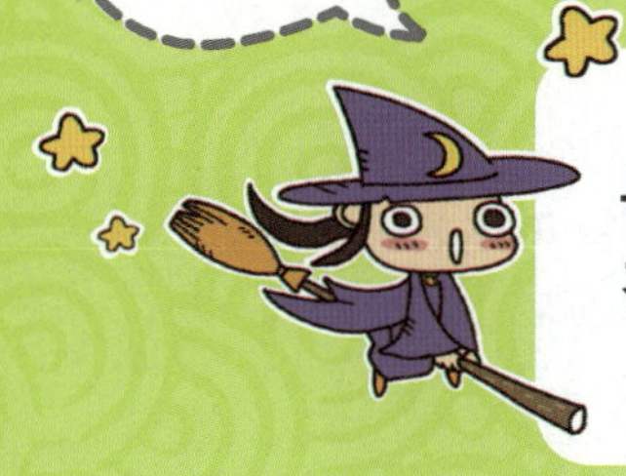

본문 내용은 같지만 받는 사람의 이름이 다른 안내장이나 주소 라벨과 같은 문서를 한꺼번에 작성할 수 있는 메일 머지 기능을 배워봅니다.

무료 동영상

완성파일 미리 보기

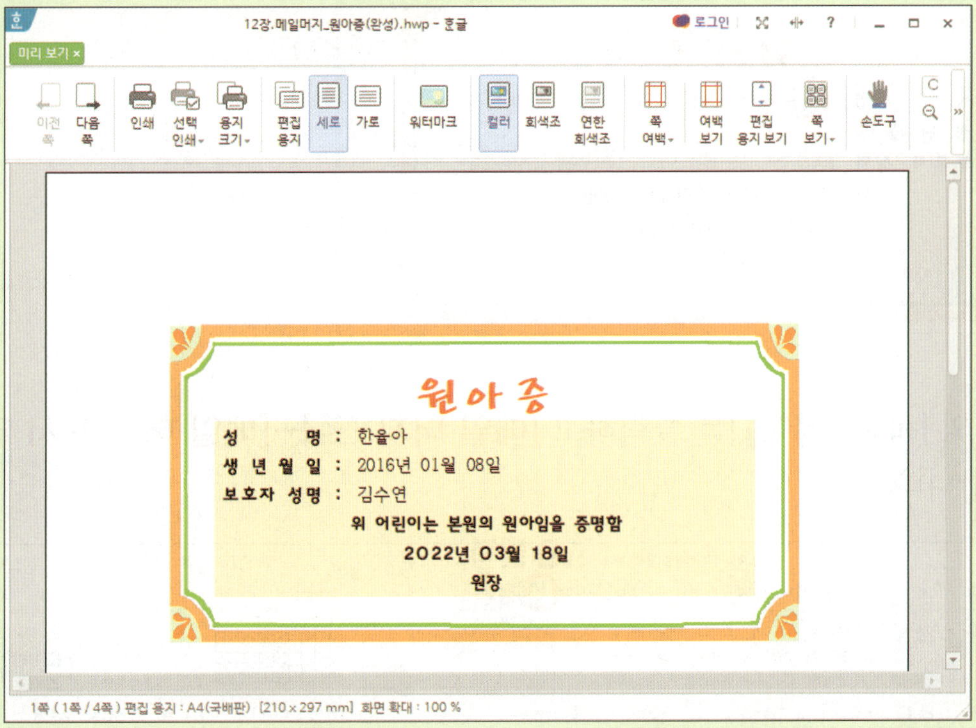

12장.메일머지_원아증(완성).hwp - 한글
로그인
미리 보기
이전 쪽
다음 쪽
인쇄
선택 인쇄
용지 크기
편집 용지
세로
가로
워터마크
컬러
회색조
연한 회색조
쪽 여백
여백 보기
편집 용지 보기
쪽 보기
손도구
원아증
성 명 : 한울아
생 년 월 일 : 2016년 01월 08일
보호자 성명 : 김수연
위 어린이는 본원의 원아임을 증명함
2022년 03월 18일
원장
1쪽 (1쪽 / 4쪽) 편집 용지 : A4(국배판) [210 x 297 mm] 화면 확대 : 100 %

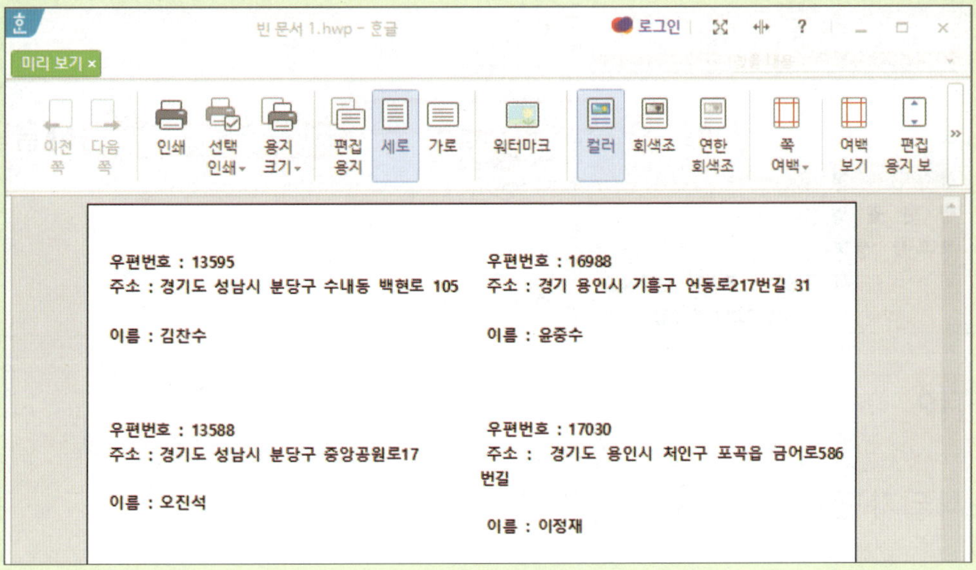

빈 문서 1.hwp - 한글
로그인
미리 보기
이전 쪽
다음 쪽
인쇄
선택 인쇄
용지 크기
편집 용지
세로
가로
워터마크
컬러
회색조
연한 회색조
쪽 여백
여백 보기
편집 용지 보
우편번호 : 13595
주소 : 경기도 성남시 분당구 수내동 백현로 105
이름 : 김찬수
우편번호 : 16988
주소 : 경기 용인시 기흥구 언동로217번길 31
이름 : 윤중수
우편번호 : 13588
주소 : 경기도 성남시 분당구 중앙공원로17
이름 : 오진석
우편번호 : 17030
주소 : 경기도 용인시 처인구 포곡읍 금어로586번길
이름 : 이정재

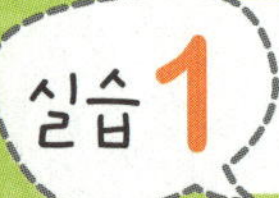

메일 머지를 이용한 유치원 원아증 만들기

문서에 메일 머지 표시를 달고, 메일 머지 만들기를 설정하는 방법에 대하여 배워봅니다.

예제 파일 : Easy한글2020\실습및정답파일\12장\12장.메일 머지_원아증(실습).hwp

메일 머지 표시 달기

1 '12장.메일 머지_원아증(실습)' 파일을 불러와서 '메일 머지 표시'를 달기 위해 '성명:' 뒤를 클릭하여 커서를 위치합니다.

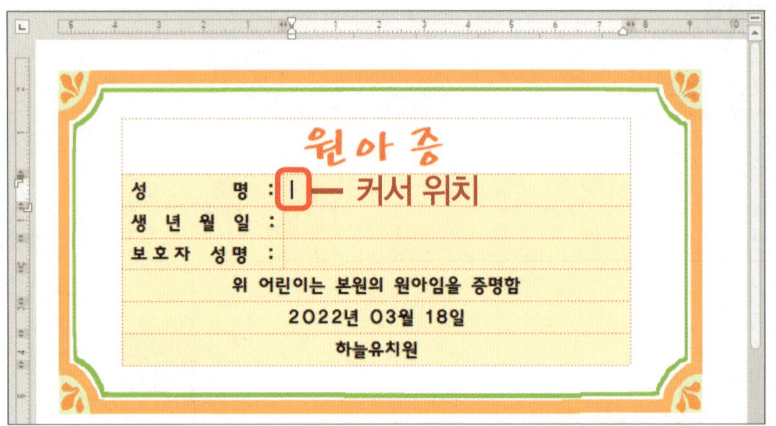

2 [도구] 탭의 [목록단추]를 클릭하고 **[메일 머지]-[메일 머지 표시 달기]를 클릭**합니다.

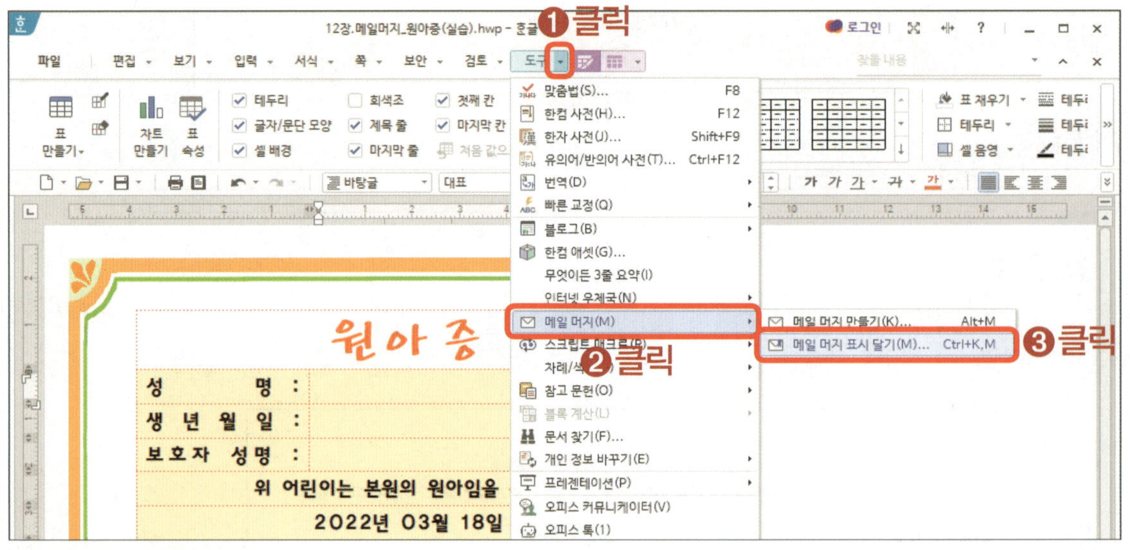

메일 머지 표시 달기 단축키 : Ctrl+K, M

3 [메일 머지 표시 달기] 대화상자의 [필드 만들기] 탭을 클릭하고 『1』을 입력한 후 [넣기] 단추를 클릭합니다.

4 다음과 같이 '성명 :' 뒤에 메일 머지 표시 달기가 '{{1}}'로 지정됩니다.

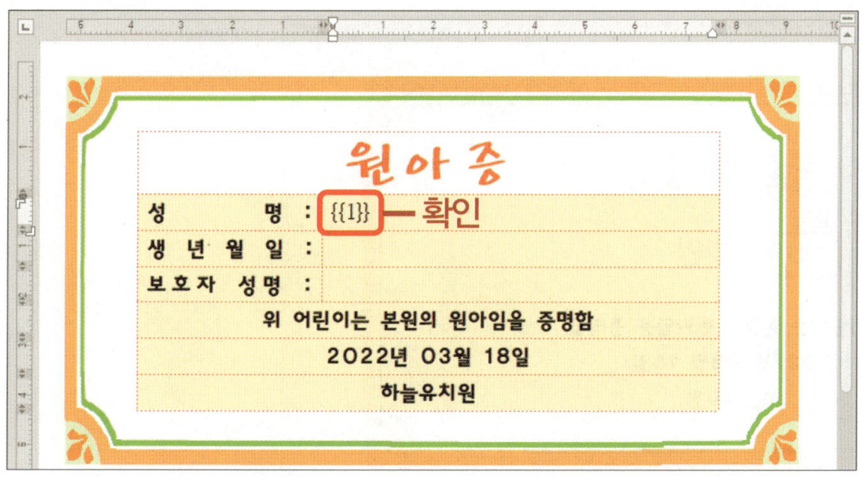

5 '생년월일 : '의 뒤에 커서를 놓고 [도구] 탭의 [목록단추]를 클릭한 후 [메일 머지]-[메일 머지 표시 달기]를 클릭합니다.

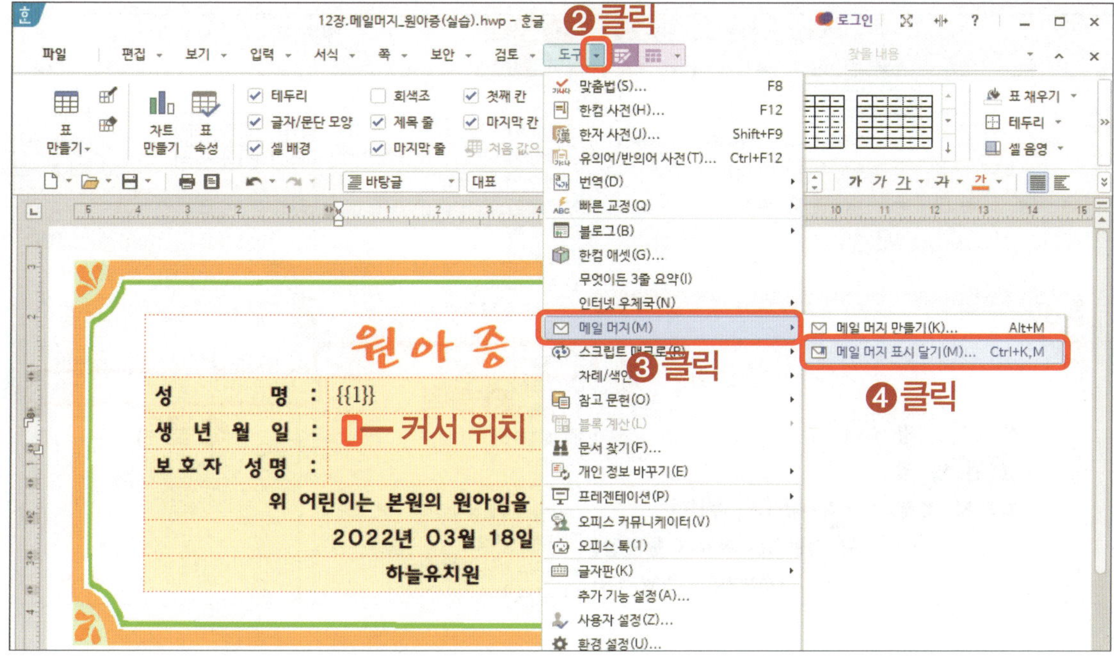

6 [메일 머지 표시 달기] 대화상자의 [필드 만들기] 탭을 클릭하고 『2』를 입력한 후 [넣기] 단추를 클릭합니다.

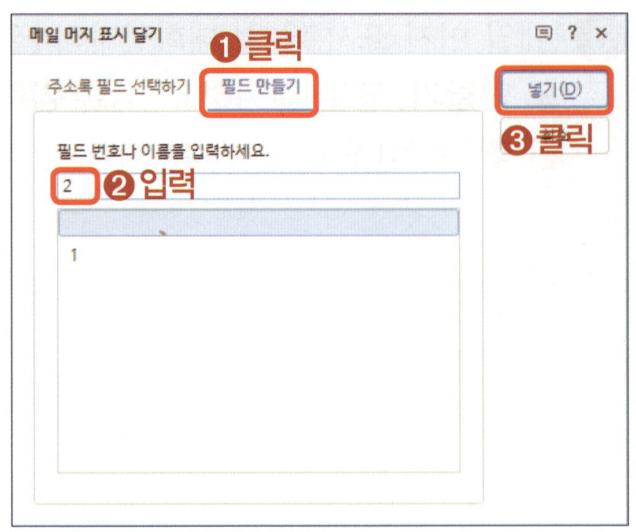

7 다음과 같이 '생년월일 :' 뒤에 메일 머지 표시 달기가 '{{2}}'로 지정됩니다.

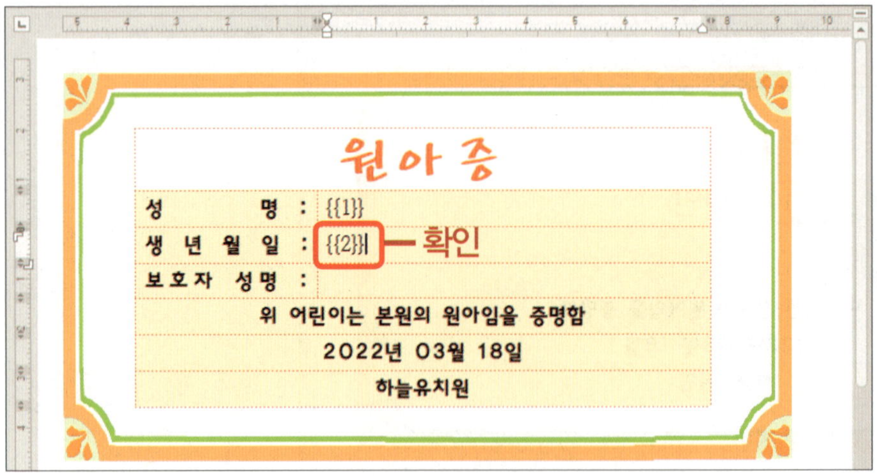

8 '보호자 성명 : '의 뒤에 커서를 놓고 [도구] 탭의 [목록단추]를 클릭한 후 [메일 머지]–[메일 머지 표시 달기]를 클릭합니다.

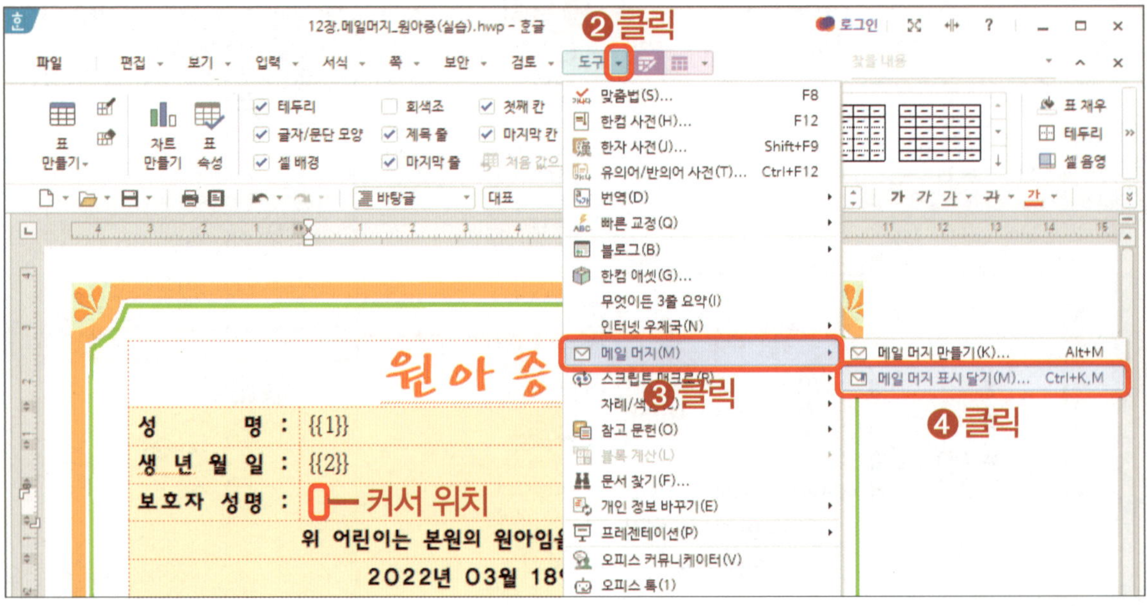

9 [메일 머지 표시 달기] 대화상자의 [필드 만들기] 탭을 클릭하고 **『3』을 입력한 후 [넣기] 단추를 클릭**합니다.

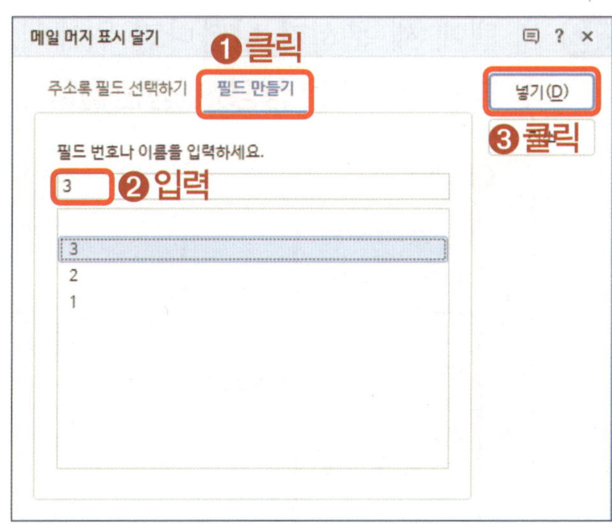

10 다음과 같이 '메일 머지 표시 달기'가 완성됩니다.

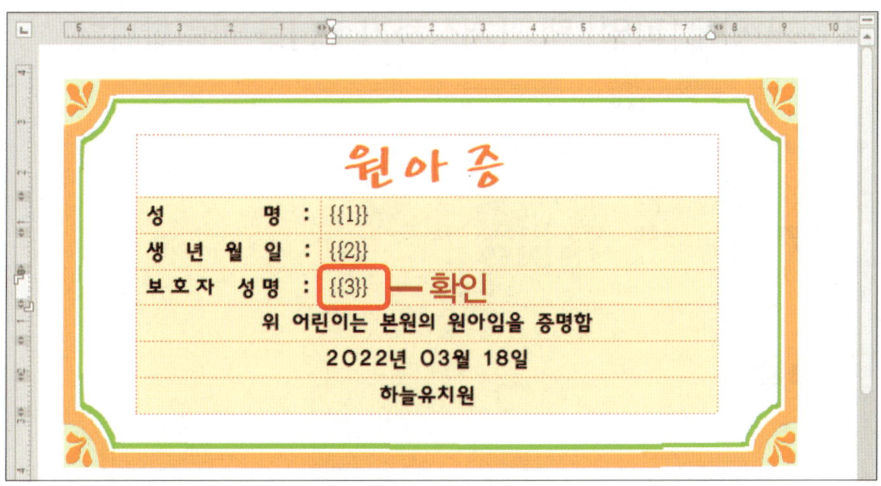

11 메일 머지 자료를 만들기 위해 **[파일]-[새 문서]-[새 탭]을 클릭**합니다.

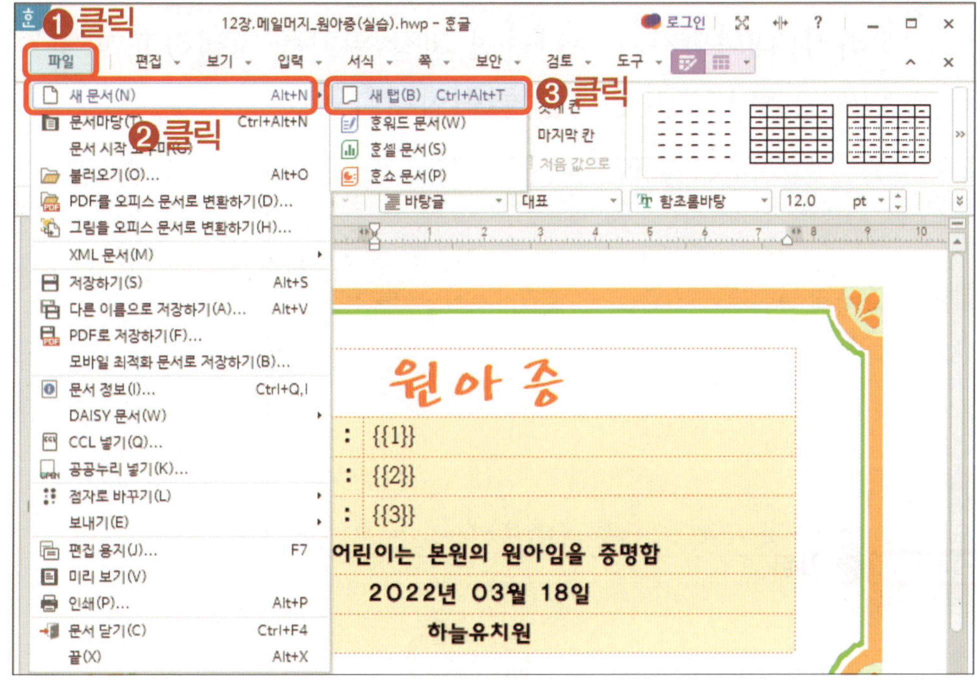

⑫ 새 탭에 새 문서가 나타나면 위에서 '메일 머지 달기'를 3개 했으므로 **『3』을 입력한 후 다음과 같이 『성명』, 『생년월일』, 『보호자 성명』을 각각 입력**합니다.

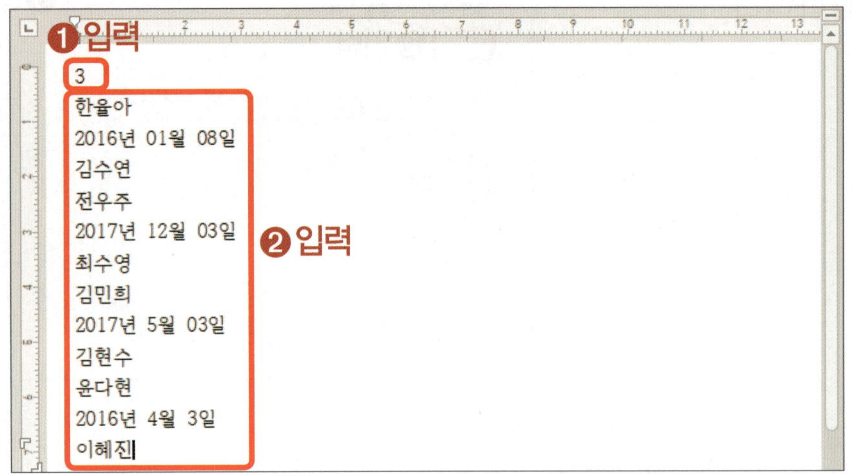

⑬ 메일 머지 자료를 저장하기 위해 **[파일] 탭-[저장하기] 를 클릭**합니다.

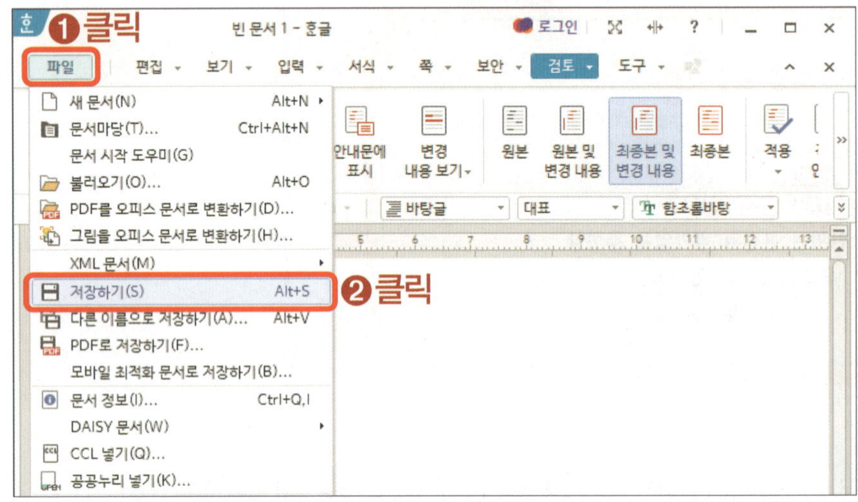

⑭ [다른 이름으로 저장하기] 대화상자가 나타나면 저장 위치를 지정하고 파일 이름에 **『원아증데이터』를 입력한 후 [저장] 단추를 클릭**합니다.

메일 머지 만들기

⑮ 위에서 작업한 '12장.메일 머지_원아증(실습).hwp' 파일에서 **[도구] 탭의 [목록단추 ▾]를 클릭하고 [메일 머지 ✉]-[메일 머지 만들기]를 클릭**합니다.

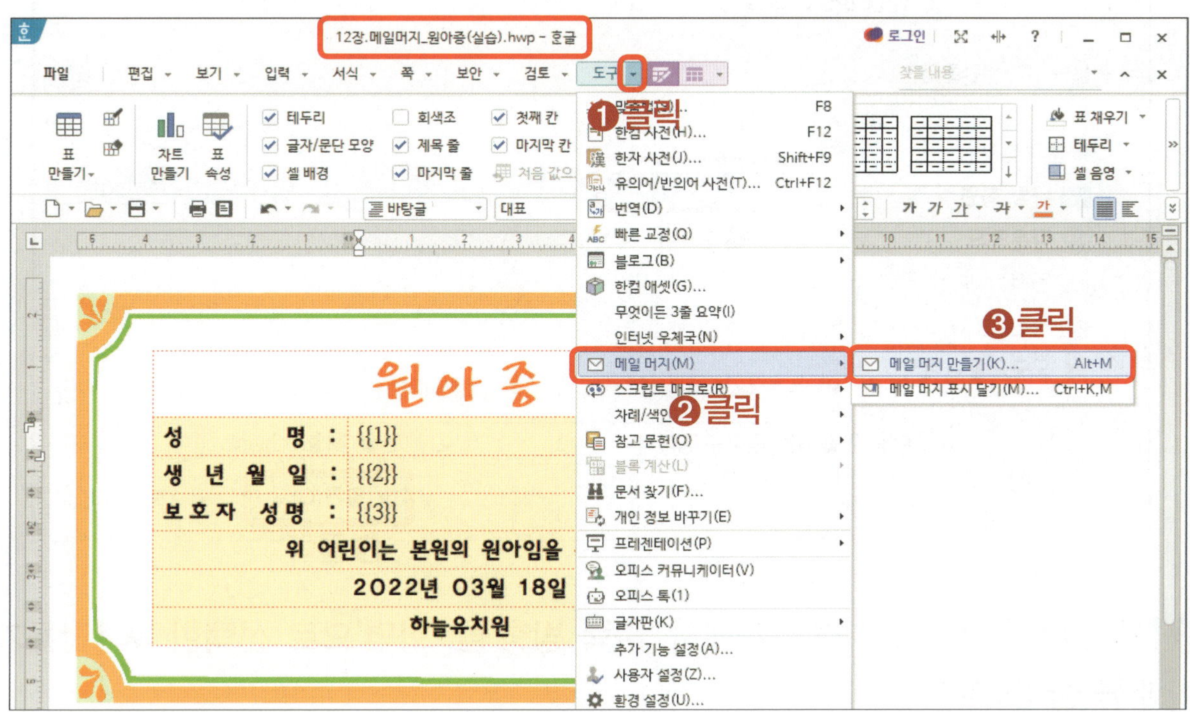

⑯ [메일 머지 만들기] 대화상자에서 '자료 종류'에 '훈글 파일'을 선택하고 **[파일 선택 📂]을 클릭**합니다.

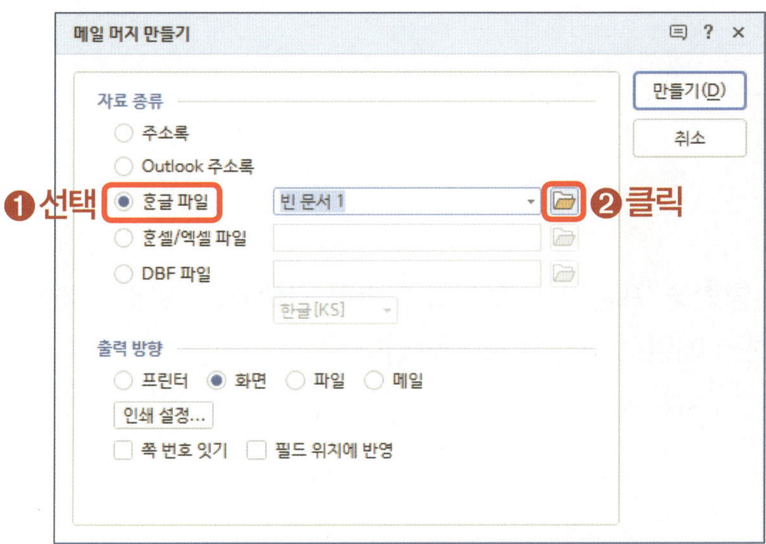

⑰ [한글 파일 불러오기] 대화상자에서 **'원아증데이터.hwp' 파일을 선택한 후 [열기] 단추를 클릭**합니다.

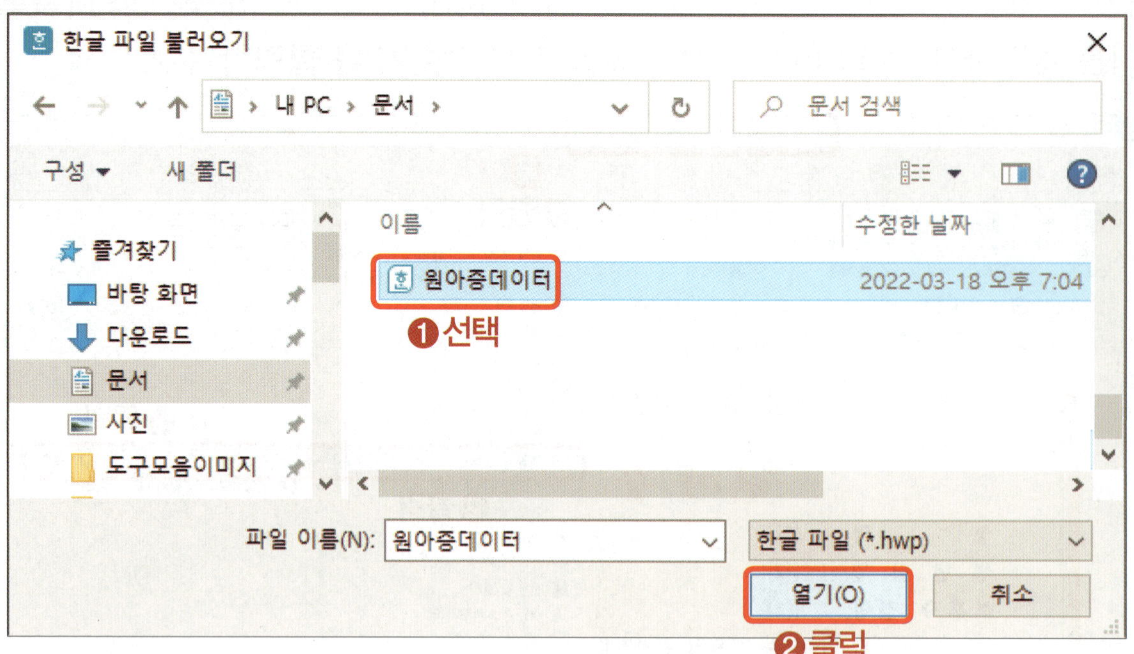

⑱ [메일 머지 만들기] 대화상자에서 **'출력 방향'을 '화면'으로 선택한 후 [만들기] 단추를 클릭**합니다.

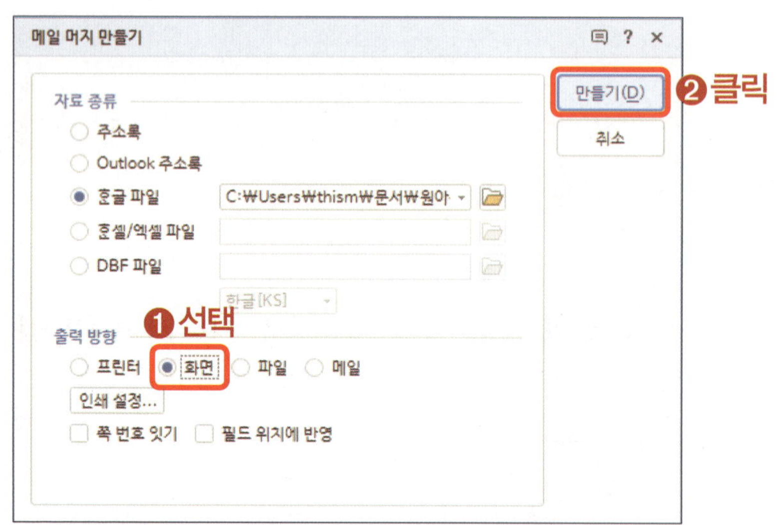

메일 머지 만들기 대화상자에서 출력 방향을 '프린터'로 설정하면 바로 인쇄되고, '파일'을 선택하면 파일로 저장되며, '메일'을 선택하면 메일로 보낼 수도 있습니다.

⑲ 다음과 같이 미리 보기 화면으로 메일 머지의 결과를 확인할 수 있습니다.

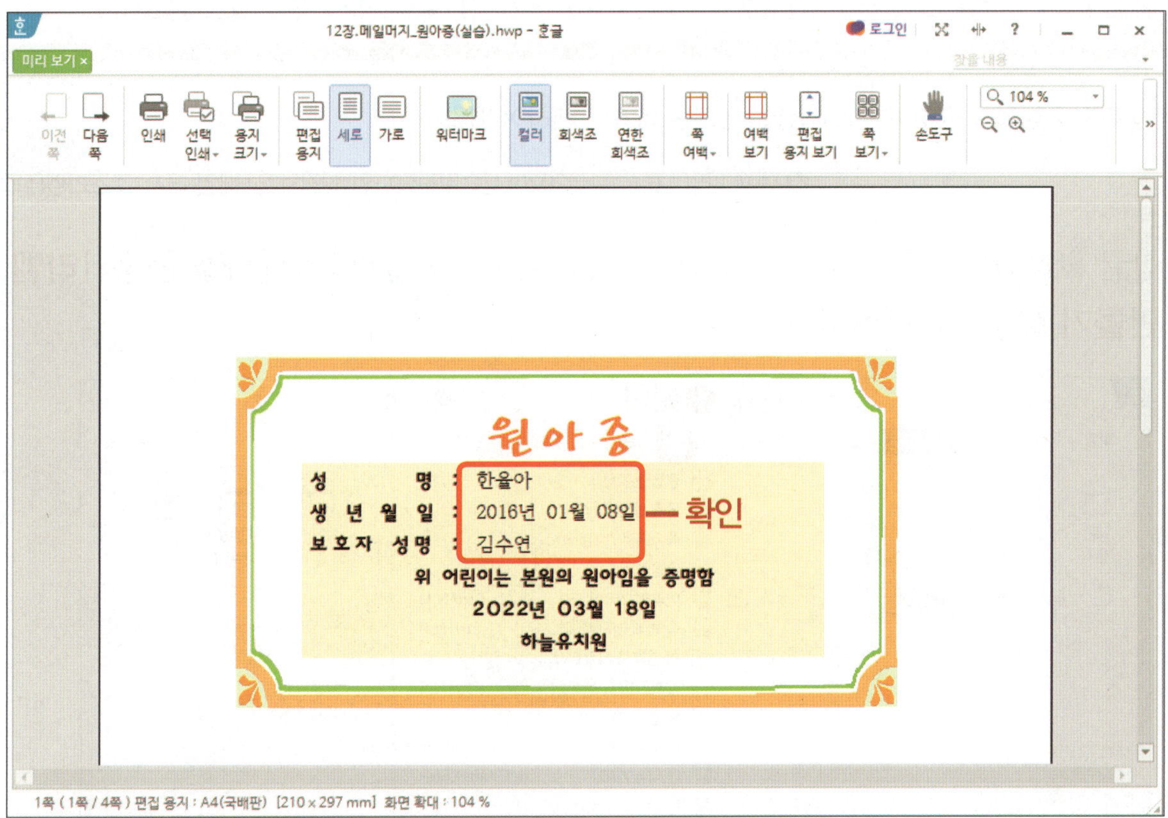

⑳ [다음 쪽]을 클릭하면 성명, 생년월일, 보호자 성명 등이 변경된 다음 장을 확인할 수 있습니다.

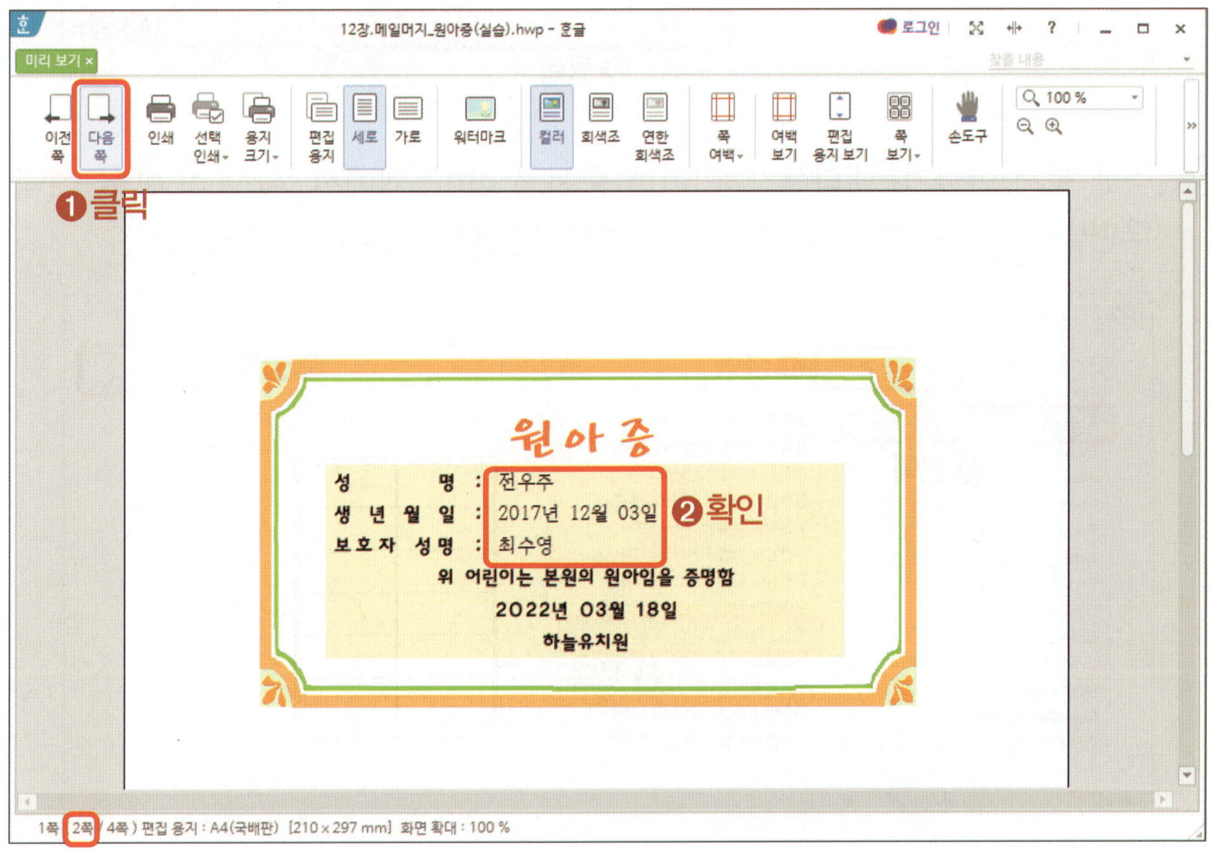

메일 머지를 이용하여 주소 라벨 만들기

메일 머지 기능을 이용하여 주소 라벨을 만드는 방법에 대하여 배워봅니다.

● 예제 파일 : Easy한글2020\실습및정답파일\12장\12장.메일 머지_주소라벨(실습).hwp

1 한글 2020을 실행한 후 [쪽] 탭의 [목록단추]를 클릭하고 **[라벨]-[라벨 문서 만들기]를 클릭**합니다.

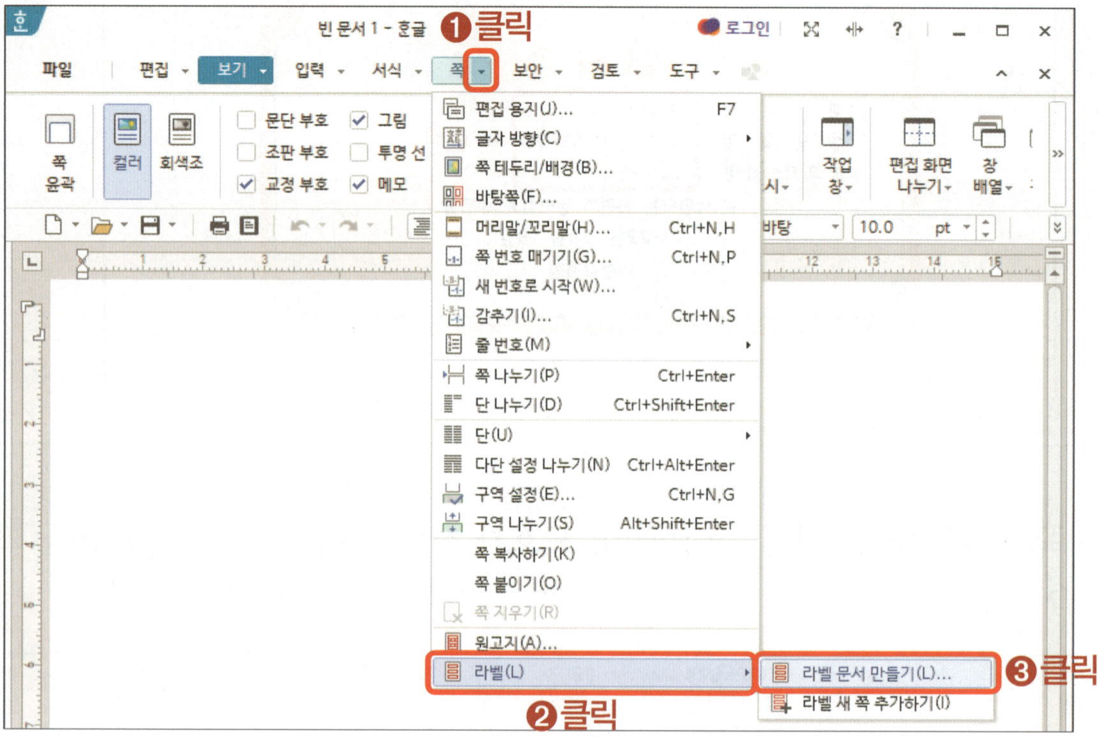

2 [라벨 문서 만들기] 대화상자의 [라벨 문서 꾸러미] 탭에서 **'AnyLabel'을 선택한 후 '우편발송 라벨(12칸)-V3270'을 선택하고 [열기] 단추를 클릭**합니다.

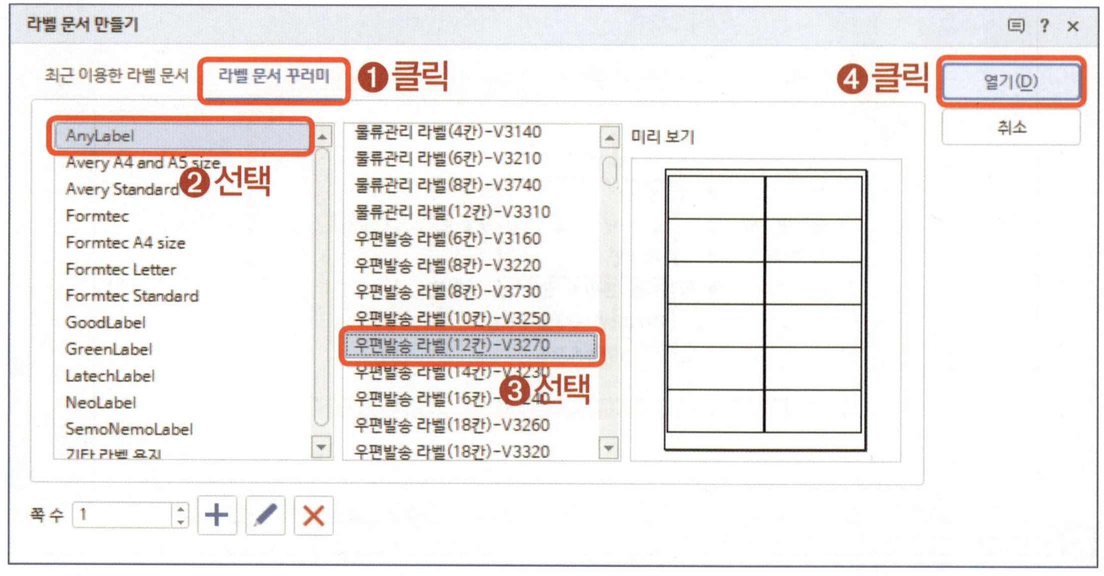

AnyLabel, Formtec 등은 라벨 용지 업체 이름인데 구매한 업체의 용지 규격에 맞게 선택하면 됩니다.

❸ 선택한 라벨 용지의 문서 형식이 나타나면 다음과 같이 내용을 입력한 후 **글꼴은 '맑은 고딕', 크기는 '12'로 지정**합니다.

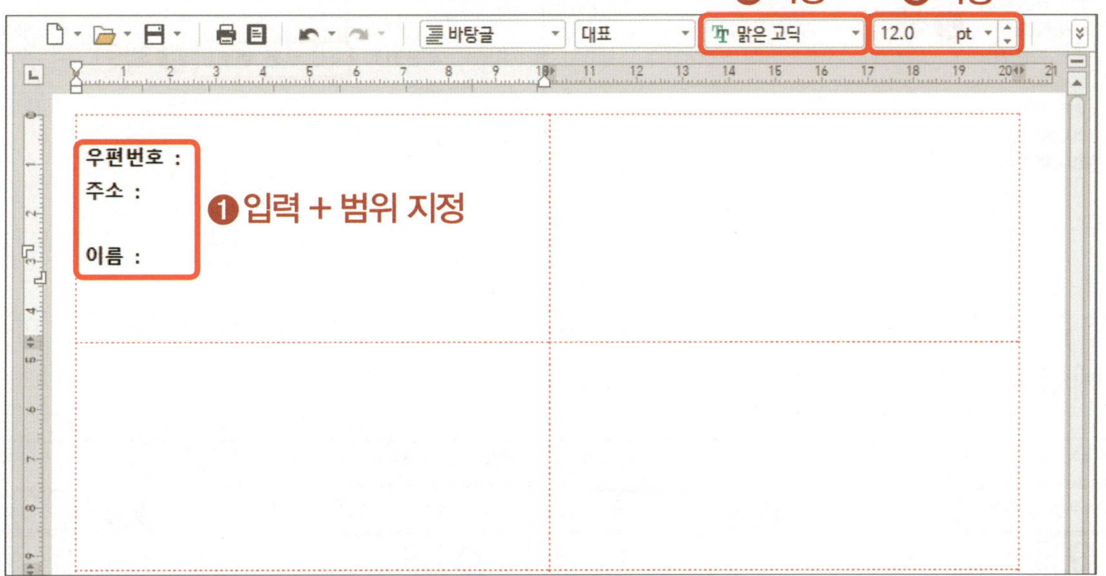

❹ '우편번호 : '의 뒤에 커서를 놓고 [도구] 탭의 [목록단추]를 클릭하고 **[메일 머지]-[메일 머지 표시 달기]를 클릭**합니다.

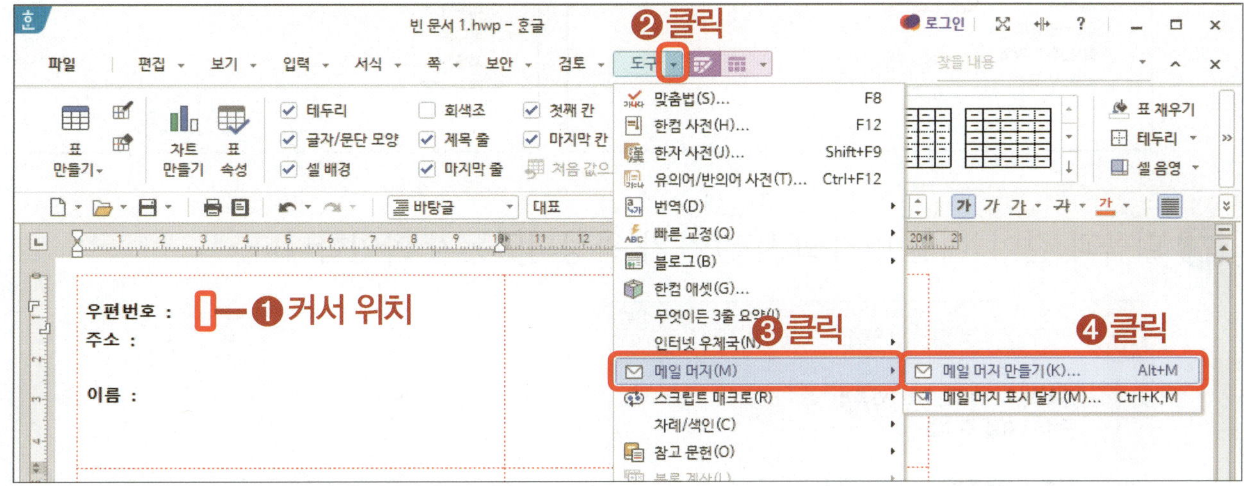

❺ [메일 머지 표시 달기] 대화상자에서 [주소록 필드 선택하기] 탭을 선택하고 **'집_우편번호'를 선택한 후 [넣기] 단추를 클릭**하면 '{{집_우편 번호}}' 메일 머지 표시가 생성됩니다.

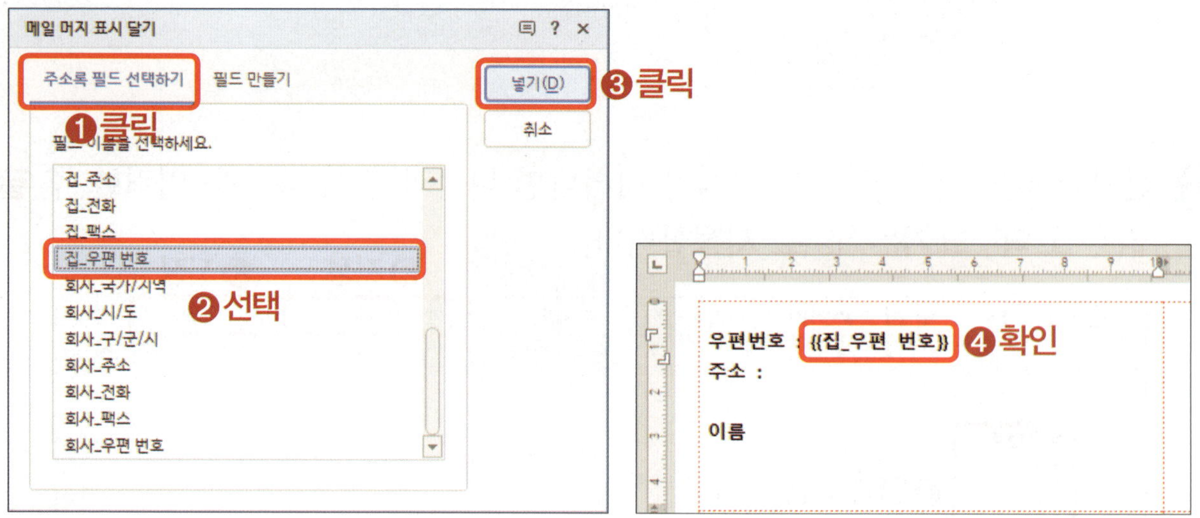

❻ 위와 같은 방법으로 '주소 : ' 뒤에 '집_주소' 메일 머지 표시를 달고, '이름 : '에는 '이름' 메일 머지 표시를 달아 줍니다.

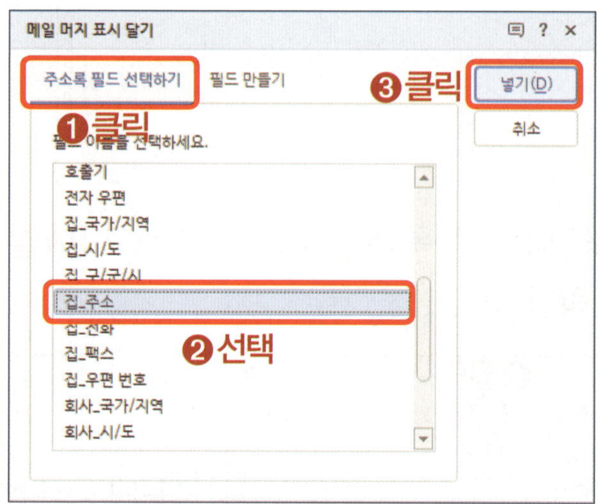

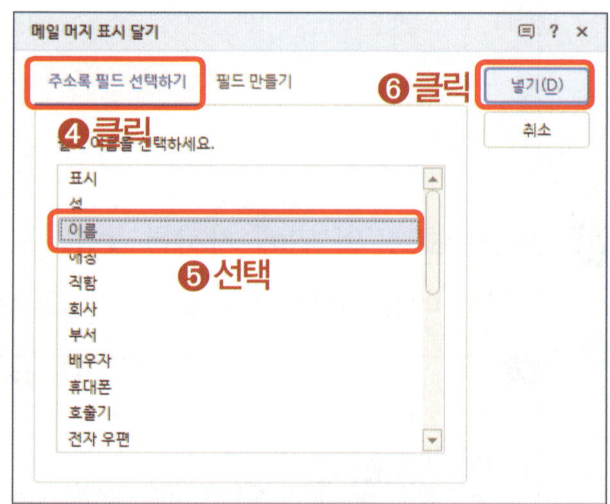

❼ 다음과 같이 '메일 머지 표시 달기'가 완성되었는지 확인합니다.

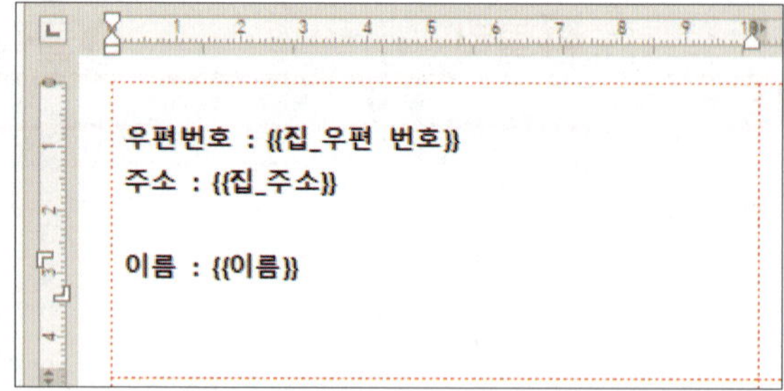

8 모든 셀을 범위 지정한 후 마우스 오른쪽 버튼을 클릭하고 **[채우기]-[표 자동 채우기]를 선택**하여 모든 셀에 내용을 복사합니다.

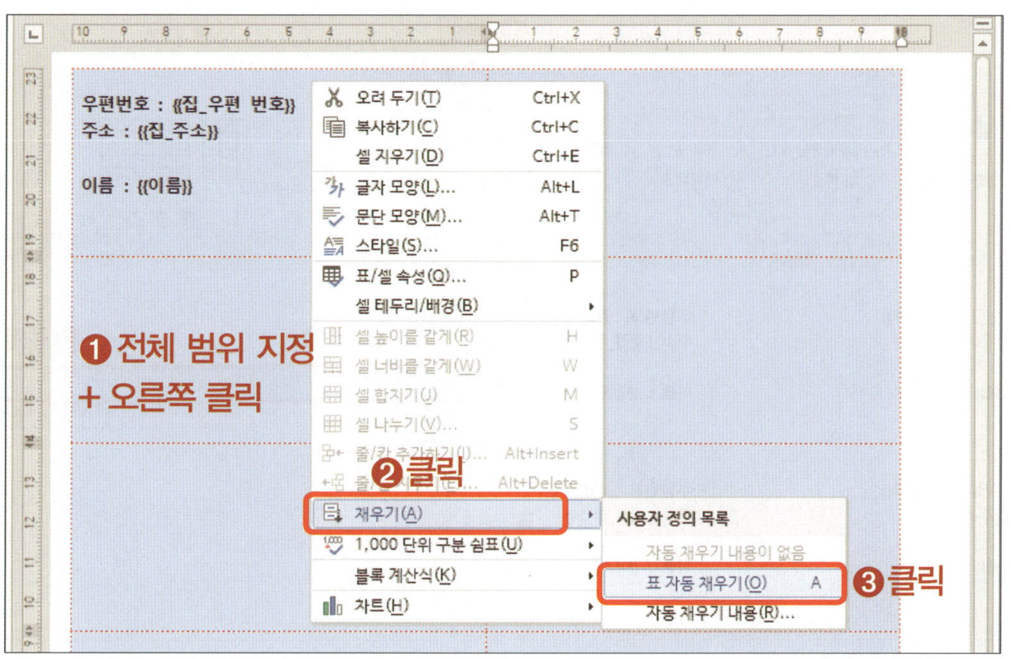

- 표 안에서 F5 키를 세 번 누르면 모든 셀이 선택됩니다.
- 범위가 지정된 상태에서 A 키를 누르면 나머지 셀에 내용이 채워집니다

9 다음과 같이 모든 셀에 내용이 복사됩니다.

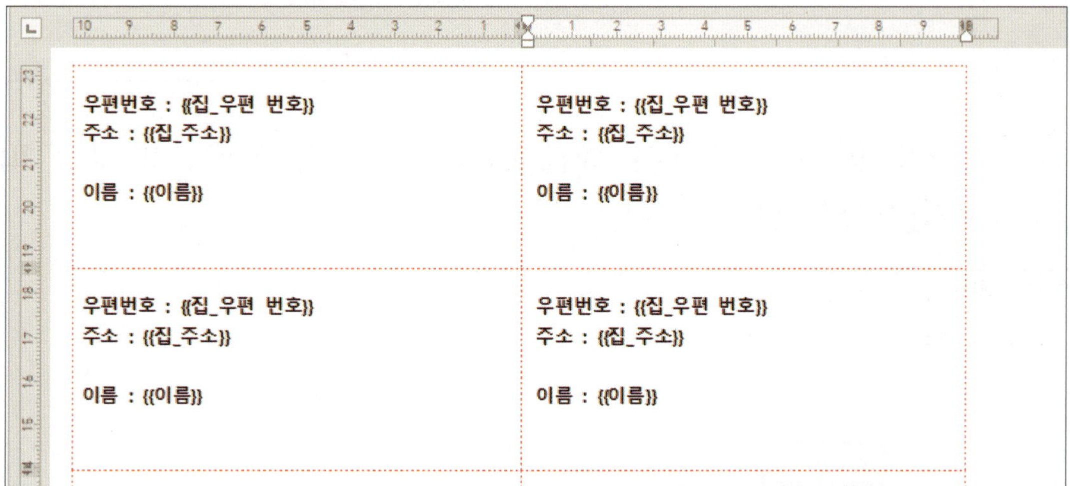

10 [도구] 탭의 [목록단추 ▾]를 클릭하고 **[메일 머지 ✉]-[메일 머지 만들기]를 클릭**합니다.

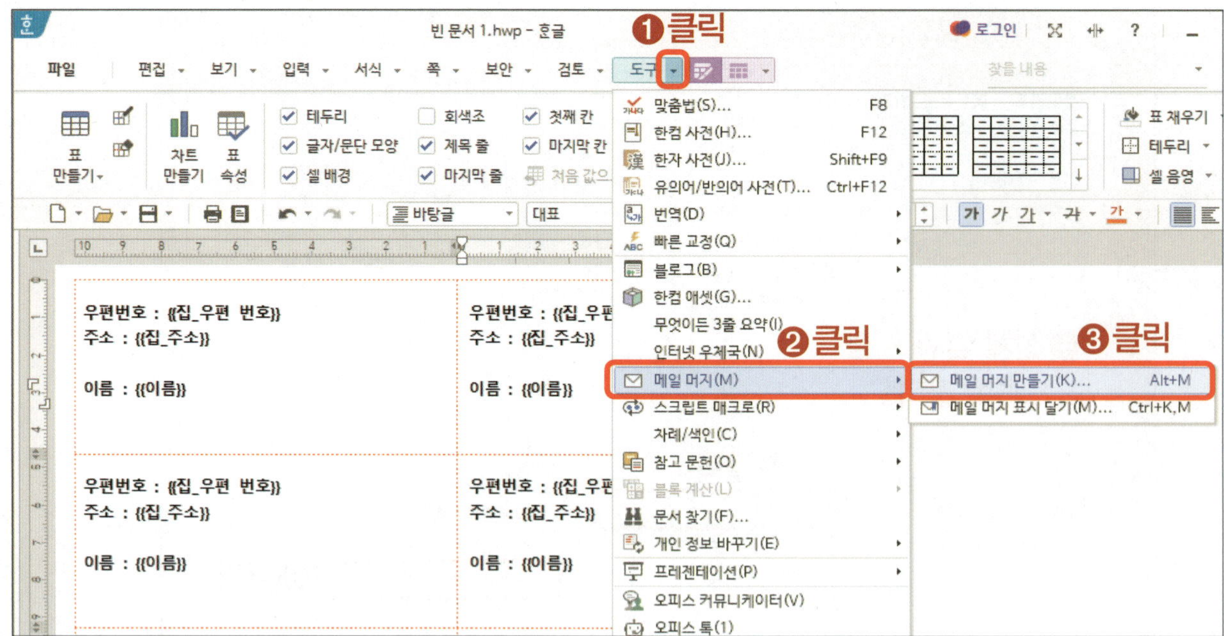

11 [메일 머지 만들기] 대화상자에서 '자료 종류'에 **'한셀/엑셀 파일'을 선택하고 [파일 선택 📂]을 클릭**합니다.

12 [한글 파일 불러오기] 대화상자에서 **'실습및정답파일₩12장₩주소록.xlsx' 파일을 선택한 후 [열기] 단추를 클릭**합니다.

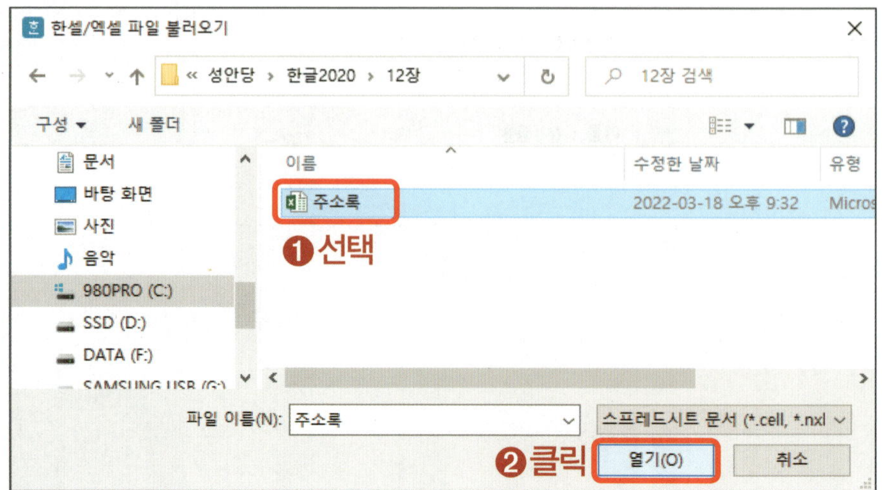

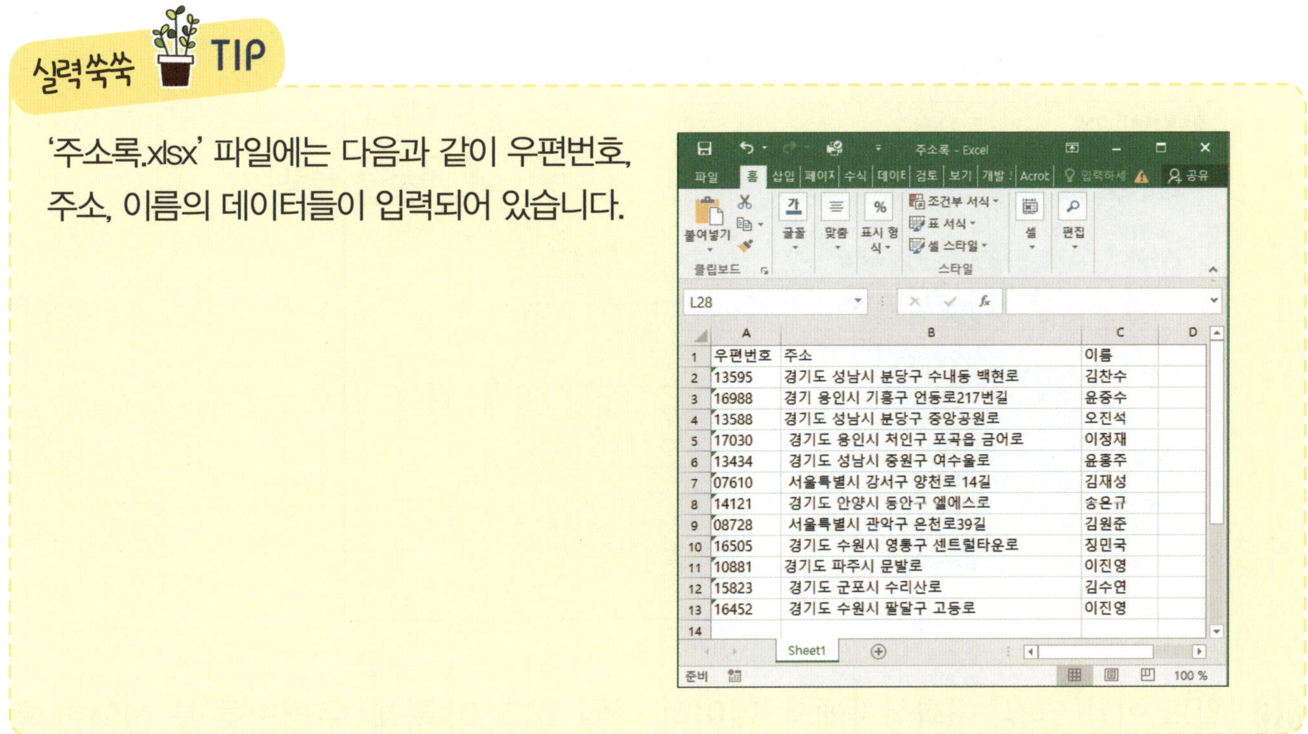

'주소록.xlsx' 파일에는 다음과 같이 우편번호, 주소, 이름의 데이터들이 입력되어 있습니다.

	A	B	C
1	우편번호	주소	이름
2	13595	경기도 성남시 분당구 수내동 백현로	김찬수
3	16988	경기 용인시 기흥구 언동로217번길	윤중수
4	13588	경기도 성남시 분당구 중앙공원로	오진석
5	17030	경기도 용인시 처인구 포곡읍 금어로	이정재
6	13434	경기도 성남시 중원구 여수울로	윤홍주
7	07610	서울특별시 강서구 양천로 14길	김재성
8	14121	경기도 안양시 동안구 엘에스로	송은규
9	08728	서울특별시 관악구 은천로39길	김원준
10	16505	경기도 수원시 영통구 센트럴타운로	장민국
11	10881	경기도 파주시 문발로	이진영
12	15823	경기도 군포시 수리산로	김수연
13	16452	경기도 수원시 팔달구 고등로	이진영

13 [메일 머지 만들기] 대화상자에서 **'출력 방향'을 '화면'으로 선택한 후 [만들기] 단추를 클릭**합니다.

14 [시트 선택] 대화상자에서 '시트 목록'에 **'Sheet1'을 선택한 후 [선택] 단추를 클릭**합니다.

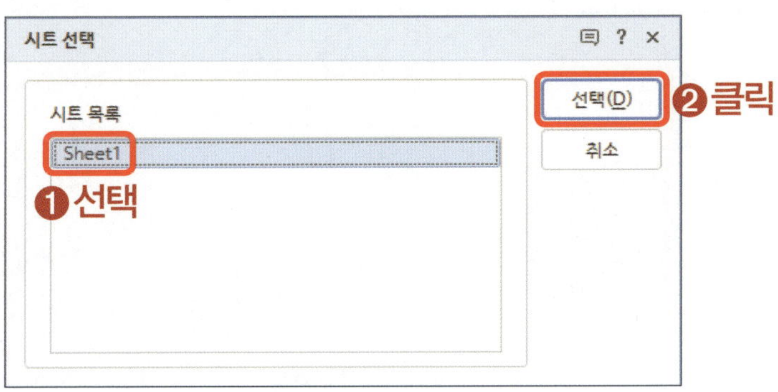

⑮ [주소록 레코드 선택] 대화상자에서 **[선택] 단추를 클릭**합니다.

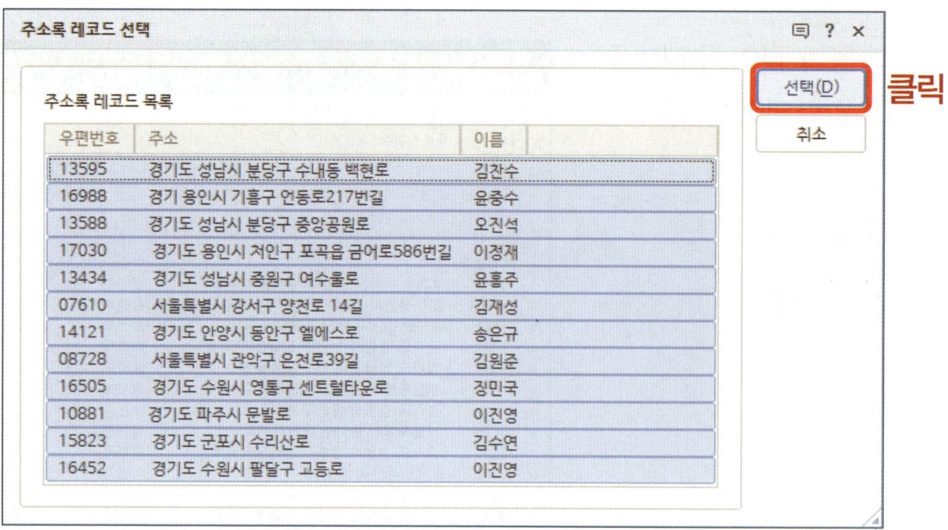

⑯ [필드 이름 연결] 대화상자에서 **'데이터 파일 필드 이름'에 '우편번호'를 선택한 후 [확인] 단추를 클릭**합니다.

⑰ [필드 이름 연결] 대화상자에서 **'데이터 파일 필드 이름'에 '주소'를 선택한 후 [확인] 단추를 클릭**합니다.

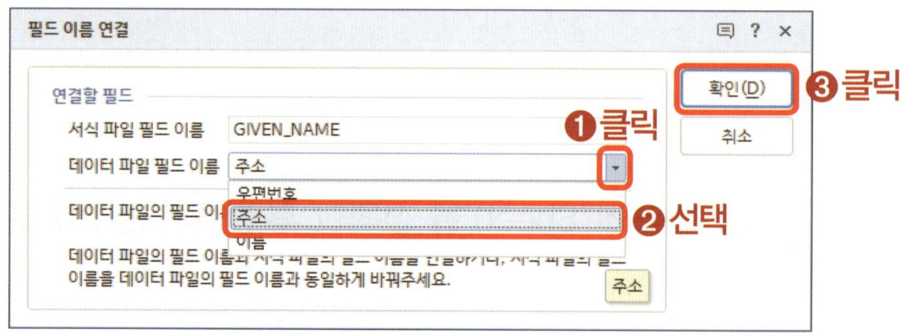

18 [필드 이름 연결] 대화상자에서 **'데이터 파일 필드 이름'에 '이름'을 선택한 후 [확인] 단추를 클릭**합니다.

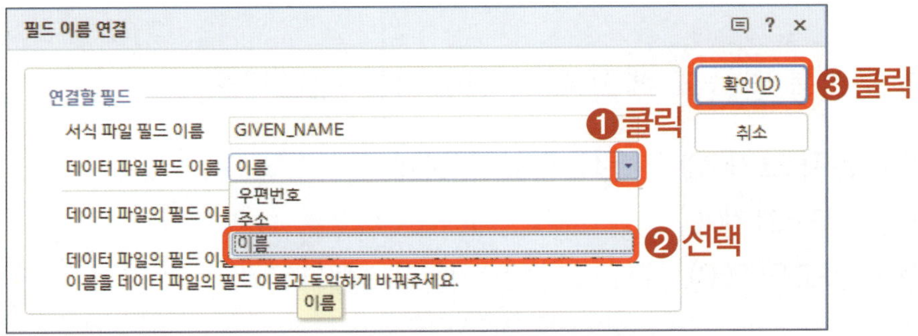

19 다음과 같이 미리 보기 화면으로 메일 머지의 결과를 확인할 수 있습니다.

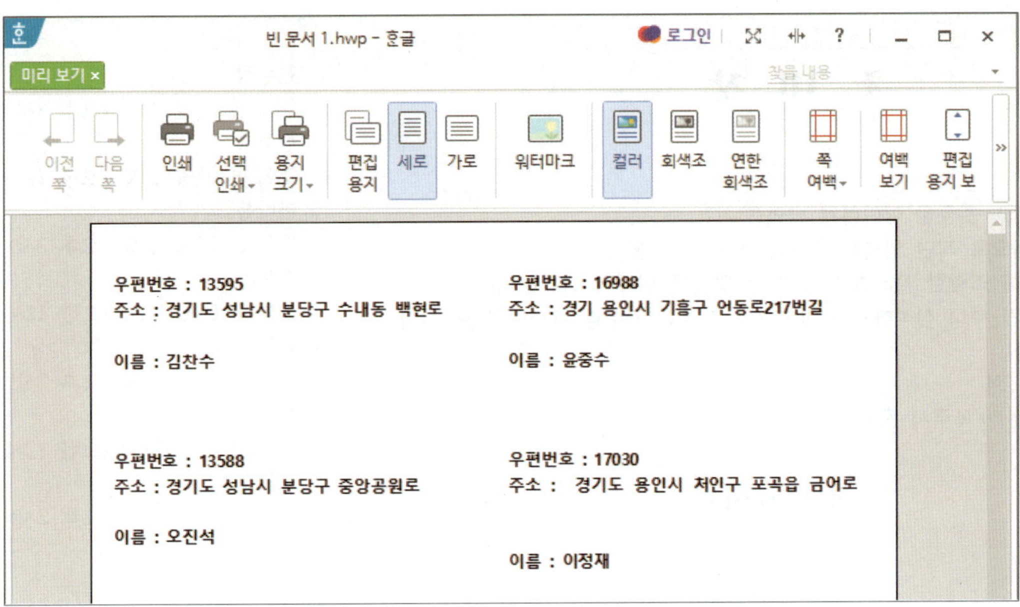

혼자 풀어보기

1 다음과 같이 두 개의 문서를 만들고 메일 머지 만들기를 해보세요.

① 제목 : 글꼴(HY바다M), 글자 크기(22), 가운데 정렬, 진하게
② 본문 : 글꼴(맑은 고딕), 글자 크기(10)
③ 성안도서관 : 글꼴(한컴 윤고딕 250), 글자 크기(18), 가운데 정렬
④ 메일 머지 표지 달기
⑤ '초대장.hwp'로 저장
⑥ '주소록.hwp'로 저장

초 대 장

{{1}}님 귀하

성안 도서관이 첫돌을 맞이하게 되었습니다.
차분한 마음으로 지난 일년을 되돌아 보며 더 나은
 후년을 위해 조촐한 자리를 만들어 그 의미를 되새겨보려 합니다.
바쁘시겠지만 부디 참석하시어 아름다운 격려와 박수를 부탁드리겠습니다.

◆ 일시 : {{2}}
◆ 장소 : 경기 파주시 문발로 112

성안도서관

2
한수정
2022년 05월 21일 (오후 2시)
김정호
2022년 05월 22일 (오전 12시)
이아름
2022년 05월 21일 (오후 2시)
김진수
2022년 05월 22일 (오전 12시)
최영호
2022년 05월 21일 (오후 2시)
한강호
2022년 05월 22일 (오전 12시)
김동철
2022년 05월 21일 (오후 2시)

2 작성한 '초대장.hwp' 문서에 '주소록.hwp'을 이용하여 다음과 같이 메일 머지 만들기를 해보세요.

초 대 장

한수정님 귀하

성안 도서관이 첫돌을 맞이하게 되었습니다.
차분한 마음으로 지난 일년을 되돌아 보며 더 나은
 후년을 위해 조촐한 자리를 만들어 그 의미를 되새겨보려 합니다.
바쁘시겠지만 부디 참석하시어 아름다운 격려와 박수를 부탁드리겠습니다.

◆ 일시 : 2022년 05월 21일 (오후 2시)
◆ 장소 : 경기 파주시 문발로 112

성안도서관

초 대 장

김정호님 귀하

성안 도서관이 첫돌을 맞이하게 되었습니다.
차분한 마음으로 지난 일년을 되돌아 보며 더 나은
 후년을 위해 조촐한 자리를 만들어 그 의미를 되새겨보려 합니다.
바쁘시겠지만 부디 참석하시어 아름다운 격려와 박수를 부탁드리겠습니다.

◆ 일시 : 2022년 05월 22일 (오전 12시)
◆ 장소 : 경기 파주시 문발로 112

성안도서관

3 다음과 같이 라벨 문서를 만들고 메일 머지 표지 달기를 해보세요.

① 라벨 종류 : Formtec－주소(14칸)－3108
② 글꼴(맑은 고딕), 글자 크기(12)
③ 메일 머지 표지 달기
④ '주소라벨.hwp'로 저장

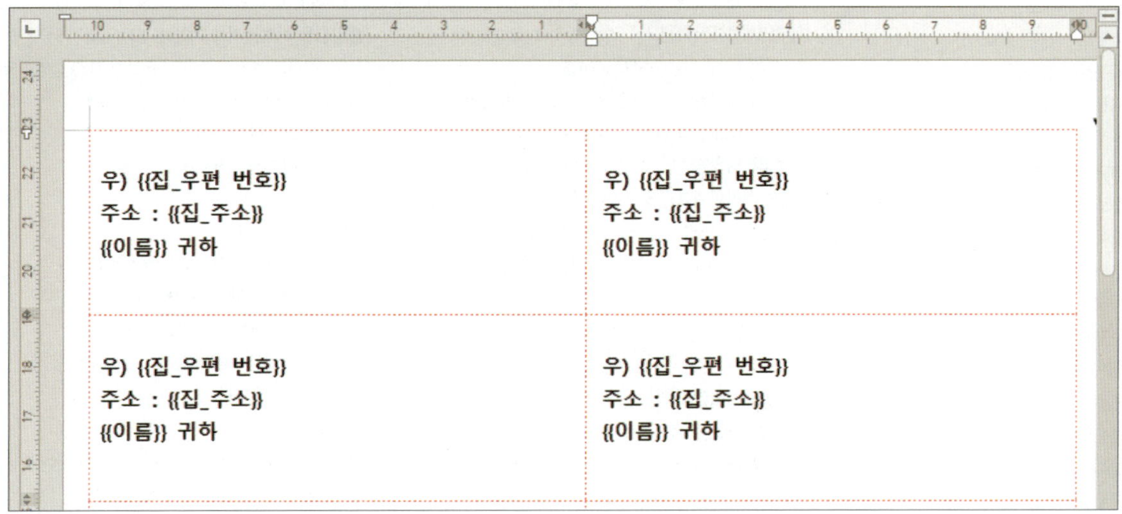

4 작성한 '주소라벨.hwp' 문서에 '주소록.xlsx' 엑셀 파일을 이용하여 다음과 같이 메일 머지 만들기를 해보세요.

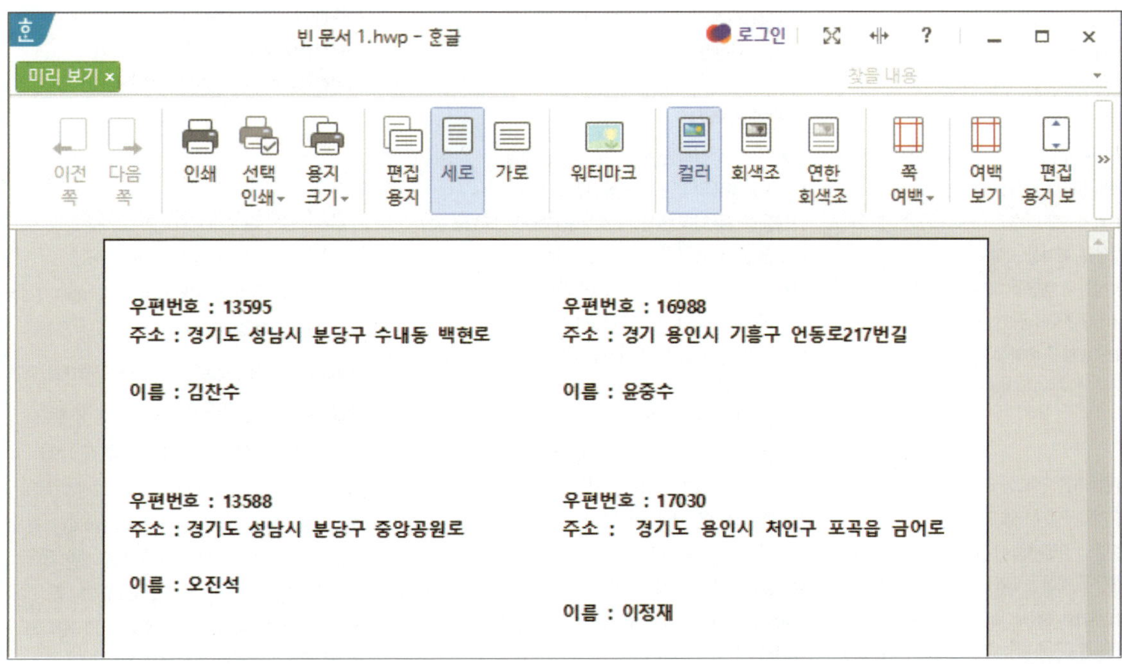

교재로 채택하여 강의 중인 컴퓨터학원입니다.

[서울특별시]

한양IT전문학원(서대문구 홍제동 330-54)
유림컴퓨터학원(성동구 성수1가 1동 656-251)
아이콘컴퓨터학원(은평구 갈현동 390-8)
송파컴퓨터회계학원(송파구 송파동 195-6)
강북정보처리학원(은평구 대조동 6-9호)
아이탑컴퓨터학원(구로구 개봉1동 65-5)
신영진컴퓨터학원(구로구 신도림동 437-1)
방학컴퓨터학원(도봉구 방학3동 670)
아람컴퓨터학원(동작구 사당동 우성2차 09상가)
국제컴퓨터학원(서대문구 천연동 4)
백상컴퓨터학원(구로구 구로1동 314-1 극동상가 4층)
엔젤컴퓨터학원(도봉구 창2동 581-28)
독립문컴퓨터학원(종로구 무악동 47-4)
문성컴퓨터학원(동작구 대방동 335-16 대방빌딩 2층)
대건정보처리학원(강동구 명일동 347-3)
제6세대컴퓨터학원(송파구 석촌동 252-5)
명문컴퓨터학원(도봉구 쌍문2동 56)
영우컴퓨터학원(도봉구 방학1동 680-8)
바로컴퓨터학원(강북구 수유2동 245-4)
뚝섬컴퓨터학원(성동구 성수1가2동)
오성컴퓨터학원(광진구 자양3동 553-41)
해인컴퓨터학원(광진구 구의2동 30-15)
푸른솔컴퓨터학원(광진구 자양2동 645-5)
희망컴퓨터학원(광진구 구의동)
경일웹컴퓨터학원(중랑구 신내동 665)
현대정보컴퓨터학원(양천구 신정5동 940-38)
노노컴퓨터학원(관악구 서림동 96-48)
스마트컴퓨터학원(도봉구 창동 9-1)
모드산업디자인학원(노원구 상계동 724)
미주컴퓨터학원(구로구 구로5동 528-7)
미래컴퓨터학원(구로구 개봉2동 403-217)
중앙컴퓨터학원(구로구 구로동 437-1 성보빌딩 3층)
고려아트컴퓨터학원(송파구 거여동 554-3)
노노스창업교육학원(서초구 양재동 16-6)
우신컴퓨터학원(성동구 홍익동 210)
무궁화컴퓨터학원(성동구 행당동 245번지 3층)
영일컴퓨터학원(금천구 시흥1동 838-33호)
셀파컴퓨터회계학원(송파구 송파동 97-43 3층)
지현컴퓨터학원(구로구 구로3동 188-5)

[인천광역시]

이컴IT.회계전문학원(남구 도화2동 87-1)
대성정보처리학원(계양구 효성1동 295-1 3층)
상아컴퓨터학원(계양구 경명대로 1124 명인프라자1, 501호)
명진컴퓨터학원(계양구 계산동 946-10 덕수빌딩 6층)
한나래컴퓨터디자인학원(계양구 임학동 6-1 4층)
효성한맥컴퓨터학원(계양구 효성1동 77-5 신한뉴프라자 4층)
시대컴퓨터학원(남동구 구월동 1225-36 롯데프라자 301-1)
피엘컴퓨터학원(남동구 구월동 1249)
하이미디어아카데미(부평구 부평동 199-24 2층)
부평IT멀티캠퍼스학원(부평구 부평5동 199-24 4, 5층)
돌고래컴퓨터아트학원(부평구 산곡동 281-53 풍성프라자 402, 502호)
미래컴퓨터학원(부평구 산곡1동 180-390)
가인정보처리학원(부평구 삼산동 391-3)
서부연세컴퓨터학원(서구 가좌1동 140-42 2층)
이컴학원(서구 석남1동 513-3 4층)
연희컴퓨터학원(서구 심곡동 303-1 새터빌딩 4층)
검단컴퓨터회계학원(서구 당하동 5블럭 5롯트 대한빌딩 4층)
진성컴퓨터학원(연수구 선학동 407 대영빌딩 6층)
길정보처리회계학원(중구 인현동 27-7 창대빌딩 4층)
대화컴퓨터학원(남동구 만수5동 925-11)
new중앙컴퓨터학원(계양구 임학동 6-23번지 3층)

[대전광역시]

학사컴퓨터학원(동구 판암동 203번지 리라빌딩 401호)
대승컴퓨터학원(대덕구 법동 287-2)
열린컴퓨터학원(대덕구 오정동 65-10 2층)
국민컴퓨터학원(동구 가양1동 579-11 2층)
용운컴퓨터학원(동구 용운동 304-1번지 3층)
굿아이컴퓨터학원(서구 가수원동 656-47번지 3층)
경성컴퓨터학원(서구 갈마2동 1408번지 2층)
경남컴퓨터학원(서구 도마동 경남(아)상가 301호)
둔산컴퓨터학원(서구 탄방동 734 3층)
로얄컴퓨터학원(유성구 반석동 639-4번지 웰빙타운 602호)
자운컴퓨터학원(유성구 신성동 138-8번지)
오원컴퓨터학원(중구 대흥동 205-2 4층)
계룡컴퓨터학원(중구 문화동 374-5)
제일정보처리학원(중구 은행동 139-5번지 3층)

[광주광역시]

태봉컴퓨터전산학원(북구 운암동 117-13)
광주서강컴퓨터학원(북구 동림동 1310)
다음정보컴퓨터학원(광산구 신창동 1125-3 건도빌딩 4층)
광주중앙컴퓨터학원(북구 문흥동 999-3)
국제정보처리학원(북구 중흥동 279-60)
굿아이컴퓨터학원(북구 용봉동 1425-2)
나라정보처리학원(남구 진월동 438-3 4층)
두암컴퓨터학원(북구 두암동 602-9)
디지털국제컴퓨터학원(동구 서석동 25-7)
매곡컴퓨터학원(북구 매곡동 190-4)
사이버컴퓨터학원(광산구 운남동 387-37)
상일컴퓨터학원(서구 상무1동 147번지 3층)
세종컴퓨터전산학원(남구 봉선동 155-6 5층)
송정중앙컴퓨터학원(광산구 송정2동 793-7 3층)
신한국컴퓨터학원(광산구 월계동 899-10번지)
에디슨컴퓨터학원(동구 계림동 85-169)
엔터컴퓨터학원(광산구 신가동1012번지 우미아파트상가 2층 201호)
염주컴퓨터학원(서구 화정동 1035 2층)
영진정보처리학원(서구 화정2동 신동아아파트 상가 3층 302호)
이지컴퓨터학원(서구 금호동 838번지)
일류정보처리학원(서구 금호동 741-1 시영1차아파트 상가 2층)
조이컴정보처리학원(서구 치평동 1184-2번지 골든타운 304호)
중앙컴퓨터학원(서구 화정2동 834-4번지 3층)
풍암넷피아정보처리학원(서구 풍암 1123 풍암빌딩 6층)
하나정보처리학원(북구 일곡동 830-6)
양산컴퓨터학원(북구 양산동 283-48)
한성컴퓨터학원(광산구 월곡1동 56-2)

[부산광역시]

신흥정보처리학원(사하구 당리동 131번지)
경원전산학원(동래구 사직동 45-37)
동명정보처리학원(남구 용호동 408-1)
메인컴퓨터학원(사하구 괴정4동 1119-3 희망빌딩 7층)
미래컴퓨터학원(사상구 삼락동 418-36)
미래컴퓨터학원(부산진구 가야3동 301-8)
보성정보처리학원(사하구 장림2동 1052번지 삼일빌딩 2층)
영남컴퓨터학원(기장군 기장읍 대라리 97-14)
우성컴퓨터학원(사하구 괴정동 496-5 대원스포츠 2층)
중앙IT컴퓨터학원(북구 만덕2동 282-5번지)
하남컴퓨터학원(사하구 신평동 590-4)
다인컴퓨터학원(사하구 다대1동 933-19)
자유컴퓨터학원(동래구 온천3동 1468-6)
영도컴퓨터전산회계학원(영도구 봉래동3가 24번지 3층)
동아컴퓨터학원(사하구 당리동 303-11 5층)
동원컴퓨터학원(해운대구 재송동)
문현컴퓨터학원(남구 문현동 253-11)
삼성컴퓨터학원(북구 화명동 2316-1)

[대구광역시]

새빛캐드컴퓨터학원(달서구 달구벌대로 1704 삼정빌딩 7층)
해인컴퓨터학원(북구 동천동 878-3 2층)
셈틀컴퓨터학원(북구 동천동 896-3 3층)
대구컴퓨터캐드회계학원(북구 국우동 1099-1 5층)
동화컴퓨터학원(수성구 범물동 1275-1)
동화회계캐드컴퓨터학원(수성구 달구벌대로 3179 3층)
세방컴퓨터학원(수성구 범어1동 371번지 7동 301호)
네트컴퓨터학원(북구 태전동 409-21번지 3층)
배움컴퓨터학원(북구 복현2동 340-42번지 2층)
윤성컴퓨터학원(북구 복현2동 200-1번지)
명성탑컴퓨터학원(북구 침산2동 295-18번지)
911컴퓨터학원(달서구 달구벌대로 1657 4층)
메가컴퓨터학원(수성구 신매동 267-13 3층)
테라컴퓨터학원(수성구 달구벌대로 3090)

[울산광역시]

엘리트정보처리세무회계(중구 성남동 청송빌딩 2층~6층)
경남컴퓨터학원(남구 신정 2동 명성음악사3,4층)
다운컴퓨터학원(중구 다운동 776-4번지 2층)
대송컴퓨터학원(동구 대송동 174-11번지 방어진농협 대송지소 2층)
명정컴퓨터학원(중구 태화동 명정초등 BUS 정류장 옆)
크린컴퓨터학원(남구 울산병원근처-신정푸르지오 모델하우스 앞)
한국컴퓨터학원(남구 옥동 260-6번지)
한림컴퓨터학원(북구 봉화로 58 신화프라자 301호)
현대문화컴퓨터학원(북구 양정동 523번지 현대자동차문화회관 3층)
인텔컴퓨터학원(울주군 범서면 굴화리 49-5 1층)
대림컴퓨터학원(남구 신정4동 949-28 2층)
미래정보컴퓨터학원(울산시 남구 울산대학교앞 바보사거리 GS25 5층)
서진컴퓨터학원(울산시 남구 달동 1331-13 2층)
송샘컴퓨터학원(동구 방어동 281-1 우성현대 아파트상가 2, 3층)
에셋컴퓨터학원(북구 천곡동 410-6 아진복합상가 310호)
연세컴퓨터학원(남구 무거동 1536-11번지 4층)
홍천컴퓨터학원(남구 무거동(삼호동)1203-3번지)
IT컴퓨터학원(동구 화정동 855-2번지)
THC정보처리컴퓨터(울산시 남구 무거동 아이컨셉안경원 3, 4층)
TOPCLASS컴퓨터학원(울산시 동구 전하1동 301-17번지 2층)

[경기도]

샘물컴퓨터학원(여주군 여주읍 상리 331-19)
인서울컴퓨터디자인학원(안양시 동안구 관양2동 1488-35 골드빌딩 1201호)
경인디지털컴퓨터학원(부천시 원미구 춘의동 116-8 광덕프라자 3층)
에이팩스컴퓨터학원(부천시 원미구 상동 533-11 부건프라자 602호)
서울컴퓨터학원(부천시 소사구 송내동 523-3)
천재컴퓨터학원(부천시 원미구 심곡동 344-12)
대신IT컴퓨터학원(부천시 소사구 송내2동 433-25)
상아컴퓨터학원(부천시 소사구 괴안동 125-5 인광빌딩 4층)
우리컴퓨터전산회계디자인학원(부천시 원미구 심곡동 87-11)
좋은컴퓨터학원(부천시 소사구 소사본3동 277-38)
대명컴퓨터학원(부천시 원미구 중1동 1170 포도마을 삼보상가 3층)
한국컴퓨터학원(용인시 기흥구 구갈동 383-3)
삼성컴퓨터학원(안양시 만안구 안양1동 674-249 삼양빌딩 4층)
나래컴퓨터학원(안양시 만안구 안양5동 627-35 5층)
고색정보컴퓨터학원(수원시 권선구 고색동 890-169)
셀파컴퓨터회계학원(성남시 중원구 금광2동 4359 3층)
탑에듀컴퓨터학원(수원시 팔달구 팔달로2가 130-3 2층)
새빛컴퓨터학원(부천시 오정구 삼정동 318-10 3층)
부천컴퓨터학원(부천시 원미구 중1동 1141-5 다운타운빌딩 403호)
경원컴퓨터학원(수원시 영통구 매탄4동 성일아파트상가 3층)
하나탑컴퓨터학원(광명시 광명6동 374-10)
정수천컴퓨터학원(가평군 석봉로 139-1)
평택비트컴퓨터학원(평택시 비전동 756-14 2층)

[전라북도]

전주컴퓨터학원(전주시 완산구 삼천동1가 666-6)
세라컴퓨터학원(전주시 덕진구 우아동)
비트컴퓨터학원(전북 남원시 왕정동 45-15)
문화컴퓨터학원(전주시 덕진구 송천동 1가 480번지 비사벌빌딩 6층)
등용문컴퓨터학원(전주시 완산구 풍남동1가 15-6번지)
미르컴퓨터학원(전주시 덕진구 인후동1가 857-1 새마을금고 3층)
거성컴퓨터학원(군산시 명산동 14-17 반석신협 3층)
동양컴퓨터학원(군산시 나운동 487-9 SK5층)
문화컴퓨터학원(군산시 문화동 917-9)
하나컴퓨터학원(전주시 완산구 효자동1가 518-59번지 3층)
동양인터넷컴퓨터학원(전주시 완산구 삼천동1가 288-9번 203호)
골든벨컴퓨터학원(전주시 완산구 평화2동 893-1)
명성컴퓨터학원(군산시 나운1동792-4)
다울컴퓨터학원(군산시 나운동 667-7번지)
제일컴퓨터학원(남원시 도통동 583-4번지)
뉴월드컴퓨터학원(익산시 부송동 762-1 번지 1001안경원 3층)
젬컴퓨터학원(군산시 문화동 920-11)
문경컴퓨터학원(정읍시 연지동 32-11)
유일컴퓨터학원(전주시 덕진구 인후동 안골사거리 태평양 약국 2층)
빌컴퓨터학원(군산시 나운동 809-1번지 라파빌딩 4층)
김상미컴퓨터학원(군산시 조촌동 903-1 시영아파트상가 2층)
아성컴퓨터학원(익산시 어양동 부영1차아파트 상가동 202호)
민컴퓨터학원(전주시 완산구 서신동 797-2번지 청담빌딩 5층)
제일컴퓨터학원(익산시 어양동 643-4번지 2층)
현대컴퓨터학원(익산시 동산동 1045-3번지 2층)
이지컴퓨터학원(군산시 동흥남동 404-8 1층)
비젼컴퓨터학원(익산시 동산동 607-4)
청어람컴퓨터학원(전주시 완산구 평화동2가 890-5 5층)
정컴퓨터학원(전주시 완산구 삼천동1가 592-1)
영재컴퓨터학원(전라북도 완주군 삼례읍 삼례리 923-23)
탑스터디컴퓨터학원(군산시 수송로 119 은하빌딩 3층)

[전라남도]

한성컴퓨터학원(여수시 문수동 82-1번지 3층)

[경상북도]

현대컴퓨터학원(경북 칠곡군 북삼읍 인평리 1078-6번지)
조은컴퓨터학원(경북 구미시 형곡동 197-2번지)
옥동컴퓨터학원(경북 안동시 옥동 765-7)
청어람컴퓨터학원(경북 영주시 영주2동 528-1)
21세기정보처리학원(경북 영주시 휴천2동 463-4 2층)
이지컴퓨터학원(경북 경주시 황성동 472-44)
한국컴퓨터학원(경북 상주시 무양동 246-5)
예일컴퓨터학원(경북 의성군 의성읍 중리리 714-2)
김복남컴퓨터학원(경북 울진군 울진읍 읍내4리 520-4)
유성정보처리학원(경북 예천군 예천읍 노하리 72-6)
제일컴퓨터학원(경북 군위군 군위읍 서부리 32-19)
미림-엠아이티컴퓨터학원(경북 포항시 북구 장성동 1355-4)
가나컴퓨터학원(경북 구미시 옥계동 631-10)
엘리트컴퓨터외국어스쿨학원(경북 경주시 동천동 826-11번지)
송현컴퓨터학원(안동시 송현동 295-1)

[경상남도]

송기웅전산학원(창원시 진해구 석동 654-3번지 세븐코아 6층 602호)
빌게이츠컴퓨터학원(창원시 성산구 안민동 163-5번지 풍전상가 302호)
예일학원(창원시 의창구 봉곡동 144-1 401~2호)
정우컴퓨터전산회계학원(창원시 성산구 중앙동 89-3)
우리컴퓨터학원(창원시 의창구 도계동 353-13 3층)
웰컴퓨터학원(김해시 장유면 대청리 대청프라자 8동 412호)
이지컴스쿨학원(밀양시 내이동 북성로 71 3층)
비사벌컴퓨터학원(창녕군 창녕읍 말흘리 287-1 1층)
늘샘컴퓨터학원(함양군 함양읍 용평리 694-5 신협 3층)
도울컴퓨터학원(김해시 삼계동 1416-4 2층)

[제주도]

하나컴퓨터학원(제주시 이도동)
탐라컴퓨터학원(제주시 연동)
클릭컴퓨터학원(제주시 이도동)

[강원도]

엘리트컴퓨터학원(강릉시 교1동 927-15)
권정미컴퓨터교습소(춘천시 춘천로 316 2층)
형제컴퓨터학원(속초시 조양동 부영아파트 3동 주상가 305-2호)
강릉컴퓨터교육학원(강릉시 임명로 180 3층 301호)

2022. 6. 17. 초 판 1쇄 발행
2024. 9. 25. 초 판 2쇄 발행

지은이 | 한정수
펴낸이 | 이종춘
펴낸곳 | BM (주)도서출판 성안당
주소 | 04032 서울시 마포구 양화로 127 첨단빌딩 3층(출판기획 R&D 센터)
10881 경기도 파주시 문발로 112 파주 출판 문화도시(제작 및 물류)
전화 | 02) 3142-0036
031) 950-6300
팩스 | 031) 955-0510
등록 | 1973. 2. 1. 제406-2005-000046호
출판사 홈페이지 | **www.cyber.co.kr**
ISBN | 978-89-315-5879-1 (13000)
정가 | 18,000원

이 책을 만든 사람들
책임 | 최옥현
진행 | 최창동
본문 디자인 | 인투
표지 디자인 | 박원석
홍보 | 김계향, 임진성, 김주승, 최정민
국제부 | 이선민, 조혜란
마케팅 | 구본철, 차정욱, 오영일, 나진호, 강호묵
마케팅 지원 | 장상범
제작 | 김유석